William Shakespeare

in seinem

Werden und Wesen.

Verlag von Georg Reimer Berlin.

Heliogr. Georg Büxenstein & Cº

WILLIAM SHAKESPEARE

nach der Zeichnung von Adolf Menzel.

William Shakespeare

in seinem

Werden und Wesen

Von

Rudolph Genée.

Mit einem Titelbild: Shakespeare, von Adolf Menzel.

Berlin

Druck und Verlag von Georg Reimer

1905.

22.

Vorwort.

Je weniger wir geneigt sind, an Wunder zu glauben, um so stärker wird bei uns das Verlangen sein, bei solchen Erscheinungen in der Menschenwelt, die weit außerhalb der uns erkennbaren und begreiflichen Maße und Verhältnisse liegen, uns die innerste Natur und alle Bedingungen ihres schaffenden Genius zu erklären, den verschiedenen dabei in Rechnung zu ziehenden innern Trieben und Anlagen nachzuspüren. Und eben weil wir für einen so außerordentlichen Genius wie Shakespeare einen ausreichenden Maßstab nicht finden können, so bleibt uns das Studium einer solchen Erscheinung unerschöpflich, wie die Erforschung der uns umgebenden Natur mit ihren Geheimnissen.

Was die persönlichen Verhältnisse Shakespeares betrifft, so hat die englische Forschung seit länger als hundert Jahren aus alten Dokumenten eine beträchtliche Menge kleiner Nachrichten zusammengebracht, die entweder die Verhältnisse des Vaters, der Mutter und anderer Angehörigen betreffen oder zu ihnen in Beziehung stehen. So dankenswert auch vieles in diesen Ermittelungen ist, so reicht es doch nicht aus, uns ein zusammenhängendes und annähernd vollständiges Bild des Dichters selbst aus seiner Jugendzeit zu geben. Das ist in Anbetracht der beschränkten Lebensverhältnisse in einer kleinen Provinzialstadt keineswegs erstaunlich, um so weniger, als wir von den Lebensverhältnissen der gleichzeitigen und in ihrer Zeit hervorragendsten englischen Dichter durchaus nicht mehr wissen, zum Teil sogar weniger.

Wenn wir daher bei dem die Jugendzeit des Dichters betreffenden dürftigen biographischen Material genötigt sind, das Bild seines Lebens durch manche Kombinationen einigermaßen zu vervollständigen, so haben wir doch für die Erkenntnis seiner geistigen Persönlichkeit aus der vorgeschrittenen Zeit seines Londoner Lebens nicht nur in seinen eigenen Werken einen sichern Führer, sondern auch die reiche und glänzende Literatur seiner Zeitgenossen gibt viele Anhaltpunkte, um auf Shakespeares Stellung und Ansehen Schlüsse ziehen zu können. Wir kennen die Personen, zu denen er in London in Beziehung stand, und es sind uns zahlreiche, völlig zuverlässige Äußerungen überliefert worden, aus denen hervorgeht, daß er nicht nur als Dichter geehrt und bewundert, sondern auch als Mensch von allen, die ihn kannten, geliebt wurde.

Auch Shakespeare ist nicht plötzlich als ein staunenerregendes Meteor erschienen; auch er mußte in seiner dichterischen Laufbahn aus den Irrungen und Unvollkommenheiten der dramatischen Dichtung seiner Zeit sich allmählich emporarbeiten, um zur Freiheit und Selbständigkeit seiner einzigen Größe zu gelangen. Um diesen Werdeprozeß — dem ganzen Zwecke meiner Darstellung entsprechend — in seiner natürlichen Entwickelung und in den Spuren seines Fortschreitens erkennen zu lassen, war es nötig, zunächst die Pfade aufzusuchen, die zu des Dichters Anfängen hinleiten, um danach auch alle Verbindungsfäden und alle Verhältnisse zu berücksichtigen, die mehr oder weniger bestimmend oder fördernd dabei mitwirkend waren, bis zur Höhe seiner Meisterschaft. Oft werden es in der Literatur seiner unmittelbaren

Vorgänger, wie auch in den frühern Entwickelungsphasen der dramatischen Dichtung und des Theaters, scheinbar geringfügige, aber dennoch symptomatische Züge sein, die dafür Beachtung beanspruchen können. Man braucht den Einfluß derselben nicht zu überschätzen, denn so vieles auch in der Gesamterscheinung dieses Dichters seiner Zeit und seiner Nationalität angehört, so bleibt es doch immer die Größe des unberechenbaren und einzigen Genies, was ihn über seine Zeit erhob.

In einer jeden Literaturerscheinung von Bedeutung und von Einfluß werden traditionelle Anschauungen eine gewisse Macht behalten, deren Berechtigung jedoch häufig durch eine von den übernommenen Glaubensartikeln unabhängige Prüfung und Anschauung zu erschüttern ist. Ich hoffe, man wird aus meiner Darstellung Shakespeares erkennen, daß ich einerseits ebensowenig solchen Traditionen ohne selbständige Überzeugung mich unterwerfe, wie ich anderseits niemals meine eigene Ansicht aus Neigung zum Widerspruch den verbreiteten Meinungen entgegenstelle, da mir — das darf ich mit vollster Bestimmtheit sagen — unter allen Umständen einzig die unbefangene Würdigung des Dichters am Herzen liegt. Bei diesen mich leitenden Grundsätzen bin ich mir bewußt, daß ich in dem vorliegenden Buche, dessen Anfänge eine lange Reihe von Jahren zurückliegen, keine neue und überraschende Tatsachen ans Licht fördere, indem ich nur aus dem Studium des vorhandenen Materials ein Gesamtbild des Dichters zu geben trachte, in welchem vielleicht dennoch dem Leser manches in einem neuen Lichte erscheinen wird.

Ich habe in diesen meinen Vorbemerkungen nur in Kürze angedeutet, was ich wollte; wenn es mir auch nur einigermaßen gelungen sein sollte, das Gewollte und Erstrebte zu erreichen, so

werde ich damit nur einer bei allen Kennern und Bewunderern
des Dichters herrschenden Empfindung und Überzeugung Ausdruck
und Begründung verliehen haben: der Überzeugung, daß nur aus
einem reinen und seelisch großen Menschen ein solcher Dichter
erstehen konnte.

Berlin, im Oktober 1905.

Rudolph Genée.

Inhalt.

Erstes Buch.

Genée, Shakespeare.   b

Drittes Buch.

Meisterschaft und Heimkehr.

Die Raubdrucke Shakespearescher Stücke. Verminderung der Einzelausgaben und die Fälschungen. Maß für Maß. Beziehungen auf König Jakob. Macbeth die vollendetste der

Anhang.

Erstes Buch.

Einleitung.

Entwickelungskeime des englischen Schauspiels.

Wenn man die Anfänge des Theaters, wie bei den andern europäischen Nationen, so auch in England, allgemein in den religiös-theatralischen Spielen des Mittelalters erkennen will, so ist dies insofern richtig, als bei jenen aus dem religiösen Kultus der christlichen Zeit hervorgegangenen Volksschauspielen die ersten und wesentlichen Bedingungen theatralischer Darstellung erfüllt wurden: der auf die verschiedenen Personen der Handlung verteilte Dialog und die damit verbundene sichtbare und bewegte Aktion.

Demungeachtet kann man diese Spiele, die sich an vielen Orten noch bis zur Mitte des 16. Jahrhunderts erhalten hatten, für eine konstante Entwickelung des Theaters nicht als den eigentlichen Ursprung ansehn. Man wird aus dem Folgenden bald erkennen, daß die wirklichen Ursprungskeime des neuen Dramas auf anderm Boden zu suchen sind und sehr wesentlich verschieden waren von den Entstehungsbedingungen jener Passions-, Mirakel- und Marienspiele.

Für diese war allerdings die Kirche selbst der Ursprung gewesen. Denn die ersten dramatischen Formen machten sich schon im geschlossenen Raum der Kirche bemerkbar. Es geschah dies zunächst in den Wechselgesängen, die an hohen Festtagen in Kirchen und Klöstern ausgeführt wurden und einen Teil der Liturgie ausmachten. Dann wurden bei Verlesung der Leidensgeschichte Christi, in kunstlosem Rezitativ, die Worte Christi dazwischen gesungen

Genée, Shakespeare. 1

Ebenso waren die Gesänge der Jünger, des Pilatus usw. auf verschiedene Personen verteilt und endlich wurden auch die verschiedenen Örtlichkeiten innerhalb des Kirchenraumes durch die getrennten Stellungen der Personen angedeutet.

Diese ersten Spuren des Dramatischen kamen zu bedeutender Erweiterung, als für die Zeremonien das Innere der Kirche nicht mehr genügend Raum bot. Zunächst wählte man deshalb den Platz vor der Kirche, und zwar so, daß die Kirchentür den Mittelpunkt des Hintergrundes bildete. Mehr und mehr hatten diese Gebräuche unter zunehmender Beteiligung des Laientums sich zum geistlichen Schauspiel erweitert. Auf den geeignetsten Plätzen der Stadt wurden offene Brettergerüste erbaut, mit dem Über- und Nebeneinander der verschiedenen, für die darzustellenden Vorgänge bestimmten Bühnenabteilungen.

Wenn schon durch die Bewegung nach außen das Bedürfnis größern Schaugepränges gesteigert war, so hatte andernteils auch dadurch, daß neben den Geistlichen und den Chorknaben auch das Laientum immer mehr an den Aufführungen sich beteiligte, auch die nationale Sprache des Volkes neben der lateinischen Kirchensprache immer größere Bedeutung gewonnen, bis sie endlich — nachdem die Kirchenbräuche zum religiösen Volksschauspiel sich gewandelt hatten — die volle Herrschaft erlangte. Diese Emanzipation von der Kirche wurde am meisten durch die Handwerker-Korporationen gefördert. In England zogen sie auf großen Karren mit den ganzen Bühnengerüsten von Ort zu Ort, um bei den großen Kirchenfesten ganze Zyklen solcher Spiele — von der Schöpfung an bis zur Auferstehung Christi — in Kostümen und mit allem dazu nötigen dekorativem Aufputz die schaulustige Menge zu ergötzen.[1])*)

Da diese religiös-theatralischen Volksschauspiele Jahrhunderte hindurch den germanischen wie romanischen Völkern gemeinsam

---

*) Die im Texte vorgemerkten kleinen Ziffern weisen auf den Schlußabschnitt „Ergänzungen und Anmerkungen" hin.

waren, — auch in der Mitwirkung des komischen Elements in derben Possen, die meist den Teufeln zufielen, — so können die hier gegebenen Andeutungen genügen.

Wenn auch die Mysterien und Mirakelspiele noch bis in die Mitte des 16. Jahrhunderts hinein vereinzelt wieder vorkamen, so hatte doch schon gegen die Mitte des 15. Jahrhunderts noch eine andere Gattung sich dazu gesellt, die unter dem Namen der Moralities oder Moral plays für lange Zeit zu großer Geltung gekommen war. In diesen Stücken handelte es sich ganz ausschließlich um einen lehrhaft moralisierenden Inhalt, der einzig durch allegorische Figuren verständlich gemacht werden sollte. Schon hieraus leuchtet ein, daß in diesen Moralitäten keineswegs ein Fortschritt oder eine weitere Entwickelung der dramatischen Gattung anzuerkennen ist. Da die sämtlichen redenden Figuren in diesen Stücken nur Personifikationen der Tugenden und Laster, der Leidenschaften und anderer ungegenständlicher allgemeiner Begriffe waren, so ist es begreiflich, daß durch diese Abstraktionen die Mysterien mit ihrer Fülle von bewegter Handlung nicht verdrängt werden konnten. Nur der Teufel fand auch seinen Weg aus den Mirakelspielen zu den Moralitäten. Ihm war aber in den meisten Fällen zum Begleiter noch die Figur des Lasters (the vice) gegeben, das in den meisten dieser Stücke eine hervorragende Rolle spielte. Noch Shakespeares späterer Zeitgenosse Ben Jonson spricht einmal davon (in seinem Stücke „Der Teufel ist ein Esel"), daß „vor einigen fünfzig Jahren" jeder große Mann das Laster an seiner Seite gehabt, „im langen Rock, den Dolch von Holze schüttelnd".

Sowie dem Teufel in den religiös=theatralischen Aktionen häufig die Rolle des Spaßmachers übertragen war, so hatte auch das „Laster" meistens dies Geschäft zu übernehmen, ja es erschien in manchen Stücken sogar im Kleide des eigentlichen Narren. In den ältesten Moralitäten, aus der ersten Hälfte des 15. Jahrhunderts, die sich handschriftlich erhalten haben, leistete

1*

man in der persönlichen Vorführung abstrakter Begriffe ganz Erstaunliches. In dem einen erscheint Humanum genus als Vertreter des Menschengeschlechts und zwar ganz nackt, neben ihm die Allegorien Voluptas, Stultitia, Avaritia, Detractio usw. Von den ältesten und im Druck erhaltenen Stücken mögen hier genannt sein: „Natur" und „Die Welt und das Kind". Das letztere, das schon gegen Ende des 15. Jahrhunderts aufgeführt sein wird, ist 1522 gedruckt. Neben den allegorischen Figuren: Natur, Unschuld, Stolz, Vernunft, Geduld, Barmherzigkeit usw. erscheint „der Mensch" in fünf verschiedenen Lebensaltern, mit stets wechselnder Bezeichnung. Bemerkenswert sind in diesem moral play die zahlreichen Erwähnungen von Londoner Lokalitäten und Sitten der Zeit.

Etwas mehr Fleisch und Blut ist in der Moralität „Hick Skorner", die auch besonders beliebt gewesen zu sein scheint, was vielleicht den darin enthaltenen komischen Partien zuzuschreiben ist. Besser aber in der Ausführung ist das, auch durch seine mancherlei Nachbildungen berühmt gewordene moral play „Everyman", welche Figur auch wieder den Menschen im allgemeinen (Jedermann, Jedweder) darstellen soll, und zwar in dem letzten Abschnitt seines Lebens bis zu seinem Tode. Dieser Gedanke der englischen morality hat in mehrfachen Umgestaltungen auch bei uns durch Vermittelung des lateinischen „Homulus" von Diesthemius große Verbreitung gefunden. In dem englischen Everyman wird nach einem Prolog, den ein Bote hält, das Stück durch ein Selbstgespräch Gottes eröffnet, der über die zunehmende Sündhaftigkeit der Menschen klagt. Dann wird „Tod" herbeigerufen und erhält von Gott den Befehl, zu „Everyman" zu gehen und ihn zu seiner großen Reise vorzubereiten. Das geschieht, aber Everyman soll zuvor allen Umgang, den er auf Erden hatte, prüfen. Nun zeigt sich die Unbeständigkeit seiner Freunde, die aber auch hier nur wieder Personifizierungen allgemeiner Begriffe sind. Erst kommt er zur „Genossenschaft" und fordert sie auf, ihn auf seiner Reise zu begleiten. Da Genossen-

schaft aber hört, daß es bei dieser Reise sich um Nimmerwieder=
kehr handelt, weigert sie sich. So geht es dann Szene für Szene
weiter, mit der Verwandtschaft, Weisheit, Stärke usw. Nachdem
sogar die „fünf Sinne" ihm ihre Begleitung verweigert, ent=
schließt sich zuletzt einzig „Guttat", mit ihm zu gehen. Dann
erscheint der Engel und spricht einige Trostesworte, worauf in
einem Epilog „der Doktor" den ganzen Vorgang rekapituliert
und mit dem Hinweis auf die Moral das Stück beschließt.

Bei der überwiegenden Mehrheit dieser moral plays ist es
mit dem dramatischen Gehalt noch kläglicher bestellt. Am erträg=
lichsten sind noch diejenigen, in denen schon die volkstümliche
Gattung der „Interludes" zu verspüren ist.

Wenn im allgemeinen für die bis jetzt entstandenen drama=
tischen Gattungen bei den Aufführungen derselben das offene
Brettergerüst mit erhöhter Bühne bestehen blieb, indem dasselbe
auf einem Marktplatz oder in der Straße errichtet wurde, so
hatte sich doch daneben in den fürstlichen Hofhaltungen die Sitte
mehr verbreitet, bei besonderen festlichen Veranstaltungen einen
geschlossenen Raum für die Aufführungen musikalisch=theatralischer
Spiele zu benutzen. Dem Bedürfnisse der Hofhaltungen entsprach
es aber, daß bei derartigen Veranstaltungen von einer szenischen
Einrichtung, wie solche bei den theatralisch=religiösen Vorstellungen
oft notwendig war, gänzlich abgesehen wurde.

Wenn schon bei der größeren Zahl der „Moralitäten" die
Einfachheit des extemporierten Schauplatzes in einem königlichen
Schloße oder in irgend einer gräflichen Hofhaltung den Stücken
entsprach, so gilt dies noch mehr von jener Gattung von Spielen,
die für die Entwickelung wirklicher dramatischer Formen den ersten
Anstoß gaben, und zwar besonders durch den erfindungsreichen
und witzigen Kopf des Minstrel John Heywood. Es waren dies
die Interludes (auch Enterludes), die um dieselbe Zeit entstanden,
wie in Deutschland die älteren Fastnachtspiele der Nürnberger
Volksdichter Folz und Hans Sachs.

Wenn John Heywood auch nicht als der eigentliche Schöpfer dieser Gattung von Stücken bezeichnet werden kann, da auch die Interludes — wie es bei allen ähnlichen neuen Gattungen zu geschehen pflegt — aus verschiedenen vorausgehenden Elementen allmählich zur letzten Form sich entwickelten, — so hatte er doch durch seine große Begabung, vor allem durch seinen außerordentlichen Witz, die Gattung vervollkommnet und darf als ihr glänzendster Vertreter bezeichnet werden.

John Heywood bekleidete zunächst am Hofe Heinrichs des Achten das Amt eines Minstrels, Sängers und Spinettspielers. Auch in den Dokumenten der königlichen Hofhaltung wird er als singer und player of the virginals bezeichnet.

Die mittelalterlichen Minstrels waren Leute, in denen die Künste der Poesie und der Musik sich vereinigten. Sie sangen zur Harfe die von ihnen selbst geschaffenen Lieder verschiedener Art und mußten für jede kurzweilige Unterhaltung sich geschickt erweisen. Auch bei den Aufführungen der Mysterien- und Mirakelspiele, für die Gesänge und die Zwischenspiele in den Pausen, wurden die Minstrels verwendet, was aus gelegentlichen Anmerkungen in den alten Texten hervorgeht. Was ihre gesellschaftliche Stellung betrifft, so standen die Minstrels in der Achtung nicht höher, als die herrenlosen Schauspieler der damaligen Zeit. In einer Verordnung unter Heinrich IV. wurden sie mit „anderen Vagabunden" zusammen genannt. Da sie aber am Hofe gebraucht wurden, so konnte ein geschickter Minstrel es auch zu großer Beliebtheit bringen. Ihre einzelnen Gesänge wurden dann bald zu ganzen Szenen erweitert, die irgendwelche witzige oder spaßhafte Pointe hatten.

Von Heywood sind außer seiner großen Menge kleiner Poesien sieben seiner Interludes veröffentlicht worden. Er selbst sagt in seinen Schriften: er habe „mehr Freude als Gewinn dabei gesucht, tolle Stücke gemacht und wenig Gutes getan". Mit Thomas More soll er sehr vertraut gewesen sein, mußte aber später England verlassen und starb 1556 im Exil zu Mecheln.

Von seinen Possen, in denen er die Laster der römischen Klerisei mit übermütiger Laune geißelte, mögen hier nur drei zur Kennzeichnung dieser Gattung besprochen werden.

„Ein lustiges Spiel von einem Ablaßkrämer, dem Mönch, dem Kurator und dem Nachbar Pratt" erschien im Drucke 1533, muß aber schon mehrere Jahre früher aufgeführt worden sein. Spaßhaft wie die Idee des Ganzen ist auch die Ausführung. Zuerst erscheint der Mönch mit einem Monolog, an dessen Schluß er niederkniet und sein Gebet spricht. Unterdessen kommt der Ablaßkrämer (pardoner) herein und — ohne den Mönch zu beachten — setzt er in langer Rede sein Geschäft und sein Begehr auseinander, indem er seinen großen Vorrat von Reliquien auskramt. In den Erklärungen, die er von denselben gibt, herrscht bei dem äußersten Übermut der Satire oft ein wahrhaft glänzender Witz. So hat er nicht nur die „Kinnbackenknochen" sämtlicher Heiligen, sondern auch eine französische Haube der Jungfrau Maria und andere Dinge mehr, sowie endlich auch die große Zeh der — Dreieinigkeit! — Nun fängt der Mönch, der sich endlich erhoben hat, seine Predigt an, wird aber schon nach den ersten Versen dadurch unterbrochen, daß auch der Ablaßkrämer seine Rede wieder aufnimmt. Ohne daß der eine durch den andern sich stören läßt, schlingen nun die Reden beider in fortwährendem Wechsel der Verse sich durcheinander, und zwar Vers um Vers, mehrere Seiten hindurch.

Endlich unterbricht sich der Mönch, indem er den Pardoner auffordert, ihm den Raum der Kirche zu seiner Predigt, die er zu halten habe, zu überlassen. Der Pardoner widerspricht diesem Begehren und fährt aufs neue fort, und da keiner dem andern nachgeben will, geht es wieder mit den Vers um Vers ineinander verschlungenen Reden beider so fort. So wiederholt sich, nach nochmaliger Unterbrechung, diese spaßhafte Rivalität zum dritten Male, bis sie endlich beide gegeneinander in Wut geraten und sich bei den Köpfen kriegen. Da kommt der Kurator, dem der Platz gehört, herbei, sucht zwischen beiden zu vermitteln und ruft, da sein Bemühen vergeblich ist, den Nachbar Pratt zu Hilfe. Pratt fragt, was es gebe, worauf der Kurator erwidert: Ein Schurke schelte hier den andern. Der Kurator und der Nachbar nehmen nun ein Jeder einen der Streitenden in ihre Gewalt, bis sie gebändigt sind. Da Predigermönch und Ablaßkrämer den Platz aufgeben müssen, rufen sie gleichzeitig:

Adieu denn zum Teufel, bis wir kommen zurück!

Worauf die beiden andern, das Stück beschließend, antworten:

Und es geh mit euch beiden alles Mißgeschick!

Ein anderer Schwank des Heywood von ähnlicher Tendenz ist betitelt: „Die vier P's". Ein neues und lustiges Enterlude von einem jungen Pilger (Palmer), Ablaßkrämer (Pardoner), Apotheker (Poticary) und Krämer (Pedlar)".

Das gedruckte Buch trägt keine Jahreszahl, wird aber aus derselben Zeit (um 1530) stammen. Der Dialog der genannten vier Personen ist von unmäßiger Breite, enthält aber eine Fülle von Witz, abwechselnd von großer Derbheit und von feiner Ironie. Auch die Reliquien spielen hier wieder, wenn auch nur als kurze Episode, ihre Rolle, und auch „die große Zeh der Dreieinigkeit" fehlt dabei nicht.

Mehr eigentliche Handlung ist in einem andern Stück des Heywood, genannt: „Johann der Ehemann, Tyb sein Weib und Johann der Priester", gedruckt 1533. Johann ist ein unter dem Pantoffel stehender Ehemann, der in Abwesenheit seines Weibes den Herrn im Hause spielt. Er schwört bei Beginn des Stückes, da sie fort ist, er werde sie bei ihrer Rückkehr gehörig durchprügeln. Da sie — von ihm unbemerkt — eingetreten ist und seine Worte gehört hat, fragt sie ihn: wen er denn so zu prügeln vorhabe? Worauf er sogleich kleinlaut erwidert: Ich? Niemand, so wahr mir Gott helfen möge! Tyb, sein Weib, klagt nun über Unwohlsein. Der Mann vermutet, sie werde wohl wie gewöhnlich mit dem Priester etwas getrunken haben. Sie berichtet ihm dagegen, sie habe mit dem Priester und mit Margarete, des Nachbars Tochter, eine Pastete gebacken, die sie ihm mitgebracht hat und ihm zeigt. Der Mann, verlangt sie, solle dafür den Priester zum Abendessen bitten. Der Mann gehorcht wie immer, obwohl er Verdacht schöpft. Der Pfaffe kommt und das weitere der Posse besteht nun darin, daß der Mann unter gewissen Vorwänden wiederholt hinausgeschickt wird, während das Weib und der Priester sich belustigen und die Pastete allein aufessen.

In diesem letzteren Schwanke, dessen Ursprung in der italienischen Novellenliteratur zu suchen ist, wird uns ganz besonders die Verwandtschaft des Genres mit den Fastnachtschwänken seines deutschen Zeitgenossen Hans Sachs überzeugend sein, der ja auch mit Vorliebe die Untreue der Weiber und die Laster der damaligen Priester geißelte. Der deutsche Volksdichter übertrifft wohl den Engländer in der Mannigfaltigkeit wie auch in der lebhafteren dramatischen Aktion; dagegen zeigt Heywood im glänzenden und scharfen Witze seines Dialogs sich dem deutschen Schwankdichter überlegen. Während aber in Deutschland die von Hans Sachs gegebenen, so bedeutenden Anregungen für die Fortentwickelung der dramatischen Dichtung ohne Folgen blieben, während selbst Ende des 16. Jahrhunderts bei uns die eigentlichen Nachahmer der Engländer, Jakob Ayrer in Nürnberg und Herzog Julius von Braunschweig, keinen künstlerischen Fortschritt erkennen ließen, vereinigten sich in England unter den günstigeren politischen Verhältnissen alle Elemente zu einer konstanten Entwickelung des Dramas.

Nach den von John Heywood gegebenen Proben sei hier zunächst noch ein Interlude erwähnt, dessen Autor zwar unbekannt ist, das aber für die Geschichte des Dramas durch die Wahl wie die kecke Behandlung des Stoffes Bedeutung hat. Es ist ein höchst burleskes Stück, betitelt: Thersytes („A new Enterlude, called Thersites"). Obwohl erst nach 1560 gedruckt, scheint es doch schon um vieles früher verfaßt zu sein. Das bemerkenswerteste darin ist, daß ein aus dem Altertum genommener Name zu einer Farce verwertet ist, deren ganzer Inhalt mit den Überlieferungen der Alten nichts zu schaffen hat. Obwohl von der Zerstörung von Troja, von Agamemnon und Ulysses die Rede ist, so sind doch dabei Zeiten und Personen ganz willkürlich durcheinander geworfen. Neben den genannten Personen werden Christus und Maria erwähnt, und dann wieder ist von König Arthur und von den Rittern der Tafelrunde die Rede. Das Personenverzeichnis dieses wunderlichen Produktes nennt: Thersytes, ein Prahler; Mulcyber, ein Schmied; Mater, eine Mutter; Miles, ein Ritter; Telemachus, ein Kind. Im Titel heißt es außerdem: „Dies Enterlude zeigt, wie die größten Prahler nicht die größten Helden (eigentlich Täter, doers) sind". Diesem Programm gemäß besteht auch der in den tollsten Possen und Absurditäten sich bewegende Inhalt hauptsächlich darin, daß Thersytes für seine Prahlereien und seine Feigheit bestraft und verhöhnt wird. So hat der Held einmal einen Kampf mit einer — Schnecke! Man wird schon aus dieser kurzen Charakteristik des Helden ersehen, daß von Beziehungen zu dem Thersites Shakespeares gar keine Rede sein kann. Daß aber der Verfasser die Komödien der Römer kannte, ist schon aus den hier angeführten Personennamen zu schließen.

Ein befruchtender Einfluß der alten Klassiker auf die Stücke in dieser Periode des englischen Schauspiels war schon dadurch ausgeschlossen, daß die Schauspieldichter es vorzogen, die volkstümlichen Elemente der Interludes nur zu einem neuen Aufputz der frostigen Moralitäten zu verwenden, um diese etwas genießbarer zu machen, welches Verfahren sogar bei den immer noch vorkommenden älteren Mysterien sich geltend machte.

Nur in wenigen unter den zahlreichen Stücken dieser Art war aus der Vermischung der Gattungen das derb realistische Element siegreich hervorgegangen. Zu den ältesten und berühmtesten Stücken dieser Mischgattung gehörte das Spiel Tom Tyler und sein Weib. Auch dieses zeigt sich in der Form noch als ein Moral play, aber die allegorischen Figuren sind hier eigentlich nur die überflüssigen Zutaten. Eröffnet wird das Stück durch die Personen: das „Schicksal" und die „Begierde", — diese noch durch die Bezeichnung des „Lasters" erläutert. Das „Schicksal" hat Tom Tyler mit einem Weibe namens Strife verheiratet, unter dessen Herrschaft er ein elendes Lebens führt, da sie nicht nur eine große Zänkerin ist, sondern auch dem Trunke ergeben. Tom Tyler hat einen Freund Tom Taylor. (Der Klang der beiden Namen — Tiler: Ziegler und Taylor: Schneider — hat weiter keine Bedeutung.) Tom Tyler klagt dem Freund sein Leiden, worauf dieser ihm den Vorschlag macht, die Rollen zu tauschen; Tom Taylor will an Tylers Statt den Ehemann spielen. Es geschieht, und in der Verkleidung prügelt Taylor das Weib Tylers gehörig durch, wonach sie wieder die Kleider wechseln und jeder in seinem eigenen Charakter erscheint. Als nun Tyler des Abends zu seinem Weibe kommt, hat sie sich bereits ins Bett legen müssen und versichert ihrem Manne, sie würde ihn nach dem Vorgefallenen nie mehr lieben können. Darauf ist Tyler schwach genug, ihr zu bekennen, daß nicht er ihr die Prügel verabfolgt habe, sondern sein Freund Taylor. Da nach dieser Erklärung das Weib voll Wut den Stock nimmt und auf ihren Mann losschlägt, läuft dieser wieder zu seinem Freunde Taylor, der aber nun, aus Ärger über den Schwächling, denselben gleichfalls prügelt. Nach diesen ganz realistischen Szenen treten die allegorischen Personen wieder in die Handlung, zuerst das „Schicksal", dann die „Geduld". Letztere gibt, da nun auch das Weib wieder dazugekommen ist, der Sache dadurch ihren Abschluß, daß sie beide streitenden Teile besänftigt.

Man sieht, von einer sonderlich witzigen Erfindung kann hier keine Rede sein, und wenn trotz der so dürftigen Handlung das Stück seinerzeit populär war, so wird der Grund dafür sowohl in der Munterkeit der Ausführung wie auch in der deutlichen Charakteristik der Personen gelegen haben, und obwohl man es noch für notwendig ansah, dem so einfachen und realistischen Possenspiel die dafür gänzlich überflüssigen allegorischen Gestalten hinzuzufügen, so behält das Stück trotz alledem den Charakter des Interlude, und zwar nicht allein durch die realistische burleske Handlung, sondern auch in der Sprachform mit den eingestreuten kleinen Gesängen.

Aber auch Schauspiele, deren Stoffe der Bibel entnommen sind, finden wir in dieser Zeit als Interludes bezeichnet. Ein solches Schauspiel war „Maria Magdalena", welches erst 1567 gedruckt und auf dessen Titelblatt als Verfasser der gelehrte Geistliche Lewis Wager genannt ist. Trotz der Bezeichnung des Stückes als „Enterlude" ist dasselbe ganz mit dem unerquicklichen und undramatischen Apparat der Moralitäten ausgestattet. Untreue, Stolz, Fleischesluft, Weisheit, Liebe, Beständigkeit usw. figurieren hier als allegorische Personen. Ebenso verhält es sich mit einem Stücke, welches die Geschichte der Königin Esther behandelt: „Goodly Queen Hester, a new interlude", gedruckt im Jahre 1561. Auch hier haben wir ein angebliches Interlude, das einen biblischen Stoff mit der schlechten Brühe der Moral plays verdünnt hat. Zu den Personen der eigentlichen Handlung, Ahasverus, Haman, Mardochäus und Esther, gesellen sich noch die allegorischen Figuren: Stolz, Schmeichelei und Ehrgeiz, und der Spaßmacher, welcher den Namen Hardy=dardy trägt, geht im Kostüm des Narren.

Und neben diesen Mischspielen, denen so häufig und gänzlich unbegründet die Bezeichnung „Interlude" beigelegt ist, bestand auch die alte Gattung der Mirakelspiele und Mysterien ruhig fort. Ja, von einem hervorragenden Geistlichen, John Bale, haben wir sogar eine derartige Dichtung, die er nicht nur als „Enterlude" bezeichnet, sondern sogar auch gleichzeitig als Tragödie. Es ist dies der früheste Fall, in welchem wir dieser

Bezeichnung begegnen, denn sie bezieht sich auf ein Stück, welches bereits 1538 gedruckt wurde und welches unter dem Titel „Die Verheißungen Gottes" (God's Promises) bekannt und vielgenannt ist.[2]) Der Verfasser, John Bale, geb. 1495, war unmittelbar nach seiner Weihe zum Bischof von der römischen Kirche abgefallen. Unter der Herrschaft der Königin Mary hatte ihm dieser Schritt natürlich die heftigsten Verfolgungen zugezogen und nötigte ihn, Irland zu verlassen. Nachdem er einige Zeit in der Schweiz gelebt, kehrte er, nach der Thronbesteigung der Königin Elisabeth, nach England zurück, wo er 1563 starb. Seine „dramatischen" Dichtungen fallen jedoch noch in die Zeit vor seinem Übertritt zum Protestantismus und sie ermangeln jeder Spur wirklich dramatischen Lebens. Das als „Tragödie oder Enterlude" bezeichnete Mirakelspiel „Die Verheißungen Gottes . . . . vom Falle Adams bis zur Fleischwerdung des Herrn Jesus Christ" ist in sieben Akte geteilt, in deren jedem der Pater coelestis ein Gespräch führt, und zwar im ersten Akt mit Adam, im zweiten mit Noah, im dritten mit Abraham, dann mit Moses, mit König David, mit dem Propheten Jesaias und endlich mit Johannes dem Täufer. Man kann sich hiernach einen Begriff von dem „dramatischen" Gehalt dieser seltsamen Dichtung machen, welche in dieser Hinsicht gegen die meisten viel älteren Mysterien zurücksteht. Es ist wirklich eine wunderliche Ironie des Zufalls, daß gerade dieses Stück es sein mußte, welchem zu allererst in der englischen Literatur die Bezeichnung „Tragödie" beigelegt wurde. Von demselben Verfasser rühren noch ein paar Miracle-plays her: „Johannes des Täufers Predigt in der Wüste" und „Die drei Gesetze der Natur".

Nicht besser als „God's Promises", aber in der Entwickelungsgeschichte des englischen Dramas von weit größerer Wichtigkeit ist John Bales „König Johann". Das alte Manuskript*)

---

*) Das Stück ist erst im vorigen Jahrhundert nach der Handschrift gedruckt und von P. Collier herausgegeben worden.

dieses „Kynge Johan" trägt keine Jahreszahl und ist als ein „play in two parts" bezeichnet. Was es aber mit diesen „zwei Teilen" für eine Bewandtnis hat, ist aus dem Stücke selbst nicht zu erkennen. Es ist weder in Szenen noch Akte geteilt, und nur einmal, etwa nach dem ersten Drittel des Stückes, heißt es: finit Actus primus. Danach aber fehlt jede weitere Andeutung, bis es am Ende wieder heißt: „Hier enden die zwei Teile von König Johann". Die Sprache ist durchweg in sechsfüßigen gereimten Versen; es ist der Alexandriner in freierer rhythmischer Bewegung. Was dem Stücke seine Bedeutung verleiht, liegt einzig in dem Umstand, daß hier zum ersten Male ein historischer und natio= nal=englischer Stoff behandelt ist. Aber auch bei diesem Schau= spiel ist selbst der geschichtliche Gegenstand in einer wahrhaft ungeheuerlichen Weise mit dem undramatischen Element der Mora= litäten überladen und ganz in das Gebiet der Allegorie gerückt worden. Neben dem Papst, dem Kardinal Pandulpho und noch drei Personen treten als redende Figuren auf: Adel, Kirche, Bürgerliche Ordnung, Verrat, Wahrheit, Verleumdung, Aufruhr usw., ja sogar „England" — als eine „Witwe" bezeichnet — muß persönlich figurieren!

Schon nach dieser bloßen Anführung der in dem Stücke vorkommenden Personen wird man ermessen können, wie himmel= weit entfernt dieses älteste der englischen Königsdramen von jeder dramatischen Gestaltung ist. Wir werden uns jetzt kaum eine Vorstellung machen können, wie eine solche Menge von abstrakten Begriffen, die als dramatische Personen gelten sollen, dem Publikum überhaupt verständlich sein konnte. Welch eine Fülle von dramatischem Leben herrscht dagegen in dem etwa fünfzig Jahre später erschienenen „König Johann", welcher dem Shakespeareschen Drama noch vorausging! Auch abgesehen von der erstaunlichen Unbehilflichkeit in der dramatischen Komposition können wir dem Stücke des John Bale die Bezeichnung „Historie" noch gar nicht beilegen, und sein Verdienst beschränkt sich, wie gesagt, einfach darauf, daß darin zuerst ein englisch=historischer Stoff in dialogischer Form behandelt wird.

Wenn diese sonderbare historische „Tragödie" noch eine ganz vereinzelte Erscheinung blieb, so dominierte immer noch jene Gattung von Komödien allgemein moralisierender Tendenz mit Zuhilfenahme der alten Allegorien oder vielmehr der Personifizie= rungen bloßer Begriffe. Aber sie wurden nicht mehr als Mora= litäten oder Moral plays bezeichnet, sondern man nannte sie un= zutreffenderweise Interludes. Aus der großen Zahl solcher Stücke mögen hier zwei wegen besonderer äußerer Eigenschaften der alten Drucke genannt sein. Es sind dies die moralisierenden Interludes „Lusty Iuventus" und „The Trial of Treasure". Der vollstän= dige Titel des ersteren Stückes lautet: „Lusty Iuventus, darstel= lend die Schwäche der Jugend, von Natur dem Laster geneigt, durch die Gnade und guten Rat zur Tugend geführt." Von Per= sonen finden wir verzeichnet: ein Bote, die fröhliche Jugend, der gute Rat, die Erfahrung, die Heuchelei usw. Dies Personenver= zeichnis, von dem man schon auf den Inhalt schließen kann, ist noch dadurch bemerkenswert, daß unter demselben — alles auf der Titelseite — die Anmerkung steht: Das Stück sei leicht zu spielen, wenn ein jeder Darsteller ein paar von solchen Personen übernähme, die nicht zugleich erschienen. Noch bestimmter findet diese Sorge für die Darstellung Ausdruck auf dem Titelblatt des anderen Stückes „The Trial of Treasure", indem hier die Per= sonennamen gleich so in Gruppen geteilt sind, daß die fünf= zehn Rollen des Stückes von fünf Darstellern gespielt werden können.[3])

Es möge hier daran erinnert werden, daß es für die Auf= führungen solcher Stücke noch keine eigentlichen Berufsschauspieler gab, da der Schauspielerstand erst etwa anderthalb Dezennien später mit der Bildung von ganzen Truppen sich entwickelte. Bei jenen ältesten dramatischen Spielen waren die Darsteller noch aus den Kreisen der Handwerker oder anderer bürgerlicher Berufe

genommen, wie solches auch in Deutschland in der ersten Zeit
der Reformation der Fall war.

Der Einfluß der volkstümlichen Interludes auf die Morali=
täten machte sich nur darin bemerkbar, daß man immer mehr
wenigstens Stoffe wählte, die dem gewöhnlichen Leben entnommen
waren, wenn man auch dabei die allegorischen Figuren immer
noch nicht entbehren konnte. Mehr emanzipiert von dem Einfluß
der Moralitäten finden wir aus jener Zeit ein Stück von Th.
Ingland, das den Titel führt: „Das ungehorsame Kind". Hier
ist der im ganzen realistischen Handlung nur die Figur des
Teufels beigegeben, dem die sonderbare Aufgabe erteilt ist, das
Stück versöhnend zu schließen. Diese Mischgattung der Interludes
und Moralitäten bestand auch noch fort, als bereits durch die
Wiedererweckung der alten Klassiker neue Anschauungen von dem
Wesen des Dramatischen Eingang gefunden hatten. Wenn auch
die lateinischen Komödiendichter erst später durch Übersetzungen
dem größeren Publikum bekannt gemacht wurden, so waren doch
den literarisch Gebildeten schon seit Mitte des Jahrhunderts so=
wohl die Trauerspiele des Seneca, wie auch die Komödien des
Plautus und Terenz, ja selbst des Aristophanes bekannt, und so
waren es denn auch zunächst die alten Komödien=Dichter, die
einen bestimmt erkennbaren Einfluß auf den frühesten Versuch
eines englisch=nationalen Lustspiels hatten. Da dieses Stück
— es ist die Komödie Ralph Roister Doister — schon um
1550 erschienen sein muß,[4] so bleibt es wiederum auffallend, daß
ein solches Beispiel vorläufig noch vereinzelt geblieben war, ohne
eine Beseitigung der fortbestehenden Moralitäts=Interludes be=
wirken zu können. Für die Geschichte des englischen Dramas
ist dasselbe jedoch von unbestreitbarer Wichtigkeit.

Der Verfasser des Lustspiels „Ralph Roister Doister",
Nicolas Udall, hat selbst in einem Prolog, in dem er auch des
Plautus und des Terenz Erwähnung tut, sein Stück als „Comedy
oder Enterlude" bezeichnet und bei der Bedeutung desselben

wird eine gedrängte Analyse, mit Einflechtung einiger Dialog=
proben, gerechtfertigt sein.*)

Das Stück, das nicht nur regelrecht in fünf Akte, sondern
auch in Szenen eingeteilt ist, spielt in London. Matthew Merry=
greek, der dasselbe mit einem Gesang eröffnet, schildert in dem
sich anschließenden Monolog seine eigene Natur und danach die
seines Herrn und Gefährten Roister Doister, von dessen Eigen=
schaften er besonders hervorhebt, er sei in jedes Frauenzimmer,
das ihm nur freundlich begegne, sogleich auf Tod und Leben ver=
liebt und wolle sie zum Weibe haben. Ralph Roister Doister
tritt auf mit dem Seufzer: „Komm, Tod, wann du willst, mein
Leben hab' ich satt!" — Merrygreek hat ihn belauscht und stellt
sich, als sehe er ihn nicht. Dann, als Roister Doister ihn an=
redet, fexiert er ihn mit allerlei ausweichenden Antworten. End=
lich sagt ihm Ralph Roister Doister, er sei zu sterben entschlossen,
wenn er, Merrygreek, ihm nicht helfen könne. Merrygreek richtet
allerlei Fragen an ihn und fährt dann fort:

Merry.

Was ist's denn? Hat jemand gedroht, Euch zu schlagen?

R. Roister.

Wer wär's, der solches gegen mich wollte wagen?
Wer mich schlagen wollte, der sollte wohl sehn,
Daß ich keinem würd' aus dem Wege gehn.

Merry.

Das weiß jedermann, seitdem vor der Welt
Ihr des Herkules Taten in Schatten gestellt.
Aber was ist's denn?

R. Roister.

Die Liebe, sie setzet mir zu.

---

*) In den Übersetzungsproben habe ich versucht, die Verse, in denen
meist vier Hebungen mit einer nach Bedarf willkürlichen Zahl von Sen=
kungen zu erkennen sind, dem Original möglichst entsprechend nachzubilden,
ohne das oft recht Holperige dieser Art von Knittelversen zu vermeiden.

Merry.

Ach die närrische Lieb', läßt sie nie uns in Ruh?
Doch als Ihr zuletzt mußtet retirieren,
Da schwurt Ihr, das sollt' Euch nicht wieder passieren.
Ihr wolltet mit den Weibern Euch nicht mehr befassen.

R. Roister.

Wenn mein Herz ist voll Liebe, wie kann ich es lassen?

Nach langem Hin- und Herfragen kommt es endlich heraus, daß die Angebetete Christiane Custance ist, die er erst ein paarmal gesehen. Ralphs Hauptkummer ist, daß er einen Rivalen hat und zwar in einem Kaufmann namens Gawin Goodluck, welchem, wie er hörte, die Dame Custance bereits versprochen sei. Merrygreek tröstet ihn dadurch, daß er ihm seine Unwiderstehlichkeit vorhält, und ihm die Namen aller der siegreichen Helden vorzählt, mit denen man ihn in seiner Lage vergleichen könne. (Ganz ähnlich geschieht dies in Shakespeares Jugendlustspiel „Verlorene Liebesmüh", in dem Gespräch zwischen Armado und Motte, Akt I, Szene 2.) Ralph ist dadurch sehr befriedigt und ist auch überzeugt, daß die Dame ihn liebe, denn sie habe gestern Abend, da sie zusammen speisten, wohl zwanzigmal nach ihm gesehen und dabei gelacht.

In der folgenden Szene erscheint Ralph bei der Amme Madge Mumblecrust, die am Spinnrocken sitzt und mit den Dienerinnen im Gespräch ist. Ralph bleibt dann bei der Amme allein zurück und teilt derselben seine Liebe zu ihrer Herrin mit. Als Ralph ihr, wie die Anmerkung im Buche lautet, „eine lange Geschichte ins Ohr flüstert", kommt Merrygreek mit zwei Anhängern Ralphs, Doughty und Harpax, und da sie Ralph in so heimlichem Gespräch mit der Amme sehn, hält Merrygreek anfänglich diese für die Dame selbst. Nach einem langen, spaßhaften Dialog zwischen den Genannten hat Ralph der Amme einen Brief für ihre Herrin übergeben, wonach alle mit einem Gesange abgehen. Die Amme will nun Ralphs Brief der Dame

Cuſtance zuſtellen, die aber ihn zu leſen ſich weigert. Damit ſchließt der erſte Akt der Komödie.

Im Anfange des zweiten Aktes kommt Dobinet Doughty in einem Selbſtgeſpräch, aus welchem wir erfahren, daß er für Ralph Roiſter Dienſte zu tun hat. Er ſucht das Haus der Dame Cuſtance und klagt über die Launen ſeines verliebten Herrn. Er ſoll der Dame „einen Ring und ein Merkzeichen in einem Lappen" übergeben, aber er fürchtet, daß die Sache lächerlich enden werde. Die Amme Madge, welche von ihrer Herrin wegen des Briefes ausgezankt worden iſt, weigert ſich jetzt, eine neue Vermittelung zu übernehmen. Dobinet wendet ſich deshalb an die anderen Leute des Hauſes, Truepenny und die beiden Frauen Tibet und Annot. Da er ſich nur als einen Boten „von dem künftigen Gatten" ihrer Herrin bezeichnet, ohne denſelben zu nennen, ſo laſſen ſie ſich zu der neuen Übermittelung bereit finden. Tibet nimmt die beiden Liebesgaben und läuft damit fort. In der nächſten Szene ſteht die Dame Cuſtance ihrer Dienerſchaft gegenüber und gibt ihren Zorn darüber zu erkennen, daß man jene Liebesgaben an= genommen, ohne zu wiſſen, wer ſie geſendet hat. Damit ſchließt der zweite Akt der Komödie.

Im dritten Akt kommt Merrygreek als Bote Ralphs, um zu hören, was der Ring und das andere Liebeszeichen bei der Dame Cuſtance gewirkt haben. Von dieſer ſelbſt erfährt er nun, daß ſie mit Goodluck verſprochen ſei, daß ſie nimmermehr Ralph an= gehören werde, und daß ſie ſeinen Brief gar nicht geleſen habe. Matthews Bemühungen, ihr eine gute Meinung von Ralph Roiſter beizubringen, ſind vergeblich; ſie ſpricht von ihm nur mit Aus= drücken der Verachtung. Auf Matthews Frage, ob er ihm das alles mitteilen ſoll, erwidert ſie: Ja, und ich bitte Euch, noch hinzuzufügen, was Ihr könnt. Matthew, der voll Schalkheit und voll Malice gegen Ralph ſteckt, benutzt dieſen Wink zu ſeinem eigenen Vergnügen. Indem er der Dame Antwort überbringt, fügt er nach eigenem Ermeſſen noch eine ganze Reihe von

2*

Schimpfwörtern hinzu, die sie ihm gegeben habe. Ralph erklärt hierauf, daß er gleich nach Hause gehn und sterben wolle. Der boshafte Merrygreek stellt sich, als ob er dies ernst nähme, und will gleich alle Vorbereitungen zu einem feierlichen Begräbnis treffen:

Merry.
So soll ich die Glocken läuten lassen?

R. Roister.
Nein.

Merry.
Mein guter Herr, Gott schenk Eurer Seele Gnade;
Um solches Weibes Willen zu sterben ist doch schade.
Wollt Ihr eins trinken, eh Ihr geht?

R. Roister.
Nein, ich will nichts.

Im weiteren Verlauf dieser Szene singt Merrygreek eine „Psalmodie" und richtet noch allerlei Fragen an Ralph, die sich auf seinen Tod und sein Begräbnis beziehen:

Merry.
Welche Trauerzeichen und Fackeln wollt Ihr haben?

R. Roister.
Keine.

Merry.
Dirige. Er will sich im Dunkel lassen begraben.
Neque lux, neque crux, neque Klang und dergleichen,
So will er ganz still in den Himmel sich schleichen.

Nach weiteren derartigen Späßen läßt sich Ralph leicht über= reden, vorläufig noch am Leben zu bleiben. Merrygreek setzt es durch, noch einmal bei Christiane Custance vorgelassen zu werden, und da sie ihm den Brief Ralphs zurückgibt, liest ihr Merrygreek denselben vor, aber in boshafter Weise mit einer derartig ver= änderten Interpunktion, daß aus den Liebesbeteuerungen und Lob= preisungen ebensoviele Grobheiten werden. In der folgenden

Szene mit Ralph beklagt Merrygreek in scherzhafter Weise, daß nicht er ein Frauenzimmer sei. Ralph geht sogleich darauf ein, in Merrygreek sich seine Geliebte vorzustellen und macht ihm als solcher seine verrückten Liebesbeteuerungen. Dann erinnert er sich aber voll Zorn des Schreibers, der seinen Brief so schlecht aufgesetzt und die Wirkung damit verdorben habe. Der herbeigeholte Schreiber liest nun den Brief so vor, daß er seinen richtigen Sinn erhält. Infolgedessen beschließt Ralph, nochmals eine Zusammenkunft mit Christiane Custance herbeizuführen.

Im vierten Akt erscheint nun zunächst der Bote des beglückten Freiers, des schon erwähnten Gawin Goodluck, um Christiane Custanze die Rückkehr seines Herrn zu melden. Da Ralph dies vernimmt, gibt er Befehle, ihm seine Waffen und Rüstung für den Fall, daß er ihrer bedürfe, instand zu setzen. Sie wollen der Dame den Brief nun nochmals vorlesen, und da Ralph sie hierbei als sein „süßes Weib" anredet, ist des Goodluck Bote sehr erstaunt darüber und verläßt sie, um seinem Herrn zu melden, daß sie schon verheiratet sei. Dame Custance ist aber wütend über Ralph, daß er sie beschimpft hat, und ruft ihre Leute herbei, um die Aufdringlichen hinauszuwerfen. Ralph geht, aber mit der Drohung, daß er sie und ihr ganzes Haus vernichten wolle, wenn sie ihn nicht wieder annimmt. Merrygreek kehrt aber zu der Dame zurück, um ihr mitzuteilen, daß er mit Ralph Roister nur zum Spaß sich verbündet habe, um sich über ihn lustig zu machen. Übrigens aber möge sie sich vorsehen, da Ralph „mit dem grimmigen Blick eines Schafes" sich zu einem ernstlichen Kampfe vorbereitet. Nachdem in der nächsten Szene diese Vorbereitungen zu einem wirklichen Kampf in umständlichster Weise getroffen sind, ziehen nun Ralph und seine Leute mit allerlei lächerlichen Gerätschaften, Küchengeschirr und dergl. heran gegen die Dienerschaft der Dame Custance, die ihre Leute ebenfalls zur Verteidigung ausgerüstet hat. In dem sich entspinnenden Kampfe schlägt der durchtriebene Merrygreek, der scheinbar auf Ralphs Seite steht, immer auf diesen selber los. Vergebens ruft ihm der Geprügelte wiederholt zu, daß er auf den Unrechten schlage —: Merrygreek prügelt herzhaft weiter, und indem die jämmerlich geschlagenen Angreifer das Feld räumen müssen, endet der Akt.

Im fünften Akt wird zunächst der Verlobte der Christiane Custance, der über ihre vermeintliche Untreue erbittert war, über den eigentlichen Sachverhalt aufgeklärt, und er ergreift mit Freuden die Hand der Geliebten, die vorher noch in einem langen Monolog die Gefahren erörtert, denen die Unschuld ausgesetzt sei. Endlich wird auch dem geschlagenen Helden Vergebung angekündigt und er selbst zum Hochzeitsfeste eingeladen. Das Ganze endet mit einem Schlußgesang, in welchem — wie es in mehreren Stücken jener Zeit als Sitte erscheint — des Himmels Segen für die Königin, für die Kirche usw. erfleht wird.

Aus der hier gegebenen Analyse des Stückes wird man erkennen, daß bei der Dürftigkeit der Fabel von einer eigentlichen Verwickelung oder auch nur von einem Fortschritt der Handlung kaum die Rede sein kann. In jedem der fünf Akte kehrt eigentlich die nämliche Situation — das vergebliche Werben eines verliebten Gecken — mit einigen Variationen immer wieder. Trotzdem aber ist die einfache Fabel so sorgfältig und vor allem mit so viel Streben nach Charakteristik der einzelnen Figuren ausgeführt, wie wir es noch in keinem der früheren Stücke zu erkennen vermögen; namentlich gilt dies von den beiden konsequent durchgeführten Charakteren des Titelhelden und des Matthew Merrygreek. Dieser Vorzug der Charakteristik steht aber in innigster Verbindung mit dem schon erwähnten Umstand, daß der Verfasser, obgleich er die Formen der klassischen Komödie sich aneignete, es dennoch verstanden hat, seinem Lustspiel ein vollkommen national = englisches Gepräge zu geben. Diese nationale Physiognomie erkennen wir besonders auch in den derb possenhaften und grotesk=komischen Szenen. Es ist bemerkenswert, daß der erste

Gewinn, den das englische Theater aus der Beobachtung der alten Klassiker zu ziehen wußte, nicht dem Gebiete der Tragödie, sondern dem der Komödie angehörte.

Erst volle zehn Jahre später finden wir das Musterbild der Alten auch auf tragischem Gebiete, nämlich in der Tragödie „Gorboduc" oder „Ferrex und Porrex", von Thomas Norton und Th. Sackville. Obwohl das Stück erst 1565 im Druck erschien, so ist es doch nachweislich schon vier Jahre früher, nämlich am 18. Januar 1561, zu Whitehall vor der Königin aufgeführt worden. In der ersten Ausgabe führt das Stück den Titel „Gorboduc", und erst in einer zweiten Ausgabe wurde es nach den beiden Söhnen des Königs, die auch in der Tat die Hauptpersonen der Tragödie sind, „Ferrex und Porrex" genannt. Als Verfasser der ersten drei Akte wird Th. Norton, als Verfasser der anderen beiden Akte Th. Sackville (späterer Lord Buckhorst) angeführt.

Im Gegensatz zu der besprochenen Komödie sehn wir in „Gorboduc", dem ersten regelrechten englischen Trauerspiel, die antike Tragödie — und zwar insbesondere Seneca — mit peinlichster Sorgfalt nachgeahmt, wenn auch der Stoff der ältesten englischen Geschichte entnommen ist. Gorboduc, König von Britannien, soll um 600 v. Chr. gelebt haben. Er teilte sein Reich unter seine beiden Söhne, und führte durch diese Teilung zunächst Bruderzwist und den Tod Beider, dann blutigen Bürgerkrieg und Anarchie herbei. Von allen diesen Ereignissen, welche den Inhalt des Stückes bilden, erfährt man aber nur durch die Berichte der daran beteiligten Personen, und auch dem Boten der antiken Tragödie ist dabei eine wichtige Rolle zugeteilt. Um die Idee des Stückes den Hörern recht eindringlich zu machen, begnügten sich die Verfasser nicht mit dem der antiken Tragödie nachgebildeten „Chor", welcher hier aus „vier alten und weisen Männern Britannias" besteht, und welcher einen jeden Akt mit Betrachtungen über das Geschehene abschließt, sondern es wird außerdem ein jeder Akt durch eine Pantomime — dumb show — eingeleitet, in welcher auf die Handlung des nachfolgenden Aktes in einer symbolischen Darstellung hingedeutet wird. Ja, in dem ge= druckten Buche ist zum Überfluß einer jeden dieser Vorschriften für die Pantomime auch noch die Bedeutung derselben hinzu= gefügt.

Nicht wegen des dichterischen Wertes, sondern wegen der Stellung, die diese Tragödie in der Geschichte des englischen Dramas einnimmt, lasse ich hier eine umfängliche Analyse folgen, mit Einflechtung mehrerer Verspartien, aus denen man die Be= handlung der hier zum erstenmale für die Sprache des höheren Dramas angewandten fünffüßigen Jamben ersieht. Jedenfalls hat ein Werk, das in England auch noch zu Shakespeares Zeit als das hohe Muster einer wahrhaften Tragödie gepriesen wurde, Anspruch auf solche Beachtung.

Der erste Akt wird durch folgende, den Inhalt des ganzen Stückes allegorisierende Pantomime eingeleitet:

„Zuerst beginnt die Musik von Violinen zu spielen, während dem sechs wilde Männer, in Blätter gekleidet, auf der Bühne er= scheinen. Der erste von ihnen trägt auf seinem Rücken ein Bündel mit Stäben, welches sie alle, nacheinander und zusammen, zu brechen versuchen, aber sie vermögen es nicht. Endlich nimmt einer von ihnen einen der Stäbe heraus und zerbricht ihn; hierauf die andern, einen nach dem andern herausnehmend, zerbrechen dieselben mit Leichtigkeit, während vorher, als dieselben beisammen waren, sie dies vergeblich versucht hatten. Nachdem sie solches vollbracht, verlassen sie die Bühne und die Musik hört auf. Hierdurch ward bedeutet, daß ein Staat in Einigkeit fest besteht gegen alle Gewalt, aber geteilt leicht ge= stört wird. So erging es mit dem Fürsten Gorboduc, indem er sein Land unter seine zwei Söhne teilte, das er zuvor in der Monarchie erhielt, und so erging es mit dem Streit der Söhne, für die es ge= teilt ward."

Das Stück selbst beginnt hiernach mit einem Gespräch zwischen der Königin (Videna) und ihrem ältesten Sohne Ferrex.

Videna.

Die stille Nacht, die sonst uns Ruhe bringt
Nach schwerer Arbeitslast des müden Tags,
Verlängert meine Sorg' und macht mich tadeln
Aurora, die so träg und lange zögert,
Zu zeigen ihr erglühend Angesicht,
Und doch erneut der Tag nur meinen Kummer.

Ferrex.

O gnäd'ge Frau und meine teure Mutter
Vergieb, wenn — selbst durch Deinen Gram bekümmert —
Ich Dich befrage, was Dein Herz so quält?

Videna.

Ein großes Unrecht und rechtlose Tücke,
Ganz ohne Grund und gegen die Natur.

Ferrex.

So großes Unrecht und rechtlose Tücke
Läßt sich bekämpfen und vielleicht auch rächen.

Videna.

Niemals, mein Sohn, so groß ist Eigenwille,
So die Person, mein Unglück so und Deines.

Ferrex.

Mein Unglück seh ich nicht, doch Deinen Kummer.

Videna.

Mein Mißgeschick ist Deins. Ein Vater? Nein!
Ein Vater von Natur, doch nicht an Liebe.

Ferrex.

Mein Vater? Wie! Ganz unbekannt ist mir,
Worin ich gegen ihn mich hab' vergangen.

Videna teilt ihm nun mit, daß Ferrex, den sie als den Ältesten stets am meisten geliebt hat, durch den König gegen Gesetz und Recht der Hälfte des Königreichs beraubt werden soll, indem diese Hälfte dem jüngern Bruder Porrex zugedacht sei. Sie ist darüber um so mehr bekümmert, als sie in dem jüngern

Sohn das Wachsen seines Hochmuts fürchtet. Ferrex sucht seine Mutter zu beruhigen, indem er hofft, daß sich alles zum Bessern wenden werde. — In der folgenden Szene erscheint König Gorboduc vor seinen Räten, um ihnen seinen Entschluß bezüglich seiner Abdankung und der Teilung des Landes zu eröffnen. In langen Reden geben die beiden Räte Philander und Arostus ihre Meinung kund, indem sie schließlich seiner Weisheit vertrauen. Doch hat der eine dieses, der andere jenes Bedenken, namentlich über die Frage, ob die Söhne die geteilte Herrschaft noch bei Lebzeiten des Königs antreten sollen, oder erst nach dem Tode desselben. Eubulus, Sekretär des Königs, kann jedoch seine ernsten Besorgnisse nicht verschweigen, welche ihm die beabsichtigte Teilung des Landes bereitet. Der König, nachdem er die Ansichten seiner Räte vernommen, beendet den ersten Akt mit der Erklärung, daß es bei dem gefaßten Beschluß verbleiben solle.

Die Pantomime des zweiten Aktes stellt in einer Allegorie den Gegensatz des wohlmeinenden, treuen Rates und der gewissenlosen Schmeichelei dar, welcher letzterer nunmehr der König und seine beiden Söhne zum Opfer fallen. Die Vorschrift für diese Pantomime lautet folgendermaßen:

„Erst beginnt die Musik von Hörnern zu spielen, während ein König die Bühne betritt, begleitet von einer Anzahl Edelleuten und Gentlemen. Nachdem er auf einem für ihn hergerichteten Sessel Platz genommen, kommt ein würdiger alter Mann, kniet vor ihm und bietet ihm an, aus einem Glase Wein zu trinken, welches der König ablehnt. Danach kommt ein stattlicher junger Gentlemen und reicht dem König in einem Goldgefäße Gift dar, welches der König annimmt und trinkt, und danach sogleich auf der Bühne tot umfällt. Er wird von den Lords und Gentlemen fortgetragen, worauf die Musik endet."

Nach der wieder beigefügten Nutzanwendung der Pantomime beginnt der zweite Akt, in welchem wir zunächst den Prinzen Ferrex vor seinem Rate Dordan und dem Parasiten Hermon stehen sehen. Letzterer reizt des Prinzen Gemüt zum Hasse gegen

seinen Vater und zur Gewalttat gegen den Bruder. Vergeblich
hält Dordan dem Prinzen vor, wie der König einzig und allein
das Wohl des Landes und seiner Söhne gewollt, als er den Be=
schluß zur Teilung faßte. Hermon weiß diesen Ermahnungen
gegenüber des Prinzen Gemüt mit geschickter Rede derart mit
Mißtrauen gegen seinen Bruder zu erfüllen, daß Ferrex be=
schließt, sich gegen Porrex gerüstet zu halten. Die üblen Folgen
zeigen sich gleich in der nächsten Szene. Porrex, der jüngere
Prinz, hat von Tyndar die Nachricht von den feindseligen Vor=
bereitungen seines Bruders erhalten. Wie! ruft er,

> Und ist es so? Er rüstet gegen mich,
> Als wär' sein Todfeind ich, der eigne Bruder?
> Und achtet er des Vaters nicht, des alten,
> Der uns noch lebt, und fürchtet er nicht mich?
> Will er den Krieg, nun wohl, er soll ihn haben!

Philander, der gute Rat, sucht des Prinzen Sinn zu wenden;
vielleicht, meint er, sei sein Bruder durch gewissenlose Zwischen=
träger gegen ihn aufgebracht worden. Er möge deshalb zunächst
an den Vater sich wenden, daß dieser hier vermittele. Porrex
aber will nicht, daß man glauben möge, er habe Furcht. Über=
zeugt von seines Bruders Feindseligkeit, die durch seiner Mutter
Haß genährt worden, will er seinem Verrate zuvorkommen und
mit dem Schwerte in der Hand ihn zur Rechenschaft ziehen.

Das Unheil ist damit bereits im Zuge und die schnell fol=
genden furchtbaren Ereignisse werden durch die den nächsten Akt
einleitende Pantomime, ausgeführt von einer Anzahl schwarz
gekleideter Klagender und Trauernder, vorbereitet. König
Gorboduc hat von Dordan, dem Rate des älteren Prinzen, ein
Schreiben erhalten, worin ihm das drohende Unheil angekündigt
wird. Auch vom anderen Prinzen kommt der bessere und miß=
achtete Ratgeber herbei, um den König zu beschwören, daß er
gegenüber den drohenden Gefahren sein Ansehen geltend mache.
Während der in heftigsten Zorn versetzte König noch von seinen

ihn bestürmenden Räten umgeben ist, kommt auch schon ein „Bote", um zu melden, daß das Schlimmste bereits geschehen sei: Porrex ist mit seinen Truppen in das Gebiet seines Bruders eingedrungen und hat im Kampfe denselben mit eigener Hand getötet.

Die Pantomime zum vierten Akt (es sind bei allen Pantomimen auch jedesmal die bestimmten Instrumente für die Musik vorgeschrieben) setzt nun bedeutendere Mittel in Bewegung. Aus der Hölle kommen die Furien herbei, von Flammen umgeben, Schlangen und Feuerbrände in den Händen, verschiedene Könige und Königinnen aus der Geschichte, die ihre eigenen Kinder erschlagen haben, vor sich hertreibend. Videna eröffnet sodann den Akt mit einem langen Monolog, worin sie ihren Schmerz um den Tod des Ferrex klagt und die unnatürliche Tat an seinem Mörder zu rächen beschließt. Danach erscheint Porrex selbst vor dem Könige, der dem Mörder das Schreckliche seiner Tat vorhält. Porrex ist ganz von Schmerz durchdrungen über das Geschehene, aber er sucht in längerer Rede sich zu rechtfertigen, indem er auseinandersetzt, daß er um seiner eigenen Sicherheit willen genötigt worden sei, gegen den Bruder, der ihn zu verderben trachtete, so zu verfahren. Porrex endet seine Rede:

> So tat ich kund, was mich bewogen hat,
> Also zu handeln, und so geb' ich hin
> Mein Leben selbst dem Urteil Euer Gnaden.

> Gorboduc.
> Verworf'ner! Konnt' es einen Anlaß geben,
> Dich mit dem Blut des Bruders zu beflecken?
> Was ich mit Dir zu tun gesonnen bin,
> Soll unbekannt noch bleiben. Doch zunächst
> Bist Du verbannt aus unsrer Gegenwart,
> Bis meinem Fürstenwillen es gefällt,
> Dich zu berufen. Fort, aus meinen Augen,
> Verfluchtes Kind!

Obwohl hier eine Bühnenanweisung fehlt, daß Porrex sich entfernt hat, während der König weiter spricht, so muß dies doch angenommen werden; denn es folgen danach nur noch zwei kurze Reden, des Arostus und des Königs, als schon Marcella herbei= kommt, um die neue Bluttat zu melden: daß Porrex von der Königin umgebracht ist:

Marcella.

Ich elend Weib! Warum bis diese Stunde
Hat meinen Atem das Geschick verlängert,
Um zu erleben solchen Tag voll Weh?
Wer konnte denken, daß solch hartes Herz
In der grausamen Mutter Brust verborgen —?
Mit eigner Hand den eignen Sohn zu töten!
Ach, leider sahen diese Augen das —!

— — — — — — — — —

Porrex ermordet, durch die eigne Mutter,
Mit ihrer Hand! O kläglich, es zu sagen!
Da schlummernd er auf seinem Bette ruhte,
Hat mit dem Messer sie die Tat vollbracht!

Gorboduc.

O Eubulus, hier ziehe dies mein Schwert
Und stoß es in mein Herz! Verhaßtes Licht!
Fort Leben! Sei willkommen, süßer Tod!
Ich bitt' Dich, tu' das, teurer Eubulus!

Marcella berichtet nun weiter, wie Porrex, da er die Todes= wunde erhalten, aus dem Schlafe emporfuhr, die Königin er= blickte und sie um Hilfe anrief, sie, deren eigene Hand ihm die tödliche Wunde gegeben! Nach weiteren Klagen und Ver= wünschungen erinnert Arostus daran: das einzige, was jetzt zu tun übrig bliebe, sei, den alten und bejammernswerten König zu trösten.

Im letzten Akte, dessen einleitende Pantomime nur in dem Aufmarschieren von Soldaten „in Schlachtordnung" besteht, ist keine von den Hauptpersonen des Stückes mehr am Leben; denn wir erfahren zunächst, daß auch der König und die Königin durch das aufrührerische Volk umgekommen sind. Die Methode der Verfasser, hinter der Szene die Ereignisse sich überstürzen zu lassen, während auf der Bühne immer nur darüber berichtet wird, gipfelt in diesem Akte in geradezu absurder Weise. Revolution, Bekämpfung des Aufruhrs, Heereszüge und endlich ein langer Bürgerkrieg —: das alles stürmt mit unglaublicher Geschwindigkeit hinter der Szene vorüber, während die Bühne selbst nur dazu da ist, von all den Ereignissen uns durch Erzählung in Kenntnis setzen zu lassen.

Der Herzog von Cornwall und andere Fürsten des Landes sind versammelt und klagen über die geschehenen Grausamkeiten des Volkes und über die Gefahren, die noch drohen. Nachdem Eubulus in ausführlichster Weise auseinandergesetzt hat, daß alle Edeln fest zusammenstehen müßten, erscheint in der folgenden Szene schon ein „Bote", welcher meldet, daß Fergus, Herzog von Albanien, mit einem Heere von zwanzigtausend Mann an= rücke, um dem von jeder Führung verlassenen Volke in seiner eigenen Person einen Herrscher zu geben. Die anderen Fürsten beschließen hierauf, mit vereinten Kräften den gemeinsamen Gegner anzugreifen. Hiermit beginnt erst der lange Bürgerkrieg, dessen Schrecken am Schlusse der Tragödie in einer langen Rede des Eubulus geschildert werden. Diese Schlußrede, in welcher endlich doch die Hoffnung auf bessere Zeiten ausgesprochen wird, über= nimmt gleichsam die Aufgabe des „Chorus", der hier deshalb auch ausbleibt.

Aus der vorstehenden Analyse der Tragödie „Gorboduc" wird man erkennen, wie die Verfasser sich keineswegs darauf be= schränkten, die antike Tragödie nur in ihrer äußerlichen Gestal= tung nachzuahmen, wie z. B. in der umfänglichen Benutzung des Chors u. dgl. m. Indem aber die Verfasser alle Aktion hinter die Szene verlegt haben, erscheint dies im übrigen von edelm Geist erfüllte und wohlgeordnete Drama faft wie eine Parodie auf die klaffifche Tragödie. Durch das Mittel der fort= während blößen Berichterstattung erreichten die Dichter aller= dings eine Klarheit in der fzenifchen Kompofition, welche damals — und noch Jahrzehnte fpäter — von den Anhängern der Klaffiker als Mufter aufgeftellt werden konnte. Auch wegen der „hohen Moral in entzückender Form" und wegen der Schönheit der Sprache „im Stil des Seneca" wurde Gorboduc noch im Jahre 1580 von Philipp Sidney als ein Meifterwerk gepriefen. Freilich erinnert uns die überflüffige Zugabe der Dumb-shows oder Pantomimen auch daran, daß die leidigen Allegorien aus den Moral plays den Dichtern immer noch in den Gliedern fteckten, weshalb die Verfaffer fie wenigftens in folcher Form — als Pantomimen — dem Publikum zu bieten, für gut fanden. Man wird fich übrigens hierbei erinnern, daß auch noch Shake= fpeare einmal auf diefe Sitte der dem Stücke vorausgehenden Pantomime hingewiefen hat, indem er bei der Schaufpielvorftellung im „Hamlet" davon Gebrauch machte.

Abgefehen von allen fonftigen Eigenfchaften, Vorzügen und Schwächen der hier befprochenen Schaufpieldichtung ift einer darin fehr bemerkenswerten Neuerung zu gedenken, die erft für die fpätere Zeit zu größter Bedeutung kommen follte. Zum erften Male begegnen wir in der Tragödie Gorboduc dem in England fogenannten „Blanc verse", d. h. jener durchgängig feftgehaltenen und unfern reimlofen fünffüßigen Jamben entfprechenden Vers= form, die erft von Shakefpeares unmittelbaren und mit ihm fich noch berührenden Vorgängern wieder aufgenommen wurde und dann für das höhere Drama die herrfchende Sprachform werden follte.

Schauspieldichtung, Theater und Schauspieler vor Shakespeares Zeit.

Seit dem Regierungsantritt der Königin Elisabeth (1558) war bis zu dieser Zeit und auch noch später ihr Einfluß auf die Förderung der dramatischen Kunst kein unmittelbarer und er bestand allein in der Verbreitung allgemeiner Bildung, insbesondere in der ausgebreitetern Kenntnis der alten Sprachen und der klassischen Dichter des Altertums. Wirkliche Theater, die ausschließlich für die dramatischen Aufführungen bestimmt gewesen wären, bestanden noch nicht, und was nach dieser theatralischen Seite hin geleistet wurde, beschränkte sich auf die theatralischen Aufführungen am Hofe, zu Greenwich, Whitehall usw., und die meisten solcher Stücke, von denen uns nur die Titel überliefert geblieben sind, kamen über diese Begrenzung selten hinaus.

Auch die Bestrebungen einzelner Dichter, durch Beobachtung der Regeln der Alten auf die Schauspieldichtung fördernd zu wirken, — wie in den besprochenen Stücken Gorboduc und Ralph Roister Doister — blieben zunächst ganz ohne Einfluß. Noch ein paar Jahrzehnte lang hatte in den Schauspielen die Ungebundenheit in der Form, wie der gänzliche Mangel einer künstlerisch gegliederten dramatischen Komposition keinen besseren Einsichten weichen wollen. Es waren eben nur die Ereignisse, die man chronikenartig den Zuschauern vorführte, um durch den Wechsel schrecklicher Mordszenen und roher Späße zu unterhalten. Um ein Beispiel hier zu nennen, sei die Tragödie Cambyses erwähnt, die Shakespeare wohl in seiner Jugend noch hatte aufführen sehn; denn es ist zu vermuten, daß Falstaff dieses Stück im Sinne hatte, wenn er in der köstlichen Wirtshausszene, als er dem Prinzen Heinrich gegenüber den König vorstellen will, sich auf das Beispiel „des Königs Cambyses" beruft. Der Charakter

diefer „kläglichen Tragödie, untermifcht mit luftigen Späßen", ift
fchon durch den langen Titel gekennzeichnet, denn diefer verfpricht
„das Leben und den Tod des Königs Cambyfes, Königs von
Perfien, vom Anfang feiner Regierung bis zu feinem Tode, ver-
hängt durch Gottes Gerechtigkeit".[5]) In der Sprachform haben
wir hier wieder die gereimten und regelmäßig wechfelnden drei-
und vierfüßigen Verszeilen. Bemerkenswert für die Art der Dar-
ftellung ift es ferner, daß auch hier — wie fchon bei den befprochenen Moralitäten es gefchah — dem Perfonenverzeichnis die
Anweifung (The division of the parts") beigefügt ift, auf welche
Art die 30 Rollen des Stückes von acht Darftellern übernommen
werden könnten.

Je weniger man aber für die dramatifche Kompofition der
Schaufpiele von den klaffifchen Vorbildern Nutzen zu ziehen vermochte, umfo ftärker machte ihr Einfluß in der Sprache der
Dichter fich geltend, in bezug auf die metaphorifche Ausdrucks-
weife durch Anwendung der von den Alten gegebenen Stoffe.
Ganz befonders war Ovid, deffen Überfetzung von Golding (im
Jahre 1567) die weitefte Verbreitung fand, vom ftärkften und an-
dauernbften Einfluß. Bis zur Überladung fteigerte fich der Gebrauch von mythologifchen Bildern und Namen dermaßen, daß in
der zweiten Hälfte des 16. Jahrhunderts kaum eine englifche Dichtung
diefen Sprachfchmuck entbehren konnte. Von den Theoretikern
und Anhängern der alten Klaffiker wurde, wie gefagt, Seneca
als das Mufter für die tragifche Dichtung geprefen. Im Jahre
1572 hatte George Gascoigne einen Band Poefien herausgegeben, die neben feinen eigenen Dichtungen auch Überfetzungen
aus Ovid und aus Euripides (Jocafte) enthielten. Bereits um
diefe Zeit wurde am Hofe zu Whitehall eine Tragödie „Julius
Caefar" aufgeführt, deren Autor aber nicht genannt ift. Zwifchen
diefer Aufführung und der Tragödie Shakefpeares liegen noch
andere Dramatifierungen des nämlichen Stoffes, die wir ebenfalls
nicht kennen. Ob Shakefpeare eines diefer älteren Stücke gekannt

Genée, Shakefpeare.

3

hat, ist nicht von Wichtigkeit, da wir aus vielen ähnlichen Fällen wissen, daß es erst seinem Genie beschieden war, den vor ihm schon behandelten Stoffen wirkliches und dauerndes Leben zu verleihen. Von den wenigen Stücken, die uns aus jener Zeit überliefert sind, ist keines, das für uns Anspruch auf besondere Beachtung hätte.

Noch bis zum Ablauf des achten Dezenniums zeigen alle Stücke, die in diesem Zeitraum erschienen waren, daß in jener Epoche des englischen Dramas die alten Klassiker keineswegs zu einer Neugeburt des antiken Dramas, in verändertem Zeitkostüm, führen konnten, wie es ein ganzes Jahrhundert später in Frankreich der Fall war. Aber die Wiederbelebung der Alten gab dennoch nicht nur den Theoretikern, sondern auch den Dichtern neuen künstlerischen Anschauungen Raum, um dann auf diesem Boden dem wirklich nationalen Drama der Engländer die Freiheit einer natürlichen und selbständigen Entwickelung zu gewähren.

Das erste Stück, das in dieser Zeit aus solchen Bestrebungen als ein durchaus national englisches Produkt hervorging, gehörte wiederum der komischen Gattung an und kann in solchem Sinne als ein Musterstück voll drastischer Komik und echten Humors bezeichnet werden. Es ist dies John Stills tolle Posse von „Mutter Gurtons Nadel" (Gammer Gurtons needle), welche bereits 1568 gespielt wurde.[6]) Seinem geringfügigen Inhalt nach kann das Stück kaum auf die Bezeichnung „Komödie" Anspruch machen, sondern es müßte zu der Gattung der „Interludes" gezählt werden, wenn es nicht mit einer so erstaunlichen Breite ausgeführt wäre. Es handelt sich in dieser originellen Farce einzig um das Suchen nach einer Nähnadel, welche Mutter Gurton*), als sie beim Ausbessern der Hosen ihres Dieners Hodge unterbrochen wurde, verloren hat. Ihre Klagen darüber sind der Art,

---

*) Das altenglische Gammer hat die Bedeutung von „Mutter" in demselben Sinne, in welchem wir eine gute alte Frau mit Mutter oder Mütterchen anreden.

als wenn es sich um das Teuerste auf Erden handelte. Sie be=
zeichnet diesen Verlust als „den ersten Tag ihres Kummers und
das letzte Ende ihrer Freuden". Ihre und des Dieners Hodge
Versuche, die Nadel wiederzufinden, werden nun mehrere Akte
hindurch in einer Reihe grotesk komischer Szenen vorgeführt.
Nachdem mehrere Personen in die Untersuchungs=Angelegenheit
mit hineingezogen und die tollsten Possen, untermischt mit Ge=
sängen, getrieben sind, wird endlich die Nadel dadurch entdeckt,
daß jener Hodge von einem anderen einen derben Schlag auf
seinen Sitzteil erhält, wodurch die Nadel, die bei dem unter=
brochenen Ausbessern seiner Hosen darin stecken geblieben war,
ihm einen grimmigen Schmerz bereitet, der denn auch zur Ent=
deckung des verlorenen Schatzes führt, — zu aller Befriedigung,
besonders aber zum Entzücken der Mutter Gurton.

Man wird erstaunen, daß dieser einfache Hergang zu einer
Komödie von fünf Akten ausgedehnt ist, die aber dennoch eine
Fülle von Komik enthält. Die ganze Art der Behandlung, auch
oftmals in der Versform, läßt des Dichters Vertrautheit mit
Aristophanes erkennen. Aber dabei ist es in dem nationalen
Ton eine richtige englische Clowns=Komödie, deren derbe Komik
an die noch heute in England üblichen tollen „Pantomimes" und
die ihnen verwandten Farcen erinnert. Die zahlreichen, die dürf=
tige Handlung belebenden Songs stimmen zu diesem Charakter
der Burleske.

Viele jener Stücke, von denen uns durch ihre Aufführungen
am Hofe berichtet wird, mögen noch zu jener Gattung der soge=
nannten „Masken" gehört haben, wie sie schon am Hofe Hein=
richs VIII. üblich waren.

Eine Plage für das Land wurden nun aber jene fahrenden
Leute, die als Schauspieler (players), Pfeifer, Tänzer usw. im
Lande umherzogen und auf ihrer schnell hergerichteten Bühne ihre
Vorstellungen gaben. Um dem dadurch vielfach gegebenen Ärger=
nis zu steuern und zugleich auch den besseren Schauspielern einen

gewissen Schutz zu gewähren, wurde 1571 durch eine Parlaments=
akte bestimmt, daß nur solche Schauspielertruppen durch die Be=
hörden anerkannt werden sollten, die von einem der angesehenen
Pairs des Landes eine Lizenz vorweisen könnten, während sie
anderenfalls als Bettler und Vagabunden zu behandeln sind.
Dies führte dazu, daß alle ordentlichen Truppen sich unter den
Lords einen Patron suchten, auf dessen Namen sie als privilegierte
Truppen reisten und dadurch bei der städtischen Obrigkeit gute
Aufnahme fanden. Die erste solcher Schauspielertruppen, die den
Namen eines angesehenen Patrons führten, scheinen die Schau=
spieler (auch als „Diener", servants bezeichnet) des Lord Lei=
cester gewesen zu sein, welche Truppe dann späterhin unter dem
Patronat anderer Lords erschien. Da die besseren Truppen
natürlich sich darum bemühten, von einer hohen Person des Lan=
des einen solchen Schutzbrief vorweisen zu können, so vermehrten
sich bald die Truppen, die auf den Namen eines der Lords im
Lande reisten. Außer den Schauspielern der Königin, des Lord
Leicester und des Lord Admiral werden zunächst noch die Schau=
spieler der Lords Sußex, Howard, des Lord Kämmerers usw.
viel genannt. Von diesen Truppen spielten verschiedene zuweilen
auch am Hofe, wenn die besonderen Players of the Queen ander=
wärts Vorstellungen gaben.

Das Vergnügen am Schauspiel war damals schon — etwa
seit 1570 — verbreitet genug, um bei dem wachsenden Eifer der
Puritaner Anstoß zu erregen und von dieser Seite Proteste und
Verfolgungen hervorzurufen. Die Begünstigung, die das Theater
durch den Hof und die angesehendsten Lords genoß, steigerte die
Gegnerschaft der puritanischen Eiferer nur noch mehr und wieder=
holt wurde der Lord Mayor selbst zum Vertreter der puritani=
schen Opposition gemacht. Gestärkt durch einen großen Teil der
streng kirchlich gesinnten Bürgerschaft beanspruchte die Stadt=
regierung die Oberaufsicht über jedes in der City von London
aufzuführende Stück und verlangte, daß ihr für bestimmte kirchliche

Zwecke ein Teil der Einnahmen zufallen solle; auch sollten an Sonntagen überhaupt keine Vorstellungen gegeben werden, wodurch den Schauspielern auch die Benutzung der ihnen zugewiesenen Räume in den Gildenhäusern beschränkt wurde. Diese fortgesetzten Bedrängungen führten dahin, daß die Schauspielunternehmer in die außerhalb der City gelegenen „Freiheiten" von London flüchteten, wo Mitte der siebziger Jahre die ersten wirklichen Theater errichtet wurden. Es waren dies: in dem südlich der Themse gelegenen Stadtteil Shoreditch das sogenannte „Theater", welchem bald in demselben Stadtteil „Der Vorhang" (The curtain) folgte; sowie ungefähr um dieselbe Zeit in dem nach Westen angrenzenden Stadtteil das Theater zu Blackfriars, in welchem später eine Zeitlang auch die Truppe spielte, der Shakespeare angehörte.*)

Wenn in einer Schrift aus jener Zeit gesagt ist, daß London im Jahre 1578 schon acht Theater gehabt habe, so ist dies offenbar eine arge Übertreibung, oder es wurden dabei jene Vergnügungsstätten mitgezählt, in denen nur Bärenhetzen und Hahnenkämpfe stattfanden. Unzweifelhaft aber hatten die Theater in den folgenden Jahren sich bedeutend vermehrt, und von den puritanischen Predigern wurde mit gesteigerter Erbitterung gegen die „Schulen des Lasters" geeifert. „Das Sodom der alten Welt", so heißt es in einer Predigt, „ist übertroffen, denn mehr entsetzliche Sünden und Frevel sind durch die Theater hervorgerufen, als irgend jemand zu denken vermag."

Da die puritanische Richtung auch innerhalb der städtischen Obrigkeit entschiedene Anhänger hatte, so wurden auch von jener Seite immer wieder neue Versuche gemacht, die Freiheit der Theater — auch außerhalb der City — durch neue Verordnungen

---

*) Daß das Blackfriars-Theater um vieles früher bestanden haben muß, als die neueren Schriften über die ältesten Theater Londons angeben, wird im letzten Abschnitt („Anmerkungen und Ergänzungen") an der betreffenden Stelle nachgewiesen werden.7)

einzuschränken. Manche dieser Versuche scheiterten an dem Widerstand des Geheimen Rates (privy counsel), dem auch die Königin
angehörte. Diese selbst hatte schon sehr frühzeitig, noch bevor ein
Theater in London bestand, die Knaben des Kirchenchors — „the
children of St. Paul", wie es auf den Titelblättern mehrerer
älteren Stücke heißt — für Aufführungen heranbilden lassen, aber
sie hatte daneben auch ihre privilegierte Truppe — die Diener
der Königin oder „of her Majesty".

Die Puritanische Opposition wurde noch verschärft durch den
Luxus der Kleidung, in der die Schauspieler auch in der Stadt
erschienen. So heißt es in dem Weheruf eines Geistlichen: „Es
erregte große Bekümmernis, zu sehen, wie zweihundert(!) eitle
Schauspieler in Seide stolzieren, während fünfhundert Arme in
den Straßen Londons darben."

Mit der wachsenden Bedeutung des Theaters mußte naturgemäß auch die dichterische Produktion neue Aufmunterung und
Förderung erhalten. Von mehreren Stücken aus der römischen
Geschichte sind uns wieder nur die Titel aufbewahrt worden.
Darunter sind: ein Catilina, Caesar und Pompejus, die vier
Söhne des Fabius, Mucius Scaevola. Unter den Schauspielen
von nicht historischem Stoffe wird einmal von Stephen Gosson
(in seiner school of Abuse) ein Stück unter dem Titel „The Jew
of Ptolomy" erwähnt, in welchem „die Habsucht weltlicher Freier
und der blutige Sinn der Wucherer" geschildert wird. Es muß
dies also schon eine Dramatisierung des Stoffes (in Fiorentinis
Pecorone) gewesen sein, aus welchem Shakespeare seinen „Kaufmann von Venedig" gestaltete.

Die italienische Novellenliteratur hatte überhaupt um diese
Zeit schon vielen Einfluß auf die dramatische Dichtung erlangt,
sowohl in Deutschland (schon bei Hans Sachs) wie auch in England. In einem Stücke von Whetstone [8]) „Promos und
Cassandra" ist die Fabel einer Novelle des Cinthio entnommen,
und später hatte wieder Shakespeare das Whetstonesche Stück für

sein Schauspiel „Maß für Maß" benutzt. Schon der Dichter des 1578 erschienenen Stückes „Promos und Cassandra" hatte den Novellenstoff mehrfach glücklich verbessert. So wird u. a. schon bei ihm der Verurteilte (bei Shakespeare Claudio) nicht wirklich hingerichtet, wie in der Novelle, sondern der Kerkermeister bringt aus Mitleid für Andrugio (Claudio) der Cassandra (Isabella) das Haupt eines anderen, eines bereits hingerichteten Verbrechers. Whetstones „Promos und Cassandra" hat zwei Teile, jeder von fünf ziemlich kurzen Akten. Der erste Teil reicht bis zu Andrugios Befreiung aus dem Gefängnis, nachdem der Cassandra das abgeschlagene Haupt jenes Verurteilten als das des Andrugio gezeigt worden ist. Nach einigen darauf folgenden komischen Szenen schließt der Teil mit einem Monolog und einem Trauergesang der Cassandra. Überhaupt ist das Stück reichlich mit Gesängen ausgestattet. Der zweite Teil ist als ein „comical discourse" bezeichnet und die komischen Szenen der Nebenpersonen sind in der Tat darin überwiegend. Überhaupt ist von den tiefen seelischen Konflikten, mit denen Shakespeare die stark abenteuerliche Handlung zu bereichern wußte, bei Whetstone nichts zu spüren. Auch von der szenischen Komposition eines Dramas hatte Whetstone noch keinen Begriff. In seinem Vorwort sagt er: er habe die Geschichte in zwei Komödien geteilt, um die Aktion lebendiger erscheinen zu lassen. Ein sonderbares Mittel für solchen Zweck! Daß er denselben nicht erreicht hatte, mag er wohl selbst gefühlt haben, denn er hat dieselbe Geschichte später noch einmal als Erzählung behandelt. Shakespeare hat sowohl das Drama gekannt, wie auch die Erzählung, was aus den verschiedenen Abweichungen von der italienischen Novelle, die sich schon bei Whetstone finden, hervorgeht.

Übrigens hat doch Whetstone, bei aller Unbehilflichkeit seiner dramatischen Arbeit, sich schon mit ästhetischen Untersuchungen, über das Wesen des Dramas beschäftigt, ohne freilich die innersten Gesetze berühren zu können. Im Vorwort erklärt er sich gegen

die zunehmende Hyperromantik in der dramatischen Dichtung, indem er eine strenger innezuhaltende Logik und genauere Beobachtung der Wahrscheinlichkeit fordert, weniger bezüglich der
Handlung selbst, als der Art der Darstellung derselben. Indem
er die von ihm gemißbilligte Richtung des englischen Dramas
kritisiert, spricht er sich kurz auch über das Drama anderer
Nationen, so auch der deutschen, aus. Er sagt: „Die Italiener
sind in ihren Komödien so wollüstig, daß ehrbare Zuhörer bei
ihren Aktionen bekümmert sein müssen; und die Franzosen und
Spanier folgen der Laune der Italiener. Die Deutschen sind zu
heilig, denn sie stellen auf jeder gemeinen Bühne dar, was Prediger auf der Kanzel vorzubringen hätten." Für das deutsche
Schauspiel im Zeitalter der Reformation, namentlich um die
Mitte des 16. Jahrhunderts, ist diese Charakteristik vollkommen
zutreffend. „Der Engländer", fährt Whetstone dann fort, „ist
(in seiner Eigenschaft als Dramatiker) oberflächlich, rücksichtslos
und unordentlich. Er gründet sein Werk erst auf Unmöglich-
keiten; dann durchläuft er in drei Stunden die Welt, heiratet,
zeugt Kinder, macht aus Kindern Männer, welche Reiche erobern,
Ungeheuer töten, und holt die Götter vom Himmel herab, die
Teufel aus der Hölle. Was das schlimmste dabei: seine Grundlage ist nicht so mangelhaft, wie seine Arbeit rücksichtslos. . . .
Oft, nur um des Ergötzens willen, machen sie einen Possenreißer
zum Begleiter eines Königs; in den ernstesten Verhandlungen gestatten sie dem Narren mitzusprechen. Nur Eine Art der Sprache
ist es, welche von allen Personen geführt wird, was eine grobe
Unziemlichkeit. . . ." Dieser letztere Punkt wird von dem strengen
Theoretiker, der mit seinen guten Grundsätzen doch kein gutes
Stück zustande gebracht hat, umständlich weiter ausgeführt.

Auch der fanatische Gegner des Theaters überhaupt, Stephen
Gosson, spottete in seiner Schrift „Plays confuted in five
actions" über die gedankenlose Ungebundenheit der abenteuerlichen
Stücke, in denen „ein verliebter Ritter aus Liebe zu seiner Dame

von Land zu Land wandert, oft ein furchtbares Ungeheuer von braunem Papier bekämpfend", und der bei seiner Rückkehr sich so verändert hat, daß er nur durch einen zerbrochenen Ring oder durch ein Stück von einer Muschelschale erkannt wird. Stephen Gossons Hauptschrift aber, die uns den Geist den puritanischen Opposition erkennen läßt, war seine „Schule des Mißbrauchs" (school of Abuse), welche sich gegen die „Poeten, Schauspieler, Pfeifer und ähnliche Raupen des Gemeinwohls" richtet. Der Dichter Thomas Lodge fühlte sich zu einer „Verteidigung der Poesie, der Musik und des Schauspiels" gegen die Angriffe Gossons angefeuert. Aber diese Verteidigung, in welcher der noch jugendliche Autor über eine trockene Schulgelehrtheit nicht hinauskommt, war so dürftig, daß es Gosson leicht hatte, in einer zweiten Schrift die „ehrlichen Entschuldigungen unehrlicher Mißbräuche" zu ironisieren.

Bedeutsamer als diese puritanische Opposition war der Prinzipienkampf zwischen denjenigen, welche jetzt das Vorbild der alten Klassiker auch als maßgebend für das englische Drama betrachteten, und den stürmischen Romantikern anderseits, welche mit der ungebundensten Freiheit der Phantasie alle Schranken und Regeln überspringen wollten. Wie das englische nationale Drama aus diesem Kampf sich entwickelt hat, ist es jedenfalls im Rechte gewesen. Daß aber inmitten der Gährung der widerstreitenden Elemente, inmitten dieses für das gesamte Drama der neueren Zeit entscheidenden Entwickelungsprozesses, auch auf Seiten des revolutionären romantischen Dramas alles Maß überschritten wurde, kann nicht wundernehmen. Wir haben in Deutschland diesen Kampf erst volle zweihundert Jahre später durchgemacht; und wenn wir heute die schon im 16. Jahrhundert in England gegen die Willkür der Hyperromantiker erhobenen Proteste lesen, so werden wir zuweilen wirklich an unseres Gottsched pedantischen Eifer gegen die Verteidiger des englischen Dramas erinnert, obwohl die Anhänger der klassischen Regeln damals ein viel größeres Übermaß der Willkür zu bekämpfen hatten. Den schon zitierten

Äußerungen gegen diese Richtung des Dramas schlossen in dieser Krisis sich noch andere an. Ein hervorragender Vertreter der „klassischen" Richtung, einer von denjenigen, welche das völlige Ignorieren der „Einheiten" von Zeit, Ort und Handlung miß= billigten, war Philipp Sidney, der Verfasser der „Arcadia". Schon in seiner „Apology of Poetry" äußerte er sich gegen die Ungebundenheit in der Tragödie der Engländer, wobei er auf die mehrfach erwähnte Tragödie „Gorboduc" als auf eine rühmliche Aus= nahme hinweist, wiewohl auch diese Tragödie an großen Mängeln leide, indem sie gegen die unabweislichen Einheiten des Orts und der Zeit, den „notwendigen Begleitern aller königlichen Hand= lungen" fehle. Man merke: der „königlichen" Handlungen! also schon ganz im Sinne der ein Jahrhundert später auch bei uns eingeführten Tragödie der französischen „Klassiker".

Aber, fährt Sidney fort, wenn solche Einwendungen schon gegen die Tragödie „Gorboduc" erhoben werden müßten, um wieviel mehr gegen die anderen Dramen, „wo wir Persien auf der einen Seite und Afrika auf der anderen Seite sehen, oder irgend ein König= reich, so daß der Schauspieler, wenn er auftritt, damit anfangen muß, uns erst zu erzählen, wo er sich befindet, da sonst die Ge= schichte unverständlich sein würde. Jetzt sehen wir drei Damen erscheinen, welche Blumen sammeln, und wir müssen deshalb die Bühne für einen Garten halten. Gleich darauf hören wir von einem Schiffbruch, und wir würden uns schämen müssen, wollten wir die Bühne nicht als einen Felsen anerkennen. Aus dem Hinter= grunde desselben kommt ein scheußliches Ungeheuer mit Feuer und Rauch, — natürlich nötigt uns dies, uns in eine Höhle zu ver= setzen. Gleich aber sehen wir zwei Armeen vorüberfliehen, dar= gestellt durch vier Schwerter und Schilde, — und welches Herz wäre dann wohl so hart, das Theater nicht für ein Schlachtfeld anzusehen?"

Diese interessanten Äußerungen Sidneys stammen natürlich aus einer Zeit, in welcher London schon mehrere wirkliche Theater hatte, und die ganz witzige Verspottung hätte ebensowohl auch noch auf die Bühne Shakespeares Anwendung finden können, welche ja von dem großen Dichter selbst in dem schönen Prolog zu Heinrich V., soweit darin von den Schlachten die Rede ist, ähnlich charakterisiert wird. Aber man wird bei diesen Auslassungen Sidneys vor allem zu beachten haben, daß der Spott keineswegs der einfachen Bühneneinrichtung galt, sondern den dramatischen Dichtungen der Zeit, welche an diese Bühne unerfüllbare Zumutungen stellte. Auch Sidney dachte noch an keine andere szenische Einrichtung, als an diejenige des altenglischen Theaters mit der unveränderlichen Architektur der Bühne. Was er wollte, war keine Veränderung dieser Bühne, sondern eine Veränderung der dramatischen Dichtung, für welche ihm eben nur die einzige szenische Einrichtung, die er kannte, maßgebend und für die dramatische Komposition bestimmend war. „Wie aber", fragt er weiter, „sollen wir eine Handlung darlegen, die an verschiedenen Orten und zu verschiedenen Zeiten vorgeht? Und weiß man nicht, daß die Tragödie den Gesetzen der Poesie, nicht denen der Geschichte zu folgen hat? Übrigens können manche Dinge, die nicht vorzuführen sind, erzählt werden, sofern man den Unterschied zwischen Bericht und Darstellung kennt." Hier weist er auf das Beispiel der Alten, auf die Benutzung des „Boten" hin, und führt dann aus, daß es falsch sei, im Drama ab ovo zu beginnen; man sollte vielmehr sich auf den Hauptpunkt der darzustellenden Handlung beschränken.

Den Grundsätzen der Anhänger der klassischen Richtung entsprach es durchaus, daß sie an der vorhandenen einheitlichen Bühne festhielten. Aber die Romantiker wollten, daß eben diese, alle szenischen Veränderungen ausschließende Bühne den Gebilden ihrer schrankenlosen Phantasie willig Folge leiste.

John Lilly.

In dem herrschenden Durcheinander, nicht allein der verschiedenen dramatischen Gattungen, sondern auch der verschiedenen dichterischen Formen und Grundsätze, waren natürlich, wie immer, die Theoretiker machtlos, solange nicht eine hervorragende dichterische Kraft sich geltend machte, die imstande war, durch dichterische Tat anstatt durch ästhetische Untersuchungen zu überzeugen.

In dieser Zeit sehen wir einen Dichter von hervorragender Bedeutung erscheinen, der für das Drama wenigstens das literarische Ansehen zu heben verstand. Dies war John Lilly (auch Lily oder Lyly geschrieben), der — um 1553 geboren — in Oxford studierte, mit zwanzig Jahren Baccalaureus (bachelor of arts) wurde und zwei Jahre später Magister.

Lillys berühmtestes und sogar epochemachendes Werk gehörte nicht der dramatischen Gattung an, sondern es war ein im Jahre 1580 erschienener, in der Tendenz wie in der Ausführung seltsamer Roman: „Euphues, oder die Anatomie des Witzes", worin die Kunst gelehrt werden sollte, durch Witz und gefällige Formen der Rede zu glänzen, oder — wie es in dem langen und schwülstigen Titel heißt — „worin die Freuden, welche dem Witze und der Jugend durch die Gefälligkeiten der Liebe folgen, und das Glück, das er im Alter durch die Vollendung der Weisheit erntet, dargestellt werden".⁹)

Was seit dieser Schrift Lillys und nach ihrem Titelnamen als Euphuismus bezeichnet wird, war an sich schon damals nichts durchaus Neues, denn die Kunst blumiger, durch allerlei Künsteleien in Antithesen, Metaphern usw. verzierter Ausdrucksweise, hatte nicht nur durch den italienischen Concettistil, sondern auch durch Vorbilder aus dem Spanischen auch in England Eingang gefunden und wurde namentlich in den höfischen Kreisen geübt.

Lilly aber war es, der diese Richtung in ein System gebracht hatte, obwohl schon die Bezeichnung „Anatomie" des Witzes vermuten läßt, daß eine gewisse Ironie dabei nicht ausgeschlossen war. Das griechische Euphues (wohl geboren wie wohl erzogen) ist schon in Platos „Republik" der Name eines jungen Atheners und soll den Inbegriff vollkommener Schönheit an Körper und Geist bezeichnen. Vielleicht hatte Lilly den Namen aus Ashams „Schoolmaster" übernommen und ihn seinem jungen Athener gegeben, dessen Person den durchgehenden und sehr dünnen Faden für die Geschichte bildet, aus der man die Kunst wohlgefälligen Verhaltens und seiner Redeformen erlernen soll.

Die Schrift ist wegen ihres sehr großen Einflusses auf die Literatur der Zeit für uns schon dadurch von Bedeutung, daß auch Shakespeare in den Komödien seiner Jugendperiode noch vielfach davon beeinflußt war. Wenn dies am stärksten in seinem Lustspiel „Verlorene Liebesmüh" hervortritt, das mit derartigen Witzdialogen und pointierten Redewendungen ganz und gar angefüllt ist, so zeigt sich doch schon hier seine geistige Überlegenheit darin, daß er damit auch zugleich die Richtung selbst ganz unverkennbar ironisierte.

Es wäre aber auch ungerecht gegen Lilly, wollte man alles auf seine Rechnung setzen, was auch von schlechten Nachahmern in diesem Stil der Rede geleistet worden ist. In seinen eigenen dramatischen Werken wenigstens hat er sehr maßvollen Gebrauch von seinem eigenen Rezept gemacht, so daß wir trotz der Fülle witziger Redewendungen kaum dadurch belästigt werden. Vielmehr erregt er unser Erstaunen durch seine für jene Zeit sehr bemerkenswerte Verfeinerung der Sprache, und es fällt dies um so mehr ins Gewicht, als es der durch Lilly für die Komödie eingeführte Prosadialog war, dem seine Kunst zugute kam. Es ist daher auch wahrzunehmen, daß Shakespeare in seinem erwähnten Lustspiel „Verlorene Liebesmüh" mit den allzu reichlichen Wortspielereien, Antithesen und Witzpointen vorzugsweise die übermäßig breiten Prosadialoge ausgefüllt hat.

John Lilly war vor allem Hofdichter und alle seine Komödien tragen das Gepräge dieser Bestimmung. Seine Stücke
sind (nach der Reihenfolge ihres Erscheinens): Campaspe, Sappho
und Phaon, Endymion, Galathea und Midas. Bei zwei anderen
Stücken ist seine Autorschaft zweifelhaft. Von den hier genannten
Komödien könnte man besonders „Endymion" als den dramatisch
dialogisierten Euphuismus Lillys bezeichnen; es ist eine symbolisch-
mythologische Phantasie, mit Schmeicheleien für die Königin
Elisabeth und zum Überfluß auch noch mit Pantomimen (dumb
show's) ausgestattet. Die weitaus beste von seinen Komödien ist
„Campaspe", oder wie sie häufig auch genannt wurde: „Alexander
und Campaspe". Sie behandelt Alexanders des Großen Liebe
zu der gefangenen Thebanerin, sowie die Liebe dieser zu dem sie
malenden Apelles und Alexanders schließliche Entsagung. In
stetem Wechsel der Szenen oder Dialoge werden Alexander mit
seinen Feldherren, Apelles und Campaspe, sowie Diogenes und
die verschiedenen Diener der Philosophen vorgeführt. Für die
Beurteilung dieses Zeitpunktes in der Entwickelungsgeschichte des
englischen Dramas ist es nützlich, von dem Stücke hier einige
nähere Kunde zu geben.

Die Handlung spielt in Athen nach dem Siege Alexanders
über Theben und der erste Akt macht uns zunächst mit den beiden
gefangenen Thebanerinnen Timoklea und Campaspe bekannt. Nach
ihren Gesprächen mit den Feldherren kommt Alexander hinzu, der
ihnen in höflich ritterlicher Weise seinen Schutz zusagt und danach
seinen Willen kund tut, nach Beendigung des Krieges sich der
Pflege der Künste zuzuwenden. Die danach einander ablösenden
Gespräche, erst zwischen den Dienern der Philosophen, dann
zwischen den Philosophen selbst, zeigen Lillys Meisterschaft in der
Behandlung des natürlich fließenden Prosadialogs. In den Gesprächen der Diener ist nur Manes, der Diener des Diogenes,
bestimmt charakterisiert. Am Schlusse der Szene wird er aufge-
fordert, an einem Wechselgesang sich zu beteiligen. Manes sagt:

„Meine Stimme ist ebenso klar am Abend wie am Morgen", worauf Granichus bemerkt: „Das ist wieder ein Vorteil des Mangels."

Auch der zweite Akt bringt nur eine Reihenfolge von Gesprächen ohne irgend welchen Fortschritt in der Handlung, nur daß Alexander in einer langen Unterredung mit seinem Feldherrn Hephestion diesem seine Liebe zu Campaspe gesteht und von ihm vor den Gefahren der Liebe gewarnt wird. Wie, fragt Alexander, ist Liebe ein Laster? — Es ist keine Tugend, — lautet die kurze Antwort des Feldherrn. Als nach dieser ziemlich langen Unterredung Alexander beschließt, Diogenes aufzusuchen, erinnert uns der Übergang zur nächsten Szene an die Einfachheit der Bühneneinrichtung, die keinen Wechsel des Schauplatzes kannte. „Um meine Geister aufzufrischen, will ich zu Diogenes, — sieh, wo seine Tonne ist." Dann ruft er: Diogenes! — worauf dieser antwortet: Wer ruft? — Es folgt nun das Gespräch, für das der Dichter die bekannten anekdotischen Überlieferungen gefällig verwendet hat:

Alexander. Wie geht es zu, daß Du nicht von Deiner Tonne nach meinem Palast kommen wolltest.

Diogenes. Weil es ebenso weit von meiner Tonne zu Deinem Palast ist, wie von Deinem Palast zu meiner Tonne.

Alexander. Wie? und schuldest Du den Königen nicht Ehrerbietung?

Diogenes. Nein.

Alexander. Und warum nicht?

Diogenes. Weil sie keine Götter sind.

Alexander. Sie sind Götter der Erde.

Diogenes. Ja, Götter von Erde.*)

Alexander. Plato hat nicht Deine Gesinnung.

---

*) Diese Wendung ist im Englischen noch feiner, indem in des Diogenes Antwort nur der Artikel weggelassen wird. Alexander sagt: Gods of the earth, worauf Diogenes erwidert: Yea, Gods of earth.

Diogenes. Das freut mich.

Alexander. Weshalb?

Diogenes. Weil ich nicht möchte, daß des Diogenes Gesinnung ein anderer habe, als Diogenes.

Alexander. Wenn Alexander etwas besitzt, das Diogenes Freude machen könnte, so lasse mich's wissen, und Du hast es.

Diogenes. Dann nimm mir nicht das, was Du mir nicht geben kannst: das Licht der Welt.

Alexander. Was bedarfst Du denn?

Diogenes. Nichts, was Du hättest.

Alexander. Ich beherrsche die Welt.

Diogenes. Und ich verachte sie.

Alexander. Du darfst nicht länger leben, wenn ich es so will.

Diogenes. Aber ich kann sterben, ob du es wollen magst oder nicht.

Alexander. Wie kann man lernen, zufrieden zu sein?

Diogenes. Verlerne es, Gelüste zu haben.

Alexander. Hephestion, wäre ich nicht Alexander, so würd' ich wünschen, Diogenes zu sein. — — — — — Diogenes, wenn ich den Weg zurückkomme, will ich dich sehn und mit dir reden.

Diogenes. Thu's.

Im dritten Akt treffen wir Campaspe wieder, wie sie im Auftrage Alexanders von Apelles gemalt wird. Es sind zwei Sitzungen, getrennt durch eine andere Szene, und jede Sitzung ist natürlich ein Gespräch. Das zweite beginnt folgendermaßen:

Apelles. Ich werde niemals eure Augen gut treffen, da sie die meinen blenden.

Campaspe. Wohl, so malt mich ohne Augen, denn ich bin blind.

Apelles. Seid ihr bisher schon gemalt worden?

Campaspe. Nein. Und ich wünschte, ihr könntet mich so malen, daß ich von niemandem bemerkt würde.

Apelles. Das wäre zu beklagen um ein so vollkommenes Antlitz, wie es den Tempel der Venus unter allen diesen Gemälden schmücken müßte.

Campaspe. Was sind das für Gemälde?

Apelles. Dies ist Leda, von Jupiter als Schwan getäuscht.

Campaspe. Ein schönes Weib, aber ein häßlicher Betrug.

Apelles. Dies ist Alkmene, zu der Jupiter in Gestalt Amphitrions, ihres Gatten, kam und Herkules zeugte.

Campaspe. Ein großer Sohn, aber eine abscheuliche Tat.

Apelles. Er konnte sie begehn, da er ein Gott war.

Campaspe. Nein, die Tat war um so häßlicher, weil er ein Gott war.

Apelles. Dies ist Danaë, in deren Gemach Jupiter als goldener Regen kam und sein Verlangen erfüllte.

Campaspe. So vermag Gold die Erfüllung eines Wunsches zu erzwingen?

Apelles. Dies ist Europa, von Jupiter geraubt; dies Antiopa.

Campaspe. Waren alle Götter wie dieser Jupiter?

Apelles. Hierin waren mehrere Götter ihm gleich.

Campaspe. Nun in jenen Tagen, so denk' ich, war die Liebe bei den Erdenkindern wohl untergebracht, wenn sie durch die Götter so völlig autorisiert war.

Apelles. Ihr könntet euch aber auch vorstellen, wie liebenswürdig die Frauen gewesen sein müssen, da sie die Götter zu Liebhabern hatten.

Campaspe. Wären die Frauen auch nicht so schön, die Männer würden dennoch falsch sein.

Apelles. Wären die Frauen auch niemals so falsch, die Männer würden dennoch zärtlich sein.

So geht es, in derartigen Antithesen, noch eine Weile fort. Dann folgen wieder verschiedene Gespräche aufeinander, zwischen den Feldherren, zwischen den Philosophen und endlich zwischen Alexander und Apelles, — aber es sind alles Dialoge, die nur um ihrer selbst willen da sind. Der vierte Akt bringt zunächst eine Episode des Diogenes mit dem Athenischen Volke, dem er hatte ankündigen lassen, er würde an dem Tage in die Luft fliegen. Als schon viele auf dem Platze versammelt sind, kommt auch Manes, des Diogenes Diener, hinzu und Granichus befragt ihn: wie Diogenes zu dem Fluge ausgerüstet sei, ob er Federn habe?

Manes. Du bist ein Esel. Er hat die alten Wachsflügel des Dädalus aufgefunden .... O, Ihr werdet ihn die Luft durchschneiden sehen, wie eine Schildkröte.

Solinus. Ich dächte, ein so weiser Mann sollte nicht so närrisch sein. Sein Körper muß notwendig zu schwer sein.

Manes. Ach was! Er hat diese Woche nichts als Kork und Federn gegessen .... Er ist so leicht, daß er sich kaum noch halten kann, bis Mitternacht aufzufliegen.

Diogenes kommt nun hinzu und endet die Posse damit, den Athenienfern eine gesalzene Rede zu halten, sie wegen ihrer verdorbenen Sitten und schlechten Charaktereigenschaften mit Hohn und mit Grobheiten zu überschütten. Danach folgen wieder zwei Unterredungen zwischen Apelles und Campaspe. In der zweiten gesteht Apelles ihr seine Liebe, die sie ihm erwidert; aber beide fürchten den Zorn Alexanders, der ihr Bündnis verhindern werde.

Im fünften Akt wieder eine Szene des Diogenes mit den Athenischen Bürgern, dann ein trübsinniger Monolog des Apelles und hierauf nochmals eine Diogenesepisode. Dann erscheinen wieder Alexander und Hephestion. Letzterer ist gleich den andern Feldherren wegen Alexanders Leidenschaft für Campaspe besorgt. Alexander aber sendet nach Apelles, dessen Liebe zu der Thebanerin ihm nicht verborgen geblieben. In dieser letzten Szene gehen nun die Reden der verschiedenen Personen — auch Diogenes führt dabei mit Alexander einige fein zugespitzte Wechselreden — gar seltsam durcheinander, während im Buche weder für die Auftritte noch Abgänge irgend welche Bühnenanweisungen vorgezeichnet sind. Endlich stellt Alexander mit Apelles und Campaspe ein kurzes Verhör an und da beide ihre Liebe zueinander bekannt haben, entläßt sie Alexander mit einer großherzigen Rede. Danach läßt er die Trommeln rühren und die Trompeten schmettern, da er nun sogleich nach Persien aufbrechen wolle. Von Hephestion läßt er sich aber noch das Zeugnis geben: „Die Besiegung Thebens war für Dich nicht so ehrenvoll, wie diese Unterwerfung Deiner Wünsche." Und Alexander schließt: Wenn die ganze Welt gewonnen sei, so möge ihm Hephestion eine andere Welt zum Unterwerfen ausfindig machen, oder — „bei meinem Wort, ich werde mich verlieben". Im gedruckten Buche folgen dann zwei Epiloge, einer für das Blackfriars-Theater, der andere für den Hof — insbesondere für die Königin Elisabeth, ohne deren Urteil, heißt es am Schlusse, nichts in der Meinung anderer als gut oder schlecht bezeichnet werden könne. Beide Epiloge sind ebenfalls in Prosa, und auch im Stücke selbst sind nur ein paar „Songs" eingeschaltet.

Da Lilly zunächst darauf rechnete, daß seine Stücke am Hofe vor der Königin gespielt würden, so ist es um so auffallender, daß gerade er es war, der für die Komödie den Prosa-Dialog einführte, da doch in jener Zeit in den gebildeten Kreisen die Verskunst sehr hoch in der Schätzung stand und man kaum daran dachte, daß etwas Gefälliges anders als in der Versform ausgedrückt werden könne. War es also schon eine mutige Tat von ihm und eine beachtenswerte Reform, auf die allein für gültig anerkannte Form des poetischen Rhythmus zu verzichten, und dafür den Reiz dichterischer Sprache der Prosarede zu verleihen, so gewann er auch damit für die Sprache eine viel freiere Bewegung, die ihm gestattete, durch leicht hingeworfene Witzpointen, Antithesen und Metaphern zu glänzen. Bei dem reichlichen Gebrauch der aus dem Altertum genommenen Bilder und Figuren — womit auch die anderen Dichter jener Zeit nicht sparsam waren —, wird man sich zu erinnern haben, daß damals von den alten Klassikern besonders Ovid allen geläufig war.

Aus den wenigen aus Lillys Komödie hier mitgeteilten Dialogproben wird man erkennen, daß der gekünstelte Schmuck der Rede, den man nach Lilly als Euphuismus bezeichnet hat, hier keineswegs übertrieben erscheint, weil sein Witz, wo es den

4*

Personen und Situationen entspricht, meist mit Grazie gepaart ist. Bei Campaspe selbst — in ihren Gesprächen mit Apelles — werden wir mehrfach an den Witz und an die Schlagfertigkeit der Shakespeareschen Porzia erinnert, während wir daneben in den Szenen der Athenischen Bürger, des Diogenes, Manes und der anderen Diener in dem derbern Humor schon Anklänge an Shakespeare, in gleichartigen Szenen, vernehmen.

Allerdings ist Campaspe, wie schon gesagt, das beste von Lillys Stücken; in den andern (man wird sie alle in dem Zeitraum von 1580 bis 1587 setzen können) werden seine Vorzüge viel mehr durch Geschraubtheit und Unnatur in den Motiven wie durch die Manieriertheit der Sprache in Schatten gestellt. Von dramatischem Leben kann in keinem seiner Stücke die Rede sein. An Charakterisierung der einzelnen Personen fehlt es ihm zwar keineswegs, aber die Szenen sind alle locker aneinander gereiht, ohne innere Entwickelung, und da sie alle auf gleicher Ebene sich bewegen, so bleiben sie auch auf gleichem Niveau des Interesses.

Unter den jüngeren Zeitgenossen Lillys war insbesondere für die dramatische Dichtung der Bedeutendste George Peele (geboren 1558), der ebenfalls als Magister (Master of arts) um 1580 nach London gekommen war. Wie Lilly im Prosadialog, so zeichnete sich Peele dadurch aus, daß er den schon fünfundzwanzig Jahre früher in der Tragödie Gorboduc zuerst angewendeten Blancvers wieder aufnahm und ihn sowohl durch die Reinheit der Sprache wie durch poetischen Schwung sogleich zu großer Bedeutung brachte.

George Peeles frühestes Stück, das wir kennen, ist „Die Anklage des Paris" (The arraignment of Paris) das 1584 gedruckt wurde, aber schon kurz zuvor zu Greenwich vor dem Hofe aufgeführt worden war. Das Stück ist bezeichnend für die Art, wie die Dramatiker mit den aus der Mythe genommenen Stoffen umgingen, indem man sie mit eigenen Erfindungen derartig ausstaffierte, daß dadurch der wertvolle Kern des ursprünglichen Stoffes seinen Reiz verlor. Das hatte schon Lilly in seinen Stücken „Sappho und Phaon" und „Galathea" gezeigt, in denen der gegebene Stoff durch allerlei Zierat verdeckt wurde. Wenn Shakespeare einen überlieferten Stoff — sei es aus der Geschichte, sei es aus der Novellenliteratur — durch seine ureigene Poesie ausfüllte und umgestaltete, so hatte er immer den Stoff vertieft, bereichert und in seinem Werte unermeßlich vervollkommnet. Das kann man von seinen Vorgängern niemals sagen. Sie benutzten die von ihnen ergriffenen Stoffe nur, um damit beliebig zu schalten, wie sie es zum Zwecke ihrer Komödie für gut fanden, ohne aber jemals dabei den Stoff selbst zu vertiefen.

Wenn dies im allgemeinen auch bei Peeles Komödie „Die Anklage des Paris" zutrifft, so kann man hier doch dem Dichter zugestehen, daß seine eigene Erfindung witzig, und seine Sprache dabei poetisch ist. Der Dichter selbst hat das Stück als ein „Pastoral" bezeichnet, und die Geschichte von des Paris Urteils= spruch in ein sehr breit ausgeführtes Schäferidyll gekleidet, um dann erst sehr spät zu dem eigentlichen Gegenstand der Komödie zu kommen, nämlich zu der „Anklage" des Paris, die ganz in der Form einer Gerichtsverhandlung vorgeführt wird. Pallas und Juno sind nämlich über den zugunsten der Venus gefällten Schiedsspruch des Paris sehr entrüstet, indem sie behaupten, daß Paris bestochen worden sei. Sie haben deshalb ihre darauf hin= zielende Klage vor den Richterstuhl der Götter gebracht; aber die Verhandlung endet nach des Paris Verteidigung mit seiner Freisprechung. Natürlich können die gekränkten Damen sich damit nicht zufrieden geben und sie legen deshalb Berufung ein. Nach dieser ganz witzigen (fast operettenmäßigen) Behandlung des Stoffes steuert nun aber der Dichter — als richtiger Hofpoet — nach einer anderen Richtung hin. In der neuen Instanz wird Diana zur Entscheidung angerufen, und diese hat ihr Schluß= kompliment zu machen; denn da auch dieses Stück zunächst „before the Queene's Majesty" aufgeführt wurde, so mußte es auch mit einer devoten Huldigung der Königin Elisabeth abschließen. Dies geschieht — sonderbar genug — dadurch, daß Diana das Bildnis der Nymphe Eliza zeichnet, welche keine andere ist, als — die Königin Elisabeth.*) Denn das Elysium, in dem sie herrscht, ist so nach ihr benannt, und da sie alle Vorzüge der Göttinnen in sich vereine — majestätisch wie Juno, schön wie Venus und keusch wie Diana —, so gebührt ihr der Preis: For wisdom, princely state and peerless beauty.

Es ist wohl kaum denkbar, die Schmeichelei höher zu treiben, als es bei solchen Gelegenheiten von seiten der Hofpoeten geschah. Und daß eine so bedeutende Herrscherin sich derartige Dinge ins Gesicht sagen ließ, beweist, daß auch für die allerplumpesten Schmeiche= leien die Großen ein besonderes Organ der Aufnahmefähigkeit haben müssen. Wie ganz anders hat sich Shakespeare auch in dieser Hinsicht zu seinen Vorgängern verhalten! Das einzige Mal, daß er eine Anspielung auf die Königin — als „the fair vestal throned by the west" — macht (als Oberon im Sommer= nachtstraum Puck befiehlt, die Blume zu holen), wie zart und poetisch verschleiert geschieht das hier im Vergleich zu jenen dreisten Schmeicheleien.**)

Übrigens ist auch Peele nach seinem Erstlingswerke, der „Anklage des Paris", als Dramatiker nicht zu beurteilen. Als die weitaus beste seiner dramatischen Dichtungen gilt allgemein die Tragödie von König David, oder — wie der vollständige

---

*) „Diana describeth the Nymph Eliza, a figure of the Queen."

**) Die Verherrlichung der Königin Elisabeth am Schlusse von Shakespeares Heinrich dem Achten, in der prophetischen Rede des Erz= bischofs Cranmer bei der Taufe des Kindes, kann hier nicht in Betracht kommen. Erstens war Elisabeth damals schon seit zehn Jahren tot und Shakespeare selbst hatte sich bereits nach Stratford zurückgezogen. Daß überhaupt nicht das ganze Stück ihm auf seine Rechnung zu setzen ist, davon später.

Titel lautet — „Die Liebe König Davids und der schönen Bath-seba, nebst der Tragödie Absolons".

Wie alle uns durch den Druck überlieferten Stücke aus jener Zeit, hat auch dies Drama weder Akt- noch Szenenteilung; nur aus gewissen äußeren Merkmalen in der Handlung kann man einen Aktschluß annehmen, besonders bei dem (in diesem Schauspiel nur zweimal auftretenden) Chorus. Die Geschichte des David, Urias, der Bathseba usw. ist getreu nach der Bibel wiedergegeben und die Szenen gehen mit den tragischen Begebenheiten der Thamar und des Absalon in stetem Szenenwechsel durcheinander, so daß der epische Gang der Handlung eine dramatische Entwicklung der Charaktere nicht aufkommen läßt. Die Handlung beginnt mit Davids Belauschen der Bathseba, und einem Gesang der letzteren. Schon hier läßt die Bühnenanweisung deutlich die szenische Einrichtung des damaligen Theaters erkennen. Der Schauplatz ist vor dem Palast des Königs anzunehmen; nachdem der Prolog gesprochen, heißt es: „Ehe der Prologsprecher abgegangen ist, zieht er einen Vorhang und man sieht Bathseba, mit ihrem Mädchen, an einem Quell badend. Sie singt und David, von oben, betrachtet sie." Auf den hier vom Prologsprecher aufgezogenen Bühnenvorhang (curtain) werden wir in der Folge noch zu sprechen kommen, da er auch noch für Shakespeare, in den Bühnenanweisungen der älteren Drucke, eine wichtige Rolle spielt.

Wie bei allen diesen Stücken ist über die Veränderung des Schauplatzes nicht die geringste Andeutung gemacht. Nach dem „exeunt" der einen Szene treten die Personen der folgenden Szene auf, und nur nach dem Inhalt der Gespräche können wir uns den veränderten Schauplatz denken. Wichtige Aktionen sind ganz hinter die Szene verlegt und folgen deshalb einander mit großer Geschwindigkeit. So ist die Geschichte mit dem Urias-brief behandelt. David, Absalon und Urias sitzen zechend beisammen, bis Urias, voll des Weines, sich niedergelegt hat. Hierauf verkündet uns David in vier Verszeilen, was er — um

Urias zu beseitigen — mit ihm beginnen wolle. Wenn alle abgegangen sind (wahrscheinlich ist hier Aktschluß) tritt der Chorus auf, um die gegen Urias ausgeführte Tat zu erzählen. Seltsamer noch ist in einem späteren Akt das Ende des Absalon vorgestellt. Nach einer längeren Rede desselben ist er mit seinen Kriegern abgegangen und dann lautet die Bühnenanweisung kurz: „Die Schlacht. Dann hängt Absalon an den Haaren." Danach kommt Joab, der nach einigen längeren Wechselreden ihn ersticht. Da Absalon noch weiter redet, sticht Joab nochmals nach ihm und geht ab. Dann kommen Krieger des Joab, sehen Absalon hängen und stechen ebenfalls nach ihm, bis er stirbt.

Diese Szenen geben nur erst einen bescheidenen Vorgeschmack von den blutigen Grausamkeiten der nachfolgenden Dramatiker. In einzelnen Partien seines Dramas zeigt Peele eine hervorragende dichterische Begabung. Während jedoch in seiner Sprache bei ihrem reichen, die ganze Zeit charakterisierenden Bilderschmuck und ihrem schwungvollen Pathos auch die seelischen Zustände der Personen zu schönem Ausdruck kommen, zeigt sich in der szenischen Komposition, in der Behandlung von Zeit und Ort, noch dieselbe Willkür, wie bei den gleichzeitigen Dramatikern.

Von diesen wäre hier noch Thomas Lodge zu nennen, obwohl dieser geistvolle Schriftsteller nur ein parmal die dramatische Form wählte, weil diese eben im Zuge der Zeit lag. Eine Tragikomödie, genannt „A looking glass for London and England", die 1591 im Rose-Theater aufgeführt wurde, hatte er in Gemeinschaft mit Robert Greene verfaßt, aber auch dieser vermochte es nicht, dem Stoffe dramatisches Leben zu verleihen. Auch in dem darauf folgenden selbständigen Drama von Lodge: „Die Wunden des Bürgerkriegs" („The wounds of civil war"), in welchem er die Geschichte des Marius und Sulla in einer unruhigen Aufeinanderfolge von Szenen behandelt, suchte er die dramatische Wirkung einzig in den blutigen Aktionen, die überdies hier schon von Marlowe beeinflußt waren und sonach mit

Bezug auf Shakespeare ohne Bedeutung sind. Die eigentliche Begabung Lodges lag viel mehr auf anderem Gebiete, als dem dramatischen, und die höchste Anerkennung fand er in seinen geistreichen Satiren und Pamphlets, von denen später noch die Rede sein wird. Hier sei nur seine poetische Erzählung „Rosalinde" erwähnt, die zwar ausdrücklich auf Lillys Euphues hinweist (der englische Titel ist „Rosalynd. Euphues golden Legacy"), aber dabei doch so viel dichterische Erfindung zeigt, daß Shakespeare zehn Jahre später daraus den Stoff zu seinem poetischen Lustspiel „Wie es euch gefällt" nahm.

Auch nach Lilly, Peele usw. kamen in dem gesteigerten Wettlauf der dramatischen Poeten noch Schauspiele anderer Dichter zur Aufführung, entweder auf einem der verschiedenen Theater Londons, oder auch zu Greenwich vor der Königin und dem Hofe. Im Zwecke gegenwärtiger Darstellung des vorshakespearischen Dramas lag es aber, nur auf solche Erscheinungen hinzuweisen, die für den Werdeprozeß des englischen Dramas durch verschiedene Eigenschaften von Bedeutung sind, indem sie zu dem Höhepunkte hinleiten. Die Keime zu dem nachfolgenden kräftigeren Aufblühen mögen oft an sich geringfügig erscheinen. Sie werden aber besonders dann der Beachtung wert sein, wenn die Stücke von Dichtern herrühren, die wenigstens für ihre Zeit eine Bedeutung hatten. Von manchen anderen Stücken, die eine nähere Beziehung zu Shakespeare haben, insofern sie ihm als Vorlagen dienten, wird bei seinen eigenen Werken die Rede sein.

Aus der hier gegebenen gedrängten Schilderung wird man ersehen haben, daß schon vieles vorbereitet war für das Erscheinen des Einzigen, — vieles, aber noch nicht alles. Es fehlten noch die Stürme, die der Frühlingssonne vorausgehen. Auch sie sollten als die letzten Vorboten noch kommen und hatten sich durch manche Vorzeichen schon angekündigt.

Was hier von Lodge als Dramatiker gesagt ist, daß er für seine vereinzelten Schauspiele die dramatische Form nur wählte, um dem Zuge der Zeit zu folgen, ohne innere Notwendigkeit, das gilt auch von anderen gleichzeitigen Dichtern, vor allem von Lilly. Bei ihnen war die dramatische Form nicht der notwendige Ausdruck ihres ganzen dichterischen Empfindens; es war vielmehr eine von ihnen nur angenommene Dichtungsform, die neben den italienisierenden Kunstformen der lyrischen und epischen Poesie für sich selbst als poetische Gattung ihre Berechtigung haben wollte. Ganz anders verhielt es sich mit den berufenen Dramatikern der Sturm- und Drangzeit, die jetzt das Theater als ihre Welt in Anspruch nahmen und auf den Londoner Bühnen zum Teil wie ein Unwetter hausten. Er aber, der sich ihnen zugesellen sollte — der einzig Auserwählte —, er saß jetzt noch in seinem stillen Heimatsort am Avon.

<hr/>

Shakespeare in Stratford.

Wenn so manche Stadt einzig als der Geburtsort eines außerordentlichen Menschen berühmt geworden ist, so hat das in der englischen Grafschaft Warwick am Flusse Avon gelegene Stratford seine Bedeutung durch den Namen William Shakespeares in noch erhöhtem Maße. Denn hier ward der Dichter nicht nur geboren, sondern hierher war er nach seiner großen Laufbahn in London auch wieder zurückgekehrt, um in seinem kleinen Heimatorte in stiller Beschaulichkeit bis zu seinem Lebensende zu verbleiben.

Von seinen Jugendjahren wissen wir allerdings nicht viel; aber wir haben doch wenigstens über die wichtigsten Abschnitte dieser seiner ersten Lebensperiode die dokumentarisch verbürgten Zeugnisse.

In dem Stratforder Kirchenregister von Holy Trinity ist der Tag der Taufe Williams, als des Sohnes von John Shakespeare, folgendermaßen angegeben:

1564	
April 26	Gulielmus filius Johannes Shakspere

Da es in jener Zeit Gebrauch gewesen sein soll, die Kinder bereits am dritten Tage nach der Geburt taufen zu lassen, so hat man den 23. April als den Tag von Shakespeares Geburt angenommen. William war das dritte Kind des mit Marie Arden seit 1557 verheirateten John Shakespeare, der hier — gemäß der lateinischen Eintragung — als „Johannes" bezeichnet ist. Die beiden ersten Kinder aus dieser Ehe waren Mädchen, die aber schon im Kindesalter starben.

Wenn auch Stratford am Avon*) zu den kleinern Land= städten gehörte, so hatte es doch nahe Verbindungen mit mehreren Orten, die durch ihre Geschichte berühmt geworden sind. In nur wenigen Stunden gelangte man nach dem nördlich gelegenen Warwick mit dem berühmten Warwick=Castle, das an die blutigen Kämpfe der roten und weißen Rose erinnert. Von dort nur eine gute Stunde entfernt liegt Kenilworth, dessen Schloß, gegen= wärtig nur noch eine großartige Ruine, zur Zeit der Königin Elisabeth wegen der vom Grafen Leicester veranstalteten glänzenden Feste viel genannt wurde. In südöstlicher Richtung, etwa auf dem halben Weg nach London, liegt die uralte Universitätsstadt Oxford, die den Ruhm der Gelehrtheit weit über Englands Grenzen hinaus verbreitete.[10])

Diese ganze Lage Stratfords läßt erkennen, daß es nicht zu den vereinsamten Städten gehörte, indem es inmitten eines viel= befahrenen und durchwanderten Straßennetzes von verschiedenen Richtungen materiell wie auch geistig befruchtet war. Das Schul= wesen in den kleinen Landstädten wurde seit der Regierung der Königin Elisabeth durch neue Verordnungen bedeutend gehoben,

---

*) Da es in England noch ein anderes Stratford ganz in der Nähe von London gibt, so wird die Vaterstadt des Dichters stets mit dem Zusatz des Flußnamens genannt.

was auch der in Stratford bereits vorhanden gewesenen Grammar-
school zugute kam.

Der weit von Nordosten herkommende, in vielen Windungen
durch die grüne Landschaft sich hinziehende Avon fließt an der
östlichen Seite der Stadt unmittelbar an der alten und schönen
Kirche Holy Trinity vorbei, um dann erst zehn Meilen weiter
südöstlich, bei Tewksbury, mit dem aus Wales kommenden Severn*)
sich zu vereinen und mit diesem dem Bristol-Kanal zuzufließen.

Die wiesenreiche Umgebung der Stadt, der muntere, hier
bereits schiffbare Fluß und der fruchtbare Boden waren der
Landwirtschaft und der Viehzucht besonders günstig. Dadurch
hatten auch sowohl Gerber und Handschuhmacher wie auch der
Wollhandel hier einen guten Boden. Obwohl Stratford ursprünglich eine alte Klosterstiftung war, so sieht man doch der Stadt
ein so hohes Alter nicht an. Die Straßen sind zum großen Teil
breit, die Häuser — auch die älteren — nicht hoch und meist von
Fachwerk erbaut.

John Shakespeare, der Vater des Dichters, stammte aus
dem nur drei engl. Meilen nördlich von Stratford gelegenen Snitterfield. Dort hatte sich 1528 ein Richard Shakespeare angesiedelt,
und es ist dies wahrscheinlich der Großvater des Dichters gewesen. John Shakespeare hatte 1557 geheiratet. Sein Weib
Mary stammte aus einem einst angesehenen Geschlecht; ihr Vater,
Robert Arden, war Landbesitzer zu Wilmcote, eine Stunde nordwestlich von Stratford. John Shakespeares Hauptgewerbe war der
Wollhandel; auch ist er in alten Dokumenten als Handschuhmacher
bezeichnet, und da er als Yeoman, das heißt als Besitzer eines zins-
freien Gutes, auch Viehzucht trieb, so liegt die Annahme nahe, daß
damit sowohl der Wollhandel wie auch die Handschuhmacherei
verbunden war. In Stratford bekleidete er nacheinander kleine
städtische Ämter, erlangte dann die Würde eines Alderman und

---

*) „Wo an des schönen Severn binf'gem Ufer“ usw. Percy in Heinrich IV.

im Jahre 1568 wurde ihm das höchste Amt in der Stadtver=
waltung, das Amt des Bürgermeisters (bailiff) zuerkannt, welchem
Amte er aber nur ein Jahr lang vorstand.

Unter solchen Umständen würde es doch ganz erstaunlich sein,
daß er — wie berichtet wird — nicht hätte schreiben können.
Man hat dies aus aufgefundenen Dokumenten schließen wollen,
bei deren Unterschriften an der Stelle seines Namens das Zeichen
eines Kreuzes steht. Dagegen ist aber doch wohl anzunehmen,
daß er ein solches Zeichen, das bei ihm überdies nicht die Form
eines Kreuzes hat, für die Unterzeichnung von Benachrichtigungen
und Erlassen als bequemes Monogramm gebraucht habe. Als
Beweis, wie viele Menschen in jener Zeit des Schreibens un=
kundig gewesen seien, hat man auch angeführt, daß unter einem
Aktenstück vom Jahre 1565, das von neunzehn Aldermen und
Bürgern zu unterzeichnen war, nicht weniger als dreizehn — und
darunter John Shakespeare — nur ein Kreuz zu ihrem Namen
gemacht hätten. Da nun aber doch alle Namen schon vorge=
schrieben waren, so liegt wohl die Erklärung nahe, daß die
Mehrzahl der Unterzeichner es für ausreichend hielt, zu dem schon
geschriebenen Namen nur ihr Zeichen als Bestätigung zu setzen,
wie es ja auch in unserer schreibkundigen Zeit häufig vorkommt,
daß zu den vorgeschriebenen Namen nur ein „Gelesen“, ein Vidi
oder auch nur ein Buchstabe dazu gesetzt wird. Die Möglichkeit
einer solchen Erklärung wäre doch immer noch eher anzunehmen,
als die in allen Biographien des Dichters wiederholte und un=
glaubliche Angabe, daß ein Mann, der in Stratford die Würde
eines Bürgermeisters bekleidete, nicht habe seinen Namen schreiben
können.

Bezüglich der schon erwähnten, im Kirchenbuche enthaltenen
Eintragung der Taufe Williams möge hier noch auf einen, die
Schreibweise in jener Zeit betreffenden Umstand hingewiesen sein.
Aus dem Faksimile jener Schrift des Sakristan in dem hier
wiedergegebenen Namen des Vaters wird man erkennen, daß die

Charaktere sämtlich denjenigen in des Dichters viel spätern Namensunterschrift gleichen, und daß dieselben der damals vielfach noch
üblichen deutschen (gotischen) Schrift entsprechen, was auch in
den sogenannten Black letters älterer englischer Drucke der Fall
ist.[11]) Hierbei mag auch sogleich die viel umstrittene Orthographie
des Namens Shakespeare erörtert werden. Aus obigem Faksimile
ist zu ersehen, daß die erste Silbe des Namens ohne e (Shak)
geschrieben ist, und die zweite Silbe ohne a (spere), wobei noch
zu bemerken ist, daß das e stets unserm deutschen geschriebenen d
gleicht. Trotzdem aber haben wir Ursache, bei der Namens-
Orthographie zu bleiben, wie sie allgemein gebräuchlich ist, und
wie sie seit des Dichters Lebzeiten von allen seinen Zeitgenossen
angenommen war.

John Shakespeares Vermögensverhältnisse waren durch seine
Verheiratung mit Mary Arden zunächst noch günstigere geworden,
denn Mary hatte als Heiratsgut eine ansehnliche Farm erhalten
und durch ihres Vaters Testament war sie noch weiter bedacht
worden, wie es scheint nur durch Vermehrung des Viehbestandes.

Der Stammbaum der Ardens, dem man bis auf sehr frühe
Zeit nachgerechnet hat, kann uns hier weiter nicht interessieren.
Wichtiger würde es sein, wenn wir von den persönlichen Eigen-
schaften der Mutter Williams etwas erfahren könnten; aber
darüber hat nichts ermittelt werden können, und was einzelne
Biographen von ihr berichten wollen, beruht auf willkürlichen
Annahmen, auf Deutungen und Hypothesen, die nur in einzelnen
Stellen in Shakespeares dichterischen Werken ihren Grund oder
Ungrund haben.

Schon vor seiner Verheiratung hatte John Shakespeare in
Stratford zwei Häuser besessen, von denen das eine (in der
Henleystraße) noch heute als das Geburtshaus des Dichters ge-
zeigt wird. Ehedem lag es noch frei nach beiden Seiten hin, und

so sehen wir es auch noch auf einer Abbildung aus dem 18. Jahrhundert. Die in weiten Zwischenräumen stehenden Häuser, einstöckig und von Fachwerk, gaben der Straße mehr das Ansehen einer Dorfstraße, was sich natürlich mit dem Wachstum des Städtchens verändert hat.[12]

William Shakespeare war mit sieben Jahren in die Stratforder Stadtschule gekommen. Es war dies die sogenannte Grammar-school oder Lateinschule, eine Stiftung, in der die Söhne der Korporationsmitglieder freien Unterricht erhielten. Das Erlernen des Lateinischen war gerade damals nicht nur sehr lebhaft betrieben, sondern es wurde am Hofe und in den höheren Ständen sogar Modesache. Daß Shakespeare das Lateinische in seinen Dichtungen anwendete, soweit es ihm für die Personen passend oder zweckmäßig erschien, wissen wir aus vielen Stellen in seinen Dramen. Doch machte er, im Gegensatz zu anderen Dramatikern seiner Zeit, sich nicht breit damit, um mit Schulgelehrsamkeit zu prunken, vielmehr wendete er es häufig in solchem Sinne auch parodierend an. Wenn später, nach seinem Tode, Ben Jonson in seinem ihn verherrlichenden großen Gedichte von ihm sagte: er habe zwar wenig Lateinisch und weniger Griechisch verstanden (small Latin and less Greek), so geht doch aus dem Zusammenhang hervor, daß dies keineswegs zu seinem Nachteil gesagt sein sollte. Er war eben nicht „gelehrt", aber er war, abgesehen von seinem Genie, doch gebildet.

Shakespeares erster Biograph (1709) hat berichtet, der Schulunterricht Williams habe „nicht lange" gedauert, weil der Vater ihn in seinen Geschäften, besonders beim Wollhandel, zur Unterstützung gebraucht habe. Für eine solche Tätigkeit mußte aber doch William bereits ein dazu ihn befähigendes Alter erreicht haben. Als er mit sieben Jahren in die Lateinschule kam, hatte er bereits drei jüngere Geschwister: Gilbert, Johanna und Anna, von denen die letztere — gleich den ersten Kindern John Shakespeares — bereits in früher Kindheit starb.[13]

Aus seiner Schulzeit hat man zwar die Namen einzelner Lehrer ermitteln können, sonst aber nichts. Und auch dies ist sehr begreiflich, denn in der späteren Zeit, als Shakespeares Dichterruhm schon feststand, wird keiner jener Lehrer, falls sie noch am Leben waren, imstande gewesen sein, aus so weit zurückliegender Zeit über die Anlagen und Eigenschaften der einzelnen Schüler etwas auszusagen.

Wohl aber ist hier aus der Stratforder Schulzeit eines Ereignisses zu gedenken, das insbesondere die Grafschaft Warwick in Bewegung setzte, aber auch in ganz England das größte Aufsehen machte. Es war das unerhört großartige und prachtvolle Fest, das der mächtige Günstling der Königin, Robert Dudley, Graf von Leicester, zu Ehren der Herrscherin in seinem Schlosse zu Kenilworth im Juli 1575 veranstaltet hatte, und zu welchem aus zahlreichen Städten und Ortschaften der Grafschaft viele Tausende hingeströmt waren.

Daß der Knabe William selbst diesem Feste beigewohnt habe, ist zwar nicht erwiesen; da aber Kenilworth kaum eine halbe Tagesreise von Stratford entfernt war, und da aus den Orten der Grafschaft insbesondere auch die Vertreter der Städte und Gemeinden als Gäste geladen waren, so wird sicher auch John Shakespeare in seiner städtischen Würde daran teilgenommen haben. Lord Leicester, der alles Erdenkliche aufgeboten hatte, die der Königin darzubringenden Huldigungen bis ins Märchenhafte zu steigern, hatte schon einige Meilen vor Kenilworth in einem kleinen Orte ihren Empfang durch ein Bankett vorbereitet, für das ein sehr umfangreiches, mit äußerster Pracht dekoriertes Zelt erbaut worden war. In Kenilworth selbst war auf einem großen Teiche vor dem Schloß eine schwimmende Insel geschaffen, die für die Ankunft der Königin am Abend von vielen Hunderten Fackeln erleuchtet war. Dort saß auf erhöhtem Platze die Lady of the lake und neben ihr auf Delphinen zwei Nymphen, die die Königin in Versen anredeten oder sie besangen.

Rauschende Musik beschloß diese Begrüßung. Im unteren Hof war eine lange und breite Brücke erbaut, mit Säulen zu beiden Seiten. Hier kamen nacheinander die verschiedenen Gottheiten, die der Königin ihre Gaben darbrachten. Der Waldgott Sylvanus brachte Wild herbei, Bacchus den Wein, Pomona Früchte, Neptun Seefische, Ceres die Frucht des Feldes usw. Nach diesen Empfangszeremonien folgten mehrere Tage hintereinander die vielen wechselnden Vergnügungen: allerlei Spiele, Bären- und Stierhetzen, italienische Gaukler, mythologische Pantomimen, die natürlich alle in einer der Königin dargebrachten maßlosen Huldigung gipfelten; danach Feuerwerkskünste und Hochzeitstänze. Endlich erschienen auch die "Coventry men", Leute aus dem benachbarten, wegen seiner alten charakteristischen Spiele berühmten Coventry, um alte und lustige Komödien mit Clownsspäßen, Sängen und Tänzen aufzuführen.

Im Hofstaat der Königin befanden sich nicht nur die vornehmsten Würdenträger und Pairs des Landes, sondern die letzteren auch mit ihrem ansehnlichen Gefolge von Rittern, und unter den Damen der Königin die ersten Herzoginnen des Landes, von denen eine jede die andere durch die kostbarsten Stoffe der Gewänder und reichsten Diamantenschmuck zu überbieten trachtete.

Ganz allgemein war in der Bevölkerung die Meinung verbreitet, daß der ehrsüchtige und in der königlichen Gunst übermütig schwelgende Lord Leicester bei diesem Feste sogar die Hand der Herrscherin zu erringen hoffte, ja, daß er diesen seinen höchsten Triumph mit Sicherheit erwartet habe. Und hernach wußte man auch, daß dieses sein Bemühen fruchtlos geblieben war. Wie man damals im Volke an Leicesters vergebliche Werbung glaubte, so wollte man auch wissen, was der Erfüllung des Wunsches entgegenstand: seine heimliche Ehe, — die allerdings dazu nicht stimmte.

Die Königin wollte keinen Gemahl, sondern nur Günstlinge.

Aber wehe diesen, wenn sie es wagten, ihre Liebe einer anderen zuzuwenden!

Sicherlich ist vieles von diesen Begebenheiten unserm Dichter bekannt geworden, wenn auch manches erst in späterer Zeit.*) Und in Erinnerung daran konnte er noch nach zwanzig bis fünfundzwanzig Jahren in seinem „Mittsommernachtstraum" (Akt II, Szene 1) die reizende poetische Anspielung einflechten, als Puck dem Oberon gebietet, das zauberkräftige Blümchen „Lieb' im Müßiggang" zu holen, wobei er auch von der Sirene spricht, die ein Delphin trug, und von Cupido, wie er „in voller Wehr" auf eine „Vestalin im Westen thronend" zielte und den Liebespfeil vom Bogen schnellte, „als sollt' er hunderttausend Herzen spalten" —

Allein ich sah das feurige Geschoß
Im keuschen Strahl des feuchten Monds verlöschen.
Die königliche Priesterin ging weiter
In sittsamer Betrachtung, liebefrei.

Wenn wir annehmen, daß William bereits im Alter von vierzehn oder fünfzehn Jahren den ferneren Besuch der Schule aufgeben mußte, weil der Vater seiner helfenden Tätigkeit bedurfte, so können wir daraus schließen, daß dieser dem offenen Kopfe des Knaben dafür vertraute. Wir wissen aber auch, daß die Zerrüttung der Vermögensverhältnisse John Shakespeares schon in dieser Zeit durch Verluste mannigfacher Art in bedrohlichster Weise sich gesteigert hatte. Aus den uns überlieferten Nachrichten scheint hervorzugehen, daß der tätige und unternehmende Mann entschieden zu viel auf sich geladen hatte. Neben den verschiedenen landwirtschaftlichen Angelegenheiten, in denen die Schafzucht und der Wollhandel obenan standen, neben noch manchen anderen Kauf- und Handelsgeschäften, wie auch der Verwaltung seiner Häuser, die schon mit Schulden belastet waren,

---

*) Über das Kenilworth-Fest waren schon 1576 zwei Gelegenheitsschriften erschienen, von Robert Laneham und von George Gascoigne.

fand er kaum noch Zeit zur Erfüllung der Pflichten als städtischer Beamter. Nachdem er der Würde des Bailiff schon nach kurzer Zeit hatte entsagen müssen, wurden auch schon Klagen laut, daß er als Alderman die Sitzungen zu häufig versäumte.[14])

Was Williams Tätigkeit in des Vaters Geschäften betrifft, so ist es wahrscheinlich, daß er durch seine Kenntnisse dem Vater sich besonders im Wollgeschäft nützlich machen konnte. Daß er auf diesem Gebiete mit den Verhältnissen vertraut war, erfahren wir aus einem seiner Schauspiele, dem „Wintermärchen", dessen vierter Akt bekanntlich in der Zeit der Schafschur spielt, und wo in der zweiten Szene der junge Schäfer bei seinem Auftritte genaue Berechnungen über den Ertrag der Wolle anstellt.[15])

Wir kommen nunmehr zu dem wichtigsten Wendepunkte in dem Jugendleben William Shakespeares: zu seiner so frühzeitigen und verhängnisvollen Verheiratung, die bereits gegen Ende des Jahres 1582 stattfand, als William erst in der Mitte seines neunzehnten Lebensjahres stand.

Anna Hathaway, die das Schicksal zur Gattin dieses Mannes bestimmt hatte, war aus dem Dorfe Shottery in der Nähe von Stratford. Zur Zeit ihrer Verheiratung war sie bereits sechsundzwanzig Jahre alt.[16]) Ihr Vater, Richard Hathaway, war ebenfalls Farmer zu Shottery und aus seinem Testamente ist zu ersehen, daß Anna viele Geschwister hatte. John Shakespeare und Richard Hathaway standen als Nachbarn durch geschäftliche Interessen in Verbindung, die auch zu freundlichem Umgang beider Familien führte. Unter dem Einfluß solcher Beziehungen ist dann, wie wir annehmen dürfen, bei dem um acht Jahre älteren Mädchen zu dem körperlich schön gebildeten jungen Menschen eine Neigung entstanden, und die Gelegenheit führte zu einem intimeren Verhältnis, das schließlich nur durch die eheliche Verbindung zu legalisieren war. Zu verteidigen brauchen wir den Dichter deshalb um so weniger, als ein Vorwurf in diesem Falle nur das um so viel ältere Mädchen treffen könnte. Kurz,

5*

die Tatsache steht fest, daß schon sechs Monate nach der ehelichen Verbindung, am 26. Mai 1583, das erste Kind, seine Tochter Susanna, zur Taufe kam.

Aus gewissen Außerungen, die Shakespeare den dramatischen Personen in seinen Dichtungen zuerteilt hat, Schlüsse auf seine eigenen Ansichten und Lebensverhältnisse zu ziehen, wird meist eine sehr gewagte Sache sein, denn wir müßten damit notwendig und in den meisten Fällen in die stärksten Widersprüche geraten. Dennoch wird oft eine Bezugnahme auf die Worte des Dichters nicht abzuweisen sein, am wenigsten da, wo es sich um ganz allgemeine Lebensanschauungen handelt. Dazu gehört die oft angeführte Außerung in dem Lustspiel „Was ihr wollt" (Twelfth night), da der Herzog den ihm dienenden Cesario (Viola) nach dem Alter des von ihm geliebten Mädchens befragt. Als ihm Cesario=Viola antwortet „Von eurem etwa", entgegnet der Herzog:

Zu alt, beim Himmel! Wähle doch das Weib
Sich einen ältern stets! So fügt sie sich ihm an,
So herrscht sie dauernd in des Gatten Brust — usw.

Wenn wir aber auch diese Worte auf die vom Dichter in seiner Jugend an sich selbst gemachte Erfahrung beziehen wollen, so haben wir dabei doch auch noch zu bedenken, daß — ganz abgesehen von dem Altersunterschied — auch in den geistigen Naturen beider ein zu starker Abstand gewesen sein muß, und daß bei ihr auch der Mangel an Bildungsfähigkeit, des Geistes wie des Herzens, ein befriedigendes eheliches Verhältnis ausgeschlossen haben würde. In neuerer Zeit sind außerdem dokumentarische Zeugnisse ans Licht gekommen, aus denen zu schließen ist, daß die eheliche Verbindung von seiten der Verwandten Annas eifrig betrieben worden ist. [17])

In der ganzen weiteren Lebensgeschichte des Dichters erfahren wir von der Frau weiter nichts, obwohl sie ihn um sieben

Jahre überlebt hat. Erst in seinem Testament ist sie kurz erwähnt, und zwar auf etwas eigentümliche Weise.*)

Mancherlei anekdotische Mittheilungen, die des Dichters
Stratforder Jugendzeit betreffen, sind erst sehr lange Zeit nach
dem Tode Shakespeares in Umlauf gebracht worden, und da sie
auf ganz unsichere Quellen zurückzuführen sind, können sie mit
Stillschweigen übergangen werden. Nur über die eine, am meisten
besprochene Begebenheit möge hier einiges berichtet sein. Es betrifft die bekannte Wildbiebstahlsgeschichte und des Dichters daraus
gefolgertes übles Verhältnis zu dem Friedensrichter Sir Thomas
Lucy. Es liegt kein Grund vor, an der Richtigkeit der Sache
selbst zu zweifeln. Die Wilderei gehörte auch damals zu den
abenteuerlichen und wenn auch strafbaren, so doch nicht gemeinen
Vergehungen, die ja auch dadurch einen Reiz hatten, daß Gefahr
damit verbunden war. Der Antrieb zu solchen Ungesetzlichkeiten
war aber um so stärker, wenn es dabei galt, einen reichen und
durch seine amtliche Tätigkeit mißliebigen Eigentümer zu schädigen.

Sir Thomas Lucy, der einzig durch seine Verfolgung
Shakespeares berühmt geworden war, stammte aus alter Familie.
In der früheren Zeit der Regierung Elisabeths hatte er sich ein
prächtiges Haus zu Charlecote erbaut, das eine halbe Stunde
von Stratford, an der östlichen Seite des Avon, gelegen war.
Es stand in einem Park von ungewöhnlicher Schönheit, und an
diesen grenzte ein weites Jagdgebiet. Nachdem Lucy zum Sheriff
der Grafschaft Warwick ernannt worden war, erhielt er einmal
auch den Besuch der Königin, als diese einen ihrer Ausflüge nach
Kenilworth gemacht hatte.

Es ist nun keineswegs unwahrscheinlich, daß der junge
Shakespeare, der „in schlechte Gesellschaft" geraten war, mit
dieser sich einmal an einem Wildfrevel beteiligt hatte, um sich

---

*) Shakespeare vermacht darin seinem Weibe sein „zweitbestes Bett"
(my second best bed, with te furniture).

einen Braten zu holen. Er wurde dabei ergriffen und durch den in seinem Eigentumsrechte verletzten Friedensrichter in ein für solche Vergehungen bestimmtes und auf seinem Gebiete liegendes Haus (es wird als Farmhaus Daisy hill bezeichnet) auf ein paar Tage eingesperrt. Sir Thomas Lucy scheint hier als Friedens= richter die Bestrafung der Missetäter gleich nach seinem eigenen Ermessen ausgeführt zu haben. Was sonst noch für Strafen den Wilderern zuteil wurden, lassen wir dahingestellt sein. Der Dichter aber hat späterhin in seiner Komödie von den „lustigen Weibern von Windsor" eine gelegentliche Anspielung auf seine Jugendgeschichte gemacht. Als in der ersten Szene des Lustspiels Falstaff von dem Friedensrichter Schaal beschuldigt wird, sein Wild erlegt zu haben, ist auch des Sir Thomas Lucy Wappen mit silbernen Hechten parodistisch gekennzeichnet, indem durch die lächerliche Aussprache des welschen Pfarrer Evans die silbernen Hechte (luces) in silberne Läuse (louses) verwandelt werden, ein Wortspiel, das im Deutschen nicht wiederzugeben ist.[18]

So spärlich auch die Anhaltspunkte sind, die wir haben, um von Shakespeares äußern Lebensverhältnissen — in dem Zeitraum von seiner unglücklichen Verheiratung bis zu seiner Entfernung von Stratford — uns eine Vorstellung zu machen, so sind die= selben doch so beschaffen, daß wir danach auf sein inneres Leben, auf seinen Seelenzustand schließen können.

Daß bei einer so tiefen Natur, wie sie in seinen spätern Dichtungen sich uns offenbart, schon in jener letzten Stratforder Zeit die Keime schlummerten, die durch äußere Umstände wie durch Erfahrungen und Anregungen zur schnellen Entwicklung getrieben wurden, ergibt sich bei ihm von selbst. Die stärksten solcher äußern Einwirkungen haben wir in der ihm zugänglichen Literatur und in den englischen Theaterverhältnissen zu erkennen, die ihm gelegentlich auch in seinem kleinen Heimatorte nahetraten. Was seine Bücherkenntnis betrifft, so hatte er zunächst sich mit der damaligen neuern Erzählungsliteratur lebhaft beschäftigt. Von Chaucer, dem Vater der englischen Dichtung, der noch auf der Grenze des angelsächsischen und normannischen England stand, hatte er in jener frühern Zeit nur einzelne Geschichten gelesen und auch diese nur zum Teil durch die Vermittelung von Chaucers Zeitgenossen Gower. Dies führt uns auch zu einem jener Bücher hin, das ihm schon in seiner Jugend vertraut wurde. Es war dies eine der verschiedenen Behandlungen der abenteuerlichen Geschichte des Apollonius von Tyrus. Zur ähnlichen Gattung der Erzählungsliteratur gehörten ferner: Painter's Palace of pleasure (1569) und die Robinsonsche Übersetzung der „Gesta Romanorum", jener alten lateinischen Geschichtensammlung, die auch der italienischen Novellendichtung viele Stoffe zuführte.

Ganz außerordentliche Verbreitung fanden aber in jener Zeit die Sammlungen von Geschichten, deren erste unter dem Titel „Spiegel der Obrigkeiten" (The mirror of magistrates) zuerst 1558 erschienen und von Sackville (dem Mitverfasser des alten Schauspiels „Gorboduc") herausgegeben war. Diese Sammlung enthielt zuerst neunzehn mehr oder weniger historische Erzählungen und Charakterbilder aus der englischen Geschichte. Eine zweite Ausgabe dieses Buches (1563) war durch elf Geschichten vermehrt. Dann folgte noch eine dritte und bis 1575 eine vierte Ausgabe, und zu gleicher Zeit gab John Higgins eine neue Serie von Legenden heraus, deren Stoffe aus den frühesten Zeiten genommen waren und die deshalb als des „mirror of magistrates" erster Teil bezeichnet wurden.

Zu solchen mehr novellistisch gehaltenen Geschichten kamen dann aber auch die verschiedenen eigentlichen englischen Chroniken, zuerst die von Eduard Hall, die Familien York und Lancaster behandelnd, und nach dieser 1577 die Chronik von Holinshed, die fernerhin die hauptsächliche Grundlage für die zahlreichen Dramatisierungen englisch-historischer Stoffe bleiben sollte. Neben diesen Historienbüchern waren aber auch bereits viele der alten

Klassiker in Übersetzungen erschienen, und von diesen hatte ganz besonders Ovid in der Übersetzung von Golding (1567) außerordentliche Verbreitung gefunden, worüber schon früher hier berichtet wurde.

Daß Shakespeare schon in Stratford viele der hier namhaft gemachten Werke kennen gelernt hatte, ist um so sicherer anzunehmen, als sein Interesse dafür auch durch die theatralischen Vorstellungen der nach Stratford kommenden Schauspielertruppen gesteigert worden war.

Schon in früherer Zeit der Elisabethischen Regierung waren solche Truppen aus London auch nach den Hauptorten von Warwickshire gekommen, und seit Mitte der siebziger Jahre wurde Stratford von ihnen besonders häufig besucht. Es waren dies meist die privilegierten Gesellschaften, die, wie schon früher (S. 36) berichtet wurde, auf den Namen ihres vornehmen Patrons als dessen players oder auch servants ihre Vorstellungen gaben, und die durch den Namen des Lords oder anderer hoher Personen die Berechtigung erwarben, von den Behörden zugelassen zu werden. Hierdurch wurden sie von den herrenlosen Truppen niederen Ranges unterschieden, die unter den für Gaukler, Pfeifer und Vagabunden erlassenen Gesetzen standen. Schon der Einzug der Schauspielertruppe in die Stadt war geeignet, die Bevölkerung zu alarmieren, denn sie kündigten sich meist mit Trompeten an.[19])

Nicht nur die geringeren, sondern auch die besseren und privilegierten Truppen spielten in dieser Zeit noch häufig die Interludes oder jene moral plays, die mit den Späßen der Interludes gemischt waren. Doch kamen dazwischen auch schon ernste Stücke vor, deren Stoffe aus der englischen Geschichte in noch ungelenke Formen gebracht waren oder auch solche hyperromantische Komödien, die jeder Kunstform entbehrten, wie sie Philipp Sidney (vgl. S. 42) so witzig verspottet hatte.

Nächst der ältern Schauspielertruppe, die sich Lord Leicesters players nannte, hatten auch andere Schauspielergesellschaften

Stratford besucht, wie die der Lords Warwick, Sussex und des Lord Kämmerer. Der Leiter einer solchen Truppe, der gewöhnlich auch der erste Schauspieler derselben war, hatte in der von ihm besuchten Stadt zunächst beim Magistrat sein von einem Patron erteiltes Patent vorzuweisen. Nach erhaltener Genehmigung gab dann die Truppe vor dem Rate der Stadt dessen Angehörigen und Eingeladenen eine Probevorstellung in dem ihnen dafür zur Verfügung gestellten Lokale, das entweder im Rathaus war oder im Saale eines dafür geeigneten Gasthauses. Nachdem sie für die Probevorstellung eine Remuneration erhalten, konnten sie ihre Vorstellungen für das allgemeine Publikum beginnen. Hatte schon der Knabe William solchen Aufführungen beigewohnt, wenn der Vater, als Alderman oder Bailiff, ihn mitnahm, so machte er in den spätern Jahren, als er erwachsen war, auch Bekanntschaft mit einzelnen der Schauspieler. Dieser Verkehr steigerte seine Teilnahme für das Wesen und die Bedeutung des Theaters. Wenn auch zunächst ihm die Bühne als ein Zauber= reich erschienen war, das seine Phantasie erregte, so drang doch zuweilen sein Blick schon tiefer in die Geheimnisse der dramatischen Kunst und ihrer Wirkungen, indem diese auch seinen forschenden Verstand beschäftigten.

Zwei von den Schauspielern in Lord Leicesters Truppe waren es besonders, an die er sich anschloß. Der eine, aus der Grafschaft Warwick stammende, John Heminge, der in der späteren Londoner Zeit für Shakespeares Tätigkeit von Bedeutung wurde, hatte auch noch nach des Dichters Tode als Mitheraus= geber der gesamten Dramen Shakespeares sich den Dank der Nachwelt verdient. Der andere der in Stratford mit ihm be= kannt gewordenen Schauspieler war der noch jugendliche Sohn von James Burbadge, dem Begründer und Leiter der Lord Leicesters=Truppe. Sein Sohn Richard, der späterhin der hervor= ragendste Darsteller in den Shakespeareschen Stücken wurde, war damals in des Vaters Truppe nur erst in kleineren Rollen beschäftigt; aber er besonders kam der begeisterten Teilnahme des jungen Shakespeare freudigst entgegen.

Im Anfang des Jahres 1585 trat für Shakespeare die schon erwartete Vergrößerung seiner Familie ein. Für den so jugendlichen Vater erschien es fast wie eine grausame Ironie des Schicksals, daß er in diesem zweiten Falle sogleich mit Zwillingen beschenkt wurde. In der Taufe am 2. Februar 1585 erhielten sie die Namen Hamnet und Judith, und zwar nach den Namen der beiden Taufzeugen Hamnet und Judith Sadler.

Nach diesem, seine Lage noch schwieriger machenden Ereignis hat Shakespeare sicher noch ein paar Jahre in Stratford verweilt, bevor er seinen Gedanken, nach London zu gehen, zur Ausführung bringen konnte. Außer den üblen Verhältnissen des Vaters und seiner eigenen Sorge um das Gedeihen der Kinder war es auch die Notwendigkeit, für die Ausführung eines so ernsten und immerhin gewagten Entschlusses für London sich gründlicher vorzubereiten.[20])

Da in den letzten Jahren die Lord Leicesters-Truppe fast regelmäßig nach Stratford gekommen war, so fand William Gelegenheit, die schon angeknüpften persönlichen Beziehungen zu den genannten Schauspielern fortzusetzen, und in dem vertrauteren Umgang hatte er ihnen auch bereits einige Proben seiner dichterischen Befähigung vorgelegt, deren günstige Aufnahme ihn zu eifrigerem Schaffen ermutigte.

In diesen seinen Vorstudien war er mehr und mehr darüber sich klar geworden, wie der Reflex von Menschenschicksalen und großen geschichtlichen Begebenheiten gerade durch das Zusammendrängen der Ereignisse auf einen kurzen Zeitraum in der Wirkung verstärkt wurde. Um aber für die Befriedigung seines wachsenden Triebes die nutzbaren Stoffe zu finden, suchte er mit rastlosem Eifer das nachzuholen, was er unter dem Drucke der ihn bestimmenden Lebensverhältnisse hatte vernachlässigen müssen. Bei dem großen Eifer, mit dem in jener Zeit das Erlernen des

Lateinischen und das Studium der Alten betrieben wurde, war es auch besonders für die Dichter eine Notwendigkeit, die eigene Landessprache reichlichst mit lateinischen Zitaten zu schmücken.

In der von Shakespeare besuchten Stratforder Schule begann der Unterricht im Lateinischen schon mit dem ersten Schuljahr,[21]) und da er mehrere Jahre in der Schule war, hatte er es sicher bis zum Lesen sowohl lateinischer Übungsaufgaben wie auch einzelner dafür geeigneter Autoren gebracht. Wenn er später zum Studium der Klassiker zunächst die schon vorhandenen Übersetzungen benutzte, so bemühte er sich doch bald, einzelne der Autoren auch in der Ursprache zu verstehen, was ihm bei seinem leichten Auffassungsvermögen und bei fortgesetztem Eifer auch gelang. Indem er mit seiner großen Willenskraft für die Förderung seines Wissens Sorge trug, beherrschte ihn dabei das sichere Gefühl, daß für die Fruchtbarmachung seiner Fähigkeiten eine Verpflanzung auf anderen Boden notwendig sei. Dabei konnte er an keinen anderen Boden denken, als an das große und lebensvolle London; denn alles was er darüber in den letzten Jahren im Umgang mit den von dorther gekommenen Schauspielern oder auch durch andere vernommen, mußte ihn mehr und mehr in die höchste Spannung bringen und — Hoffnung auf eine Besserung seiner Lage erwecken. London stand im Mittelpunkte der großen Ereignisse, der Taten und des höchsten Glanzes. In Stratford, was er dort auch tun und versuchen mochte, blieb er eingeengt in drückende Verhältnisse, an denen er nichts ändern konnte. In seinem innersten Empfinden stand er allein, und nur Sorgen hefteten sich auf allen seinen Schritten an seine Fersen. Was sollte, was konnte er hier noch tun, um sein Geschick zu ändern, was hatte er hier noch anderes zu erwarten, als Verschlimmerung seiner Lage?

Wenn er noch am späten Abend sein Haus verließ und, seine Gedanken an die Zukunft mit sich tragend, zu dem stillen Ufer des dunkeln und klaren Avon wandelte — wenn er den

Fluß in seinem von der Natur ihm bestimmten Laufe vorüber-
ziehen sah, da sagte er sich unwillkürlich, wohin dieser Fluß
seiner Bestimmung nach sich wenden müsse, um zuletzt sich in
den Ozean zu ergießen, und so aus seinem eingeschränkten Dasein
seine letzte Bestimmung in der großen Allgemeinheit zu finden.
Es war dies bei ihm keine logisch sich entwickelnde Betrachtung,
es war nur eine vorübergehende Empfindung, die sein Innerstes
ergriff, um ihn dann um so plötzlicher zu dem Bewußtsein seiner
alltäglichen und prosaischen Not des Lebens zurückzuführen.

William Shakespeare war eine ursprünglich zum Heitern
geneigte Natur, dabei offen und von unbedingter Wahrhaftigkeit.
Wenn seine Gedanken auch jetzt schon zuweilen auf die mancherlei
Rätsel und dunkleren Tiefen des Lebens hingeleitet wurden, so
änderte das doch nichts an seiner ihm eigenen hellen Natur und
frischen Ursprünglichkeit. Was er in Stratford an sich selbst
erfahren mußte, und was er an den ihn umgebenden Verhältnissen
beobachten konnte, das alles diente für ihn nur dazu, den leicht-
blütigen Jüngling schnell zum Manne reifen zu lassen. Schien
er doch von dem ihm mißgünstigen Geschick schon in seiner auf-
strebenden Jugend bestimmt zu sein, unter dem täglichen Druck
von Dürftigkeit und Sorge, ohne Seelenfrieden und ohne Freude
am Dasein ein erbärmliches Leben hinzuschleppen und darin zugrunde zu gehen, als wäre er nie gewesen. Er aber fand in
seinem frohen Mute die Kraft, sich selbst zur Freiheit empor zu
arbeiten, um endlich aus diesem Kampfe als sittlich geläuterter
Held hervorzugehen. War er bis dahin nur der Spielball der
Verhältnisse gewesen, so wollte er jetzt wenigstens den Versuch
machen, aus solcher Abhängigkeit sich zu befreien und die Verhältnisse selbst zu lenken.

Um aber dies zu vollführen, war es notwendig, Stratford
zu verlassen und einen neuen Boden zu suchen, der ihm wenigstens
die Möglichkeit eines neuen und bessern Daseins in Aussicht stellte.
Um auf das Gelingen mit einiger Zuversicht rechnen zu können,

hatte er schon in Stratford bei einzelnen Schauspielaufführungen, wo sich einmal eine günstige Gelegenheit bot, kleine Rollen über= nommen, und da seine späteren Kollegen seine Versuche nicht ungünstig beurteilten, so blieb er fest in seinem Vorhaben.

Bei einer nur oberflächlichen Betrachtung der Lage, in der er ohne sein Verschulden sich befand, möchte wohl mancher geneigt sein, den eigentlichen Grund zu seiner Entfernung aus Stratford und von den Seinen in einem Hang nach einem ungebundenen und abenteuerlichen Leben zu sehen. Daß der Reiz, den die Bühne und die Aufgaben der Dichtung für ihn hatten, sehr stark dabei mitwirkte, ist ja zweifellos. Daß aber sein Entschluß dennoch aus einer reinen und tiefen Natur entsprungen war, dafür gibt sein ganzes weiteres Leben so ausreichende Beweise, daß unsere Bewunderung für den Dichter zugleich auch dem außerordentlichen Menschen sich zuwenden muß.

London und die neueren Dramatiker.

Zu der Zeit, da William Shakespeare seinen Heimatort verlassen hatte, um in London sein Glück zu versuchen, fand er dort — in der Fülle des wechselreichen und in seiner Gedrängt= heit großartigen Lebens — auch schon mehrere Theater vor, und es brodelte gewaltig im dem großen Hexenkessel der dramatischen Dichtung. Berufene dichterische Talente, wie auch bloße Speku= lanten, die aus Chroniken und alten Sagenbüchern oder anderen Quellen die Stoffe unkünstlerisch formten, wurden durch das Theater mächtig angezogen. Wenn diese Lust an lebhaften und stark erregenden Aktionen schon aus dem Nationalcharakter des tatkräftigen und unternehmungslustigen Volkes sich erklären läßt, so hatte dieser Zug in der geschichtlichen Entwickelung des Staates und der ganzen Zeitverhältnisse noch besondere Begünstigung und Förderung erhalten.

Nach wiederholten langen Kriegen und nach manchen blutigen Gewalttaten, die den Herrschern den Besitz des Thrones und der Macht sichern mußten, hatte England unter der Königin Elisabeth nun schon seit dreißig Jahren eine Regierung, die es verstand, die politischen und sozialen Verhältnisse für lange Zeit zu befestigen. Unter einem solchen, im Gebrauch der Mittel nicht zaghaften Regiment war auch das nationale Selbstgefühl des Volkes gehoben und erstarkt, was auch in der dramatischen Dichtung dieser Epoche zum Ausdruck kommt. Das jüngste große Ereignis, die Vernichtung der von Spanien gegen England ausgesandten Flotte, mußte den nationalen Stolz des von der Natur so sehr begünstigten Inselvolkes noch höher treiben.

Unter einer starken und in gewissem Sinne trotz Parlament auch despotischen Regierung wie die der Elisabeth konnten aber auch die schroffsten Gegensätze hart nebeneinander stehen: neben dem in verschwenderischer Pracht sich kundgebenden Reichtum der Aristokratie und dem großen Wohlstand der Handelswelt auch das Elend in den unteren Gesellschaftsklassen, neben dem strengsten Formenzwang in den höfischen und höheren Gesellschaftskreisen der Drang nach Ungebundenheit in den Sitten, und neben dem höchsten Pomp des Hofes, neben der Lust am Schaugepränge der grimmige Ernst der puritanischen Fanatiker und Tugendprediger, die nicht nur in Schriften und von den Kanzeln ihre Weherufe ertönen ließen, sondern auch in den Straßen.

Wenn solche Weherufe sich ganz besonders auch gegen das Theater richteten, so muß zugegeben werden, daß insbesondere bei den Schauspielern und Schauspieldichtern das ausschweifendste Genußleben oft aufs rücksichtsloseste zur Erscheinung kam. Wir wissen dies auch aus dem lüderlichen Leben der Peele, Greene und Marlowe. Da dieselben Leute auch durch großen Luxus in kostbaren Kleidern sich hervortaten, so erhielten die puritanischen Eiferer mannigfachen Anlaß zu ihrer Entrüstung gegen die Zügellosigkeit in den Vergnügungen. Aber bei der jungen Aristokratie und am

Hofe der Königin selbst war die Protektion des Theaters nicht allein durch den Reiz des Komödienspiels hervorgerufen, sondern bei jenen galt das Theater auch als Stätte für die unterhaltende Verbreitung der allgemeinen Bildung, für die Kenntnis der Geschichte des eigenen Vaterlandes wie des Altertums. Es ist ferner dabei zu beachten, daß die so mächtig aufsteigende Größe Englands zusammenfiel mit seiner endgültigen Errungenschaft der Reformation. Und wie diese ihre Befruchtung durch die humanistische Bewegung erhalten hatte, so wurde sie selbst der Inbegriff der Bildung. Neben der Wiederbelebung der alten Klassiker und dem Studium der alten Sprachen war auch die Erlernung des Italienischen in den höheren Ständen zum wahren Sport geworden. Am Hofe der Königin Elisabeth, die — wie wir wissen — selbst lateinisch schrieb und dichtete, mußte ein jeder vom Lateinischen wenigstens so viel verstehen, um an den Gesprächen darüber, sei es auch nur zuhörend, teilnehmen zu können. Sonach durften auch die von den Universitäten gekommenen Dichter darin nicht zurückbleiben, und wir finden deshalb bei Marlowe, Kyd und vielen anderen die zahlreichen Einschaltungen lateinischer Sätze und Zitate, häufig auch da, wo es keineswegs angebracht erscheint.

Von den früher schon charakterisierten Dichtern konnte Lilly mit einzelnen Stücken nur der auserwählten Gesellschaft des Hofes genügen, zu Greenwich oder Whitehall. London hatte aber jetzt schon fünf oder sechs Volkstheater, und in diesen mußte man für die Anziehung der Menge stärkere Mittel gebrauchen, als Schönheit der Sprache, mythologische Stoffe und Witzdialoge. Als wirkliche Dramatiker standen jetzt Robert Greene und Marlowe in erster Reihe. Ein dritter noch ist zu nennen, der ihnen voranging, wenn auch nur mit einer einzigen, aber epochemachenden Tragödie. Das war Thomas Kyd mit seiner zwar greuelvollen, aber durch kühne Erfindung bemerkenswerten „Spanischen Tragödie", nach dem Helden des Stückes auch schlechtweg

„Jeronimo" genannt. Es ist merkwürdig, daß wir von dem Autor dieses Stückes, das sich ziemlich lange auf der Bühne erhalten hat, am wenigsten wissen. Aus verschiedenen Umständen ist zu schließen, daß Kyd ziemlich frühzeitig und in dürftigen Verhältnissen gestorben ist. Wir wissen ferner von ihm, daß er eine Tragödie „Cornelia" von Robert Garnier aus dem Französischen übersetzt hat, die aber erst 1594 im Druck erschien. Sie war der Gräfin von Suffex gewidmet, deren Gemahl ebenfalls der Protektor einer der nach dem Namen der Lords bezeichneten Schauspielertruppen war. Solche Dedikationen brachten dem Dichter in der Regel ein Geldgeschenk ein; Thomas Kyd scheint aber bald danach gestorben zu sein, denn sein Name ist fernerhin niemals mehr genannt worden, als einzig in seiner Eigenschaft als Verfasser der „Spanischen Tragödie". Ob ein anderes Schauspiel, das unter dem Titel „Jeronimo" als „erster Teil" der spanischen Tragödie bezeichnet wird, dieser wirklich vorausging und auch von Kyd herrührt, ist sehr zweifelhaft. Vermutlich aber war es die Arbeit eines anderen Autors, die erst nachher aus Spekulation auf den großen Erfolg des Kydschen Trauerspiels entstanden war. Diese Frage hat aber für uns keinerlei Bedeutung. Um so wichtiger ist die „Spanische Tragödie" selbst (die Handlung geht am spanischen Hofe vor, daher der Titel) und zwar als das Musterstück dieser ganzen Gattung von Blut- und Rachetragödien, wie durch die darin dominierenden und wichtigen Motive, die in zwei Shakespeareschen Dramen ebenfalls verwertet wurden: in dem gräßlichen „Titus Andronikus" der verstellte Wahnsinn des Helden zum Zwecke der Ausführung seiner Rache, und im Hamlet — was noch wichtiger hervortritt — die Veranstaltung eines Schauspiels im Schauspiel. Nur die Hauptzüge der an Greueltaten reichen Handlung mögen hier in Kürze berichtet sein. Am Hofe des Königs von Spanien ist der Sohn des Marschalls Jeronimo (oder Hieronimo), der edle und tapfere Horatio, mit der Prinzessin Belimperia in leidenschaftlicher Liebe verbunden. Prinz Lorenzo, der Bruder der Belimperia, ist darüber ergrimmt und in Gemeinschaft mit dem portugiesischen Prinzen Balthasar überfallen sie nachts (im zweiten Akte des Stückes) im Garten den ahnungslosen Horatio, hängen ihn auf und erstechen ihn. Da beide Mörder verkleidet waren, bleibt der Ursprung der Tat ein Geheimnis. Der Vater des Ermordeten findet ihn tot im Garten hängen, und um den oder die Mörder zu entdecken, nimmt er die Maske des Wahnsinns an, nachdem er vor Schmerz schon wirklich daran war, den Verstand zu verlieren. Endlich, als er die Gewißheit hat, daß die beiden Prinzen die Mörder sind, veranstaltet er — als Hofmarschall — ein Schauspiel von „Soliman und Perseda", in welchem natürlich auch gemordet wird. Er überredet die beiden Prinzen, die Rollen derjenigen Personen zu übernehmen, die in dem Stücke sterben müssen. Er selbst spielt einen Pascha, der auf Gebot des Soliman den Lieb= haber der Perseda (Prinz Lorenzo) zu erstechen hat. Belimperia (als Perseda) ersticht darauf den Darsteller des Soliman, den Prinzen Balthasar, und gibt sich danach selbst den Tod. Daß auch dies letztere in Wirklichkeit geschieht, war in Jeronimos Plan nicht vorgesehen; aber er selbst spielt dennoch seine Rolle weiter. Während die Zuschauer, der König und seine hohen Gäste, die ganzen Vorgänge nur als wohlgelungenes Spiel angesehen, er= klärt er in einer langen Rede, daß es sich hier nicht um ein bloßes Theaterspiel gehandelt habe, sondern daß die drei Personen des Stückes oder vielmehr deren Darsteller, in Wirklichkeit er= stochen sind. Und nachdem er am Schlusse seiner Rede auch noch den bis dahin verborgen gehaltenen Leichnam seines eigenen, meuchlings ermordeten Sohnes Horatio, den eigentlichen Anlaß seines Rachewerkes, aufgedeckt hat, will er sich schnell entfernen, um sich aufzuhängen, wird aber auf Befehl des entsetzten Königs verfolgt und wieder zurückgebracht.

Nach dieser so kühn ersonnenen und eindrucksvollen Szene schlägt dann aber die Tragik ins Absurde und Lächerliche um.

Man verlangt von Jeronimo noch mehr auszusagen, obwohl er
alles, was zu sagen war, in seiner langen Rede schon aufs um-
ständlichste berichtet hat. Da er sich weigert, ferner zu sprechen,
droht man ihm mit der Folter, worauf er sich selbst die Zunge
abbeißt —:

> Mich martern kannst du, aber nie mich zwingen,
> Zu künden, was ich zu bewahren schwur — —
> — Hier meine Zunge erst, und dann mein Herz!

Da er nun nicht mehr sprechen kann, soll er schreiben, und als
man ihm eine Feder reicht, deutet er durch Pantomime an, daß
er ein Messer (zum Schneiden der Feder!) zu haben wünsche;
und nachdem man ihm das Messer gereicht hat, ersticht er flugs
damit erst den Herzog von Castilien und dann sich selbst. Bei
einem Trauermarsch werden die Leichen weggetragen und in einem
an die „Rache" gerichteten Epilog werden noch die Höllenstrafen
der Gerichteten in Aussicht gestellt.²²)

Aus der hier nur kurz angedeuteten Handlung dieses Schauspiels und aus dem großen und andauernden Erfolg desselben
wird man erkennen, daß der Verfasser den Geschmack des großen
Publikums richtig getroffen hatte, und daß er auch wußte, wieviel
er den jedenfalls sehr starken Nerven desselben zumuten konnte.
Auf einige Einzelheiten, die im Hinblick auf Shakespeare beachtenswert sind, wird späterhin noch zurückzukommen sein.

Zunächst sind aber hier diejenigen beiden Dichter zu schildern,
die sowohl durch ihre größere Produktivität, wie auch durch ihre
Begabung als berufene Dramatiker für die Epoche des englischen
Dramas, in der beide noch mit den Anfängen Shakespeares sich
berührten, am wichtigsten sind: Robert Greene und Christoph
Marlowe.

Greene, um 1560 geboren, war in Cambridge 1578
Baccalaureus und 1583 Magister geworden. Wenn ein wüster
Lebenswandel das unerläßliche Merkmal eines Genies wäre, so
würde Greene in dieser Vorbedingung für die Unsterblichkeit alle

englischen Dramatiker weit übertroffen haben, wiewohl seine kurz vor seinem Tode abgelegten Bekenntnisse und wütenden, von frömmelnder Exaltation zeugenden Selbstanklagen übertrieben sein mögen. Seine frühzeitigen Reisen, die er schon als Bachelor, noch ehe er Magister wurde, durch Italien, Spanien, Frankreich und durch Deutschland gemacht, werden ebensosehr seiner dichterischen Begabung förderlich gewesen sein, wie sie vielleicht, bei so großer Jugend, gefährlich für seine Neigung zum unordentlichen Leben geworden sind. In seiner „Repentance of Robert Greene" bezeichnete er ausdrücklich Italien als das Land, wo er alle Nichtswürdigkeiten, Unzucht, Trunk usw. gelernt habe.

Von seinem kläglichen Ende wird noch später, im Zusammenhang mit Shakespeares ersten Bühnenerfolgen, die Rede sein. Bis etwa 1590 hatte Greene bei seiner dichterischen Vielseitigkeit besonders mit seinen dramatischen Werken einige Jahre lang eine hervorragende Stellung auf den Theatern Londons behauptet. Trotzdem ist kein einziges von den sechs uns erhalten gebliebenen Stücken bei seinen Lebzeiten im Druck erschienen, sondern alle wurden erst nach seinem Tode herausgegeben. Doch kann es für uns genügen, zu wissen, daß die Aufführungen der Greeneschen Stücke in die Zeit von der Mitte der achtziger Jahre bis in den Anfang des letzten Dezenniums fallen.

Von den uns bekannten sechs Stücken ist — wie schon erwähnt — das eine: „Ein Spiegel für London und England", eine gemeinschaftliche Arbeit von Greene und Thomas Lodge. Von Greene allein sind: ein „Orlando furioso", die „Historie vom Bruder Baco und Bruder Bungay", „Jakob der Vierte von Schottland" und „Alphonsus, König von Arragon". Das sechste, „George Green, der Flurschütz von Wakefield", ist zwar ohne den Namen des Dichters erschienen, aber es wird ihm wohl nicht mit Unrecht zugeschrieben, und wäre es auch nicht von ihm, so verdiente es doch hier wegen besonderer Eigenschaften eine nähere Betrachtung. Im Szenenbau viel lockerer als die bessern Stücke

6*

Greenes, namentlich als sein „Friar Baco", hat es doch so viele
hübsche Einzelheiten, daß es des Dichters nicht unwürdig wäre.
Die Hauptfigur des Stückes, George Green, ist der Repräsen=
tant des kraftvollen Bürgertums und der Königstreue. Zu den
anekdotischen und in nur sehr losem Zusammenhang stehenden
Szenen, die auch Züge derben und gesunden Humors enthalten,
gehört auch ein Auftritt, in welchem der schottische Volksheld
Robin Hood erscheint. Die ganze, aus lauter einzelnen und
schnell wechselnden Bildern bestehende Handlung scheint aus alten
Balladen, Volksliedern und überlieferten Anekdoten aus dem Leben
der beiden Volksmänner Robin Hood und Georg Green zusammen=
gestellt zu sein. In einer Szene trumpft der biedere Flurschütz
Georg Green den Unterhändler der adeligen Rebellen in einer
Weise ab, die uns an Shakespeare erinnert. Mannering zeigt
dem Flurschütz seine von mehreren rebellischen Grafen unter=
schriebene und mit Siegeln versehene Vollmacht, die Green nimmt
und zerreißt:

Mannering.

Wie? Du zerreißest meines Herren Vollmacht?
Bereuen sollst du's und ganz Wakefield!

Georg Green.

Ei, so erhitzt? Ich will dir Pillen geben
Zum Niederschlagen. Siehst du diese Siegel?
Bei meines Vaters Seele, der in seinem Leben
Ein Bauer war: verschluck sie, oder iß
Die Spitze meines Dolchs, hoffärt'ger Schelm.

Mannering.

Ich hoffe, das ist nur dein Spaß.

Georg Green.

Das wirst du sehn, noch eh' wir beide scheiden.

Mannering.

Gut, wenn es sein muß — — also — sieh hier, Georg,
Eins war hinunter, bitte, nun nicht mehr.

Georg Green.

O Freund, bekam dir eins, sind auch die andern heilsam. —
So, Mensch, nun magst du gehn, dem Grafen sagen:
Obwohl ich seine Vollmacht ihm zerrissen,
So schick' ich doch aus Hochachtung die Siegel
Durch dich ihm all' zurück.

Mannering verspricht dies und geht mit den verschluckten Siegeln wieder zurück. Man wird bei dieser Episode an die ganz ähnliche Szene in Shakespeares Heinrich den Fünften denken (Akt 5, Sz. 1), als der wackere Fluellen den großmäuligen Pistol den Lauch an seinem Hute zu essen nötigt. Wie aber diese Episode im George Green, so tragen alle Szenen in diesem Stücke den anekdotischen Charakter des Volkstümlichen; und dies zeigt sich auch in den starken Übertreibungen, mit denen — in der Schilderung der Tapferkeit des Volksmannes George Green — der großen Menge geschmeichelt wird.

Bemerkenswert ist, daß in der Sprachform bei Greene bereits der Blankvers mit längeren Prosapartien abwechselt. Unordentlich in der szenischen Komposition wie dieses Stück sind auch die meisten Schauspiele von Robert Greene, das eine ausgenommen, das als sein weitaus bestes und überhaupt als eines der besten dieser Zeit genannt werden muß: Die „Historie vom Bruder Baco und Bruder Bungay".*) Eine lebhafte und farbenreiche Handlung, eine milde Heiterkeit, welche ebenso über die zart poetischen wie die burlesken Szenen ausgebreitet ist und die verschiedenen Bestandteile harmonisch verbindet, dichterische Sprache und dabei anmutiger Witz neben drastischer Komik —: das ist die Fülle von Vorzügen in diesem trefflichen Schauspiel, in welchem wir bereits den Hauch der Shakespeareschen Atmosphäre lebhafter und angenehmer verspüren, als in irgend einem Stücke dieser Zeit. Denn Greenes Friar Bacon ragt wohltuend über jene Gattung der finstern Rachetragödien hinaus, deren blutgetränkten Boden

---

*) The honourable history of friar Bacon and friar Bungay.

auch Shakespeare — wie wir in der Folge sehen werden — noch in seinen ersten tragischen Werken zu durchwandeln hatte.

Der Kern der Handlung in dem Greeneschen Schauspiel ist ein doppelter. Einesteils steht im Mittelpunkt der gelehrte Mönch Baco oder Bacon, der im 13. Jahrhundert zu Oxford wegen seiner Entdeckungen in der Chemie und Optik in den Ruf eines Zauberers gekommen war. In dem Greeneschen Schauspiel lernen wir diesen Baco sowohl als Gelehrten wie als Magier kennen, indem er am Hofe König Heinrichs III. diesen und seinen hohen Gast, den deutschen Kaiser Friedrich, durch seine Magie in Erstaunen setzt, wobei er zugleich einen deutschen Gelehrten mit dem holländischen Namen Vandermast, gegen den zuvor der Mönch Bungay unterliegen mußte, besiegt. Aber auch der große Baco scheitert zuletzt mit einem Werke, an welchem er bereits seit sieben Jahren gearbeitet hat. In diesem Werke liegt die interessante englisch-nationale Tendenz des Stückes. Baco ist nämlich mit dem sonderbaren Problem beschäftigt, Englands Küsten mit einem Wall von Erz zu umgeben, welcher unbezwinglich ist. Jetzt ist er eben mit der Vollendung eines ungeheuren Kopfes von Erz beschäftigt, an dem er mit seinem Genossen Bungay schon seit so vielen Jahren gearbeitet. Als die Stunde naht, da der Kopf Leben erhalten und sprechen soll, stellt Baco seinen Famulus, welcher der eigentliche und sehr spaßig durchgeführte Clown des Stückes ist, als Wächter bei dem Kopfe auf. Miles, so heißt der Famulus, verdirbt aber durch seine Tölpelhaftigkeit das ganze Unternehmen; denn da er schlaftrunken bei dem Kopfe sitzt und dieser mit den Worten „Zeit ist's" zu sprechen beginnt, versäumt Miles, dies seinem Meister zu melden, indem er über den sprechenden Kopf sich lustig macht. Dieser spricht danach noch einmal „Zeit war's", und da Miles auch darauf nicht achtet, wird der Kopf durch eine Zauberhand zertrümmert und Bacos großes Werk vernichtet. Miles wird dafür verdammt, von einem Teufel in die Hölle getragen zu werden, was zu einer sehr drolligen

Szene Anlaß gibt. Da aber auch Bacos Zauberspiegel, durch den er schon viel Staunen erregt hat, die Veranlassung zu einem traurigen Zweikampf gibt, der den Tod von vier Menschen zur Folge hat, so zerstört der große Mann seinen Spiegel, entsagt allen solchen Künsten, um den Rest seines Lebens in andachtvoller Einsamkeit und christlicher Frömmigkeit zu verbringen.

Zwischen diese abenteuerlichen Szenen schlingt sich der andere Teil der Handlung, welcher die poetische Liebesgeschichte des Prinzen Eduard betrifft. Dieser sucht die Liebe der schönen Förstertochter Margarete zu gewinnen, scheitert aber an deren Sittsamkeit und wird bei ihr durch seinen Freund Lacy, der sie zuletzt als Gattin heimführt, ausgestochen. Die Szenen sind alle nur lose aneinander gereiht, es fehlt die geschlossene organische Entwickelung. Aber dennoch hat Greene auch hierin, gegenüber der Unordentlichkeit in der dramatischen Komposition seiner Vor= gänger, schon entschiedene Fortschritte gemacht. Auch sind die Situationen alle durch Farbenfrische und eine angenehm berüh= rende sorglose Munterkeit ausgezeichnet; selbst in den derb komi= schen Partieen ist nichts, was durch Roheit verletzte. Neben dem erwähnten Clown Miles spielt auch der berufsmäßige „Narr" (fool) der Shakespeareschen Komödie hier schon die Rolle des witzigen prinzlichen Begleiters. In mehreren Dialogpartieen dieses Narren Ralph werden wir bereits aufs lebhafteste an Shake= speares Behandlung dieser typischen Figur erinnert, obgleich dem Narren Greenes noch die Individualität fehlt. In der ersten Szene, wo Prinz Eduard mit seinen Genossen in der Grafschaft Oxford auf der Jagd ist und dabei für die schöne Tochter des Försters schwärmt, sagt der Narr Ralph zu ihm:

„Wahrlich, Freund Ned (für Eduard), Du mußt meine Kappe tragen und mein Kleid und meinen Dolch, und ich will Deine Kleider und Dein Schwert anlegen und Du sollst mein Narr sein."

Eduard: „Und warum das?"

Ralph: „Ei, Du sollst so die Liebe hintergehen; denn die Liebe ist ein so hochmütiger Aussatz, daß er sich nie mit Narren noch mit Kindern befaßt."

Und nachdem sie verabredet haben, daß sie nach Oxford gehen wollen, wo der Narr die Rolle des Prinzen spielen soll, sagt Ralph:

„Wahrhaftig, Ned, ich will schon tüchtig lorden (lord out = von Lord), bis Du kommst. Ich will Prinz von Wales über alle Bier-krüge (black-pots) von Oxford sein."

Aus diesen Dialogproben, denen noch viele ähnliche hinzugefügt werden könnten, wird man wenigstens erkennen, wie die Sprech-weise der Shakespeareschen Narren hier schon vorbereitet war. Auch ist meines Wissens dies Greenesche Schauspiel das erste, in welchem die Personen des Clown und des fool getrennt er-scheinen.

Auch Greene schließt übrigens sein Stück nach damaliger Sitte mit einer der Königin Elisabeth dargebrachten Huldigung und zwar in einer Prophezeihung des Baco, welcher verkündigt, welch eine Wunderblume einst aus diesem königlichen Garten her-vorgehen werde, die mit ihren Blättern ganz Albion überschatten soll. Und wenn die Kriegesstürme ausgetobt, werde statt der Trommel das Tambourin zur Lust ertönen, und Friede werde in allen Blättern wehen, die mit ihrer Pracht die eine unvergleichliche Blume schmücken sollen usw. König Heinrich findet diese Prophe-zeihung geheimnisvoll, aber das Publikum der Elisabeth verstand sie, ebenso wie es später im „Sommernachtstraum" die „holde Vestalin im Westen thronend" erkannt haben wird. In der dramatischen Gattung steht Greenes Friar Bacon jenen Komödien Shakespeares am nächsten, in denen der Ernst der Handlung durch sorglose Heiterkeit durchstrahlt wird, etwa wie im „Kauf-mann von Venedig". Zu dem „Wintermärchen", welches von viel ernsterem Gehalt ist, steht aber Greene in anderer Weise durch seine dichterische Persönlichkeit in Beziehung. Denn unter

den zahlreichen anderen Schriften Greenes befindet ſich auch die
hübſche Erzählung, welche Shakeſpeare in ſeinem Wintermärchen
dramatiſiert hat. Sie erſchien zuerſt 1588 unter dem Titel
„Pandoſto, der Triumph der Zeit", wurde dann ſpäter unter
dem Titel „Doraſtus und Faunia" noch in einer langen Reihe
von Auflagen wiedergedruckt. Das Shakeſpeareſche Drama fällt,
wie man weiß, in die letzte Periode ſeiner Dichtung. Es möge
hier deshalb über die Greeneſche Erzählung nur bemerkt ſein, daß
der erſte Teil der Geſchichte mit den Hauptmomenten des Shake=
ſpeareſchen Dramas übereinſtimmt. In den Schlußpartien iſt
aber Shakeſpeare von ſeiner Quelle ſehr weſentlich abgewichen
und hat er namentlich das tragiſche Ende der Erzählung durch
eine freundliche Wendung beſeitigt. Denn bei Greene ſtirbt Bella=
ria (bei Shakeſpeare Hermione) in Wahrheit, und am Schluſſe
nimmt ſich auch Pandoſto aus Reue über ſein früheres ſchweres
Unrecht das Leben, während Doraſtus und Faunia (bei Shake=
ſpeare Florizel und Perdita) zurück nach Böhmen reiſen. Es
möge hier beiläufig bemerkt ſein, daß der geographiſche Irrtum
von der „böhmiſchen Küſte" ſeinen Urſprung nicht in dem Shake=
ſpeareſchen Drama hat, ſondern daß derſelbe ſich ſchon in der
Erzählung Robert Greenes findet.

Und doch war Greene ſowie ſein jüngerer Freund Marlowe
und wie ſein älterer Genoſſe Peele Magister artium. Alle drei
waren mit ihrem Univerſitätsgrad — die beiden erſten von Cam=
bridge, der ältere von Oxford — nach London gekommen und
hatten es, um ſchnell die Geldmittel für ein luſtiges Leben zu er=
langen, fürs Beſte gehalten, die ſo ſchnell zur üppigen Blüte auf=
ſchießende Bühne mit Stücken zu verſorgen, wobei alle drei ihre
erworbenen Univerſitätskenntniſſe in jugendlichem Eifer anzubringen
ſuchten, was ſowohl bei Marlowe wie bei Greene in den reich=
lich eingeſtreuten lateiniſchen Sätzen auffällig hervortritt.

Von Chriſtopher Marlowe, geboren 1564, welcher 1587
als Magister artium nach London gekommen war, wird behauptet,

daß er zuerst auch als Schauspieler aufgetreten sei. Es ist dies aber nicht erwiesen, obwohl es bei seinem heißen Blut, seiner lebhaften Phantasie und seinem starken Zuge nach einem ungebundenen Leben nicht unwahrscheinlich sein würde. Der frömmelnde Puritanismus, welcher gegen die überhandnehmende Ausbreitung des leidenschaftlichen Genusses Schranken aufzurichten suchte, hatte bei dem jüngeren Geschlechte das Extrem nur gesteigert. Wir werden darauf zu sprechen kommen, daß auch noch Shakespeare gegen die freudlose Frömmigkeit des Puritanismus seinen Spott richtete. Aber bei ihm war alles maßvoller, geklärter, aus einer tieferen Natur und vornehmeren Anschauung kommend.

Abgesehen von jenen starken Gegensätzen hatten aber offenbar die Reaktionsversuche zugunsten der im Drama strenger zu beobachtenden Regeln das Feuer in den Köpfen der jungen romantischen Tragiker zu um so heftigeren Flammen angefacht. Man wollte nicht an Stelle der endlich überwundenen Moralitäten-Allegorien den unfruchtbaren Zwang der „Regeln" aufkommen lassen, sondern man drängte nach Taten, nach bewegter wirklicher Aktion, und es entstand in diesem rücksichtslosen Ringen nach freier Bewegung, in diesem stürmischen Drange jene Überfülle, jenes Überstürzen der Ereignisse, wie wir es auch noch in Shakespeares frühesten Tragödien, ganz besonders in seinem Heinrich VI. und Richard III., kennen und wie es auch die exzentrisch tragischen Dichtungen Marlowes charakterisiert.

Die erste Tragödie Marlowes, welche die Bretter des Londoner Theaters erschütterte, war sein „Tamerlan" — Tamburlaine the Great —, welcher 1587 aufgeführt wurde, wonach wir annehmen können, daß er dies Stück noch in Cambridge geschrieben hatte. Der dramatische Bau dieser interessanten Tragödie ist verhältnismäßig ein leidlich geordneter, wenn wir eben von dem Sturmschritt absehen, in welchem die an Taten und erschreckenden Begebenheiten überreiche Handlung über Zeiträume und Entfernungen dahineilt. Die ganzen Kriegszüge Tamerlans

werden vom Dichter ohne alle Schwierigkeiten mitgemacht. Im
zweiten Akte sind die Perser geschlagen und der dritte Akt behandelt die Kämpfe Tamerlans gegen Bajesid, „König von
Arabien". Im nächsten Akte sehen wir den entthronten Sultan
Bajesid in einen Käfig gesperrt. In diesem Käfig rennt er sich
im letzten Akte selbst den Schädel ein, was auf seine Gemahlin
einen solchen Eindruck macht, daß sie ein gleiches tut. Trotz dieser
Ungeheuerlichkeiten enthält das Stück Züge von poetischer und
dramatischer Kraft. Tamerlan ist als ein großer Charakter geschildert, der sich selbst als ein vom Himmel erwähltes Werkzeug
zur Züchtigung der Menschheit betrachtet. Aber wir vermögen
nicht an diese seine Mission, ja nicht einmal an seine Überzeugung
von solcher Mission zu glauben, sondern erhalten von all diesem
großmannssüchtigen Pathos und diesen grotesken Schrecknissen nur
den Eindruck eines schon in seinen Anfängen halbtollen und von
Größenwahn erfüllten Dichters, der trotz seiner dichterisch revol-
tierenden Natur doch noch nicht einmal eine Empfindung dafür
hatte, daß die Tragödie eine Katastrophe nötig hat, von einer
Peripetie ganz zu schweigen. Von Anbeginn bis zum Schlusse
seines Dramas hat er nur das eine Ziel, durch Bluttaten, haar-
sträubende Gewalttätigkeiten Schrecken zu erregen, und die natürliche Folge dieses unsinnigen Wütens ist, daß er einen tragischen
Eindruck damit nicht erreichen konnte.

In seiner vermutlich zweiten dramatischen Dichtung konnte
schon der Stoff an sich seinem Blutdurste keine Nahrung zuführen;
aber eben der gewählte Stoff dieser Tragödie ist es, der sie uns
interessant macht. Denn schon ein Jahr nach dem Erscheinen
des ersten deutschen Faustbuches (von Spieß, 1587) hatte Marlowe
seine Tragödie (tragicall History) vom Doktor Faustus geschrieben, jedenfalls die erste dramatische Behandlung dieses Welt-
stoffes. Ob eine englische Ballade, welche allerdings bereits 1588
erschien, der Marloweschen Tragödie vorausging, oder ob sie erst
durch jene hervorgerufen wurde, ist — wie auch in andern Fällen,

wo wir's mit einem alten englischen Drama und einer Ballade von gleichem Inhalt zu tun haben — schwer zu entscheiden.

Marlowe war noch nicht der Mann, den Faust-Gedanken in seiner Tiefe zu erfassen, und er blieb, trotz einiger schwacher Anläufe dazu, doch im wesentlichen an dem äußerlichen Teufels- spuk hangen. Der die Tragödie einleitende Prolog (oder „Chorus") läßt uns eigentlich Bedeutenderes in dieser Hinsicht erwarten. Es heißt in demselben:

> Von Eltern niedern Stand's ward er geboren
> In einer deutschen Stadt mit Namen Rhodes.
> In reifrer Zeit ging er nach Wittenberg,
> Und kam in seinen Studien bald so weit,
> Daß mit dem Doktorhut er ward geschmückt.
> Vor allen andern glänzte er als Redner
> In heil'gen Dingen der Theologie,
> Bis daß sein Geist, in Eigendünkel schwellend,
> Ihn überhoch erhob, und ihm der Himmel
> Die wächsern Schwingen schmolz zu seinem Sturz.

In dem daran sich schließenden ersten Monolog des Faust klagt auch er über die Unzulänglichkeit seines Wissens und will in der Magie die einzige Rettung suchen. Wie schon dieser Monolog mit einer Menge lateinischer Brocken ausstaffiert ist, so klebt auch den folgenden Szenen, mit dem guten und dem bösen Engel und ganz besonders später mit dem bösen Geiste „Mephistophilis", allenthalben die Schulweisheit an. So erscheint ihm auch der höllische Bote zuerst nach einer zehn Zeilen langen lateinischen Beschwörung. Auf die einzelnen Punkte des Paktes mit dem Teufel brauchen wir hier nicht einzugehen und möge nur er- wähnt sein, daß Mephostophilis, da Faust ein schönes Weib zu besitzen verlangt, ihm einen Teufel in weiblicher Gestalt zitiert, den aber Faust mit sehr groben Worten wieder fortschickt. Me- phostophilis redet ihm deshalb die gewünschte Verbindung ganz aus, indem er meint: Heirat sei nichts als zeremonieller Spaß;

die schönsten Dirnen aber würden ihm nun zu jeder Zeit zu Diensten stehen.

Was den Wissensdrang Fausts anbelangt, so erkennen wir sehr bald darin nur das Streben nach übermenschlicher Macht und Herrschaft. Von jenem tiefbewegenden, das Herz verzehrenden Gefühl der menschlichen Unzulänglichkeit, welches den Goetheschen Faust zum tragischen Repräsentanten der Menschheit macht, ist beim Marloweschen Faust keine Rede. In einer spätern Szene mit Mephostophilis legt er diesem allerdings allerlei Fragen vor, durch die er seine Kenntnis von dem geheimnisvollen Zusammenhang des Weltalls erweitern will; aber auch das geschieht wie in einem trockenen Schulexamen: Ob jede Sphäre eine Herrschaft oder intelligentia habe? Wieviel Sphären oder Himmel es gebe, und dergleichen mehr. Neben diesen Szenen des Faust und Mephistophilis, sowie des guten und bösen Engels, welche von Zeit zu Zeit wiederkehren, ist das Stück hauptsächlich mit den Zauberkünsten des Faust ausgefüllt, die er einmal beim Papste, dann in einem Wirtshaus, dann wieder vor dem Kaiser und seinem Hof ausführt. Mehrere dieser Szenen, die nur der groben Possen wegen da sind, rühren aber nicht von Marlowe her, sondern kommen auf Rechnung späterer Bearbeiter. Für uns freilich kommen auch diese Zusätze in Betracht, da sie noch der Shakespeareschen Zeit angehören. Zu diesen haben wir auch die Possen zu zählen, welche Faust unsichtbar bei einem päpstlichen Banket mit den Kardinälen treibt. Das Hauptkunststück des Marloweschen Faust ist ein englisch-protestantisches, indem er zu Rom bei den Streitigkeiten zwischen Papst und Kaiser in der Versammlung unsichtbar mitwirkt, um die Köpfe der Kardinäle zu verwirren, und endlich auch dem Papst eine unsichtbare Ohrfeige gibt.

Auch Helena wird einmal zitiert auf Wunsch der Studenten, und Faust verliebt sich in sie; aber das Verhältnis verpufft so schnell wieder, wie es unvermittelt gekommen ist. Nachdem dann

Lucifer, Beelzebub und Mephostophilis eine Beratung über Fausts Schicksal gehabt, fühlt dieser bereits mit steigender Angst den Augenblick nahen, da er zur Hölle gerufen wird, und er teilt das ihm drohende Geschick den Studenten mit, welche, indem sie ihn verlassen, für ihn beten wollen. Faust endet nicht als trotziger Himmelsstürmer, sondern in Angst, Reue und Jammer. In seinem letzten Monolog seufzt er, daß doch des Pythagoras Lehre von der Seelenwanderung ihn retten könnte:

Flög' diese Seele von mir doch und führe
In irgend sonst ein Tier! ach, alle Tiere
Sind glücklich, denn sobald sie sterben, löst
Sich ihre Seel' in Elemente auf;
Doch meine lebt zu ew'ger Höllenpein!

Auch Marlowes Faust hat, wie schon der Prolog berichtete, in Wittenberg studiert; aber seine Kommilitonen Hamlet und Horatio hatten dort mehr Weisheit davongetragen. Nachdem Faust von den Teufeln geholt worden, finden die Studenten seine zerstückten Glieder; sie beschließen, ihn zu bestatten und um diesen weisen und verehrten Meister Trauer anzulegen. Der Chorus weist dann am Schlusse auf die Moral hin: daß das Ende des Faust die Klugen warnen möge, nicht verbotenen Dingen nach= zuforschen, deren Tiefen nur den Vorwitzigen verlocken, um ihm Verderben zu bringen. Wenn auch in diesem Schlußchor, wie schon im Prolog, wieder von dem hochstrebenden Geiste dieses ausgezeichneten gelehrten Mannes gesprochen wird, so steht damit doch das, was wir im Schauspiel selbst von ihm erfahren, nicht im Einklang. Das ganze Streben dieses Faust ist auf Sinnes= lust und herrschende Gewalt über andere Menschen gerichtet, und sein Befreiungsdrang zeigt sich nur gegenüber dem hierarchischen Geisteszwang; von einem Streben nach Wahrheitserkenntnis merken wir nichts. Gewiß hat der dichterische Geist Marlowes, der auch in einzelnen Stellen dieses Dramas, aber nur in der schwungvoll poetischen Sprache, zum Ausdruck kommt, von der Symbolik der

Faustsage eine ahnendes Empfinden gehabt, und es spricht schon für seine dichterische Natur, daß er diesen Stoff ergriff. Aber bei der Ausführung blieb er dennoch an den mittelalterlichen Künsten haften. Faust selber klagt am Schlusse den Studenten, daß er „für die eitelen Freuden von vierundzwanzig Jahren" sein Heil verloren habe. Und dabei jammert er doch kurz zuvor gänzlich unlogisch: „Wollte Gott, ich hätte Wittenberg nie gesehen, nie ein Buch gelesen!" Man erkennt aus alledem, daß Marlowe über das, was er eigentlich wollte, ganz im unklaren blieb. Daß bei seinem Hange zum Finstern und Dämonischen ihn der Fauststoff mit seinen Teufeleien anzog, kann man wohl begreifen, aber es lag nicht in den Grenzen seines Talentes, die Symbolik dramatisch zu gestalten. Und so schwächlich wie sein in Reue und Jammer untergehender Faust, so ist auch sein Teufel ganz undiabolisch, während er für den Teufel, der im Menschen steckt, die reichsten Farben, ja ganze Farbentöpfe hatte. Das zeigt sein Tamerlan, und das beweist uns sein — „Jude von Malta".

Es ist dies keineswegs das beste von Marlowes Dramen, aber es ist das für die Eigenartigkeit seines Talentes bezeichnendste. Der Blutgeruch scheint für Marlowe etwas wahrhaft berauschendes gehabt zu haben; aber im „Juden von Malta" müssen auch noch Feuer und Massenvergiftung angewendet werden, um Entsetzen und Abscheu — statt Furcht und Mitleid — zu erregen. Aber auch das falsche Ziel von Abscheu und Entsetzen kann durch dies wüste Durcheinander sinnloser Taten nicht erreicht werden, bei denen noch das einzig Interessante ist, daß aller dieser greuelvolle Unsinn — nach des Dichters Absicht — durch die Lehren des Macchiavell vertreten werden soll! Das sagt uns wirklich der Dichter im Prolog, den er von Macchiavell selber sprechen läßt.²³)

Bei allen den gehäuften und mit unglaublicher Geschwindigkeit sich überstürzenden Untaten kommt es aber doch nirgends auch nur zu einem tragischen Ansatz. Barrabas, der reichste Jude

Maltas, der im Besitze seiner durch macchiavellistische Politik erworbenen ungeheuren Reichtümer schwelgt, wird vom Gouverneur der Insel, die den Türken einen zehnjährigen Tribut schuldet, seines ganzen Gutes beraubt. Barrabas, nach anfänglichem, vergeblichem Widerstande, stellt sich ergeben in sein Schicksal, aber nur um desto sicherer seine Rache auszuführen. Seine Tochter muß scheinbar Christin werden, um als Nonne in das Kloster zu kommen, zu welchem das Haus des Barrabas, in welchem noch Schätze versteckt sind, umgewandelt worden ist. Dann wird ein Topf mit Reis als Gabe in das Kloster geschickt, wodurch sämtliche Nonnen vergiftet werden. Barrabas hat auf dem Markte einen türkischen Sklaven, Ithamore, gekauft, um diesen zu allen möglichen Greueltaten zu gebrauchen. Aber schon in der Mitte des zweiten Aktes zersplittert sich die Rache des Barrabas, indem er an lauter Dinge sich heftet, die ihm in den Weg kommen, und wir verlieren dadurch das Hauptziel seiner Rache ein paar Akte hindurch ganz aus den Augen. Nachdem er zunächst den Geliebten seiner Tochter Abigail, Don Mathias, und den Sohn des Gouverneurs durch Vorspiegelungen an sich gelockt hat, weiß er sie beide so gegeneinander zu hetzen, daß sie sich gegenseitig umbringen. Abigail, von tiefem Schmerz und wirklicher Reue ergriffen, kehrt in das Nonnenkloster zurück, um aufrichtig Christin zu werden. Von der darauf erfolgten Vergiftung der sämtlichen Nonnen erfahren wir nur so ganz gelegentlich. Da auch Barrabas gegen zwei Mönche Reue heuchelt, indem er den Wunsch äußert, Christ zu werden, läßt er den einen Mönch durch Ithamore erdrosseln und dann den anderen Mönch als Mörder vors Gericht bringen. Unterdessen aber hat Ithamore sich mit einem anderen Schurken und dessen Dirne verbündet, um vom Juden Geld zu erpressen, indem sie ihm drohen, sonst seine Missetaten anzuzeigen. Endlich, als es dem Barrabas zu viel wird, vergiftet er sie alle. Doch ehe sie an dem Gift gestorben sind, konnten sie dem Gouverneur noch Anzeige machen, worauf Barrabas schleunigst einen Schlaftrunk nimmt, um tot zu scheinen. Barrabas, der als anscheinend Toter über den Wall hinausgeworfen ist, erwacht dort, — ganz wie es der Dichter wünscht. Unterdessen ist auch die politische Handlung des Stückes schnell weiter gerückt. Der spanische Vizeadmiral, welcher die türkischen Sklaven auf den Markt gebracht hatte, stachelt den Gouverneur von Malta an, den Vertrag mit den Türken zu brechen und ihnen die zugesagten Summen nicht auszuzahlen. Er verspricht ihm dafür die Hilfe des Königs von Spanien. Darauf sind nun die Türken aufs neue vor Malta erschienen, um die Ritter zu bekriegen. Jetzt erreicht Barrabas den Höhepunkt seiner sogenannten „Staatsklugheit", seine Solidarität mit dem im Prolog eingeführten Macchiavell. Er geht zu den Türken und erbietet sich, sie durch geheime Felsengänge zu führen und in den Besitz von Malta zu bringen. Unmittelbar nach dieser Verabredung sehen wir auch schon die siegreichen Türken den Gouverneur als Gefangenen mit sich führen und Barrabas wird Gouverneur von Malta. Als solcher kommt er aber wieder auf eine andere hübsche Idee, um die Türken zu vernichten. Aber indem hier die Geldgier und der Eigennutz des Juden mit der macchiavellistischen Staatsklugheit sich verbinden soll, richtet der Dichter eine Verwirrung an, in die wir ihm nicht mehr folgen können. Zur Vernichtung der Türken, die er zu einem großen Bankett einladet, hat er eine sinnreiche, für uns aber unbegreifliche Vorrichtung ersonnen, über welche er naiverweise auch dem gefangenen Gouverneur Mitteilung macht. Sobald er einen gewissen Strick durchschneidet, soll der ganze Raum, den die Türken betreten haben, zusammenstürzen und sie sämtlich in Feuer umkommen. Dieser Strick aber wird die Schlinge für des Barrabas eigenen Hals. Denn als die Türken kommen und Barrabas selbst noch an dem Werke des Verderbens beschäftigt ist, zerschneidet der Gouverneur den dramatischen Gerechtigkeitsstrick, so daß der Boden unter Barrabas sich öffnet und er in einen „Kessel" stürzt, wo er schreiend und zappelnd stirbt.

Genée, Shakespeare. 7

Wie dieser einfach lächerliche Schluß, so ist jeder einzelne Teil der Handlung in dem Stücke eine unbegreifliche Albernheit, und es ist gar nicht zu verstehen, wie man den Verfasser eines solchen Dramas als den größten, ja wirklich als „großen" vorshakespeareschen Tragiker hat bezeichnen können. Es gibt Shakespeare=Enthusiasten, welche sogar in diesem „Juden von Malta" Züge einer großen Dichternatur erkennen wollen. Wohl war der Autor dieses Juden von Malta ein Dichter, aber er war auch ein vom Größenwahn befallener Fieberkranker.

Wer aber auch über die Vorgänger Shakespeares und dabei in erster Reihe über den in mancher Hinsicht überschätzten Marlowe geschrieben hat, der konnte der Versuchung nicht widerstehen, diesen Juden von Malta mit Shakespeares Juden von Venedig — mit Shylock — zu vergleichen. Aber gerade ein solcher Vergleich kann nur die ungeheuere Kluft erkennen lassen, welche diese beiden dichterischen Gestalten voneinander trennt. Hier eine reine Abstraktion des Ungeheuerlichen, sinnlos und unverständlich in seinem ganzen Tun und Handeln, — und dort, bei Shakespeare, der nationale Jude in den großartigsten Zügen, wie gleichzeitig in den feinsten Details des Genrebildes mit jenem überlegenen Humor dargestellt, durch den er — unbeschadet seines persönlichen tragischen Geschickes — innerhalb der „Komödie" seine Berechtigung hat und zwar als eine Individualität, welche greifbarer gar nicht zu denken ist, Individuum und Repräsentant zugleich, und beides in vollendeter Harmonie. Wir wissen ja, daß Shakespeare für seinen Shylock vom Juden von Malta nichts zu borgen brauchte; denn das eine übereinstimmende Moment, daß der Jude schließlich in die für andere gegrabene Grube fällt, erhielt er auch schon in der italienischen Novelle des Fiorentini überliefert. Das Einzige, was er vielleicht als Anregung aus Marlowe erhielt, ist des Juden Tochter Abigail, und diese ist der einzige schwache Lichtpunkt in Marlowes Tragödie.

Was in Marlowes monströsem Schauspiel mindestens von

Geist, wenn auch nicht von dramatischem Bildnertalent zeugt, ist der Gedanke, die macchiavellistische Politik des Egoismus in dem geldgierigen Juden, dem Repräsentanten der macchiavellistischen Staatspolitik gegenüberzustellen. Denn auch der unehrliche Gouverneur von Malta handelt durchgängig nach den Grundsätzen der Selbstsucht; selbst im Ausgang der Tragödie zeigt sich dies in dem Verhalten gegen die Türken. Es ist Marlowe mit diesem Drama ähnlich gegangen, wie mit seinem Faust: er hat die ihn leitende ganz geistvolle Idee nicht durch die Erfindung der Fabel unterstützen und zum Ausdruck bringen können. Ja, im Juden von Malta sehen wir sogar das Drama hauptsächlich an der Kühnheit dieser Idee scheitern, an der Idee, die Geldgier und den Eigennutz des Juden mit der Gewissenlosigkeit der Staats= politik zu vereinen. Shakespeare hat für seinen Kaufmann von Venedig keinen Macchiavellprolog gebraucht, und doch tritt alles das, was Marlowe gewollt, aber nicht gekonnt hat, hier in wun= derbarer Klarheit, im unlösbaren Zusammenwirken aller Teile und Teilchen in die verständliche und lebensvolle Erscheinung. Man denke an den windigen Patron Bassanio mit seiner ganzen Werbung um Porzia, an das Verhalten der übermütigen jungen Venezianer und den scharfen nationalen Gegensatz zu Shylock, wie an die schließliche grausame Forderung des Dogen. Aber alle diese verdrießlichen und gehässigen Elemente werden aufgelöst in dem einen wunderbaren Strahlenpunkte der Komödie, welcher Porzia heißt. Marlowe hat nirgends, in keinem seiner Dramen, einen auch nur annähernd so mild versöhnenden Punkt gefunden, weil seiner ganzen Natur die Gabe der künstlerischen Lösung und des harmonischen Ausgleichs versagt war.

Daß ein Stück wie dieser Jude von Malta seinerzeit ein bewundertes und erfolgreiches Bühnenwerk war, ist um so be= merkenswerter, als um diese Zeit bereits Shakespeare an die Pforten zur Unsterblichkeit angeklopft hatte, und daß ihm der Eintritt durch diese Pforte schon gestattet war.

7*

Dennoch haben wir wenigstens Ein Marlowesches Werk, welches den berufenen tragischen Dichter erkennen läßt, und zwar gerade auf jenem Gebiete, auf welchem auch der Tragiker Shakespeare seine ersten Erfolge hatte: auf dem Boden des englisch-historischen Dramas. Dies Marlowesche Werk ist seine Historie von König Eduard dem Zweiten. In keiner Gattung des englischen Dramas empfinden wir den verwandtschaftlichen Ton Shakespeares mit seinen unmittelbaren Vorgängern und Zeitgenossen so entschieden, wie hier auf dem Boden der Historie. Für die Zeit der Entstehung oder Aufführung der Marloweschen Tragödie wird das Jahr 1590 angenommen. In die Buchhändlerregister wurde es erst 1593 (also im Todesjahr des Dichters) eingetragen, und dementsprechend ist auch der früheste (aber erst im Jahre 1876 von mir aufgefundene) Druck aus dem Jahre 1594.[24]

Marlowe hat in diesem Drama Momente, aus denen wir es empfinden, daß dieser Dichter ein Rival Shakespeares hätte werden können, wenn ihm nicht dieses Auserwählten harmonische Natur und damit das künstlerische Maß gefehlt hätte. Trotz aller Mängel aber, durch die es auch sonst gegen die reiferen Historien Shakespeares in den Schatten tritt, muß „Eduard der Zweite“, als das bei weitem beste Drama Marlowes anerkannt werden. Die Exposition in der ersten Szenenreihe, soweit sie ungefähr einen Akt ausfüllen würde (die ältesten Drucke sind ohne Akt- und Szenenteilung), ist so keck entworfen, mit solcher Schnelligkeit zu dem dramatischen Kernpunkt führend, wie wir es aus den älteren Shakespeareschen Historien kennen; freilich auch mit noch größerer Rücksichtslosigkeit in bezug auf Zeit und Ort. In den ersten Szenen des Stückes die Rückkehr des Günstlings Gaveston aus der Verbannung, dessen Übermut und die dadurch herausgeforderte Unzufriedenheit der Barone, Gavestons neue Verbannung und neue Rückberufung —: das alles geschieht in dem Zeitraum von einer halben Stunde. Die Sprache zeigt einen solchen Pomp

des hoch gesteigerten Ausdrucks, eine solche Überfülle an Ge=
danken und Bilderreichtum, daß wir auch hierin an Shakespeares
Tragödien dieser Gattung lebhaft erinnert werden.

Als Beispiele dafür mögen hier zunächst einige Reden an=
geführt sein, die einer Szene etwa aus der Mitte des Stückes
entnommen sind. König Eduard, der von seinem eigenen Weibe,
der Königin Isabella, bekriegt wird, hat von Matrevis*) die Nach=
richt erhalten, daß sein Liebling Gaveston, der in die Gewalt der
gegen den König empörten Barone gefallen war, in meuchlerischer
Weise umgebracht worden sei, und zwar durch Warwick, der ihn
überfiel und ihm den Kopf abschlug.

Der junge Spencer.
O blut'ge Tat! Ganz gegen Kriegesrecht!

König Edward.
Ach, soll ich sprechen, oder seufzend sterben!

Der junge Spencer.
Mylord! nehmt Eure Rache mit dem Schwert
An den Baronen. Feuert an Eu'r Heer!
Laßt sie nicht Eure Freunde straflos morden,
Dringt vor mit Euren Fahnen, Herr, ins Feld,
Und treibt aus ihren Höhlen sie mit Macht.

König Edward (kniet).
Bei unser aller teuren Mutter Erde,
Beim Himmel und bei allem, was da lebt,
Bei dieser Rechten und des Vaters Schwert,
Bei allem Glanz, von meiner Krone strahlend,
Ich will so viele Häupter für ihn haben,
Als Güter, Städt' und Türme mir gehören.
Verräter Warwick! Falscher Mortimer!
Wenn ich noch Englands König bin, will ich
Auch eure Rümpfe ohne Kopf, die Leiber

---

*) So in dem ersten Drucke von 1594; in den späteren Drucken hat
Lord Arundel diese Szene.

Durch Seen Blutes schleifen, daß ihr so
Mit Blut euch voll und satt dran saufen mögt!
Mein königlich Panier will rot ich färben,
Daß seines Blutes Farbe Zeugnis gebe
Von meiner Rache Unersättlichkeit
An eurem ganzen mördrischen Geschlecht, Verdammte,
Die meinen Gaveston ihr habt gemordet!
Hier, auf dem Platz der Ehr' und des Vertrauens,
Nehm' ich, mein süßer Spencer, dich zu mir
Und ganz aus reiner Lieb' ernenn' ich dich
Zum Grafen Gloster und Lord Kämmerer,
Trotzend der Zeit und trotzend unsern Feinden!

Bei dieser strotzenden Überfülle der Sprache ist die Erinnerung an ähnliche Überschwenglichkeiten bei Shakespeare, wenigstens in den Historien seiner ersten Periode, gar nicht abzuweisen. Wenn außerdem gewisse Übereinstimmungen in einzelnen sentenziösen Aussprüchen vorkommen, so kann dies bei Dichtern aus gleicher Zeit und von gleicher Nationalität nichts Auffallendes haben. Was bei Marlowes Eduard II. gewichtiger hervortritt, ist der ganze Stil seines Dramas in der Gleichartigkeit mit einem der Shakespeareschen Königsdramen aus der Zeit seiner vorgeschrittenen Reife: „Richard dem Zweiten“. Für die bedeutende Szene, in welcher der schon machtlose König Richard zur Abdankung genötigt wird (IV. Akt 1. Sz.), sehen wir in Marlowes Tragödie ein so unverkennbares Vorbild, daß eine Vergleichung mit dem hier aus Marlowes Eduard II. mitgeteilten größeren Teil der Szene von Interesse sein wird.*)

Die Szene — Angaben des Schauplatzes fehlen auch in Marlowes Stücken — ist im Schlosse Kenilworth zu denken.

---

*) Daß in Shakespeares Tragödie diese ganze sogenannte Parlamentsszene unter der Königin Elisabeth nicht aufgeführt werden durfte und deshalb auch in den ersten Drucken des Stückes fehlte, wird im zweiten Buche zur Erörterung kommen.

(Bei Marlowe und anderen wird es stets Killingworth genannt.)
Es treten auf: Edward, Leicester mit dem Bischof von Winchester
und Trüssel.

Leicester.

Seid ruhig, guter Herr, hört auf zu klagen,
Denkt Euch, Schloß Killingworth sei Euer Hof
Und Ihr wär't hier zum eigenen Vergnügen,
Nicht auf Gebot und durch Notwendigkeit.

Edward.

Wenn sanfte Worte mich befried'gen könnten,
Die deinen hätten längst mein Herz erleichtert,
Denn liebevoll und gütig warst du stets.
Wird andrer Leute Kummer bald gestillt,
Ist's nicht bei Kön'gen so. Des Waldes Hirsch, getroffen,
Läuft zu dem Kraute hin, das Wunden schließt;
Doch ward der königliche Leu durchbohrt,
Reißt er die Wund' mit grimm'ger Tatze auf;
Höchlich entrüstet, daß die niedre Erde
Sein Blut soll trinken, steigt er in die Luft.
Und so geschieht's mit mir, des furchtlos Herz
Mortimer ehrsüchtig zu beugen sucht
Und jene falsche Kön'gin Isabell',
Die so mich als Gefangnen eingesperrt.
Denn so voll wildem Leid ist meine Seele,
Daß sie zum Himmel auf sich schwingen will,
Um gleich den Göttern jene zwei zu treffen.
Doch wenn das Herz mir sagt, ich bin ein König,
Dünkt mich, ich müsse rächen jenes Unrecht,
Das Mortimer und Isabell' mir taten.
Doch was sind Kön'ge, wenn die Herrschaft hin?
Nur Schatten in des Tages Sonnenschein.
Ich heiße König, doch der Adel herrscht;
Die Krone trag' ich, doch sie meistern mich,
Mortimer und die treulose Gemahlin,
Die mir das Hochzeitsbett mit Schimpf besudelt,

Indes ich in des Kummers Höhle wohne,
Wo, mir am Arm, die Sorge meiner wartet
Und mir mit Jammer ganz das Herz erfüllt,
Das in mir blutet um so harten Wechsel.
Doch sagt mir, muß ich jetzt der Kron' entsagen,
Zum König diesen Mortimer zu machen?

Bischof.
Eu'r Hoheit irrt, es ist für Englands Wohl,
Für Eures Prinzen Recht woll'n wir die Krone.

König Edward.
Nein, 's ist für Mortimer, für keinen Edward,
Denn dieser ist ein Lamm, beschützt von Wölfen,
Die augenblicks sein Leben kürzen können.
Doch trägt der stolze Mortimer die Krone,
Mag sie der Himmel ihm in Feuer wandeln,
Mag wie das Schlangenhaupt Tisiphones
Ihm des verhaßten Hauptes Schläf' umwinden.
Doch Englands Reben sollt ihr nicht verpesten,
Und leben wird mein Nam', bin ich auch tot.

Leicester.
Was laßt Ihr, Herr, die Zeit so leer verstreichen;
Auf Antwort warten sie: wollt Ihr entsagen?

König Edward.
O Leister, denk', wie schwer ist's, zu verschmerzen,
Ohn' Ursach Kron' und Königreich verlieren,
Mein Recht zu geben diesem Mortimer,
Der gleich 'nem Berge überstürzt mein Glück,
Daß mir das Äußerste den Sinn zerstört.
Doch muß des Himmels Willen ich gehorchen, —
Nimm hin die Krone, nimm auch Edwards Leben.
Zwei Kön'ge können hier zugleich nicht herrschen;
Doch wart', laßt bis zur Nacht mich König sein,
Und mich anstaunen dieser Krone Glanz,
So wird dem Aug' zuteil die letzte Freude,

Dem Haupt der letzten Ehrbezeigung Pflicht,
Und beid' auf einmal geben auf ihr Recht.
Bleib' ewig droben stehn des Himmels Sonne,
Daß nie die stille Nacht das Reich beherrscht;
Des Elementes Wächter, stehet still,
Die Jahreszeit und alle Zeit mag rasten,
Daß Edward noch der König Englands bleibe.
Doch ach! Der Glanz des Tages schwindet schnell,
Und meine Krone muß ich von mir geben.
Unmenschen ihr, genährt mit Tigermilch,
Was trachtet ihr nach eures Herrschers Sturz?
Wollt ihr mein Diadem und schuldlos Leben?
Seht Ungeheu'r, ich trag' die Krone wieder,
Was, fürchtet ihr nicht eures Königs Zorn?
Doch du verwirrst dich, armer Eduard;
Sie kümmert nicht, wie unlängst noch, dein Zorn,
Sie wollen einen neuerwählten König;
Das ist's, was mit Verzweiflung mich erfüllt,
Den Sinn mir martert und mich endlos quält.
In dieser Marter find' ich keinen Trost
Als den nur, daß mein Haupt die Krone fühlt,
Darum laßt noch ein wenig sie mich tragen.

Trusty.

Mylord, das Parlament will Kunde haben,
Drum sagt, wollt Ihr verzichten oder nicht?
                              (Der König wütet.)

König Edward.

Ich will es nicht, will's nicht, so lang ich lebe.
Verräter, fort! Und geht zu Mortimer,
Erwählt, verschwört, setzt ab, tut, was ihr wollt;
Ihr Blut und eu'rs soll den Verrat besiegeln.

Bischof.

Wir nehmen diese Antwort, und fahrt wohl.

Leicester.
Ruft sie zurück, Herr, und gebt beff're Rede,
Denn wenn sie gehn, verliert der Prinz sein Recht.
König Edward.
Ruf' Du sie denn; ich hab' nicht Macht zum Reden.
Leicester.
Der König ist gewillt, Herr, zu verzichten.
Bischof.
Wenn er nicht will, man lasse ihm die Wahl.
König Edward.
O hätt' ich sie! Doch Erd' und Himmel sind
Vereint zu meiner Not. (Empfangt die Krone.*)
Empfangen? Nein, nicht die unschuld'ge Hand
Soll schuldig sich solch einer Untat machen,
Wer hier zumeist nach meinem Blut verlangt,
Und wer will Mörder eines Königs heißen,
Der nehme sie: Wie, fühlt ihr Mitleid gar?
So schickt zum unbeugsamen Mortimer,
Zur Kön'gin, deren Augen Stahl geworden,
Und eher Feuer sprühn, als Tränen geben.
Doch halt! Denn eh' ich sie soll wiedersehn —
Da, hier —: Nun, güt'ger Gott im Himmel,
Mach', daß ich diesen ird'schen Pomp verachte,
Und bleib auf Deinem ew'gen Himmelsthron.
Komm Tod, herbei! Und schließe meine Augen, —
Und leb' ich, gieb, daß ich mein selbst vergesse.

Ich wüßte nicht, daß in Shakespeares Richard dem Zweiten auch nur ein Vers aus dieser Szene Marlowes benutzt worden

---

*) Daß hier in den Worten receive it und in dem vier Zeilen späteren take it eine sehr bestimmte Unterscheidung gemacht wird, hat Ed. v. Bülow in seiner Übersetzung dieser Tragödie (in „Altenglische Schaubühne") ganz übersehen, indem er den König beide Male sagen läßt „nehmt sie". Auch dies redselige Worttüfteln des Königs stimmt ganz mit Shakespeares Richard II. überein.

wäre; höchstens könnte es der Gedanke sein, daß bei Shakespeare der Graf von Northumberland den König wiederholt mit der Mahnung zum Entsagen drängt, weil das Parlament durch seine Abdankung befriedigt werden müsse. In Shakespeares historischer Quelle, der Chronik von Holinshed, ist der Vorgang nur sehr kurz geschildert. Aber nicht in Einzelheiten liegt das Übereinstimmende, sondern in dem Farbenton des Ganzen. Marlowe fällt leider auch bei diesem seinem weitaus besten Drama in denselben Fehler, der allen seinen Stücken anhaftet: indem er die Tragik schließlich ins Martervolle und Grausige steigert, wodurch die tragische Wirkung umschlägt.[25])

In dieser seiner Eigenart war Marlowe der bedeutendste Repräsentant dieser Periode des englischen Schauspiels, in dessen gewaltige Gärung auch Shakespeare selbst noch eintreten sollte, um erst allmählich aus den finsteren Wetterstürmen als das siegende Licht hervorzugehen.

Shakespeares Anfänge in London.

Als William Shakespeare in London durch Vermittelung zweier Schauspieler, die er schon in Stratford kennen gelernt und denen er sich angeschlossen hatte, eine bescheidene Beschäftigung an einem der vorhandenen Theater gefunden hatte, mußte er zunächst sich begnügen, neben kleinen Rollen, die man ihm anvertraute, auch andere Dienstleistungen zu übernehmen, wie sie gerade die Gelegenheit erforderte, sei es hinter der Bühne in der Zusammenstellung der erforderlichen Requisiten, oder sei es als prompter (Einhelfer, Souffleur). Er ging auf alles bereitwillig ein, denn es kam ihm zunächst darauf an, einen Boden unter sich zu haben, von dem aus er — wie er hoffte — schon weiter kommen werde. Seine einnehmende Persönlichkeit wie sein ganzes Wesen, in dem sich milde Freundlichkeit mit großem Ernst und

Pflichteifer, Sicherheit des Auftretens mit Bescheidenheit verband, wurden ihm förderlich für seine weitere Laufbahn, indem er sich bald mehr Freunde gewann, die ihn als ihren liebenswürdigen und anstelligen fellow schätzten. Sein Trieb zum Dichten, der schon in Stratford sich geltend gemacht, mußte begreiflicherweise bei den so mannigfachen neuen und lebhaften Eindrücken in London sich steigern, denn bei seiner nachdenklichen Natur konnte sein Geist nicht an den äußeren Dingen haften bleiben. Wohl mußte auch ihn der Glanz, der die vornehmsten Pairs von England umgab, mit Staunen erfüllen, und Elisabeth, die es liebte, sich mit aller erdenklichen Pracht zu umgeben, um das Ansehen ihrer Majestät zu erhöhen, stand gerade jetzt auf dem Gipfel ihrer Popularität. Ereignisse, wie die kurz zuvor erfolgten blutigen Exekutionen gegen die Anhänger der schottischen Maria und die Hinrichtung der königlichen Rivalin selbst konnten wohl bei vielen, nicht allein bei den stillen Anhängern der Maria, peinliche Empfindungen erwecken; aber im allgemeinen war man sich bewußt, daß hier allein das Wohl Englands bestimmend war. Und wenig später, bei dem durch die Stürme beschleunigten Untergang der gegen England ausgesandten spanischen Armada, konnte man das Walten einer höheren Macht erkennen zugunsten Englands und zum Verderben jenes Staates, der in seinem religiösen Verfolgungsfanatismus mit den grausamsten Mitteln — aber „zur Ehre Gottes" — für die alleinseligmachende Kirche wütete. Es war sehr wohl begreiflich, daß man dieses, durch eine gewaltige Naturkraft herbeigeführte Verderben der spanischen Armada als eine Parteinahme des Himmels betrachtet wissen wollte. So trug denn auch die Denkmünze, die zur Verherrlichung dieses Ereignisses geprägt wurde, die Inschrift: Afflavit Deus et dissipati sunt! Dies geschah aber nicht allein zum Glücke Englands, sondern auch zum Ruhme seiner Königin, weil beides identisch war.

Ein solches royalistisch-patriotisches Bewußtsein mochte bei dem Kleinstädter William Shakespeare, dessen persönliches Mißgeschick in Stratford kein ausreichendes Gegengewicht in der Größe der Allgemeinheit erhalten konnte, erst unter den in London erhaltenen Eindrücken erstarkt sein. Man wird aber in der Folge erkennen, daß er trotzdem, was die Person dieser bei ihrer Klugheit doch so eiteln Königin betrifft, sich niemals an den maßlosen Schmeicheleien beteiligte, in denen die meisten Dichter jener Periode miteinander wetteiferten, wie schon früher hier angedeutet wurde. Sein klarer Blick und sein starkes Rechtsgefühl bewahrten ihn davor. Zunächst freilich lernte er in London nur zweierlei extreme Seiten des Lebens kennen: hier war es der Glanz der Großen und der Reichen, und dort die den unteren Klassen der Bevölkerung angehörende große Menge. Mochte er auch bei seiner feinen Natur zu dieser sich wenig hingeneigt fühlen, so verlor er doch nicht den Blick für das Einzelne, und in seinem Empfinden dafür wirkten Vorurteilslosigkeit und Rechtsgefühl zusammen. In die Kreise des angesehenen Bürgertums, in denen zu dieser Zeit ein bis dahin nicht erreicht gewesener Wohlstand herrschte, konnte sein Blick nicht dringen. Gerade in dem Mittelstand des gewerbetreibenden Bürgers und Kaufmanns hatte die puritanische Reaktion gegen die Üppigkeit des Londoner Lebens ihre Wurzeln und auch einen gewissen Anhang in der Stadtregierung, wenn auch diese zuweilen von höherer Stelle genötigt wurde, dem Treiben der ausschweifenden puritanischen Straßendemagogie entgegenzutreten. Wenn aber durch diese Verhältnisse der Boden, auf dem Shakespeare sich bewegte, von jenen Kreisen des Bürgertums durch eine tiefe Kluft geschieden war, so fand er für die Bereicherung seines Wissens um so willkommeneren Ersatz in der auf allen Gebieten wachsenden Literatur. Was er daraus von Kenntnissen bereits aus Stratford mitgebracht hatte, — aus den ihm zugänglich gewesenen Klassikern und den Chroniken, wie aus den verschiedenen Geschichtensammlungen im „Mirror of Magistrates“ in Painters „Palace of pleasure“ usw. konnte er in London durch seine ununterbrochenen Studien von Tag zu Tag vermehren. Für seine ausgestaltende Phantasie boten ihm aber vor allem die Theater lebhafte Anregung und Nahrung.

Von den Schauspielen Marlowes hatte dessen großmächtiger und großmäuliger Tamerlan schon seit ein paar Jahren auf den Brettern des Theaters gewütet. Jetzt war er bereits von seinem „Juden von Malta" abgelöst, der in der grotesken Ungeheuerlichkeit dem asiatischen Eroberer sehr nahe stand. Shakespeare aber hatte selbst in seiner Anfängerschaft als Dramatiker von diesen Werken nichts in sich aufnehmen können. Zwischen seinem — erst in der zweiten, wenn auch noch jugendlichen Periode entstandenen — Juden von Venedig und Marlowes nur einer ausschweifenden Phantasie entsprungenen Juden Barrabas bestehen tatsächlich nicht die geringsten Beziehungen. Daß aber Tamerlan noch späterhin Shakespeares heitere Ironie erregte, erkennen wir in einer Parodierung der bombastischen Sprache, wie er sie seinem köstlichen Pistol in den Mund legte (wovon später noch die Rede sein wird). In dem Schauspiele Robert Greenes vom „Bruder Baco und Bruder Bungay" reizten ihn weniger die Künste der Magier, des Zauberspiegels und des erzenen Kopfes, als die Anmut in den Liebesszenen, wie der heiter poetische Ton des Ganzen.

Den stärksten Einfluß auf die Bühnendichtungen seiner ersten Zeit machte jedenfalls die „Spanische Tragödie" von Kyd, und um so mehr, als er selbst den großen Eindruck noch wahrnehmen konnte, den das Stück seit Jahren schon auf die Menge ausübte, die noch immer danach sich drängte, um an den Schrecknissen sich zu ergötzen. Dies war es wohl zunächst, was den jugendlichen Dichter bewog, mit ähnlichen Mitteln etwas zu schaffen, wovon ein gleicher Erfolg zu erwarten war. Und welche Aussicht für ihn, wenn ihm dies gelang! So war denn seine Schreckenstragödie „Titus Andronicus" aus dem Wettstreite mit Kyds „spanischer Tragödie" hervorgegangen.[26]) Und Shakespeare hatte es auch wirklich erreicht, die Greuel in jenem Vorbild noch dermaßen zu überbieten, daß in unserer Zeit nicht nur empfindsame Gemüter und schwachnervige Hörer und Leser mit Abscheu davon sich abwenden müssen. Woher Shakespeare den Stoff zu dieser gräßlichen Rachetragödie genommen hat, ist mit Bestimmtheit nicht nachzuweisen. Eine alte Ballade, die in den wesentlichen Zügen mit der Tragödie übereinstimmt, könnte als seine nächste Quelle angenommen werden, wenn das Alter der Ballade (mitgeteilt in Percys „Reliques" usw.) sich feststellen ließe. Aber wir wissen auch aus andern Fällen, daß derartige Balladen erst durch den Erfolg eines Dramas hervorgerufen waren. Shakespeare könnte den Stoff auch in alten Schaudergeschichten gefunden haben, in denen die verschiedenen Bestandteile aus den mancherlei anekdotischen Überlieferungen von Tyrannen und von Greueltaten des Altertums zusammengebacken sind, sowie der Held der Shakespeareschen Tragödie im letzten Akte die zerhackten Glieder der Söhne der Gotenkönigin zu einer Pastete bereiten ließ, die der Mutter vorgesetzt wird. Shakespeare hatte in dieser Zeit schon erstaunlich viel gelesen, was er in manchen Fällen erst in späterer Zeit verwertete. Nächst den schon erwähnten Sammlungen von Geschichten gehörte dazu wohl auch manches Buch aus der altenglischen Erzählungsliteratur, das verschollen ist und in welchem vielleicht die Quelle für Shakespeares Titus Andronicus zu suchen wäre. Da wir aber des Dichters Art kennen, wie er solche ihm überliefert gewesene Stoffe zu gestalten und zu bereichern wußte, so läßt sich wohl auch schon in diesem Falle auf seine kühn umgestaltende Behandlung seiner Quelle schließen. Man kann hierbei auch zugeben, daß er in allem Gräßlichen die Tragödie von Kyd noch überbieten wollte, wie in der Schändung und grausigen Verstümmelung der Lavinia und in anderen Unmenschlichkeiten. Im Vergleich mit der „spanischen Tragödie" ist es aber bemerkenswert, daß solche martervolle Szenen bei ihm niemals ins Lächerliche fallen, wie bei Kyd am Schlusse des Stückes und wie in Marlowes Tamerlan und seinem Juden von Malta. Zeigt sich hierin schon der berufenere Dramatiker, so ist dieser auch darin zu erkennen, daß Shakespeare selbst in diesem ungeheuerlichen Werke seinem Helden im ersten Akte die nötige tragische Schuld gibt. Diese aber fehlt dem Helden in der erwähnten Ballade, und wenn Shakespeare aus dieser Quelle geschöpft haben sollte, so würde er schon durch diesen Zug sich in seinem dichterischen Instinkt für die Erfordernisse der Tragödie gezeigt haben. Da auch sonst das Stück — trotz aller Roheit und widerwärtigen Übertreibungen in den mehr als viehischen Grausamkeiten — manche Partien in der Diktion enthält, die schon unverkennbar das Gepräge Shakespearescher Ausdrucksweise tragen, so ist es um so wunderlicher, daß manche englische Kritiker das Werk, als eines solchen Dichters nicht würdig, ihm absprechen wollten. Daß die älteren Drucke seinen Namen auf dem Titelblatt noch nicht angaben, will bei jenen lüderlich hergestellten Einzelausgaben nichts sagen, denn mit allen jenen unrechtmäßigen, nicht von den Verfassern veranlaßten Ausgaben sollten eben nur die Stücke selbst, wenn sie auf der Bühne Erfolg gehabt, aus Spekulation auch in das lesende Publikum gebracht werden. Auf den Namen des Dichters kam es dabei häufig, solange dieser noch nicht berühmt war, gar nicht an. Mit Shakespeares Namen wurde bei diesem Verfahren erst später Spekulation getrieben, auch mit solchen Stücken, die nicht von ihm waren. Shakespeares Autorschaft ist aber beim „Titus Andronicus" hinlänglich erwiesen. Zunächst ist er von Meres in dessen Palladis Tamia (1598) unter denjenigen Tragödien erwähnt, die für seine große Bedeutung sprechen; und auch viel später, in der ersten Gesamtausgabe seiner dramatischen Werke, ist es von den Herausgebern, seinen beiden Kollegen am Globe-Theater, die doch mit seinen Werken völlig vertraut waren, seinen Tragödien eingereiht worden, während „Pericles" darin keine Aufnahme fand.

Für uns freilich zeugt Titus Andronicus nicht für die Größe des Dichters, wohl aber dafür, daß ein so außerordentliches Genie nicht gleich in seinen Anfängen ein Meister war. Ferner ist dabei zu beachten, daß Shakespeare in dieser seiner ersten Periode die Stücke nur schrieb, um von den Theatern Gewinn daraus zu ziehen. Von diesem Gesichtspunkte aus scheuten die Dramatiker jener Zeit sich auch nicht, aus schon vorhandenen Stoffen manches zu entlehnen, ja selbst ganze Stücke anderer, die einen guten Stoff enthielten, zu ihrem eigenen Nutzen zu verwenden. Das war ebenso Geschäftssache, wie es beim Ankauf von Stücken durch die Theaterunternehmer der Fall war. Unter diesen hatte der vielgenannte Henslowe eine große Tätigkeit entwickelt, indem er die Stücke der Autoren an eine der bestehenden Schauspielertruppen verkaufte, die damit das alleinige Recht für die Aufführung erworben hatten. Aus diesem Verhältnis der Dichter zu den Theaterunternehmern erklärt es sich, daß die dramatischen Autoren nicht selbst ihre Stücke in den Druck gaben, um nicht andere, als die dazu Berechtigten in ihren Besitz kommen zu lassen. Dies hatte aber wieder zur Folge, daß spekulative Buchdrucker und Verleger ohne Befugnis die erfolgreichen Stücke bei wiederholten Aufführungen nachschreiben und drucken ließen, um sie so ins Publikum kommen zu lassen. Wir sind auch davon unterrichtet, daß damals schon die Stenographie oder Schnellschrift dafür in Anwendung gebracht wurde. Einen gesetzlichen Schutz gegen diese Raubdrucke von Theaterstücken scheinen die Autoren nicht genossen zu haben, wie die Klagen der Dichter darüber aus noch viel späterer Zeit bezeugen.[27]) Da aber bei manchen Titeln der älteren gedruckten Stücke mehr als eine der bestehenden Schauspielertruppen angegeben sind, von denen das Stück aufgeführt wurde, so muß man annehmen, daß manche dieser Truppen ohne eine solche Bedingung des Alleinbesitzes das betreffende Stück erhielten. So finden wir in der neu entdeckten ersten Ausgabe des „Titus Andronicus" (von 1594) auf dem Titelblatt die Angabe: „wie es von den Lord Derbys, Lord Pembrokes und Lord Suffex Dienern aufgeführt wurde." Diese Aufführungen durch drei Schauspielertruppen müssen also doch schon stattgefunden haben, bevor das Stück durch den Druck verbreitet war.

Da der junge William Shakespeare — er stand jetzt in seinem fünf= oder sechsundzwanzigsten Lebensjahr — mit der Tragödie „Titus Andronicus" die Bühne sich erschlossen hatte, und zwar mit recht kräftigen Mitteln, war er durch den Erfolg natürlich um so lebhafter angetrieben, bald ein anderes Drama folgen zu lassen. Bei seiner erworbenen Bekanntschaft mit den mannigfachen literarischen Erscheinungen jener Zeit waren ihm schon ein paar aus der romanischen Novellen= und Romanliteratur nach England gekommene Stoffe bekannt geworden, die ihn auf das Gebiet der Komödie hinleiten sollten. Aber indem er solche Pläne erwog, trat doch auch wieder sein Verlangen in den Vorder= grund, zunächst auf dem blutigen Boden der Tragödie zu bleiben, für die ihm die szenische Formengebung nicht solche Schwierigkeiten bereiteten, wie die Dramatisierung der Novellenstoffe. Ganz be= sonders reizte ihn die vaterländische Geschichte, die ihm bereits durch die englischen Chroniken von Hall und von Holinshed bekannt geworden war. Schon im letzten Jahre seines Strat= forder Lebens, wenn er aus den ihn drückenden Verhältnissen sich auf sich selbst zurückzog, hatte er — angeregt durch die Lektüre wie auch durch den Verkehr mit den Schauspielern — auch bereits einen Versuch gemacht, die Geschichte der Kämpfe Englands in Frankreich — nach dem Tode Heinrichs V. — mit der großen Gestalt des Helden Talbot und mit der französischen „Hexe" Jeanne d'Arc, zu einem Schauspiel zu gestalten. In einem Ent= wurf dafür, der eben nur die in der Chronik von Hall berichteten Ereignisse szenisch aneinander reihte, hatte er auch bereits einzelne Szenen dialogisch ausgeführt. Er kam freilich nicht weit damit, weil er es noch nicht vermochte, in das Empfinden der darin handelnden Personen sich so ganz zu versetzen, daß sie ihm zu lebensvollen Gestalten wurden. Als er aber später, da er auf dem Boden Londons schon vertrauter mit den Erfordernissen der

Bühne geworden war, zu den Chroniken zurückkehrte, wäre er am liebsten sogleich über die früheren Entwürfe hinaus zu dem großen Bürgerkriege der Häuser York und Lancaster geeilt. Dennoch hielt er es für ratsam, um des deutlicheren Zusammenhanges willen, die Kämpfe in Frankreich ebenfalls in die dramatische Form zu bringen, mit Benutzung der schon in Stratford nieder= geschriebenen Szenen und Entwürfe. Um die in diesem ersten Drama Heinrichs des Sechsten vorgeführten geschichtlichen Ereignisse zusammenzudrängen (sie umfassen einen Zeitraum von zweiund= zwanzig Jahren), mußte er mit den historischen Daten sehr will= kürlich schalten, weit auseinanderliegende Tatsachen verschmelzen, oder sie in den Zeitpunkten verlegen. Zum Teil war dies aus den angeführten Gründen nötig, zum Teil aber geschah es auch aus Flüchtigkeit in der Behandlung des Stoffes.

Bei dieser Art seiner Arbeit blieb die Kunst des erwägenden Dramatikers noch fast gänzlich aus. Selbst der eigentlich lehr= hafte Sinn in diesen unkünstlerisch aneinandergereihten Ereignissen: der politische Gedanke, daß es ein Unheil für den Staat ist, wenn ein Kind der nominelle Herrscher ist und dann in seiner Schwäche zum Spielball der Parteien wird, tritt aus diesem Wirrwarr noch keineswegs deutlich hervor. Wenn der Dichter in dieser Beziehung gegen die Chronik zurückblieb, weil er in der Kunst der dramatischen Ökonomie noch weit entfernt von seiner später erlangten Meisterschaft war, so folgte er dem Chronisten doch ganz in der einseitigen, wenn auch begreiflichen national englischen Auffassung, sowohl in der geschilderten übermenschlichen Tapferkeit der nationalen Helden, wie auch in der unwürdigen Behandlung der Jeanne d'Arc, deren Gefangennahme durch die Engländer ihm als befriedigender Abschluß für dies Drama er= schien; denn es ist sehr zu vermuten, daß in der ursprünglichen Anlage des Stückes hier sogleich der Friedensschluß angefügt war, und daß erst später, als der Dichter den Kämpfen zwischen den York= und Lancaster=Parteien ein lebhafteres und schon tiefer

8*

bringendes Interesse zuwandte, die uns in dem Stücke überlieferte Schlußszene, die Werbung Suffolks um die Hand der Margarete von Anjou für den jungen König, als Übergangsmotiv für das folgende Drama hinzugefügt wurde. Daß manche Kritiker diesen ersten Teil Heinrichs VI., nur wegen seiner Mängel, dem Dichter ganz absprechen wollten, ist ebenso grundlos wie beim Titus Andronicus. Und daß es seinerzeit trotz seiner noch unkünstlerischen Form große Wirkung gemacht und sehr häufig aufgeführt wurde, geht aus einer Bemerkung von Thomas Nash hervor. In seiner 1592 erschienenen Schrift „Pierce Pennyless his supplication to the devil", verteidigt er sehr lebhaft das Theater gegen dessen Feinde, und indem er die verdienstlichen Wirkungen so mancher Schauspiele hervorhebt, sagt er: „Wie müßte den tapferen Talbot, den Schrecken der Franzosen, der Gedanke erfreut haben, daß er nach zweihundertjähriger Grabesruhe wieder auf der Bühne triumphieren sollte, daß seine Gebeine aufs neue einbalsamiert werden sollten durch die Tränen von wenigstens zehntausend Zuschauern in verschiedenen Aufführungen, die ihn frisch blutend vor sich zu sehen glaubten." Aber erst nach dieser ersten seiner eng= lischen Historien kam es dem jugendlichen Dichter zum Bewußtsein, daß das „Drama" viel mehr verlange, als die bloße Dialogisierung der in den aneinandergereihten Ereignissen handelnden Personen, daß auch entscheidende menschliche Motive mitwirken müssen, durch die das eigentlich dramatische Interesse auch an die persönlichen Charaktere gefesselt wird.

Nach dieser Erkenntnis handelte er dann in den beiden folgenden Stücken, in denen zwei in ihrer Nichtswürdigkeit auf= einander angewiesene Personen, wie Königin Margarete und Suffolk, und auf der anderen Seite der aufstrebende Herzog von York zwei Höhepunkte wurden, um die alle anderen Personen ergänzend und fördernd — oder leidend — sich bewegen.

Da von diesem zweiten und dritten Teil Heinrichs VI. erst in den Jahren 1594 und 1595 zwei (natürlich unrechtmäßige)

Ausgaben erschienen, die aber den Text nur sehr lückenhaft und vielfach entstellt wiedergaben, so entstand daraus eine literarische Streitfrage, die hier wenigstens kurz erwähnt sein soll. Die in jenen unrechtmäßigen Drucken beider Stücke enthaltenen zahlreichen Abweichungen von dem uns erst in der Folio überlieferten echten Texte, sowie der Umstand, daß auch hier Shakespeares Autorname auf dem Titel noch nicht genannt war, brachten (schon Ende des 18. Jahrhunderts) namhafte englische Kritiker zu der wunderlichen Annahme: Jene älteren Drucke seien nicht die verstümmelt wiedergegebenen Shakespeareschen Stücke, sondern die Werke eines ihm vorausgegangenen anderen Dichters, und Shakespeare habe dieselben dann nur überarbeitet und mehrfach verbessert. Wer aber jene alten Ausgaben mit dem uns erst in der Folio überlieferten echten Text der Shakespeareschen Stücke vergleicht, muß deutlich erkennen, in welcher Weise — durch flüchtiges Nachschreiben bei den Aufführungen wie auch teilweise durch Zusammenstoppeln aus den Rollen — die Lücken und Verderbungen im Dialog entstanden sind, und es ist danach ganz unbegreiflich, wie ernste Kritiker (voran Malone) dazu kommen konnten, die verstümmelten Texte als die Stücke eines anderen Dichters und sonach als die Originale für Shakespeare zu halten.*) Während diese durch Vergleichung beider Texte leicht zu widerlegende Auffassung auch von deutschen Kritikern (wie von Gervinus und von Kreyßig) angenommen wurde, ist man doch in neuerer Zeit mehr und mehr von solcher Ansicht zurückgekommen, und zwar nicht allein, um Shakespeare gegen die Unterstellung eines so dreisten Diebstahls zu verteidigen, sondern auch, weil eine solche Art der „Bearbeitung", wie sie hier vorausgesetzt werden müßte, an sich undenkbar wäre.

---

*) Um der Erörterung dieser Frage hier keine zu breite Ausdehnung zu geben, verweise ich auf meine schon vor zweiunddreißig Jahren darüber gegebenen Nachweise, die ich am Schlusse dieses Buches in den „Ergänzungen und Anmerkungen" im wesentlichen wiederhole.[28])

Die Frage der ursprünglichen Autorschaft des ersten Teiles ist schwerer zu beantworten. Aus der Erwähnung von Nash, über die vielen Aufführungen vor wenigstens zehntausend Zuschauern, geht nur hervor, daß das Stück (und zwar das Shakespearesche) spätestens 1591 auf die Bühne gekommen ist.

König Richard der Dritte steht mit dem vorausgehenden Heinrich VI., und ganz besonders mit dem dritten Stücke dieses Namens in so innigem Zusammenhang, daß man danach annehmen möchte, Shakespeare habe diese Tragödie unmittelbar nach den anderen Historien geschrieben.[29]) Dennoch hege ich aus verschiedenen Gründen Zweifel dagegen. Obwohl auch Richard der Dritte durchaus noch der Jugendperiode des Dichters angehört, so zeigt dieser sich doch hier schon um so vieles erfahrener, — was besonders die scharfe (wenn auch mehrfach überscharfe) Charakterzeichnung der Hauptfigur betrifft, daß man eine gewisse Zwischenzeit für seine wachsende Erkenntnis annehmen möchte. Nicht unwahrscheinlich ist es, daß in diese Zwischenzeit seine ersten Lustspiele fallen. Um aber auf die letzte Tragödie dieser Tetralogie schon vorzubereiten, hat er den Schlußmonolog Glosters in Heinrich VI. hinzugefügt. Und man wird bekennen müssen, daß dieser bedeutende Monolog an der Leiche König Heinrichs mehr Berechtigung an dieser Stelle hat, als der Monolog, mit welchem Gloster die sich anschließende Tragödie Richards III. eröffnet; denn so schön dieser in den Versen auch sein möge, so kann man es dennoch in keinem Falle als dramatisch berechtigt anerkennen, daß Richard gleich im Anfang, wie ein Argumentator in den alten Stücken, nicht nur verkündet, was er jetzt tun wolle, sondern auch sich selbst dem Publikum als Bösewicht (villain) vorstellt und auch die Gründe entwickelt, warum er dies sein wolle. Aber dieser, als Exposition eines Dramas gewiß ganz unstatthafte Monolog weist uns darauf hin, daß wir es nicht mit einer selbständigen Tragödie zu tun haben, sondern mit der Fortsetzung des vorausgehenden Stückes und mit dem gewaltigen Schlußakt der ganzen Reihe von Bluttaten. Und Richard selbst erscheint als das eigentliche Produkt, als die nachgelassene Schöpfung jenes zerstörenden Bürgerkrieges. Von diesem Gesichtspunkte aus, oder aus diesem richtigen Gefühl hatte der Dichter in dieser Tragödie alles Interesse und die ganze Wucht der darin sich erschöpfenden Furchtbarkeiten einzig in der Persönlichkeit dieses Richard zusammengedrängt. Darin liegen die anfechtbaren Seiten dieses Dramas als Kunstwerk, aber darin ist auch der Grund zu erkennen, weshalb dasselbe stets eine so außerordentliche Wirkung geübt hat und — trotz jener Mängel, die den noch jugendlichen Dichter kennzeichnen — den wirklichen und unbestreitbaren Meisterwerken aus seiner späteren Zeit ohne Berechtigung beigesellt wird. Für die Person Richards hatte der Dichter in der Chronik von Holinshed, der die von Thomas More ausführlich gegebene Schilderung seines Charakters vollständig aufnahm, das Bild von ihm in allen Zügen vorgezeichnet gefunden: den vollkommensten Heuchler, den herrsch- und rachesüchtigen, tückisch lauernden und dann wieder furchtbar entschlossenen, vor nichts zurückschreckenden Teufel. Seine Eigenschaft kriegerischer Tapferkeit ist ebenfalls schon von Thomas More hervorgehoben; aber den reichen und starken Farbentönen fügte Shakespeare noch einen besonders eindrucksvollen Zug hinzu, der dauernd unser gespanntes Interesse erregt und an seine Mißgestalt fesselt: das ist die geistige Spannkraft und sein diabolischer Humor, mit dem er in seiner Menschen- und Weltverachtung auch seine eigene Befriedigung findet, bis auch er zuletzt am Ende seines Witzes angelangt ist. Zugunsten dieses vollwichtigen Charakterbildes hat der Dichter die ganze personenreiche Umgebung in knapperen Zügen charakterisiert, als es sonst — in seinen späteren Dramen — der Fall ist. Eine Person aber hat er hinzugefügt, die eine besondere Bedeutung erhalten sollte, obwohl ihre, den geschichtlichen Tatsachen widersprechende Einfügung in diese Tragödie für die Handlung nicht notwendig war: die Königin Margarete, die mit ihren Flüchen und Hinweisen auf alle schon geschehenen Bluttaten den Chor der antiken Tragödie vertritt, nur daß gerade sie die am meisten mit schwerer Schuld Beladene ist.

Bei der für jeden Dramatiker selbstverständlich bestehenden Notwendigkeit, Charaktere und Ereignisse, die innerhalb längerer Zeiträume sich vollziehen, auf ein kurzes Zeitmaß in der Darstellung zu konzentrieren, sind Shakespeares Vorgänger meist sehr unbekümmert um den Eindruck der Wahrscheinlichkeit verfahren. Auch Shakespeare selbst mußte darin bei den ersten Historien noch sehr willkürlich schalten. Auch in dem starken Zusammendrängen innerer wie äußerer Wandlungen hat er seine Meisterschaft als wahrhafter Künstler erst später erlangt, während er in Richard dem Dritten in diesem Punkte noch mit der äußersten Verwegenheit verfuhr, so daß wir uns nicht immer damit abfinden können. Das gilt hier ganz besonders von der bekannten Szene der Werbung Richards um die Gunst und den Besitz Annas, angesichts der Leiche des von ihm gemordeten Königs und ungeachtet ihres furchtbaren nnd gerechten Abscheus gegen den verruchten Mörder und seine Mißgestalt. Auch der geniale Aufbau dieser Szene kann unser Gefühl der Empörung darüber nicht beschwichtigen. Eine solche Wandelung in dem Empfinden eines Weibes (und unter solchen Vorbedingungen!) würde Akte erfordert haben, wenn nicht ein ganzes Drama. Daß Shakespeare dies in einer einzigen Szene uns glauben machen wollte, ist eine Verwegenheit ohnegleichen. Aber er wagte es, um Richards siegreiche Meisterschaft in der Heuchelei und in der komödiantischen Kunst seiner Überredungsgabe zu zeigen, und dies dann noch durch seine Verruchtheit in der höhnenden Freude über das Gelingen seines frechen Spiels zu beleuchten. Und dies alles ist so überdeutlich gegeben, daß kein Zweifel darüber besteht, aber auch kein Glaube daran aufkommen kann; denn er wollte doch nicht in Anna ein Weib gemeinen Schlages zeichnen, sondern eine Unglückliche, die in dem Netz der blutsaugenden Spinne gefangen bleibt. Das

Genie des Dichters verleitete ihn hier, aus dieser Werbung — im Widerspruch mit aller psychologischen Wahrheit und aller Wahrscheinlichkeit — ein Kunststück zu machen, um Richards frech geniale Schauspielkunst und seinen empörenden Triumph in die schärfste Beleuchtung zu setzen. Eben in diesem Zuge erkennen wir aber auch bei der Ausarbeitung dieses ganzen Charakters eine mitwirkende Kraft, auf die hier besonders hingewiesen werden muß: es ist der mit dem Theater vertraute Schauspieler Shakespeare, der — unbeschadet seines dichterisch schaffenden Genies — für den Schauspieler die Rolle schuf. Wir dürfen nie vergessen, daß Shakespeare stets in erster Reihe für den Tagesbedarf des Theaters schrieb, und daß er in seinen großen tragischen Charakteren stets dem Schauspieler die größten und lohnendsten Aufgaben stellte, was auch noch bis heute alle Schauspieler empfinden, wie bei keinem anderen Dichter. In Richard dem Dritten zeigte der Schauspieler Shakespeare zum ersten Male, was sein Genie für die Kunst des Schauspielers schaffen konnte, und was in solcher Stärke von ihm selbst kaum noch überboten worden ist. Auch geben die ganz besonders scharfen Linien, wie auch die brennenden Farben, die der Dichter auf dies Charakterbild verwendete, die furchtbare Gestalt in solcher Deutlichkeit, daß nichts daran zu mißverstehen oder zu interpretieren bleibt, weder für den Darsteller, noch für den Hörer oder Leser.

In den wenigen Bemerkungen, die ich hier über nur einzelne aus dieser Tragödie besonders hervortretende Züge des Dichters zu machen hatte, lag mir selbstverständlich eine eingehende Zergliederung dieses sich selbst hinlänglich erklärenden Dramas gänzlich fern. Es sollte hier nur auf diejenigen Eigenschaften hingewiesen werden, die des Dichters Verhältnis zu den vorangegangenen wie auch zu seinen späteren Tragödien kennzeichnen. Durch die dem ganzen Dichter zugewendete Bewunderung möge man sich über das eine nicht täuschen lassen: Shakespeares Genie zeigt sich in diesem Drama bereits in seiner üppigsten Kraft; aber doch nur erft in dem Prozeffe feines Werdens. Den unvergleichlichen Menfchenkenner und den künftlerifch bildenden Meifter fehen wir hier noch keineswegs vor uns.

———————

Weniger Intereffe als die früheften Tragödien Shakefpeares bieten für uns aus der Zeit feiner Anfängerfchaft die erften Ver= fuche in der Komödie. Die Blitze des noch unentwickelten Genies find hier fpärlicher und fchwächer; die dramatifche Struktur ift noch unficherer und feine Ziele fcheinen fchwankender. Dies gilt befonders von jenem Stücke, das zwar der Gattung der „Komödie" im weiteren Sinne entfpricht, als eigentliches Luftfpiel aber — trotz der derb komifchen Epifode des Clown — kaum bezeichnet werden kann. Ich meine „Die beiden Edelleute von Verona", worin nicht nur die Mängel in der dramatifchen Formgebung des urfprünglich fpanifchen Romanftoffes den Anfänger erkennen laffen, fondern auch der noch ungeläuterte Gefchmack in der Behandlung des ethifchen Kerns unangenehm berührt. In dem Clown des Stückes, dem Diener Launce mit feinem häßlichen Köter, haben wir zwar fchon ein Prachtexemplar — das erfte — aus der Reihe feiner komifchen Geftalten; aber von allen Perfonen der eigent= lichen Handlung ift nicht eine fo gezeichnet, daß fie in unferer Vorftellung zu einer lebensvollen Geftalt werden könnte, deren Empfinden und Handeln wir begreifen. Deshalb ift die über= triebene Sprache der Liebe uns fo gleichgültig, wie es uns die Ausbrüche des Schmerzes find. Das Schlimmfte in der ganzen Komödie: die befremdliche und verletzende Art, wie die Herzens= beziehungen der beiden Kavaliere zu den weiblichen Geftalten behandelt find, verrät den fpanifchen Urfprung, aber in fpäterer Zeit würde Shakefpeare bei feinem tieferen Empfinden folche abftoßende, gefühlsbeleidigende Härten mit beffernder Hand be= feitigt haben.[30]) Hier aber blieb er noch dem ihm gegebenen Stoffe unterworfen, anftatt ihn zu beherrfchen. Daß diefe un= luftige Komödie auch in jener Zeit fich nicht behaupten konnte, dafür spricht auch der Umstand, daß der Dichter einzelne Züge daraus in seinen späteren Werken nochmals benutzt hat, aber dann in ganz unvergleichlich poetischerer und künstlerischerer Aus= arbeitung. In dem Gespräch (Vernoneser I. Akt 2. Szene) zwischen Julia und Lucetta, als Julia diese befragt, welcher von ihren Bewerbern ihr am meisten gefiele, erkennen wir deutlich das noch sehr unvollkommene Vorbild für das Gepräch im „Kaufmann von Venedig" zwischen Porzia und Nerissa; aber Julia und Lucetta haben von dem graziösen Witz Porzias noch nicht einen schwachen Schimmer. Andere Stellen erinnern lebhaft an seine noch viel später geschaffene Gestalt der entzückenden Viola: Hier war aller= dings eine gewisse Übereinstimmung schon durch das in der romanischen Novellenliteratur beliebte Verkleidungsthema nahe= gelegt. Bestimmter aber wird der Vergleich herausgefordert in der Szene der Veroneser, als der in seiner Gemeinheit für uns ganz unannehmbare Proteus die als Knaben verkleidete Julia als Liebesboten für Silvia benutzen will. Aber ganz abgesehen von der Unmöglichkeit, daß Proteus seine eigene Geliebte in der Verkleidung nicht erkennen sollte — welch ein Unterschied gerade hier im Vergleich zu der poesieduftenden Szene zwischen dem Herzog Orsino und Viola=Cesario!

Wenn so manche Interpreten des Dichters sich bemüht haben, auch aus seinen sehr mangelhaften Jugendwerken schon seine Größe zu erkennen und selbst die in die Augen springenden Mängel als tiefsinnige Intentionen und Schönheiten zu erklären, so wird dies Beginnen schon durch solche vergleichende Hinweise auf die wirk= lichen Meisterwerke des Dichters leicht abzuweisen sein.

In dieser Periode seiner Anfängerschaft kam es dem noch jugendlichen Dichter zunächst nur darauf an, die ihm von seiner Quelle übermittelten Begebenheiten in ihren schnell einander folgenden Wechselfällen und manchen erstaunlichen Dingen in der dramatischen Form wiederzugeben. Es war eben zunächst nur das Stoffliche, was ihn reizte. Was er aus seinem eigenen

Innern gab, betrifft fast ausschließlich seine üppige dichterische Sprache, in ihrer sich drängenden Gedankenfülle und in der Leichtigkeit, mit der er bereits die Sprachform beherrschte. Hingegen in der dramatischen Komposition und in der Individualisierung seiner Gestalten stand er noch keineswegs höher als seine für das Theater schreibenden Zeitgenossen, auch nicht als Marlowe in seinen besseren Tragödien.

In den „Edelleuten von Verona" haben wir nur ein paar einzelne Szenen, aus denen wir vorübergehend den wirklichen Dichter vernehmen. Dies gilt besonders von der Szene am Schluß des vierten Aktes, jenem Gespräch zwischen Julia und Silvia, aus dem uns der warme Hauch des wahren Dichters anweht. Aber auch diese poetische Blüte wird unbarmherzig wieder zerstört durch die, unser Gefühl aufs tiefste verletzenden Züge im letzten Akte des Stückes.

Der gleichen Gattung wie die Veroneser gehört ein anderes Schauspiel an, das — obwohl es wahrscheinlich einige Jahre später geschrieben sein wird, doch wegen des Stoffes hier gleich angereiht werden mag. Es ist dies „Ende gut, alles gut", welchem Stücke der Gattungsbegriff „Komödie" auch nur in dem weiteren Sinne zukommt, insofern es nicht zu den Tragödien zu zählen ist. Die Novelle von Boccaccio (die neunte Geschichte des dritten Tages im Decameron) wird Shakespeare sicher schon sehr frühzeitig aus der englischen Übertragung in Painter's palace of pleasure kennen gelernt haben.[31] Auch hier hatte den Dichter die hyperromantische und dabei spannende Handlung gereizt, die mehr als seltsamen Vorgänge durch die Zeichnung der Charaktere glaubwürdig zu machen. Die Ausarbeitung ist nach dieser Richtung hin eine viel sorgsamere und zeigt gegen die Veroneser einen entschiedenen Fortschritt. Aber das Grundübel des Stoffes war hier trotz alledem ein unbesiegbares Hindernis, indem das Verfahren der weiblichen Hauptperson Helene (bei Boccaccio Giletta von Narbonne), anstatt unsere Teilnahme zu erwecken, nur höchst gefühlsverletzend und abstoßend wirkt. Daß ein Mädchen von sittlichem Werte einen Mann, den sie liebt, der sie aber schroff zurückweist, durch eine List zu nötigen sucht, sie zu heiraten, ist bei weitem noch nicht das Schlimmste. Daß sie aber, um von ihm einen Ring zu erlangen und durch ihn zur Mutter eines Kindes zu werden, ihre eigene Person an die Stelle einer anderen unterschiebt — ohne daß er den Betrug merkt! — kann uns, ganz abgesehen von der Unmöglichkeit des ganzen Vorgangs, doch keinesfalls an die Reinheit ihrer Seele glauben machen. Boccaccio erzählt solche verwegene Abenteuerlichkeiten, auch wo es sich um eine sehr ernste Sache handelt, mit der ihm eigenen Unbefangenheit, die jede Absicht der Frivolität oder der sinnlichen Erregung ausschließt. Diesen naiven Ernst der Erzählung hat auch Shakespeare in seinem Schauspiel sich zu eigen gemacht, wenn er auch dabei von seiner Kunst des Motivierens, so viel als es hier möglich war, Gebrauch machte. Es lassen sich aber viele Dinge ohne Scheu erzählen, die einer dramatischen Verkörperung aufs entschiedenste widerstreben. Der Erzähler will durch eine ersonnene Fabel den Leser spannen und dadurch unterhalten; und er braucht dabei gar nicht auf den guten Glauben des Lesers zu rechnen. Anders ist dies in der dramatischen Dichtung; sobald die Personen in plastischer Erscheinung und in sichtbarer Aktion vor uns stehen, sei es auch nur in der vom Dichter in uns erregten Einbildungskraft, so müssen sie in ihren Handlungen uns auch lebenswahr erscheinen. Gewiß hat Shakespeare vieles dazu getan, um solchem Verlangen zu entsprechen, und er mußte die Novelle durch selbstgeschaffene Personen zu bereichern, die schließlich das Beste in dem Stücke sind. Das gilt vor allem von der alten Gräfin von Roussillon, einer edeln und sympathischen Gestalt. Die vom Dichter ebenfalls aus eigenen Mitteln in die Handlung nur lose verwebte Figur des nichtsnutzigen Parolles ist hauptsächlich dadurch interessant, daß wir darin eine Vorstudie für den späteren Pistol erkennen; ja in der Szene, in der er wegen seiner

Lügen und Schurkereien entlarvt wird, erinnert er an des Dichters großartigen Falstaff. Wenn Parolles nach geschehener schimpflicher Entlarvung erhaben gefaßt und tröstend zu sich sagt: „Hätt' ich ein großes Herz, so bräch' es jetzt — so ist das wahrlich schon des Falstaff würdig.

Zu Shakespeares frühesten Stücken heiterer Gattung wird auch seine „Komödie der Irrungen" gezählt, und wohl mit Recht. Hier hatte er allerdings in den „Menächmen" des Plautus eine gute Vorlage, die ihm Gelegenheit gab, das Vorbild nicht nur durch eigene Erfindung im Inhalt zu bereichern, sondern auch mehrfach zu verbessern.[32] Eine englische Übersetzung der Menächmen ist erst 1595 erschienen, und schon zwanzig Jahre früher ist die Aufführung einer „Geschichte" (history) der Irrungen erwähnt, von der wir aber nichts als diesen Titel kennen. Wenn nun Shakespeare, falls er aus Plautus unmittelbar geschöpft haben sollte, den beiden Antipholus auch zwei Diener Dromio gegeben hat, die gleichfalls Zwillinge sind, so läßt dies vermuten, daß er außer den Menächmen auch noch andere Stücke des Plautus gekannt hat, insbesondere dessen Amphytrio, in welcher Komödie bekanntlich nicht nur Jupiter die Gestalt des Amphytrio annimmt, sondern auch Merkur als Doppelgänger des Sosia erscheint. Wenn dies Shakespeare veranlaßte, auch dem Dromio einen Zwillingsbruder zu geben, so hat er damit nicht nur die komischen Situationen vermehrt, sondern auch das Unwahrscheinliche der Vorgänge gesteigert. Ihm aber kam es bei dem tollen Wirrwar nur darauf an, aus der gegebenen Voraussetzung alle erdenklichen Konsequenzen zu ziehen. Aber dabei ist es für das innere Wesen unseres Dichters bemerkenswert, daß er den tollen Possen einen so ernsten Hintergrund gab, wie in den Schicksalen des Aegeon und der Aemilia. Auf eine tiefere Teilnahme für deren Geschichte konnte er dabei kaum rechnen. Aber er mochte wohl erwogen haben, daß die Posse der fortwährenden Verwechselungen für sich allein sich bald in ihrer Wirkung abstumpfen müsse, und da er dieselbe dennoch für ein ganzes mehraktiges Stück zu verwerten trachtete, zog er es vor, diese burlesken Szenen zeitweise durch die ernsteren Begebenheiten zu unterbrechen, um damit den Zuschauer aufs neue für den Spaß wieder empfänglich zu machen. Einen besonderen Wert brauchte er deshalb auf diesen ernsteren Hintergrund der Posse nicht zu legen. Die wunderbaren Schicksale des Aegeon und der Aemilia, das Verlorengehen der Söhne und das Wiederfinden derselben — das alles gehört zu jener Gattung der hyperromantischen Erzählungsliteratur, in der meistens Schiffbrüche, wunderbare Trennungen und noch wunderbareres Wiederfinden durch merkwürdige Zufälligkeiten und durch Erkennungszeichen, mit allen dazu gehörenden Willkürlichkeiten der spanischen, französischen und italienischen Fabulanten als notwendige Hilfsmittel gebraucht wurden, um vor allem durch das Abenteuerliche der Begebenheiten zu spannen und zu unterhalten. Die mannigfachen Phantasiegebilde aus dem Sagenkreise König Arthurs und die wunderbaren Abenteuer des Apollonius von Tyrus sind als hervorragende Beispiele solcher Sagenstoffe zu erkennen, die auch von den englischen Dramatikern bereits vor Shakespeare ausgebeutet wurden.[33])

In die jugendliche Periode des Dichters ist noch eine andere Komödie zu setzen, die vermutlich nicht viel später entstanden sein wird und die auch der gleichen Kategorie wie die Irrungen angehört, insofern darin ein bereits populärer Stoff mit derbem Humor zu größerer Wirkung gebracht worden ist. Es ist dies „Die Zähmung der Keiferin",*) die auch darin etwas Verwandtes mit jener Posse hat, daß Shakespeare auch hier eine vorhandene Vorlage benutzte, und zwar noch ausgiebiger, als bei der von ihm so wesentlich umgestalteten plautinischen Komödie.

---

*) Das englische Wort shrew ist mit der allgemein verbreiteten Verdeutschung der „Widerspenstigen" nicht genau wiedergegeben. So wie das englische Verbum to shrew gleichbedeutend mit schreien, zanken, toben ist, so bezeichnet es auch als Substantiv eine ungebärdige, bösartige Zänkerin oder Keiferin.

Die Idee, ein zänkisches, eigenwilliges und böses Weib durch drastische Mittel und abschreckende Beispiele zu zähmen und folgsam zu machen, ist sehr alt und auch in der älteren romanischen Novellenliteratur wiederholt behandelt. Wir brauchen aber nicht so weit zurückzugehen, um Shakespeares Quelle für diese Komödie zu suchen, denn sie lag ihm ganz nahe, und zwar in einem wahrscheinlich erst kurze Zeit vorher aufgeführten Stück „The taming of a shrew". Daß er bei diesem Titel des bearbeiteten Stückes den unbestimmten Artikel a in den bestimmten — the shrew — umwandelte, mag eine gleichgültige Zufälligkeit sein, aber vielleicht wollte er doch damit auf die schon vorhandene Dramatisierung des Stoffes hinweisen. Im Szenengange stimmt seine Komödie mit dem älteren Stücke ziemlich überein, auch in der Benutzung des Vorspiels mit dem betrunkenen Kesselflicker Sly, nur daß er den Gedanken, daß diesem die Komödie vorgespielt wird, im Laufe des Stückes gänzlich fallen ließ. Aber die Dialogisierung, mit der auch die bessere, freilich auch bei ihm noch ziemlich oberflächliche Charakteristik der Personen zusammenhängt, ist ganz sein Eigentum. Eine Vergleichung mit dem uns erhaltenen älteren Stücke in den einzelnen Zügen ist auch hier interessant und bezeichnend für Shakespeares Behandlungsweise, würde aber an dieser Stelle zu weit führen.[34]) Es sei hier darüber nur bemerkt, daß nicht nur die Örtlichkeit — das ältere Stück spielt in Athen —, sondern auch die Namen der Personen durchweg geändert sind, mit Ausnahme des weiblichen Hauptcharakters, der Keiferin, die auch dort Käte (Kate) heißt. Wenn Shakespeare auch bei dieser Bearbeitung in vielen Partien den feineren Geist des wirklichen Dichters erkennen läßt, so weist dennoch die ganze Art der Ausführung auf die frühe Zeit der Entstehung hin, sowohl in der häufigen Anwendung der sogenannten Doggerelverse, wie auch darin, daß die Personen, bei ihrer noch wenig bestimmten Individualisierung, mehrfach an die typischen Figuren der italienischen Maskenkomödie erinnern. In diesem Sinne ist auch der Grundgedanke, daß nur dem überlegenen Manne das Weib Achtung und Liebe zollt, mit aller Derbheit des Humors und in possenhafter Äußerlichkeit des Prozesses behandelt. Nur von diesem Gesichtspunkte aus sollte man das Stück als das hinnehmen, was es ist, ohne durch kritisches Interpolieren ihm einen höheren Wert beizumessen.

Wenn Shakespeare in den bisher besprochenen Komödien, die „beiden Veroneser" mit eingeschlossen, den Hauptwert auf eine spannende oder belustigende Fabel legte, hingegen von seiner später errungenen Meisterschaft in der sicheren Zeichnung lebenswahrer Charaktere noch weit entfernt war, so hatte er in „Verlorene Liebesmüh" (Love's labour's lost) ein heiteres Stück geschaffen, in dem der Dramatiker sehr in den Hintergrund tritt gegen den sprachgewandten und feinsinnigen Dichter.[35] Poetische Grazie, Witz und gefällige Ironie — dies alles bildet in heiterem Wechsel den Inhalt dieser Komödie. Wenn Shakespeare schon in den Veronesern — in der Fülle oft übertriebener Bildersprache — zweifellos den Einfluß John Lillys erkennen läßt, so scheint er in „Verlorene Liebesmüh" diesem Einflusse sich ganz unterworfen zu haben. Aber das ganz Eigenartige dieses Lustspiels fordert zu sehr vorsichtiger Beurteilung heraus, und die Absichten des Dichters liegen hier nicht so klar und zweifellos auf der Hand, wie bei der Mehrzahl seiner Dramen. Bei Betrachtung dessen, was man „Handlung" nennt, kann man hier nur von den Ansätzen zu einer solchen sprechen. Denn ein dramatischer Konflikt ist uns im ersten Akte nur in Aussicht gestellt; während derselbe aber mit dem Erscheinen der Prinzessin und ihrer Damen beginnen soll, ist er damit auch zugleich schon zum Endpunkt gelangt und er wird nur scheinbar verlängert durch eine Reihe von Szenen, die nichts zu einer Steigerung des Konfliktes beitragen. Da wir für die dürftige Fabel dieser Komödie kein dafür benutztes Vorbild kennen, muß man annehmen, daß er hier auf seine eigene Erfindungskraft angewiesen war; und damit kam er

Gensé, Shakespeare. 9

nicht viel weiter, als daß er in dem Bündnis, das der junge
König mit seinen Kavalieren geschlossen hat, wohl ein Thema
aufstellte, ohne aber die für eine dramatische Handlung erforder=
lichen Konsequenzen daraus ziehen zu können. Um die dadurch
entstandene Leere auszufüllen, hat er die sehr breiten komischen
Episoden hineingebracht, ferner im letzten Akte die nur schwach
motivierte Maskerade der Herren mit den daraus entstehenden
Wort= und Witzgefechten, und endlich noch am Schlusse die bis
zur Karrikatur gesteigerte Komik des verunglückten Zwischenspiels
von den „neun Helden". Abgesehen von diesen Einschachtelungen
in das dünne dramatische Gestell, sind auch die so breit
ausgesponnenen Prosadialoge zum großen Teil nur um ihrer
selbst willen da — ohne Notwendigkeit für die Handlung —,
wobei es ganz besonders ins Gewicht fällt, daß eben diese aus=
dehnten Prosadialoge uns das Vorbild John Lilly, den eigent=
lichen Schöpfer des geistreichen oder witzigen Prosadialogs ganz
nahe rücken. Demungeachtet wird hierbei eine Wahrnehmung
nicht abzuweisen sein, die uns wiederum Shakespeares Ausnahms=
stellung in der englischen dramatischen Dichtung zeigt. In der
poetischen Ausarbeitung des dramatischen Plans war der Dichter
schon durch das gewählte Thema mehr und mehr dazu getrieben,
das Absurde des Bündnisses, das der junge König in seinem ver=
kehrten Idealismus durch feierliche Eidesleistung bekräftigen läßt,
von verschiedenen Gesichtspunkten aus und mit mannigfachen Mit=
teln zu ironisieren. Um das Geschraubte und Naturwidrige in
diesem Gelehrten= und Tugendbunde zu beleuchten, dazu genügte
dem Dichter nicht das Scheitern des seltsamen Unternehmens
durch die natürlichen Triebe im Menschen selbst, dazu genügte
nicht der Umsturz des phantastischen Gebäudes beim ersten Wind=
stoß, — dazu mußte auch die ganze Gewandung der Komödie
dienen. Wie jene ganze Idee des Bündnisses nur als eine selt=
same Grille und als Sport erscheint, so konnte dieser Sport auch
in der Ausarbeitung des Lustspiels mit den poetischen Schnörkeln

der Sprach= und Verskunst reichlich ausgestattet werden. Die Schwäche des dramatischen Gehaltes läßt sich darum nicht in Abrede stellen; hingegen wenn wir es als ein Produkt der heitern Lebensanschauung des Dichters betrachten, so werden wir es in der Grazie der Poesie, in der mild freundlichen Ironie, die zuweilen zum ausgelassenen Spaß gesteigert ist, als eine liebenswürdige Episode in Shakespeares dichterischer Gesamtschöpfung anerkennen.

Ob dem Dichter für die Grundidee, das Bündnis betreffend, ein Anlaß aus dem wirklichen Leben geworden war, vielleicht durch ihm zugetragene Mitteilungen aus den Hofkreisen, kann nicht festgestellt werden. Aber sowohl der Prunk und der Sport, den die Königin Elisabeth mit den Wissenschaften an ihrem Hofe trieb, wie auch die stets betonte „Jungfräulichkeit" der Elisabeth, zu der im Lustspiel das Gelübde, keinen Umgang mit Weibern zu haben, als ein entsprechendes Seitenstück gelten kann, lassen wohl die Möglichkeit zu, daß hier wenigstens ein Keim für die Idee des Dichters zu suchen sei. Und daß das graziöse, witzige und geistreiche Lustspiel trotz des Mangels an dramatischem Leben volles Verständnis und vielen Beifall fand — vielleicht auch durch manche für uns nicht mehr erkennbare Beziehungen — dafür spricht nicht nur die noch im Jahre 1598 (also jedenfalls mehrere Jahre nach dem ersten Erscheinen des Stückes) gedruckte (natürlich nicht vom Dichter autorisierte) Quartausgabe, sondern wir können es auch mit Gewißheit feststellen, daß erst dieses Lustspiel dazu beigetragen hat, für England Shakespeares Ruhm als wirklichen „Dichter" zu begründen. Wenn Francis Meres in seinem 1598 erschienenen „Schatzkästlein des Witzes" (Palladis Tamia, Wits Treasury) von Shakespeare urteilte: „Wie — nach Epius Stola — die Musen, wenn sie lateinisch sprächen, mit Plautus Zunge reden würden, so sage ich: daß die Musen, wenn sie englisch sprächen, mit Shakespeares feingefeilter Redeweise (fine-filed phrase) reden würden" — so hat sicherlich dies Lustspiel an solchem Lobe seinen

Anteil gehabt. Dabei kommt allerdings in Betracht, daß eben in diesen Jahren Shakespeare als epischer und lyrischer „Kunst"=Dichter die höchste Anerkennung fand, wie solche dem Verfasser von Theaterstücken — wenigstens bis zu diesem Zeitpunkte — nicht zuteil werden konnte. In diese Zeit aber fällt nicht allein die erste seiner beiden großen epischen Dichtungen — „Venus und Adonis" —, sondern auch von seinen lyrischen Poesien waren manche, darunter auch einige seiner frühesten, aber erst viel später im Druck herausgekommenen Sonette, durch Abschriften in Umlauf gekommen. Und auch in die unter dem Titel „Der verliebte Pilger" unter Shakespeares Namen 1599 erschienene betrügerische Ausgabe von Gedichten sind drei dem Lustspiel „Verlorene Liebesmüh" entnommen: die Sonette Longavilles und des Königs und die zierlichen Verse Dumains.

Wenn wir annehmen dürfen, daß die Komödie „Verlorene Liebesmüh" 1592 entstanden und später neu überarbeitet worden ist, so würde sie in dem ersteren Zeitpunkt auch mit einem für die Geschichte Shakespeares sehr wichtigen Vorkommnis zusammenfallen, aus dem wir entnehmen können, daß Shakespeares Erfolge als Theaterdichter auch bereits den Neid erregt hatten. Bevor wir aber auf diese Angelegenheit ausführlicher zu reden kommen, wird es nötig sein, zu des Dichters Persönlichkeit zurückzukehren und auf die ihn umgebenden Verhältnisse, namentlich was die noch im Ansehen stehenden Dichtergenossen betrifft, einen Blick zu werfen.

Je mehr das Vergnügen am Schauspiel sich steigerte, sowohl in den größeren Schichten der Bevölkerung, sowie auch in der gebildeteren Aristokratie, um so reicher wurden natürlich auch die Einkünfte sowohl der hervorragenderen Schauspieler, die Anteil an den Einnahmen hatten, wie auch der dramatischen Dichter, und die puritanischen Eiferer gegen das sündhafte Vergnügen erhielten dadurch weiteren Anlaß zu ihren heftigen Angriffen. Man wird diese rückwärts drängende Bewegung und deren Aus=

artung zum Fanatismus einigermaßen verstehen, wenn man sich vergegenwärtigt, daß Schauspieler wie Schauspieldichter in herausfordernder Weise öffentlichen Prunk trieben und durch auffällige Ungebundenheit in ihrem ganzen Verhalten über die strengeren Gebote der Sitte, sowohl in ihrem Privatleben wie öffentlich, sich hinwegsetzten und Ärgernis erregten. Der idealere Zweck des Schauspiels, wie er wenige Jahre später von Shakespeare im „Hamlet" mit ausdrücklicher Tendenz gegen die Anfeindungen ausgesprochen wurde, indem er das Schauspiel nicht allein als den „Spiegel und die abgekürzte Chronik des Zeitalters" erklärt, sondern seinen Zweck auch darin sieht: „der Tugend ihre eigenen Züge und der Schmach ihr eigenes Bild vorzuhalten", war bei dem vorwiegenden Triebe zu bloßer Belustigung oder aufregender Unterhaltung noch keineswegs eine allgemein anerkannte Wahrheit. Um so weniger konnten die eifernden Sittenprediger, die als lächerliche Frömmler bei der Menge nur Spott ernteten, zu einer solchen Anschauung gelangen, wenn sie sahen, wie die für das Theater schreibenden Dichter, die von der Bühne herab die Laster, Gewalttaten und verbrecherischen Handlungen in grellen Farben schilderten, in ihrem eigenen wüsten Genußleben zeigten, daß sie keine Autorität dafür in Anspruch nehmen konnten.

Alle namhaften Dichter, die bereits in den früheren Abschnitten dieses Buches geschildert worden sind: Peele, Lodge, Greene und Marlowe, waren in den Jahren der ersten Bühnenwerke Shakespeares noch in London. Alle waren sie von den Universitäten Cambridge und Oxford gekommen. Sobald sie dort den Grad als Magister (master of arts) erlangt hatten, suchten sie auf dem ergiebigen Boden Londons durch ihre dichterische Tätigkeit sich Ruhm und Geld zu erwerben. Letzteres wurde ihnen am leichtesten durch die Bühnenerfolge, weshalb auch George Peele und Thomas Lodge, die durch ihre ganze dichterische Anlage nicht eigentlich auf diesen Boden hingewiesen waren, doch das Theater als Erwerbsquelle gleichfalls zu nutzen strebten.

Dasselbe gilt auch von Thomas Nash, der als geistreicher Pamphletist anerkannt und dessen witzige, aber scharfe Feder gefürchtet war. Auch für diesen hatte das Theater besonderen Reiz; da es ihm jedoch nicht gelingen wollte, als Bühnendichter Erfolge zu erringen, so suchte er um so mehr auf seinem eigentlichen und seinem mehr kritischen als schöpferischen Geiste entsprechenden Gebiete als Pamphletist sein Ansehen sich zu erhalten. Seine zahlreichen Essays, die einzeln im Druck erschienen und unter denen das berühmteste „Pierce Pennyless supplication" usw., sind nicht nur bemerkenswert durch stilistische Gewandtheit und scharfe Beobachtung, sondern sie sind auch schätzbar durch die mancherlei Anspielungen auf Zeitverhältnisse.[36])

Der anerkannteste unter den wirklich berufenen dramatischen Dichtern, Christopher Marlowe, der auch in der lyrisch-epischen Dichtung sich Ruhm erwarb, stand am Theater noch in der höchsten Gunst und er machte seine Überlegenheit in herrischer Weise geltend. So verschieden auch die Art der Begabung bei den hier Genannten sich zeigte, so war doch das Theater der Boden, auf dem sie zueinander auch in persönliche Beziehungen gebracht und dadurch auch zu den Ausschweifungen im Leben miteinander verbunden wurden.

Dieser Gesellschaft der studierten und akademisch gebildeten Beherrscher der Londoner Theater stand nun der jüngere William Shakespeare (nur Marlowe war mit ihm in gleichem Alter) als ein bis dahin unbekannter Autodidakt gegenüber, der von keiner Universität, sondern aus einer kleinen Provinzialstadt in das gewaltige Londoner Leben eingetreten war und anfänglich, als einer der vielen Handlanger am Theater, unbeachtet blieb. Wenn er auch als Schauspieler sich sehr bald nicht nur Anerkennung, sondern auch die allgemeine Liebe seiner Kollegen erworben hatte, so war doch seine Stellung den Dichtern gegenüber eine schwierigere, obwohl er von den Schauspielern zu seinen Bestrebungen ermutigt und gefördert wurde. Aber auch nachdem er die ersten günstigen Erfolge als Dramatiker gehabt, zeigte er den Dichtern gegenüber sein bescheidenes Wesen, das seiner klaren und aufrichtigen Natur entsprang und seinem Bewußtsein, daß er noch keineswegs etwas war, sondern daß er erst etwas werden wollte. In gelegentlichem Verkehr mit seinen Rivalen, die ihn als solchen noch nicht anerkennen mochten, bewahrte er seine Anspruchslosigkeit und Zurückhaltung. Wer ihm aber einmal persönlich näher getreten war, der wurde durch die ruhige Klarheit seines ganzen Wesens gefesselt.

Es war nicht Geheimnis geblieben, daß dieser junge Mann aus Stratford dort bereits verheiratet war, auch daß er Weib und Kinder zurückgelassen hatte. Es befremdete deshalb um so mehr, daß er — obwohl gesellig und heiter im Verkehr — von dem zügellosen Leben und Treiben der anderen, die in ausschweifenden Gelagen und namentlich in dem Verkehr mit feilen Dirnen einander überboten, sich fern hielt. Aber in dem milden und klaren Blick aus seinen braunen Augen lag ein stiller Zauber, der jeden versuchten Spott entwaffnete.

Bei Marlowe, in seinem trotzigen Dünkel, mit dem er sich in übermäßigem Selbstbewußtsein über andere erhob, war dennoch sein dichterisches Empfinden stark genug, um bei gelegentlichem Verkehr mit Shakespeare für diesen ein Interesse zu erregen, über das Marlowe selbst sich nicht ganz klar werden konnte. Als tragischer Dichter wollte er diesen spekulativen Theaterschreiber neben sich noch nicht gelten lassen, und für die heiteren Seiten in Shakespeares noch unentwickeltem Genie hatte er kein Verständnis, denn ihm fehlte der Blick für den erwärmenden Sonnenschein des Humors, und in sein fast widerwillig gesteigertes Interesse für den geheimnisvollen, wenn auch noch nicht bewährten Rivalen mischte sich ein Gefühl des Unbehagens.

Wie Robert Greene bei seiner größeren dichterischen Vielseitigkeit auch die heiterern Seiten des Lebens mit poetischem Sinne zu schildern wußte, so war auch in seiner menschlichen

Natur ein besserer Kern, als in dem einseitig revolutionären und wüsten Marlowe, der aber durch seinen persönlichen Umgang verderblich auf ihn wirkte. Greenes weichere Natur wurde von Marlowes tyrannischer Kraft beherrscht. In seinem steten Schwanken zwischen Gutem und Bösem war Greene jedem augenblicklichen Einfluß willenlos hingegeben. Wenn er dann selbst nach einer sittlichen Umkehr ein Sehnen empfand, hatte er doch nicht die Kraft, für lange die Mäßigung zu bewahren. Als er von seinen Reisen aus Frankreich und Italien nach London zurückgekehrt war, hatte ihn ein gewisses Reuegefühl über seine Ausschweifungen erfaßt, und er machte in der Tat auch einen ernsten Versuch, ein ordentliches Leben zu beginnen. In diesem Entschlusse hoffte er durch die Verheiratung mit einem Mädchen aus guter Familie festeren Halt zu erlangen. Aber auch jetzt konnte er seinen guten Vorsätzen nicht lange getreu bleiben. Er verfiel bald wieder in sein früheres wüstes Leben, verließ Weib und Kind, um sich an ein liederliches Frauenzimmer zu hängen, das ihn umstrickt hatte und ihn auszubeuten wußte. Verarmt und elend kehrte er reuig wieder zu seiner Frau zurück, die ihn großmütig aufnahm, aber bald danach durch seine wieder zur Oberhand gelangenden schlechten Triebe genötigt war, sich völlig von ihm loszusagen.

Als er hiernach durch schmerzvolle Krankheit niedergeworfen ward und zu nochmaliger Rückkehr nicht mehr den Mut und die Kraft fand, verfiel er in das letzte Stadium seiner ihn marternden Reue: in den Jammer hilfesuchender Frömmelei. Ein ergreifendes Bild von seinem Seelenzustand gibt uns ein an seine arme Frau gerichteter verzweiflungsvoller Brief, den man nach seinem Tode mit noch anderen Schriften bei ihm vorfand. Er könne sie — so schrieb er ihr darin — nicht mehr bitten, zu ihm zu kommen, um ihn in seinem Elend zu sehen, denn er habe sich so schwer gegen sie vergangen, daß die Scham ihm kaum noch gestatten würde, ihr ins Angesicht zu blicken. Wenn er ihre Not noch dadurch vermehre, daß er ihr das Kind zuschicke, so möge sie daran denken, daß es das ihrige sei, und des unwürdigen Vaters dabei vergessen. Dann fährt er fort: „Für meine Verachtung Gottes bin ich von der Welt verachtet; für mein Schwören und Abschwören wird kein Mensch mehr mir Glauben schenken; für meine Schlemmerei leide ich Hunger, für meine Trunkenheit Durst; für mein ehebrecherisches Leben marternde Geschwüre. So hat Gott mich darniedergeworfen, daß ich, gedemütigt und gezüchtigt, ein Beispiel für andere Sünder bin. Und wenn er es auch zuläßt, daß ich in dieser Welt hilflos verkomme, so vertraue ich doch auf die Gnade, durch die Verdienste unseres Heilands dem ich Dich empfehle und meine Seele übergebe. Dein für seine Treulosigkeit reumütiger Gatte Robert Greene."

So gemartert von körperlichen und seelischen Schmerzen, dabei gänzlich ohne Existenzmittel, fand dieser reich begabte Dichter während seiner letzten Krankheit Aufnahme bei einem mitleidigen Schuhmacher, dessen Frau ihn treulich pflegte bis zu seinem Tode und die den Sterbenden — auf sein Verlangen — mit dem Lorbeer krönte!

Wahrlich, ein eindrucksvolles Bild von der Kehrseite des lustigen Altenglands!

Von den beiden Schriften Greenes, die kurz nach seinem Tode, 1592, erschienen, und in denen sein Sünderkatzenjammer zum vollsten Ausdruck kommt, hat für uns nur die eine Schrift ein besonderes Interesse durch die darin enthaltene auf Shakespeare bezügliche Stelle. Und diese ist für uns um so wichtiger, als es die früheste uns überlieferte literarische Erwähnung des Dichters, aus der Zeit seiner ersten großen Erfolge ist.

Die Schrift, die offenbar im letzten Stadium des Greeneschen Zustandes nagender Reue als eine Bußpredigt für seine ehemaligen Freunde geschrieben war, ist vielleicht als sein Vermächtnis für Thomas Nash bestimmt gewesen und von diesem an Henry Chettle gewiesen, der auch Dramendichter war und die

Schrift im Druck herausgab unter dem Titel „Ein Groschenwert Witz, erkauft durch eine Million Reue". In Form eines offenen Briefes redet hier Greene diejenigen Gentlemen und ehemaligen Kollegen an, die ihren Geist im Dramenmachen verschwenden und ermahnt sie, von solchem Tun abzulassen. Unter den Angeredeten sind Marlowe, Peele und Lodge zu verstehen. „Wenn", so ruft er ihnen zu, „traurige Erfahrungen euch bewegen können, auf der Hut zu sein, so zweifele ich nicht, daß ihr in die Vergangenheit mit Reue, in die Zukunft aber mit dem Vorsatz blicken werdet, die Zeit besser anzuwenden." Hiernach redet Greene einen jeden von ihnen besonders an. Mit dem gottvergessenen Marlowe verfährt er am schlimmsten, indem er aber ihm so wie den anderen ihre hohen Geistesgaben vorhält, die sie vergeudeten, weil sie an Marionetten kommen, „die aus unserm Munde sprechen, an Gaukler, mit unsern Farben geziert. Wie ich selbst, dem sie alle verpflichtet gewesen sind, von ihnen verlassen bin, so würde es euch ergehen, wenn ihr euch in meiner Lage befändet. O traut ihnen nicht, denn da ist eine emporgekommene Krähe,*) geschmückt mit unseren Federn, die mit dem Tigerherzen in eines Schauspielers Haut gehüllt, sich die Fähigkeit zutraut, einen Blankvers aufzutaffieren, so gut wie einer von euch und, als ein vollkommener Johannes Factotum, nach seinem Begriffe der einzige Szenenerschütterer (Shake-scene) im Lande ist".³⁷)

Daß dieser grimmige Ausfall gegen Shakespeare gerichtet war, ist sowohl aus dem Wortspiel mit seinem Namen — shake-scene — zu ersehen, wie auch aus dem parodierenden Zitat eines Verses aus Heinrich VI., in dem der gemarterte Herzog von York der Königin Margarete zuruft:

Du Tigerherz in Weiberhaut gehüllt.

Ob Shakespeare einen dramatischen Stoff von Greene oder

---

*) Upstart crowe. Das Wort upstart bedeutet ein plötzliches Emporkommen zu Ansehen, Reichtum und Macht.

von einem der andern bearbeitet hat, ist unerweislich und auch unwahrscheinlich. Wenn dagegen anzunehmen ist, daß Shakespeares „Zähmung der Widerspenstigen", die auch zu den Stücken seiner früheren Periode gehört, damals schon auf die Bühne gekommen war, so ist es in diesem Falle erwiesen, daß er ein schon vorhandenes Stück, das uns erhalten geblieben ist, dessen Verfasser wir aber nicht kennen, benutzt, zugleich aber auch bedeutend umgestaltet und verbessert hat. Dies ist aber für diesen Fall ganz gleichgültig, da ja der Zorn Greenes, was bei Untersuchung dieser Frage meist übersehen wird, vor allem gegen den Schauspieler Shakespeare, wie gegen die Schauspieler überhaupt gerichtet ist, gegen die „Marionetten und Gaukler, die aus unserm Munde sprechen, mit unsern Farben geziert sind". Es ist also der Dichter, der gegen die Schauspieler sich erbittert zeigt, die ohne die Dichter nichts wären, weil sie nur aus deren Munde sprechen könnten, und die dennoch ihn, dem sie so viel verdankten, in seinem Elend verlassen hätten. Und daß nun gerade einer dieser verachteten Schauspieler*) sich vermaß, selbst Stücke zu schreiben und Erfolge damit errang, durch die er den Ruhm und auch den materiellen Gewinn der berufenen, d. h. studierten oder gelernten Dichter schmälerte, — das ist als der eigentliche Grund für die durch selbstverschuldetes Elend gesteigerte Erbitterung Greenes zu erkennen.

Ist nun schon das Greenesche Pamphlet in dieser allgemeinen Beziehung von Interesse, so erhält es für uns eine noch erhöhte Wichtigkeit durch die Aufnahme, die es grade bezüglich Shakespeares fand. Denn über die Wirkung, die es gemacht, haben wir ein deutlich sprechendes Zeugnis in einer Schrift des Dichters und Herausgebers Henry Chettle selbst, der darin sich zu einer wahren Ehrenerklärung des angegriffenen Dichters veranlaßt fand. Gegen

---

*) Auch Shakespeare hatte vielleicht schon in einem Greeneschen Stücke gespielt.

Chettle war offenbar der Verdacht erweckt, daß er, wenn auch nicht die ganze Schrift eine Fälschung sei, doch nach Gutdünken manches darin hinzugesetzt oder verändert habe. Diesen Verdacht von sich abzuwälzen, hatte er in dem Vorwort zu einer Schrift unter dem Titel „Kindhearts Dreame" sich mit Eifer dagegen verwahrt. Wir erfahren daraus zunächst, daß auch Marlowe sich durch die Greenesche Schrift beleidigt fühlte, worüber aber Chettle in seiner Verteidigung ziemlich kurz und in einer für Marlowe wenig schmeichelhaften Weise hinwegging, wogegen er in betreff des gegen Shakespeare gerichteten Angriffs sich eifrig und feierlich von jeder Mitschuld rein zu waschen sucht. Als Zeugnis für die Beliebtheit und Verehrung, die Shakespeare schon in jener Zeit genoß, sind die bezüglichen Stellen so wichtig, daß sie hier vollständig wiedergegeben werden müssen. Chettle schreibt: da Greene todt sei und die Beleidigten ihn nicht mehr zur Verantwortung ziehen können, so habe man versucht, die Schuld einem Lebenden zuzuschieben. „Ich aber" (fährt er fort) „kannte keinen von den beiden, welche sich beleidigt gefühlt haben. Mit dem einen (Marlowe) wünsche ich nicht bekannt zu werden; daß ich aber den andern (Shakespeare) damals nicht so geschont, wie ich jetzt wünschen muß es getan zu haben, bedaure ich so sehr, als wenn der von einem andern begangene Fehler mein eigener wäre. Denn des Angegriffenen Verhalten als Mensch ist nicht weniger ausgezeichnet, als seine Eigenschaften in seinem Berufe. Viele ehrenwerte Personen bekunden seine Aufrichtigkeit im Verkehr und preisen sowohl seine Rechtschaffenheit, wie die muntere Grazie seiner Feder, die seine Kunst beweist."

Hiernach gibt Chettle noch Rechenschaft darüber, wie er mit dem Greeneschen Manuskript verfahren sei: Was Marlowe betrifft, so habe er in der Greeneschen Schrift manches ausgestrichen, was dieser offenbar in zu großer Mißstimmung geschrieben habe. Da Greenes Handschrift nicht sonderlich gut war und vielfach unleserlich, so mußte es abgeschrieben werden, „aber in dem ganzen Buche fügte ich kein Wort hinzu, so daß ich versichern kann, daß alles Greene angehört, weder mir, noch Master Nash, wie einige fälschlich behauptet haben".

Der hier am Schlusse erwähnte, aber nach Chettles Versicherung falsche Verdacht, als sei auch Nash an dem Greeneschen Pamphlet beteiligt gewesen, mußte aus verschiedenen Gründen naheliegen. Erstens war es bekannt, daß Nash und Greene freundschaftlich miteinander verkehrt hatten, ferner daß Nash, der gleichfalls in Italien gewesen war, nach seiner Rückkehr zu Greenes „Menaphon" ein Vorwort geschrieben hatte. Außerdem aber war Nash wegen seiner boshaften Feder allgemein bekannt, und es fällt daher um so mehr ins Gewicht, daß auch Nash selber sich veranlaßt fand, den gegen ihn gerichtet gewesenen Verdacht in einer ihm sonst nicht eigenen sittlichen Entrüstung von sich zu weisen. Es geschah dies in einem der zweiten Ausgabe seiner Schrift „Pierce Pennyless" beigefügten Schreiben „des Autors an den Drucker". Darin heißt es: Es sei gesagt worden, daß das niedrig gemeine und lügnerische Greenesche Pamphlet durch sein Zutun herausgegeben sei und fährt fort: „Gott möge nimmer meine Seele bewahren, sondern sich gänzlich von mir kehren, wenn nur das geringste Wort oder eine Silbe darin aus meiner Feder gekommen, oder wenn ich auf irgendwelchem geheimen Wege teil an der Schrift oder an deren Druck beteiligt wäre." 38)

Shakespeare selbst scheint auf den Angriff nichts erwidert zu haben, wie wir denn überhaupt aus der Literatur seiner Zeit nicht ein einziges Zeugnis haben, daß er gegen Andere direkte Angriffe gerichtet hätte. Dergleichen lag seiner Natur durchaus fern, und er hätte auf die Chettle-Greenesche Schrift schon damals — aus einem seiner späteren Dramen — die Worte des Brutus von sich selbst sagen können:

> Ich bin durch Redlichkeit so stark bewehrt,
> Daß solch ein Angriff wie der leere Wind,
> Der nichts mir gilt, an mir vorüberzieht.

Wie hoch Shakespeare schon in jener frühen Periode seines dichterischen Schaffens über derartige kleinliche Intriguen sich zu erheben wußte, wie er alles überwand, was ihn in den Kampf kleinlichen Neides und unwürdiger Rivalität hätte ziehen können, wie er alles mit bewundernswerter Objektivität betrachtete, das stimmt vollkommen zu der Art, wie er auch als dramatischer Dichter menschliche Schwächen und Irrungen mit überlegenem Humor behandelte. Wenn in seinen späteren Werken vereinzelte Anspielungen auf persönliche Gegnerschaften sich finden, so sind sie so fein und scherzhaft, daß sie als harmlos anzusehen sind und seine vornehme Natur erkennen lassen.

Am deutlichsten ist die schon erwähnte satirische Anspielung auf seinen gegen ihn erbosten Feind in Stratford Sir Thomas Lucy in der Verspottung seines Wappens (vgl. S. 70).

Wenn dagegen schon seit langer Zeit in den Erläuterungen seiner Dramen gesagt worden ist, daß er in der Komödie „Verlorene Liebesmüh" in der Figur des lächerlichen Schulmeisters Holofernes den zu seiner Zeit sehr bekannten Grammatiker und italienischen Sprachlehrer Florio verspottet habe, so muß dem aufs bestimmteste widersprochen werden. John Florio, der von italienischen Vorfahren stammte, genoß nicht nur bei Hofe Ansehen, sondern war auch in den weiteren gebildeten Kreisen geachtet, und nichts berechtigt zu der Annahme, daß Shakespeare ihn für die lächerliche Figur seines Schulmeisters als Modell genommen haben sollte. Des Dichters Verspottung des gelehrten Pedanten ist ganz einfach auf die damals so verbreitete und bei passenden wie unpassenden Gelegenheiten sich breit machende Kenntnis und Anwendung des Lateinischen gemünzt, und nicht ein einziger Zug ist darin, der gegen den italienischen Sprachmeister gedeutet werden könnte. Sowie der antike Miles gloriosus bei allen Kulturvölkern und zu allen Zeiten in verschiedenen Schattierungen vorkommt — auch Don Armado in „Verlorene Liebesmüh" ist eine Variante davon — ebenso gilt dies von dem gelehrten Pedanten

und Shakespeare hat in dieser Gestalt einzig die verbreitete Mode=
krankheit, den mit dem Lateinischen getriebenen Sport, im Auge
gehabt. Wenn Florio in seinen „First fruits", die schon 1578
erschienen waren und die er 1591 fortsetzte, unter anderm bemerkt
hatte: die Schauspiele, die in England gespielt würden, seien weder
Komödien noch wahrhafte Tragödien, sondern nur „represantations
of histories, without any decorum", so war dies Urteil in jener
Zeit vollkommen richtig, und er stimmte darin mit vielen überein,
so auch mit dem feingebildeten und durchaus nicht pedantischen
Philipp Sidney.

Von den gelegentlichen und verschleierten Plänkeleien mit
Ben Jonson, der den Dichter dazu herausgefordert hatte, wird
später die Rede sein.

Mit Marlowe, dem Shakespeare als siegreicher Rival am
meisten im Wege stand, scheint er einen persönlichen Zwist nicht
gehabt zu haben. Shakespeare hatte sicher für die ursprüngliche
poetische Kraft des Tragikers volles Verständnis. Daß er dabei
aber auch das Übermenschentum in Marlowes dramatischen Ge=
stalten, da, wo es ins Groteske ausschweift, mit überlegener Heiterkeit
betrachtete, erkennen wir einmal im zweiten Teil Heinrichs IV., wo
er dem bramarbasierenden Pistol einige Verse aus Marlowes
„Tamerlan" in den Mund gelegt hat. Als Tamerlan die von
ihm gefangenen Könige vor seinen eigenen Wagen gespannt hat
und die Peitsche schwingt, ruft er ihnen zu:

Ihr vollgestopfte Mähren Asiens, was!
Könnt ihr des Tags nur zwanzig Meilen laufen,
Und habt solch stolz Gefährte hinter euch
Und einen großen Tamerlan als Lenker!39)

Als bei Shakespeare (II. Akt, 4. Szene) die Wirtin dem
lärmenden Prahler Pistol zuspricht, er möchte doch seinen Zorn
„forcieren", erwiedert dieser (mit nur geringen, aber für den
Zweck der Parodie höchst charakteristischen Veränderungen):

Das wären mir Humore! Soll'n Packpferde
Und hohl gestopfte Mähren Asiens,
Die dreißig Meilen nur des Tages laufen,
Mit Cäsarn sich und Kannibalen messen
Und griech'schen Troern? Eh' verdammt sie mit
Fürst Cerberus und brüll' das Firmament!

Trotz dieser deutlichen Verwendung der Marloweschen Verse, deren großrednerischen Pomp Shakespeare für seinen Zweck zu dem ungeheuerlichen und komischen Unsinn steigerte, hatte er anderseits, noch um mehrere Jahre später, seine Sympathie für Marlowes Bedeutung als Dichter zu erkennen gegeben. Es geschah dies in seiner Komödie „Wie es euch gefällt" durch das Zitat eines poetischen Marloweschen Verses und zwar mit sehr feiner Hinweisung auf den Dichter selbst. In der fünften Szene des dritten Aktes der Shakespeareschen Komödie, als Rosalinde, Corin und Celia abgegangen sind und die Schäferin Phöbe zurückbleibt, sagt sie:

Dead shepherd, now I find thy saw of might:
„Who ever loved, that loved not at first sight".

Der Hinweis auf den „toten Schäfer", d. h. auf den toten Dichter des liebenden Schäfers, ist deutlich, und die zweite Verszeile (Wer hätte je geliebt, und nicht beim ersten Anblick) ist wörtlich aus dem Marloweschen Gedicht „Hero und Leander".

Mehr als in seinen dramatischen Werken, die — mit Ausnahme der Tragödie „Eduard der Zweite" — neben Shakespeare nicht mehr bestehen können, wird man die Bedeutung des Dichters auch heute noch in seinen epischen und lyrischen Poesien empfinden. Seine Übersetzungen aus römischen Klassikern, namentlich der Elegien des Ovid, wurden schon zu seiner Zeit außerordentlich gerühmt. Sein eben erwähntes sehr umfangreiches Epos „Hero und Leander" hatte sich noch viele Jahre lang in der Gunst des Publikums erhalten, wie die sehr zahlreichen Auflagen desselben erweisen. Unter den kleineren Poesien aber erlangte die höchste Popularität sein viel genannter „Passionate shepherd" mit den Anfangsworten: „Komm, leb' mit mir und sei mein Lieb."

Von Marlowes Tragödien wäre aus seiner früheren Zeit noch „The massacre de Paris" zu nennen, worin er zwar aus den geschichtlichen Ereignissen seiner Zeit einen Stoff behandelte, der für ihn blutig genug war, dessen Dramatisierung ihm aber durchaus mißlang. Eine Tragödie „Dido, Königin von Karthago", als deren Verfasser in dem gedruckten Buch Marlowe und Thomas Nash genannt werden, ist schwerlich von beiden gemeinsam ver= faßt; es ist vielmehr anzunehmen, daß Marlowe durch seinen plötzlichen und gewaltsamen Tod an der Vollendung verhindert wurde, wonach Nash das Fehlende ergänzte.

Kaum ein Jahr nach dem Tode Robert Greenes war auch Marlowe in eine tragische Versenkung gestürzt, nach erst voll= endetem dreißigsten Lebensjahr. Aber er starb nicht wie sein Genosse in Zerknirschung und in verzweifelndem Elend, sondern er wurde als ein trotziger Weltstürmer durch einen jähen Tod von der Lebensbühne hinweggerissen. Das Totenregister seiner Kirche, von der er als ein Gottesleugner angesehen war, hat seinen Hingang mit der kurzen Notiz verzeichnet: „Christopher Marlowe, getötet durch Francis Archer, den 2. Juni 1593". Durch andere Mitteilungen ist diese Tatsache weiter dahin erläutert worden, daß Marlowe in einer niederen Liebesangelegenheit von einem, der unteren Gesellschaftsklasse angehörenden Manne jenes Namens durch einen Dolchstich getötet worden sei.*) Wäre es richtig, wie hinzugefügt wird, daß dies beim Ringen mit jenem Menschen durch Marlowes eigenen Dolch geschah, so würde dies für das Ende dieses Tragikers besonders bezeichnend sein.

In den Tragödien Marlowes ist, bei seiner zum Wilden und Düstern neigenden Natur, die Beschränkung seiner dichterischen

---

*) So ward der Hergang in einer im Jahre 1597 erschienenen Schrift über „Gottes=Urteile" geschildert.[40])

Anlage in einer Hinsicht besonders fühlbar: Der erwärmende Humor, der den Dichter über die Vergänglichkeit des Lebens, seine Kämpfe und Wirrsale erhebt in eine höhere Sphäre der Betrachtung, war ihm gänzlich versagt. Unvollkommen, wie seine Anschauung des Lebens war, malte er in allen seinen Tragödien nur die dunkeln Schatten, und deshalb fehlt auch seinen Gestalten die plastische Erscheinung und Anschaulichkeit. Bei aller rücksichtslosen Energie seines Geistes mangelte ihm doch die ordnende Kraft, es fehlte ihm vor allem der aus dem Innersten treibende ethische Kern, der das Ganze als ein organisches Gebilde herauswachsen läßt, wie solches erst bei Shakespeare zu erkennen ist. Marlowes starke Natur hatte der Zerstörung des geistigen und physischen Menschen mehr Widerstand geleistet, als es bei Greene der Fall war. Wenn bei diesem der Lebensbaum schon vor der Zeit von Fäulnis ergriffen war, brach er bei Marlowe plötzlich wie durch einen Gewittersturm zusammen. Es ist auffallend, daß von Shakespeares Vorgängern und frühen Zeitgenossen die beiden bedeutendsten so jung starben — als ob sie alle eilten, vor dem Gewaltigen sich zu verbergen, der doch zur höchsten Stufe seiner Kunst erst noch gelangen sollte.

Zweites Buch.

1593—1603.

———

Bei dem hier beginnenden neuen Abschnitt in dem Lebensgange des Dichters wird es am Platze sein, die schon seit langer Zeit wiederholt aufgeworfene Frage: Ob Shakespeare in Italien gewesen sei? in aller Kürze zu erörtern.

Diejenigen, die berechtigt zu sein glauben, diese Frage entschieden mit Ja zu beantworten, können dafür keine anderen Gründe angeben, als daß Shakespeare in jenen Dramen, die in Verona oder Venedig spielen, das Lokalkolorit im allgemeinen wie auch in manchen Einzelheiten so richtig getroffen habe. Man vergißt sonderbarerweise bei solchen Erörterungen gewöhnlich, daß Shakespeare ein Dichter war und daß die schaffende Phantasie des Dichters — und eines solchen! — nur geringer Anhaltspunkte bedarf, um aus diesen das allgemein Richtige zu gestalten. Man vergißt ferner, wie sehr verbreitet die Kenntnis der italienischen Literatur, der poetischen wie der beschreibenden, war und wie schon in jener Zeit sehr viele namhafte Personen selbst in Italien gewesen sind, also aus eigener Anschauung und aus Erfahrungen von Land und Leuten berichten konnten.

Nach unserer Kenntnis der Hauptmomente im Lebenslaufe des Dichters würden für seine angebliche Reise nach Italien entweder die letzten Jahre in Stratford anzunehmen sein, indem von jenem Zeitpunkt der Geburt seiner Zwillinge bis zu seinem mutmaßlichen Erscheinen in London eine schwer ausfüllbare Lücke

10*

besteht; oder die Reise hätte erst später, in der ersten Periode seines Londoner Aufenthaltes stattgefunden. Was die erstere Annahme betrifft, so würde seine Reise nur so zu erklären sein, daß er schon in Stratford sich einer der dort spielenden Schauspielertruppen angeschlossen habe, die damals bereits anfingen, längere Reisen nach dem Kontinent zu machen, zunächst nach den Niederlanden, dann nach Deutschland usw. Wenn nun freilich in allem, was man bisher für die Geschichte dieser „englischen Komödianten" zusammengebracht hat, nicht ein einziger Anhaltspunkt gegeben ist, der uns zu der Person Shakespeares leiten könnte, so würde ein solcher Einwand insofern belanglos sein, als Shakespeare zu jener Zeit eine auch in England gänzlich unbekannte Person war.

Dies gilt aber nicht mehr, wenn wir für die fragliche Reise nach Italien die Zeit seiner ersten Londoner Periode annehmen sollen, und zwar das Jahr 1593, das man dafür gerne anführt, weil in jenem Jahre in London die Pest Veranlassung zur Schließung aller Theater gegeben haben soll, wodurch das Reisen englischer Komödiantentruppen nach dem Kontinent einen größeren Umfang angenommen hätte. „Möglich" wäre ja dies alles, aber bloße Möglichkeiten sind kein Boden, auf welchem historische Tatsachen wachsen. Wenn man nun aber aus Shakespeares Dramen und aus seiner Kenntnis mancher italienischen Sitten und Gebräuche auf seine in Italien selbst empfangenen persönlichen Erfahrungen und Kenntnisse schließen will, so wird bei näherer Untersuchung auch dieser Boden sich als unhaltbar erweisen, denn gerade gegen gewisse positive Verhältnisse, die ein jeder Besucher Italiens kennen mußte, hat er in seinen Stücken in auffälligster Weise verstoßen. Wäre der Dichter wirklich in Oberitalien gewesen — und es handelt sich nur um die Städte Verona, Mailand und Venedig —, so konnte er unmöglich annehmen, daß man eine Reise zwischen Mailand und Verona zu Schiffe macht. Tatsächlich läßt aber Shakespeare in den „Edelleuten von Verona" (Akt I,

Szene 1) den Valentino von Verona nach Mailand sich ein= schiffen; bei seinem Abschiede von Proteus sagt er: „Leb' wohl! mein Vater wartet mein am Hafen." Dieser geographische Schnitzer findet sich in einem seiner frühesten Stücke; aber auch in einem seiner allerletzten (wenn nicht überhaupt im letzten) hat er Mailand wiederum an die Meeresküste verlegt. Es ist im „Sturm", wo Prospero (Akt I, Szene 2) erzählt, wie er in Mailand von den gedungenen Leuten seines Bruders aus dem Palast gerissen wurde, um auf ein Schiff gebracht und den Wogen und Stürmen des Meeres hilflos preisgegeben zu werden.

Wem könnten wohl derartige geographische Verstöße begegnen, der selbst in Mailand oder in Verona war? Und was will es solchen Versehen gegenüber besagen, wenn hie und da eine Einrichtung, ein Gebrauch erwähnt wird, wie sie die italienischen Städte im gleichen Zeitalter mit so vielen anderen Städten gemein hatten? Freilich, daß Venedig einen Hafen hatte („Othello"), weil es eine mächtige Seestadt war, und daß es als berühmte Handelsstadt einen Zusammenkunftsort hatte, der wegen seiner erhöhten Lage Rialto hieß, das wußte jedermann, der sich nur zu den einiger= maßen Gebildeten zählen durfte. Was ist aber sonst in diesen Stücken von den örtlichen Verhältnissen jener Städte bezeichnet? Nichts; in Venedig ist weder vom Markusplatz die Rede, noch vom Canale grande oder der Piazetta. Von Verona ist in „Romeo und Julie" nicht eine einzige der berühmtesten Örtlich= keiten der Stadt, sei es auch nur ganz beiläufig, erwähnt, weder die beiden allbekannten Plätze, noch der breite Strom, noch gar die antike Arena oder die Scaliger=Grabdenkmäler. Würde heute wohl ein Dichter in einem Drama, dessen Handlung in einer solchen Stadt vorgeht, die Erwähnung solcher Stätten zur Ver= stärkung des Lokaltons sich entgehen lassen? Der große Dichter braucht freilich solche Hilfsmittel nicht; aber man sollte dann um so weniger auf Grund geringfügiger Dinge seine aus eigener Anschauung gewonnene Kenntnis Italiens behaupten wollen. Dazu

kommt noch, daß in seiner dichterischen Tätigkeit während jener
Zeit keine längere Pause, die doch wohl bei so weiter Entfernung
in fremdem Lande hätte eintreten müssen, sich nachweisen läßt.
Daß in dem letzten Jahrzehnt des 16. Jahrhunderts seine Produktion für das Theater außerordentlich war, zeigen seine zahlreichen Stücke aus jenem Zeitraum. Als seit Februar bis gegen
Ende 1593 die Londoner Theater geschlossen werden mußten,
machten mehrere seiner Kollegen Reisen in die Provinzen, aber
von einer Reise dieser Truppe ins Ausland wissen wir nichts.

Die Möglichkeit, daß Shakespeare in Italien war, kann
nicht unbedingt bestritten werden, wohl aber kann es die auch nur
als „wahrscheinlich" hingestellte Behauptung. So gut wie Shakespeare im „Macbeth", in zwar knappen aber eindrucksvollen Zügen,
das Bild des Schlosses zu Inverneß geben konnte, auch wenn er
es selbst nicht gesehen, so leicht war es ihm auch, für die in Italien
spielenden Stücke im allgemeinen die Lokalfarbe zu treffen. Und
um etwas anderes handelt es sich bei ihm nicht. Für die kon-
kreten Verhältnisse, soweit er deren bedurfte, waren die aus den
italienischen Novellen — Bandello, Cinthio u. a. — ihm zuge-
kommenen Stoffe nur die Samenkörner, die in seinem befruchtenden Geiste aufgingen und zu einer Größe und Pracht sich entwickelten, daß von dem Samenkorn kaum mehr übrig blieb, als
eine dürftige Hülse.

Zwei seiner nächsten dramatischen Dichtungen, die nunmehr
die höchste Entwickelung seiner Jugendperiode kennzeichnen, geben
dafür das vollgültigste Zeugnis: „Romeo und Julie" und der
„Kaufmann von Venedig", neben denen ziemlich gleichzeitig seine
unvergleichbare phantastisch-poetische Schöpfung „Ein Sommernachtstraum" entstanden war.

Aber noch vor diesen Werken voll strahlender Schönheit hatte
Shakespeare auf kurze Zeit die Bühnendichtungen unterbrochen,
um auch als epischer Dichter hervorzutreten, in jenen beiden
großen Dichtungen, deren erstere — „Venus und Adonis" — in

ihrem frühesten Entstehen sehr wahrscheinlich noch auf die Zeit in Stratford, mindestens aber auf die ersten Jahre seines Aufenthaltes in London zurückzuführen ist.

Die außerordentlich lebhafte Bewegung, die zu jener Zeit nicht nur auf dramatischem Gebiete, sondern in der gesamten poetischen Literatur Englands zur Erscheinung kam, hatte besonders in der, durch die italienischen Vorbilder erweckten lyrisch=epischen Poesie so reiche Blüten getrieben, daß innerhalb dieses Zeitraumes kaum eine andere Nation Europas an Zahl mehr oder weniger namhafter Dichter sich damit messen konnte. In der Sonettendichtung waren — noch in der ersten Regierungszeit der Elisabeth — Wyat, Watson und Surrey vorausgegangen; aber erst Edmund Spenser, der allgepriesene, hatte auf dem Gebiete der höheren Kunstdichtung — denn nur die lyrisch=epische Poesie war als solche anerkannt — sich den vollsten Ruhmeskranz erworben und war auch bis jetzt noch die unbestrittene Größe geblieben. Seiner berühmtesten Dichtung „Die Feenkönigin" (The fairy Queen), die er der Königin Elisabeth widmete, waren noch andere Dichtungen gefolgt, unter denen die „Tränen der Musen" (1591) auch durch eine beiläufige Anspielung in Shakespeares „Sommernachtstraum" (wovon später die Rede sein wird) für uns besonderes Interesse haben. Philipp Sidney, einer der feinsinnigsten Dichter und ausgezeichnetsten Persönlichkeiten seiner Zeit, war schon frühzeitig gestorben*) und seine Hauptwerke erschienen im Druck erst nach seinem Tode. Es waren dies seine poetischen Erzählungen unter dem Titel „Arcadia" (aus deren einer Shakespeare späterhin das Motiv der Gloster=Tragödie entnahm, um sie mit der Geschichte des Königs Lear zu verschmelzen) und seine Sammlung von 108 Sonetten in „Astrophel und Stella". Sir Walter Raleigh, der späterhin seine Taten als Kriegsheld

---

*) Er starb 1586 an einer schweren Verwundung, die er in Holland in einem heißen Gefecht davongetragen hatte.

und Seefahrer durch ein tragisches Ende büßen sollte, hatte auch als Dichter sich Lorbeern erworben. Als Marlowe durch seine Dichtung „The passionate Shepherd to his love" große Bewunderung erregte, ließ Walter Raleigh darauf „Der Nymphe Antwort an den Schäfer" folgen. Von den späteren der an Spenser sich schließenden Lyriker sind ferner zu nennen: Barnfield, William Smith, Griffin u. a.; vor allem aber wurde Samuel Daniel von besonderer Bedeutung auch durch seinen erkennbaren Einfluß auf die epischen und lyrischen Dichtungen Shakespeares. Wenn dieser auch bereits in „Verlorene Liebesmüh" seine Meisterschaft in der Sonett-Dichtung bewiesen hatte, so konnte er nunmehr mit seinen beiden großen erzählenden Dichtungen „Venus und Adonis" und der ein Jahr später darauf folgenden „Lucretia" sich den genannten Poeten seiner Zeit als vollkommen ebenbürtig an die Seite stellen, ja selbst die jüngeren Rivalen auf diesem Gebiete priesen ihn als bewundernswerten Meister. Der glänzende Erfolg, den zunächst „Venus und Adonis" hatte und die Bewunderung, die das Gedicht fand, ist für uns heute nicht mehr nachzuempfinden. Wenn Ben Jonson nach dem Tode Shakespeares in seinem ihn verherrlichenden Gedichte von ihm sagte: „Er war nicht eines Zeitalters (not of an adge), sondern für alle Zeiten", so hat dies Wort für den dramatischen Dichter bis heute noch seine volle Berechtigung behalten; seine anderen Poesien aber waren in der Tat nur „eines Zeitalters". Was uns heute noch an diesen beiden Dichtungen in Erstaunen setzen muß, ist der unerschöpfliche Reichtum der Sprache, der Bilder und der Gedankenfülle, — oft freilich auch nur des Wortreichtums, womit in „Venus und Adonis" der von Ovid in so knappen Zügen gegebene Stoff — ohne irgend welche Bereicherung durch eigene Erfindung — ausgeweitet worden ist.*) Wenn diese maßlose Breite in der

---

*) „Venus und Adonis" hat 200 sechszeilige Strophen; „Lucretia" hat sogar deren 264 siebenzeilige. Für die letztere Strophenform hatte ihm Daniel in dessen „Complaint of Rosamund" (1592) als Muster gedient.

Ausführung für uns nicht mehr annehmbar ist, so muß doch eine solche Behandlung in jener Zeit als die „Kunst" des Dichters bewundert worden sein, wofür auch Spensers „fairy queen" ein ausreichender Beweis ist. Der große Eindruck aber und der andauernde Erfolg von „Venus und Adonis" (es waren davon bis zum Tode Shakespeares sechs oder sieben Auflagen erschienen) ist doch wohl hauptsächlich dem Gedankenreichtum und auch der sinnlichen Kraftfülle zuzuschreiben, mit der hier die Liebesleidenschaft der Göttin geschildert und bis in alle Geheimnisse dieser Leidenschaft mit realistischer Kühnheit verfolgt ist. Diese Darstellung der verliebten oder lieberverlangenden Göttin erinnert uns lebhaft an die fleischliche Derbheit derartiger Rubensscher Gestalten, und da das Gedicht aller Wahrscheinlichkeit nach im ersten Entwurfe schon in Stratford niedergeschrieben war, so liegt der Gedanke nahe, daß ihm seine Anna Hathaway in den starken Zügen der Sinnlichkeit als Modell dazu dienen konnte, wobei natürlich abzusehen ist von der ergänzenden und ausschweifenden Phantasie des Dichters, wie auch von dem Umstand, daß dieser, gegenüber der Begehrlichkeit des Weibes, nicht so unempfindlich blieb wie sein Adonis.

Für uns liegt die größere Wichtigkeit dieser beiden Dichtungen in den vom Dichter selbst ihnen vorangestellten Widmungen an denjenigen, dessen Begeisterung und daraus sich entwickelnde Freundschaft für den Dichter auf seinen weiteren Lebenslauf von unberechenbarem Einfluß werden sollte. Daß gerade diese beiden epischen Dichtungen unter allen Werken Shakespeares die einzigen sind, die von ihm selbst durch den Druck veröffentlicht wurden, macht sie uns aus besonderem Grunde wertvoll, da ohne jene beiden Widmungen an den Grafen von Southampton uns der bestimmte Hinweis auf das Verhältnis des Dichters zu seinem jungen und hochgeborenen Patron und damit auch der Schlüssel zu dem Hauptinhalt der Sonette fehlen würde, so viel Unklarheiten und Zweifel auch in derem Gesamtinhalt noch fortbestehen.

Henry Wriothesly, Earl of Southampton, war der dritte seines Namens unter den Pairs von England. Aus seines Vaters Ehe mit einer Lady Montague waren eine Tochter und zwei Söhne entsprossen, von denen der erste schon frühzeitig starb. Aber auch der Vater hatte nur ein Alter von fünfunddreißig Jahren erreicht und bei seinem Tode wurde der erst achtjährige Sohn Henry Wriothesly — als noch Unmündiger zum Pair bestimmt — in dieser seiner Würde gleichsam vom Staate adoptiert, und der Staatssekretär Robert Cecil Lord Burgleigh übernahm die Vormundschaft. Bereits in seinem zwölften Lebensjahre wurde Henry in Cambridge immatrikuliert und erlangte dort die Würde des Baccalaureus, setzte aber in London seine Studien in Gray's Inn fort.[41]) Bei seiner jugendlichen Schönheit, Bildung und Gewandtheit in allen Leibesübungen wurde er in den folgenden Jahren bald ein Liebling der Hofkreise. Als die Königin im Herbste 1592 eine Reise nach Oxford machte, mit dem bei solchen Besuchen üblichen Pomp, befand sich auch Southampton unter den jungen Edelleuten, die das Gefolge der Königin bildeten. Es war Gebrauch, daß solche Besuche der maßlos eiteln Königin von der damit beglückten Universität in lateinischen Beschreibungen oder in Gedichten gefeiert wurden. In dem lateinischen Huldigungsgedichte, das diesem Besuche Oxfords galt, wurde auch der junge Southampton mit ganz besonderem Lobe bedacht und hervorgehoben, wie derselbe bei seiner Jugend (er war jetzt neunzehn Jahre alt) durch Schönheit wie durch seine Bildung alle andern Kavaliere, so hervorragend diese auch waren, überstrahlt habe.

Southampton, der ein starkes Unabhängigkeitsgefühl besaß, das bei der ihm schon frühzeitig gewordenen Freiheit der Bewegung — ohne die leitende Hand eines Vaters oder einer Mutter (die sich zum zweiten Male verheiratet hatte) — auch zur trotzenden Eigenwilligkeit gesteigert war, ließ sich durch alle Verlockungen nicht zum Sklaven der Hofetikette machen und noch weniger zum Spielball der Launen seiner Herrscherin, sondern ging unbekümmert seine eigenen Wege. Bei seinem lebhaften Temperament und seiner leicht erregten Phantasie hatten ihn die Reize der Schauspielvorstellungen besonders angezogen. Die Aufführungen am Hofe, durch die von der Königin dazu beorderte Truppe, konnten dem Bedürfnisse seines Geistes nicht genügen. Die Königin allein kommandierte den Geschmack, bestimmte die Wahl der aufzuführenden Stücke, und nur was der Königin gefiel, durfte auch den Beifall anderer erhalten. So suchte Southampton mit anderen jungen Edelleuten lieber die Theater auf, in denen er zwanglos verkehren konnte. Unter den verschiedenen in London spielenden Truppen waren die „Lord Leicesters players" nach dem Tode Leicesters (1588) unter das Protektorat des Lord Strange gekommen, und dieser Truppe, die sich danach als die Lord Chamberlaine's Diener bezeichnete, gehörten auch Shakespeare, Burbadge, Heminge und Condell an: Ob die Truppe damals im Theater von Blackfriars spielte, wie es in den älteren Angaben hieß, oder — wie neuerdings behauptet wird — in dem angeblich ältesten Schauspielhaus „The Theatre", ist für uns gleichgültig. Da die jungen Aristrokaten, die für das Schauspiel sich so lebhaft interessierten, ihre Sitze entweder in den Logen hatten oder auf der Bühne selbst, zu beiden Seiten derselben, so war es natürlich, daß sie auch mit den Schauspielern zuweilen in persönliche Berührung kamen. Dies war denn auch besonders bei Lord Southampton der Fall. Je häufiger Shakespeare ihn im Theater sah und namentlich bei seinen eigenen Stücken von ihm angeredet wurde, um so mehr mußte er empfinden, daß er es hier mit keinem der hochgeborenen Herren gewöhnlichen Schlages zu tun hatte. Wenn Southampton am Hofe als ein etwas launenhafter junger Mann galt, der unter Umständen auch gewisse höfische Rücksichten außer acht ließ und dadurch anspruchsvoll erschien, so war davon in seinem Verkehr mit dem Theater nichts zu merken. Da man ihm hier selbstverständlich nur mit der seinem hohen Stande gebührenden Ehrerbietung begegnete, war er dort anspruchslos, freundlich und wohlwollend. Bei seinen höchst glänzenden Vermögensverhältnissen war es ihm ein Bedürfnis, auf jenem Boden, der seinen geistigen Anlagen so viel Nahrung und höchste Befriedigung bot, auch seine Freigebigkeit zu zeigen, was er aber stets in bescheidener Form und ohne jeglichen Schein von Prahlerei tat. Sein Vorrecht als Zuschauer auf der Bühne gab ihm ja zunächst die beste Gelegenheit dazu, und er erachtete es für selbstverständlich, mit seinem Reichtum die künstlerischen Bestrebungen zu belohnen und zu weiteren Fortschritten anzufeuern.

Da es in jener Zeit noch keine Schauspielerinnen gab, indem die weiblichen Rollen von den jüngeren Männern dargestellt wurden, da ferner bei der großen Einfachheit der Bühne, bei dem Mangel gemalter und wechselnder Dekorationen, das Theater der oberflächlichen Schaulust keine Reize bot, so wird man den künstlerischen Sinn der aristokratischen Theaterbesucher, der sich nur dem dichterischen Wert der Stücke und der Kunst der Schauspieler zuwendete, um so höher zu schätzen haben: Das einzige, worauf betreffs der äußerlichen Gewandung bei den Aufführungen Wert gelegt wurde, war die Kostümierung der Darsteller und bei den historischen Stücken der Gebrauch glänzender Rüstungen und schöner Waffen. Auch dies gab Southampton Gelegenheit, dem Theater durch Geschenke solcher Art seine Gunst zuzuwenden.

Es war sonach sehr natürlich, daß man einem so reichen und freigebigen Gönner des Theaters jede erdenkliche Aufmerksamkeit erwies, um sowohl sich dankbar zu zeigen, wie auch seine Gunst sich ferner zu erhalten.

Diese Empfindungen werden auch mitwirkend gewesen sein, als der Schauspieler und Theaterdichter Shakespeare sein erstes dichterisches Werk, das er durch den Druck veröffentlichte, dem hohen Gönner des Theaters, Lord Southampton, widmete.

Daß verschiedene Dichter jener Zeit ihre Werke solchen hochstehenden Gönnern widmeten, war mehr, als bloße Beugung vor der Standeshoheit, denn solche Widmungen brachten auch den Dichtern eine Erkenntlichkeit in barem Gelde ein. Es ist aber kein Fall bekannt, daß ein dramatisches Werk durch eine derartige Widmung sich einen hohen Gönner gesucht hätte. Denn abgesehen davon, daß die zur Aufführung gekommenen Schauspiele aus den schon angeführten Gründen niemals, oder doch erst in späterer Zeit, vom Dichter selbst zum Druck befördert wurden, standen ja Theaterstücke überhaupt außerhalb der als Kunstdichtung angesehenen Gattung. So war es aus mehr als einem Grunde selbstverständlich, daß Shakespeare — obwohl als Theaterdichter schon anerkannt und erfolgreich — dem Grafen Southampton ein Werk widmete, in dem er zum ersten Male außerhalb der Bühne als Dichter in die Öffentlichkeit trat. Die dem Gedichte vorgedruckte Widmung „an den sehr ehrenwerten Henry Wriothesly, Grafen von Southampton und Baron von Tichfield" ist noch in dem unterwürfigen und euphuistisch gekünstelten Stil derartiger Widmungen gehalten. Sie lautet:

„Höchst zu verehrender Herr! Ich weiß nicht, ob ich durch die Zueignung meiner ungefeilten Verse (unpolished lines) Euer Lordschaft beleidige, noch wie die Welt es beurteilen wird, daß ich eine so starke Stütze für eine so schwache Last wähle: nur wenn Euer Edeln befriedigt scheinen, würde ich mich aufs höchste belohnt fühlen und geloben, jede müßige Stunde zu benutzen, bis ich Euch mit einer gewichtigeren Arbeit geehrt hätte. Wenn aber der erste Erbe meiner Erfindung als ungestaltet befunden wird, müßte ich es beklagen, ihm einen so edeln Paten gegeben zu haben und würde nie wieder einen so unergiebigen Boden pflügen, aus Furcht, er möchte mir eine ebenso schlechte Ernte tragen. Ich überlasse es Eurer ehrenwerten Durchsicht, und Euer Gnaden der Befriedigung Eures Herzens, die, wie ich wünsche, jederzeit ebenso Eurem Wunsche entsprechen möge, wie der Welt hoffnungsvoller Erwartung."

Wenn in dieser mit dem vollen Namen William Shakespeare (sic) unterzeichneten Widmung es auffällig erscheint, daß der Dichter hier von dem „ersten Erben*) seiner Erfindung" spricht,

---

*) Das Wort „Erbe" (heir) ist hier in dem Sinne von „natürlicher

während er erwiesenermaßen vorher schon mehrere Dramen zur
Aufführung gebracht hatte, so ist dies aus zwei Gründen zu
erklären. Zunächst könnte man daraus entnehmen, daß das Ge=
dicht um mehrere Jahre früher entstanden sei, als es gedruckt
wurde; außerdem ist wieder daran zu erinnern, daß auch ihm
selbst die Dramen kaum als poetische „inventions" galten; denn
wenn er auch einem aus den Metamorphosen ihm dargebotenen
Stoffe folgte, so galt ihm doch das Epos als seine erste wirkliche
„Dichtung" im damals gebräuchlichen Sinne und es war auch,
wie schon gesagt, die erste, die er als solche durch den Druck
selbst veröffentlicht hat.

Daß die zweite, ebenfalls dem Grafen Southampton ge=
widmete Dichtung „Lucretia" bereits im nächsten Jahre folgte
(sie war im März 1594 in die Buchhändler=Register eingetragen,
und zwar unter dem Titel „The ravishment of Lucrece") läßt
erkennen, daß in Übereinstimmung mit dem allgemeinen Beifall,
den „Venus und Adonis" errang, auch Southampton davon im
hohen Maße befriedigt und erfreut war. Aber auch aus der
Form dieser zweiten Widmung ist zu schließen, daß in der
Zwischenzeit beide einander persönlich näher getreten waren.
Sie lautet:

„Die Liebe, die ich Eurer Lordschaft widme, ist ohne Ende;
woraus diese Schrift, ohne Anfang, nur ein überfließender Teil davon
ist. Die Gewähr, die ich von Eurer ehrenvollen Gewogenheit habe,
nicht der Wert meiner unbeaufsichtigten Zeilen, versichert mich ihrer
Annahme. Was ich geleistet habe, gehört Ihnen, was ich noch zu
leisten haben werde, gehört Ihnen; denn es ist nur ein Teil von
allem, wozu ich Ihnen verpflichtet bin. Wäre mein Wert größer,
so würde auch meine Verpflichtung sich größer zeigen: unterdessen,
wie es ist, gehört es Eurer Lordschaft, der ich ein langes Leben
wünsche, noch verlängert durch Glückseligkeit." [42])

Folge" zu nehmen, wie er ja auch im Hamlet=Monolog von dem Herzweh
und den tausend Stößen spricht, die „unsers Fleisches Erbteil".

Daß die beiden Dichtungen Shakespeares die ersten waren und auch die einzigen blieben, die mit seinem Wissen und Willen durch den Druck veröffentlicht sind (denn auch bei seinen später erschienenen Sonetten war das nicht der Fall), führt uns auch dazu, des Verlegers beider Werke, Richard Field, hier beiläufig zu gedenken. Denn der Buchhändler Field war ein Landsmann Shakespeares und hatte seinen Geburtsort Stratford bereits acht Jahre früher als der Dichter verlassen, um in London die Buchdruckerei zu erlernen. Als dann Shakespeare nach London kam, hatte Field bereits eine eigene Druckerei eingerichtet. Es ist sonach wohl zweifellos, daß Shakespeare damals den Landsmann aufgesucht hat, und man kann hiernach auch annehmen, daß Field dem in London unbekannten Landsmann für die Anfänge seiner Laufbahn hilfreich gewesen ist. Man kann auf diese persönlichen Beziehungen um so eher schließen, als Richard Field nunmehr Shakespeares Verleger geworden war und durch den enormen Erfolg beider Dichtungen den verdienten Lohn erhalten hatte; denn auch „Lucretia" war noch zu Shakespeares Lebzeiten in mehreren Auflagen erschienen, und in zahlreichen Außerungen zeitgenössischer Dichter und Schriftsteller werden beide Gedichte nur mit den Ausdrücken höchster Bewunderung genannt. Noch 1598 sprach der Dichter Barnfield gelegentlich der Herausgabe seiner eigenen „Poems" von Shakespeare, daß seine honigfließende Ader die Welt entzücke und daß seine „Venus und Adonis" „ins Buch der Unsterblichkeit" eingeschrieben sei. Von den dramatischen Werken des Dichters war hierbei keine Rede.

Die so glänzende Aufnahme der beiden Gedichte mußte natürlich auch dem Grafen Southampton, als dem begeisterten Förderer des Dichters das Gefühl freudiger Genugtuung verleihen; und wenn er es auch damals noch nicht ahnen konnte, daß er selbst von den Flügeln des dichterischen Genius seines Schützlings zu dauerndem Ruhme mit emporgetragen würde, so war es doch natürlich, daß auch das persönliche Verhältnis zwischen dem

Dichter und seinem hohen Patron ein innigeres geworden war.
Eine Bestätigung dafür geben uns auch die viel später im Druck
erschienenen, aber zum großen Teil um viele Jahre früher verfaßten
Sonette. Denn so viel Verwirrung und Mißdeutung auch in
diese ganze und schwerlich völlig aufzuklärende Sonettenfrage
gebracht worden ist, teils durch die unrechtmäßige, d. h. vom
Dichter nicht veranlaßte Herausgabe, Widmung und falsche Anordnung, teils durch die dadurch veranlaßten verschiedenartigen Untersuchungen und Auslegungen, so sind doch die für den Grafen
Southampton bestimmt gewesenen Sonette, die den Hauptteil der
Sammlung bilden, in dieser ihrer Bestimmung deutlich zu erkennnen,
auch wenn viele davon nur als literarisch-künstliche Erzeugnisse
zu betrachten sein mögen.

Um Shakespeares glückliche Seelenstimmung in diesem für
seine dichterische Laufbahn so wichtigen Zeitpunkt ganz zu würdigen,
um vor allem es zu verstehen, wie sehr das Selbstgefühl des
Dichters durch die ihm zugewendete Bewunderung und Freundschaft
des jungen Grafen gehoben werden mußte, wird man sich zunächst
zu erinnern haben, daß er als Schauspieler einem in der Gesellschaft wenig geachteten Stande angehörte. Daß er selber dies
empfand, darüber lassen verschiedene Stellen in den Sonetten
keinen Zweifel. Die Anerkennung und Hochschätzung, die ihm
als „Dichter" jetzt schon in vollem Maße zuteil wurde, wendete
sich gleichzeitig auch seiner Person zu.

Es ist sehr beachtenswert und bezeichnend für die Klarheit
seines Empfindens, daß Shakespeare durch die für ihn so glücklich
sich gestaltenden Verhältnisse sich nicht bestimmen ließ, seinem von
ihm erwählten Schauspielerberufe und damit seiner Kollegenschaft
ungetreu zu werden. Wir wissen dies aus den zuverlässigsten
Überlieferungen, indem er noch viele Jahre hindurch bei den
Aufführungen (so auch unter anderm in den Stücken von Ben
Jonson) mitgewirkt hat. Ob er als Schauspieler mehr als mittel-
mäßig war, und was für Rollen er in seinen eigenen oder in

den Stücken anderer spielte, darüber haben wir keine zuverlässigen Nachrichten. Dies ist schon dadurch erklärlich, daß sein Genie und sein Ruhm als Dichter sehr bald seine Bedeutung als Schauspieler weit überragte. Von ihm selbst aber wissen wir, daß er den Schauspielerstand, wie er ihn in seiner Bedeutung erkannt wissen wollte, in seinem Ansehen zu heben trachtete, wie er es in den bekannten, seinem Hamlet in den Mund gelegten Äußerungen bestimmt genug aussprach.

So wenig er aber bei seiner schnell wachsenden Bedeutung als dramatischer Dichter dem ursprünglichen Berufe als Schauspieler entsagte, ebensowenig konnte die Bewunderung, die er jetzt als lyrischer und epischer Dichter gefunden hatte, seiner schöpferischen Tätigkeit als Dramatiker auch nur im mindesten Einhalt tun. Denn auf dem mit so glänzendem Erfolge betretenen Gebiete der Kunstpoesie hat er — außer den zu verschiedenen Zeiten und in den Mußestunden verfaßten Sonetten, die eigentlich nur in Abschriften unter den Freunden zirkulieren sollten (wie Meres noch 1598 bezeugte) — jenen beiden epischen Dichtungen nichts mehr von gleicher Gattung folgen lassen. Das Drama war es und blieb es, was ihn fest in seiner Zauberwelt der Bühne gefangen hielt, indem es ihn unaufhaltsam zu weiteren Schöpfungen trieb, und erst in diesem Zeitpunkt beginnen die großen Erntejahre, denen wir den vollsten Reichtum seiner dramatischen Schöpfungen verdanken. Es sind besonders die nächsten drei, die uns — obwohl eine jede von anderer Gattung — als die duftigsten und farbenprächtigsten Blüten seines reifen Lenzes entgegenstrahlen: „Romeo und Julie", „Ein Sommernachtstraum" und „Der Kaufmann von Venedig".

„Romeo und Julie" ist nicht nur die früheste unter den romantischen Tragödien des Dichters, sondern sie ist auch die erste seiner Tragödien überhaupt, in der die berauschende Schönheit des Gebildes uns völlig gefangen nimmt und so ungetrübt von jeglicher, sei es auch noch so geringen Störung wirkt, daß

Genée, Shakespeare. 11

die erhebende Tragik darin wie eine Offenbarung erscheint. Selbst der Umstand, daß der tragische Ausgang seinen Ursprung in einem verhängnisvollen Zufall zu haben scheint, steht im innersten Zusammenhang mit den menschlichen Naturen der beiden Liebenden und ist ein Ergebnis ihrer Leidenschaft, wie es der weltweise Lorenzo vorahnend verkündet hat.

Wenn wir erwägen, wie oft schon vor Shakespeare diese Geschichte der beiden Liebenden dichterisch behandelt worden ist — von dem ältesten italienischen Novellisten Masuccio bis zu Bandello und Arthur Brooke, — so zeigt es sich hier ganz eindringlich, wie Shakespeare — von der beginnenden Periode seiner künstlerischen Reife an — nicht mehr durch Neuheit des Stoffes, nicht durch spannende Momente und überraschende Wendungen in der Handlung zu wirken und zu fesseln trachtete, sondern durch psychologische Vertiefung der Charaktere. In allen dieser Tragödie vorausgegangenen dichterischen Bearbeitungen des Stoffes sind uns statt der wirklichen Menschen nur Figuren und Namen gegeben, die dazu dienten, die Begebenheiten erzählen zu können. Shakespeare erst gibt uns vor allem lebensvolle, warmblütige Menschen, aus deren Charakteren und Leidenschaften sich naturgemäß alles entwickeln muß. Daß Shakespeare Bandello, den dritten der italienischen Erzähler, gekannt hat, ist sehr wahrscheinlich; sicher hat er die Geschichte zunächst in Painters Novellensammlung „Palace of pleasure“ gelesen, wo sie nach einer französischen Bearbeitung wiedergegeben ist. Seine Hauptquelle aber war das große epische Gedicht, „The tragical history of Romeus and Juliet“, (London 1562), von Arthur Brooke, eines englischen Dichters, von dem uns außer diesem Epos weiter nichts bekannt ist. Brooke hatte in dieser umfangreichen Dichtung den von Bandello gegebenen Stoff so vielfach ausgeschmückt und beträchtlich erweitert, daß das Gedicht bereits einen größeren Umfang hatte, als die Shakespearesche Tragödie.[43]) Es ist immer interessant, bei derartigen Stoffen die von Shakespeare benützte Quelle mit

seinem Werke zu vergleichen, weil wir aus der Art, wie er den
ihm überlieferten Stoff benutzte, am besten seine Intentionen
erkennen, zugleich aber auch — trotz der mancherlei Überein=
stimmungen — seine auch hierin sich zeigende eigene schöpferische
Kraft bewundern. So gilt dies beispielsweise von der Figur
der Amme Juliens, die als Vermittlerin bei Bandello zwar schon
erwähnt wird, aber erst von Brooke so bedeutend ausgestaltet ist,
daß man auch in manchen einzelnen Zügen das Vorbild für
Shakespeare deutlich erkennt. So ist in ihrem ersten Gespräche
mit Romeo, als sie diesem allerlei aus der Kindheit Juliens
erzählt, schon von Brooke ihre komische Geschwätzigkeit, wie
überhaupt die gewöhnliche Natur dieses Weibes ganz eingehend
charakterisiert. Und dennoch — als bei Shakespeare auf der
Höhe der tragischen Situation Julia zur sittlichen Größe sich
erhebt, indem sie auf den von der Amme ihr gegebenen nichts=
würdigen Rat von der Versucherin sich entschlossen lossagt —:
so ist dies einer jener großen Züge, in denen des Dichters tiefes
sittliches Empfinden die gegebene Überlieferung hoch überragt.

Was die anderen Personen der Tragödie anlangt, so braucht
hier nicht weiter hervorgehoben zu werden, wie Shakespeare aus
den in seiner Quelle ihm gegebenen dürftigen Andeutungen so
lebensvolle, fest in sich abgeschlossene Charaktere schuf, wie es hier
in erster Reihe der alte Capulet und Mercutio sind. Nur auf
eine Gestalt des Dramas, die weniger durch scharfe Charakteristik
hervortritt, möchte ich hier hinweisen. Es ist die Gestalt des
Grafen Paris, der in dem Drama eine nur bescheidene Rolle
spielt und dennoch dadurch, daß der Dichter ihm durch sein
tragisches Ende unsere Sympathie zuwendet, so bedeutungsvoll
wird. Auch in diesem Zuge zeigt es sich, wie sein Genie stets
auf das Ganze gerichtet war. In keiner der dem Shakespeareschen
Drama vorausgegangenen dichterischen Behandlungen des Stoffes,
auch nicht bei Arthur Brooke, ist diesem Grafen Paris (oder
Lodrone) eine andere Bedeutung gegeben worden, als daß seine

11*

Werbung um Julia die unschuldige Veranlassung zu dem tragischen Ende wird. Im übrigen ist er eine für uns gleichgültige Person. Erst Shakespeare hat diese liebenswürdige Gestalt, wenn auch nur in wenigen knappen Zügen, zu einer höheren Bedeutung für die Tragödie erhoben. Nachdem er ihn schon bei seiner Werbung um Julia als einen edlen Jüngling zeichnete, hat er dann sein Geschick mit dem Ende der beiden Liebenden aufs innigste verwebt, indem er ihn würdig erachtete, mit dem eigenen Herzblut seinen Teil an der letzten Verherrlichung Juliens zu erhalten, und gleich Romeo in der Gruft an ihrer Seite zu liegen. Daß der Dichter hiermit unsere Teilnahme für Romeo bei seinem Ende noch mit einem andern teilen läßt, gehört zu jenen kühnen Zügen, wie solche einzig bei Shakespeare anzutreffen sind. Hier ist es des Dichters sittlicher Mut, der sich bei ihm über alles Herkömmliche siegreich erhebt.

Aber nicht nur in solchen tiefen Zügen empfinden wir bereits einen gewaltigen Abstand gegen seine bereits besprochenen früheren Stücke, sondern wir erkennen den schnellen Fortschritt auch in der sicherern Beherrschung der dramatischen Technik, in der klaren szenischen Gliederung der so schnell fortschreitenden Handlung. Noch höher aber ist es für sein künstlerisches Empfinden zu schätzen, daß er in diesem Drama zur Erkenntnis des wahrhaft Tragischen gelangt ist, im Gegensatze zum Schrecklichen und zu jenen Ausschreitungen, wie sie die ganze Richtung der Blut- und Rachetragödien kennzeichnen.

Wenn bei der so schnellen Steigerung seiner dichterischen Fähigkeiten und seiner Einsichten die Abfassung dieser Tragödie in verhältnismäßig frühe Zeit zu setzen ist, und zwar in die Zeit zwischen 1592 und 1594, so haben wir für diese Bestimmung keine anderen Gründe, als manche Eigenheiten in der dichterischen Form: in den darin noch so vielfach hervortretenden lyrischen Partien und besonders in der häufigen Anwendung gereimter Verse, nicht nur in gelegentlichen Reimcouplets, sondern auch in längeren Reden und selbst in ganzen Szenen, wie im 2. Akt 3. Szene, in dem Monolog des Lorenzo und in dem daran sich schließenden längeren Gespräche desselben mit Romeo. Am auffallendsten ist es, wie sogar in einem Momente, der die Sprache des Dramatikers in der ihm zu Gebote stehenden hinreißendsten Glut hätte herausfordern sollen — bei Romeos erster Begegnung mit Julien auf dem Ball der Capulets — der Dichter mit einem Schmuckstück feinster Redekunst sich abfand, in deren pointierten Wendungen und Antithesen der euphuistische Einfluß mit dem italienisierenden Conzetti-Stil zu einem graziösen Vers- und Gedankenspiel verschmolzen ist, das zu der so plötzlich aufflammenden Liebesleidenschaft zweifellos im Widerspruch steht. Man wird schwerlich in einem seiner späteren Dramen etwas ähnliches wiederfinden. In „Romeo und Julie" haben auch noch in der folgenden großen Szene im Garten vereinzelte derartige Redewendungen sich eingeschlichen. Hier aber werden sie bei der die ganze Szene mit ihrem berauschenden Dufte der Gesamtstimmung erfüllenden Harmonie kaum noch als solche empfunden. Wenn überhaupt derartige Eigenheiten im Stil dieser Tragödie nur als Merkmale dieser Periode des jugendlichen Glanzes zu betrachten sind, so werden sie auch hier schon durch die dramatische Gestaltungskraft absorbiert. Es ist, als ob wir in eine entzückende Landschaft blicken, bei deren Betrachtung das Auge wohl auch an einzelnen Punkten vorübergehend haften bleibt, aber doch nur, weil auch solche einzelne Punkte zu der harmonischen Schönheit des Ganzen stimmen.

Wer aus den leuchtenden Farben dieses Gemäldes oder aus den daraus hervortretenden Menschen, dem polternden und jähzornigen alten Capulet, dem galligen und brutalen Tybalt, und dem in seiner humorvollen Lebensauffassung mit der Zunge sowohl wie mit dem Arm so schlagfertigen Mercutio und der gesamten niederen Anhängerschaft beider Parteien entnehmen wollte, daß dies alles ein echt national-italienisches Kolorit trägt, der würde zunächst daran zu erinnern sein, daß der englische Dramatiker die

Grundzüge der ganzen Vorgänge, gleichviel ob unmittelbar oder durch Vermittelung, von den italienischen Novellisten empfangen hat. Es ist aber dabei ferner zu beachten, daß auch bezüglich solcher Schilderungen Shakespeare auf dem Boden seiner Zeit und seiner eigenen Nationalität stand, daß aber die Verhältnisse und Sitten seines Vaterlandes nicht gar so verschieden von denen anderer Völker waren. Es war nicht nur eine phantasievolle Zeit, sondern auch eine Zeit schnellen und rücksichtslosen Handelns, in der bei persönlichen Konflikten das Schwert ebenso schnell aus der Scheide flog, wie es in der Handlung unserer Tragödie der Fall ist. Aus der Zeit des Dichters selbst wissen wir, wie in England neben der von allen Gentlemen geübten Kunst des Fechtens auch die brutale Faust stets bereit war, sich Geltung zu verschaffen. Wenn aber Shakespeare nicht für alle Charaktere, die er schilderte, bestimmte Vorbilder zu haben brauchte, so war er eben dafür ein Dichter; und ein so gottbegnadeter wie er, ist in gewissem Sinne auch ein Hellseher. So wenig er für seine Julia ein Modell in dem ihn umgebenden Leben zu haben brauchte, ebensowenig brauchte er Vorbilder für seine Porzia, oder aus späterer Zeit für seine Ophelia, Viola oder Imogen. Es ist der hellsehende Dichter, dessen Geschöpfe seiner Einbildungskraft uns als wahrhafte, als wirklich lebende Menschen erscheinen. Um wieviel höher allerdings müssen wir diese Einbildungskraft schätzen und bewundern, wenn wir dabei erwägen, daß bei damaligem Theaterbrauch solche Gestalten von den jüngeren Männern der Schauspielertruppe dargestellt wurden!

Was die Beschleunigung des Tempos in der Geschichte der beiden Liebenden betrifft, von ihrer ersten Begegnung an, so kamen dem Dramatiker die notwendigen Rücksichten auf die szenische Ökonomie hier sehr zustatten. In seinen Quellen liegen zwischen den Hauptmomenten im Fortgang der Geschichte nicht nur Tage, sondern Wochen und Monate. Durch die für das Drama gebotene schnellere Aufeinanderfolge der verschiedenen Phasen gab er zugleich der Leidenschaft jene überstürzende Heftigkeit, die für den tragischen Verlauf schon dem Bruder Lorenzo unheilverkündend schien, wie er es in den warnenden Worten gegen Romeo ausspricht:

> So wilde Freude nimmt ein wildes Ende
> Und stirbt im Siegesrausch, wie Feu'r und Pulver
> Im Kusse sich verzehrt.

Möge man immerhin darin die „tragische Schuld" erkennen, so wird diese doch aufgewogen durch die freudige Tapferkeit, mit der Beide allen denkbaren Gefahren Trotz bieten, indem sie das heilige Recht der Liebe für sich in Anspruch nehmen, und diese Freudigkeit, die kein Bedenken und keine Furcht aufkommen läßt und die auch dem Helldunkel der Tragik den Schönheitsglanz verleiht, kommt schon in den Worten Romeos zum Ausdruck, wenn dieser auf Lorenzos an den Himmel gerichtete Bitte: er möge von diesem Bündnis allen Kummer künftiger Tage fern= halten, mit freudiger Entschlossenheit erwidert:

> Der Kummer bringe, was er nur vermag;
> Wiegt er doch nicht des Glückes Seligkeit
> Von einer flüchtigen Minute auf.

Wenn in diesen Worten, die den Pulsschlag der dramatischen Bewegung kennzeichnen, auch zugleich das Versöhnende in dem tragischen Untergang der Liebenden im voraus verkündet wird, so steht anderseits diesem Gedanken die philosophische Erkenntnis aller menschlichen Ohnmacht gegenüber und eben in dem frommen und weltweisen Mönche, der seine ganze Weisheit und Berechnung zuschanden werden sieht durch eine höhere Macht, gegen die „aller Widerspruch ohnmächtig ist".

Hier vernehmen wir bereits das Bekenntnis, das man als des Dichters Weltanschauung betrachten möge, wie sie erst im „Hamlet" am vollsten zum Ausdruck kommt. Ich möchte hier besonders auf die Worte hinweisen, die Hamlet (Akt V, Szene 2) zu Horatio spricht: Wenn oft unsere durchdachtesten Pläne scheitern, während unbesonnene und grob entworfene Unternehmungen zuweilen

dennoch zum Ziele führen, so mögen wir daraus erkennen: daß
es eine Gottheit gibt, die unsere Zwecke leitet, wie wir sie auch
entwerfen mögen.

Wenn aber solche metaphysische Betrachtungen im „Hamlet"
als melancholischer Grundton durch die ganze Tragödie sich hin-
ziehen, so steht in „Romeo und Julie" die Erkenntnis unserer
Ohnmacht erst außerhalb der Handlung, die dadurch weder beschwert
noch gehemmt wird, sondern im feurigen Jugendtempo dahineilt.
So tragisch dadurch auch das Verhängnis in das Schicksal der
beiden Liebenden eingreift, so ist doch jede sentimentale Betrachtung
von dieser üppigen Frühlingspracht fern gehalten, so daß auch
jedes zögernde Bedenken mit schnellem Entschlusse übersprungen
wird, wodurch besonders Julia als die eigentliche Heldin der
Tragödie erscheint. Indem beide schnell den Becher der Glückseligkeit leerten, stiegen sie im vollem Genusse ihrer Liebesopfer
in die Totengruft, den Haß beschämend und vernichtend; und die
Tragik selbst wird so vom Glanze der triumphierenden und un-
vergänglichen Schönheit durchleuchtet.

Blicken wir unter solchem Eindruck dieser Dichtung zurück
auf die vorausgegangenen Tragödien, in denen — unbeschadet
aller daraus uns entgegentretenden Merkmale seiner dichterischen
Kraft — er dennoch im ganzen Stil den Zusammenhang mit seinen
Vorgängern erkennen läßt, so wird man begreifen, daß Shakespeare
mit der Tragödie „Romeo und Julie" seinem Londoner Publikum
als ein neuer Dichter erscheinen mußte; denn von einer solchen
Pracht der Sprache und einer solchen Herzenskenntnis hatte man
bis dahin nichts vernommen und nichts geahnt. Es sind, wie
schon gesagt, nicht allein die helleren und glänzenden Farben in
dieser Schöpfung, sondern es ist nicht zum mindesten seine ge-
läuterte Auffassung des Tragischen, die uns empfinden läßt, daß
Shakespeare in diesem Wendepunkte zu einer über alles Widrige
sich frei erhebenden klaren und freudigen Stimmung gelangt sein
mußte. Und diese Stimmung ist es, die uns auch aus den

zunächst folgenden dramatischen Schöpfungen entgegenleuchtet: im „Sommernachtstraum" und „Kaufmann von Venedig", sowie in jenen auf die englische Geschichte weiter zurückgreifenden Heinrichs-Dramen, in denen mit dem gereifteren Dichter auch der englische Patriot zu einer höheren Stufe der politischen Erkenntnis gelangt war.

Wenn schon der unermeßliche Reichtum von Empfindungen und Anschauungen, die in diesem Geiste harmonisch nebeneinander bestehen konnten, in jedem einzelnen seiner Werke zu bewundern ist, so erscheint es ebenso erstaunlich, wie jener Tragödie der auch im Untergange siegreichen Liebesgewalt derselbe Dichter eine phantastische Märchenkomödie — den „Sommernachtstraum" — folgen lassen konnte, in der eine luftige Gedankenwelt von Kobolden die Herzen der armen Sterblichen regiert und in die spaßhafteste Verwirrung bringt; wie derselbe Dichter, der alle Regungen und Triebe im Menschenherzen zu enthüllen vermochte, um uns durch die Wahrheit seiner Darstellung zu rühren und zu erschüttern, hier uns nur Gebilde seiner schaffenden Phantasie vorführt und dadurch neben der Welt der Wirklichkeit uns noch in eine andere, unsichtbare und unfaßbare Welt der Erscheinungen versetzt.[44])

Daß der „Sommernachtstraum" für eine bestimmte Gelegenheit geschrieben und aufgeführt ward, und zwar zur Hochzeitsfeier irgend eines hohen Paares, darüber kann kein Zweifel bestehen. Die Vermählung des attischen Theseus mit der Amazonenkönigin Hippolyta, dazu die Vermischung der Zeiten, der alten Welt mit dem mittelalterlich germanischen Elfenspuk und mit den Handwerkern der Zeit des Dichters — das alles würde ohne eine solche bestimmte Veranlassung keinen Sinn haben, denn die athenische Vermählungsfeier gibt nur den Anlaß für das ganze Spiel heiterster Poesie und für die ausschweifendsten Phantasiegebilde, die aber dennoch am Schlusse ganz deutlich auf die festliche Bestimmung hinweisen, in den Segenssprüchen, mit denen die Elfen das Haus der Neuvermählten weihen.

Wem in Wirklichkeit diese Huldigungsfeier gegolten hat, darüber hat bisher nichts Gewisses ermittelt werden können, denn alle bisher versuchten Deutungen waren eben nichts als Vermutungen. Vor allem kann die Veranlassung nicht die Vermählung des Grafen Southampton gewesen sein, die um mehrere Jahre später stattfand, worauf später zurückzukommen ist. Glücklicherweise sind wir, um zum vollen Genusse dieser Dichtung zu gelangen, gar nicht darauf angewiesen, über die Veranlassung ihres Entstehens genau unterrichtet zu sein; denn der Zauber dieser künstlerischen Verwebung unvergleichbar zarter und luftiger Poesie mit den anderen Teilen der Handlung, in ihrem Wechsel heiterer Ironie mit derb grotesker Komik, bedarf keiner Begründung. Wenn schon im Fortgang der Komödie wiederholt von den Mitspielenden auf das Traumartige aller der wunderbaren Begebenheiten hingewiesen wird, so geschieht dies noch ausdrücklich am Schlusse in dem Epilog des Puck, und zwar im Sinne einer captatio benevolentiae. Aber auch Theseus, der ja von den traumartigen Wirren selbst unberührt bleibt, weist zu Anfang des fünften Aktes, als er von den Liebespaaren nach ihrem Erwachen die wunderbaren Dinge vernommen hat, darauf hin: daß Verrückte, Verliebte und Poeten in der Macht ihrer Einbildung etwas Gemeinsames haben, und daß

„Des Dichters Aug' im schönen Wahnsinn rollend"

auch unbekannte Dinge sieht, denen er Formen gibt und dem luftigen Nichts einen Wohnsitz anweist. Aber auch Hippolyta hat Recht, wenn sie darauf erwidert, daß diese ganzen seltsamen Nachtbegebenheiten doch mehr bezeugen, als ein bloßes Spiel der Einbildung, daß in den verschiedenartigen Dingen auch ein Sinn liege, der durch den Dichter eine feste Gestalt erhält. Und dieser Sinn kann der aufmerksamen Beobachtung nicht entgehen. In der Art, wie die drei verschiedenen Fäden der Handlung — zunächst der Konflikt der beiden Liebespaare, daneben der eheliche

Zwist zwischen Oberon und Titania, und endlich noch das Unternehmen der braven Handwerker —: wie diese drei nebeneinanderlaufenden Fäden der Handlung trotz ihrer gänzlichen Verschiedenheit des Stoffes dennoch in sinnvolle Beziehung zueinander gebracht sind, das zeigt hier nicht nur eine schöpferische Phantasie, sondern gleichzeitig auch die erwägende und gestaltende Kunst des Dichters. Denn die zeitweisen Verschlingungen jener drei Handlungsfäden sind keine zufälligen oder nur äußerlichen, sondern sie lassen auch in ihren inneren Beziehungen uns die heitere und tändelnde Ironie des Dichters erkennen. Man braucht hier nur von dem Zwiespalt auszugehen, der gleich im Beginn des Stückes zur Sprache kommt, in der durch Egeus vor den Herzog gebrachten Anklage und in den Folgen derselben. Finden wir hier die späterhin von dem Elfenspuk angerichteten Verwirrungen nicht schon deutlich vorbereitet — in der launenhaften Liebesgewalt, wie sie sich in dem Wankelmut des Demetrius und ebenso in der unzerstörbaren Anhänglichkeit der schroff zurückgestoßenen Helena zu erkennen gibt? Indem nun diese schon bestehenden Herzensverwirrungen durch die Zauberkünste der Elfen bis zur Tollheit gesteigert werden, zeigt sich uns darin zugleich die lustige Parodie der Wirklichkeit, denn auf diese zielen auch die Worte des Puck, wenn er in seiner Freude über den angerichteten Spaß ausruft: Was für Narren doch diese Sterblichen sind! Freilich wird auch die nichtsterbliche Elfenkönigin durch ihre Verzauberung in den tollen Spaß mit hineingezogen, und eben darin gipfelt die ganze Satire, daß die arme Titania zur Strafe für ihre törichte Liebe zu einem Mohrenkind sich in den Eselskopf des guten Zettel verlieben muß und in ihm das Ideal ihrer Herzensneigung zu erkennen meint.

Es hat etwas Widerstrebendes, gegenüber diesem heiteren Spiel der wunderbarsten Dichterphantasie auf die Pfade des Interpreten zu geraten, an eine Schöpfung, die ganz aus Blütenduft und Mondesglanz gewebt zu sein scheint, mit den tastenden Fingern heranzutreten. Es möge daher hier sein Bewenden mit dem ungesuchten Hinweis auf den sinnigen Kernpunkt dieser Märchenkomödie haben. Wenn schon überhaupt bei kritischen Analysen mit der erläuternden Zergliederung eines poetischen Gebildes meistens auch die Zerstörung desselben verbunden ist, so würde ein solches Verfahren gerade hier am wenigsten am Platze sein.

Etwas anderes ist es, wo in besonderen Fällen in der an metaphorischen Wendungen so überreichen Sprache Beziehungen auf Personen und Vorkommnisse zu ermitteln sind, durch die wir der Persönlichkeit des Dichters näher kommen und manche Aufschlüsse über die ihn umgebenden Verhältnisse erhalten, vorausgesetzt, daß wir es dabei nicht mit bloßen Auslegungen zu tun haben, sondern mit augenfälligen Tatsachen. Bezüglich einer solchen Stelle im „Sommernachtstraum" ist schon früher auf das in die Stratforder Kinderjahre des Dichters fallende berühmte Fest zu Kenilworth hingewiesen worden. Es betrifft die Stelle im 2. Akte 1. Szene, als Oberon dem Puck befiehlt, die zauberkräftige Blume zu holen, um ihren Saft auf das Auge der schlummernden Titania zu träufeln. Da das hierbei gebrauchte hochpoetische Bild von der „Sirene, die ein Delphin trug" usw. auf die vorhandenen Schilderungen des Kenilworther Festes genau paßt, so ist auch das Zielen Cupidos auf die „Vestalin, im Westen tronend" eine unabweisbare Anspielung auf Leicesters Bewerbung um die Königin. Wenn man mit dieser ungezwungenen Deutung sich nicht hat genügen lassen, sondern auch für das vom Pfeil getroffene weiße Blümchen, „purpurn jetzt durch Amors Wunde", eine bestimmte Person ausfindig gemacht hat, so war dies zum Verständnis des an sich so reizenden poetischen Bildes nicht gerade notwendig.

Eine andere, weniger auffallend hervortretende Stelle im „Sommernachtstraum" ist aber besonders interessant durch die darin enthaltene Anspielung auf eine den Dichter persönlich betreffende Angelegenheit. Bekanntlich wird im letzten Akte dem Theseus durch den Aufseher der Lustbarkeiten ein Verzeichnis der festlichen Veranstaltungen übergeben, aus denen er das von ihm Gewünschte wählen soll. Nachdem Theseus bei Lesung des Zettels die beiden ersten Nummern abgelehnt hat, findet er als drittes Stück verzeichnet: „Die dreimal drei Musen, trauernd um den Tod der jüngst im Bettelstand verstorbenen Gelahrtheit." Theseus lehnt auch dieses ab mit der Bemerkung: „Das ist 'ne scharfe kritische Satire (some satir, keen and critical), die nicht zu einer Hochzeitsfeier paßt." Daß hiermit auf eine Dichtung Edmund Spensers gezielt ist, die erst wenige Jahre vorher erschienen war, ist zweifellos. Nachdem von Spensers Hauptwerk „The fairy Queen" die ersten fünf Gesänge, die er der Königin widmete, seinen Ruf begründet hatte, veröffentlichte er im Jahre 1591 eine Sammlung verschiedener Poesien*), deren Entstehung zum großen Teil weiter zurückliegt. In dem einen dieser Gedichte, „Die Tränen der Musen", wird von den verschiedenen Musen Klage geführt über den Niedergang der Künste, mit besonderer Hervorhebung, wie auch in der dramatischen Dichtung die feinere Bildung durch rohen Witz, Unwissenheit und Barbarismen verdrängt worden sei. Da nun in zwei anderen Strophen des Gedichtes das eine Mal mit Bewunderung und zugleich mit Trauer von einer nur als „the pleasant Willy" bezeichneten Person die Rede ist, mit deren Tod auch alle Lust und Freude gestorben sei, — während in einer anderen Strophe von demselben edlen Geist (that some gentle spirit) gesprochen wird, der es vorziehe, in müßiger Zelle zu sitzen, — so hatte man die erstere der Strophen unbegreiflicherweise auf Shakespeare deuten wollen.45) Während aber eine Beziehung auf diesen, schon wegen der frühen Zeit, in der das Gedicht entstand, absolut unmöglich ist, und während auch die verschiedenen anderen Deutungen, die man jenen beiden Strophen hat geben wollen, auf die Personen durchaus nicht zutreffen, so hat man

---

*) „Complaints, containing sundrie small poems of the worlds vanity."

dabei ganz vergessen, die Frage sich vorzulegen, wie Shakespeare überhaupt dazu kommen konnte, in seiner Komödie auf Spensers „Tränen der Musen" in so ablehnender Weise anzuspielen, wie es in den Worten des Theseus geschieht. Die Ursache liegt eben ganz einfach in der Klage der Thalia über die durch rohe Unwissenheit verdrängte „Gelehrtheit".

Wurde ja doch Shakespeare in der ersten Zeit seiner Tätigkeit als Dramatiker, im Gegensatze zu den „gelehrten" Dichtern, mit denen zu rivalisieren er sich unterfing, als der ungelehrte Emporkömmling betrachtet. Selbst wenn er die Klage Spensers nicht auf sich persönlich beziehen wollte, so galt doch der Musen Klage auch der ganzen Richtung jener greuelvollen Blut- und Rachetragödien, zu denen er selbst so verwegen beigesteuert hatte, und an denen freilich auch so „gelehrte" Dichter wie Marlowe und andere beteiligt waren. Daß er aber durch jene Worte des Theseus so fein abweisend auf Spensers Musenklagen anspielte, macht es noch glaublicher, daß er selbst sich durch den gelehrten Kunstdichter angegriffen fühlte. Aber es ist auch wieder ganz charakteristisch, daß er auf den Angriff nur so beiläufig in so vornehmer Form reflektierte, mit des Theseus Motivierung: daß eine so beißende Satire zu der Hochzeitsfeier nicht passe. Und wenn es richtig ist, daß Shakespeare — wie man sagt — zu Spenser in freundliche Beziehungen getreten war, so könnten wir die Übergangsstufe zu dem guten kollegialischen Verhältnis eben in jener für Spenser bestimmten Erwähnung seiner „Tränen der Musen" erkennen. Es wird dies auch dadurch sehr wahrscheinlich, daß Spenser 1594 in seinem Gedichte „Colin Clout" auf Shakespeare hinzuweisen scheint, wenn er dort mit Bewunderung von einem Dichter spricht, dem keiner gleich kommt, und dessen Muse, ebenso wie sein Name (Shakespeare: Schüttelspeer) heroisch tönt.

Spensers Dichterlaufbahn war bis zu diesem Zeitpunkte eine glänzende gewesen. Geboren in London 1552, war er von Cambridge im Jahre 1576 nach der Metropole gekommen, wo er zunächst durch den allgemein geschätzten und auch am Hofe angesehenen Philipp Sidney schnelle Förderung fand, wofür Spenser ihm die erste seiner größeren Dichtungen „The shepherd's calender" widmete, die Spensers Dichterruhm begründete. Auch Sir Walter Raleigh, der ebenso Hofmann war, wie Seeheld und Dichter, sorgte mit Eifer für die weitere Laufbahn Spensers. Durch dessen Vermittelung hatte er von der Königin eine sehr ansehnliche Besitzung zu Kilcoman in der irischen Grafschaft Cork erhalten, wo er an seinem Hauptwerk „The fairy Queen" arbeitete. Als er dort Raleigh die ersten drei Bücher der übermäßig breit angelegten Dichtung mitgeteilt hatte, wurde er von diesem bewogen, mit ihm nach London zurückzukommen. Dort wurde durch Raleighs Vermittelung die Dichtuug zum Druck befördert und zwar mit einer Widmung an die Königin. Die mit der Laune der Elisabeth wechselnden Günstlinge, zu denen damals ganz besonders Raleigh gehörte, konnten natürlich auf den Beifall der stets nach Huldigungen verlangenden Herrscherin rechnen, wenn sie gelegentlich auf die Befriedigung ihrer Eitelkeitsgelüste bedacht waren.

Obwohl die erschienenen Gesänge der fairy Queen noch wiederholte Fortsetzungen erwarten ließen, so hatte doch schon dieser veröffentlichte Teil des Gedichtes so glänzenden Erfolg, daß damit Spensers Ruhm, als des größten Dichters seiner Zeit, allseitig anerkannt und festgestellt war. Dennoch folgten erst fünf Jahre später drei weitere Gesänge, die aber ebenfalls die Dichtung noch nicht zum Abschluß brachten.[46])

Unterdessen hatten die schon 1594 begonnenen irischen Aufstände unter dem Grafen Tyrone immer blutiger sich erneuert, und bei der Massenerhebung 1598 wurde auch das Besitztum Spensers, als des Sheriff von Cork, von den Aufrührern mit Feuer und Schwert verwüstet und das Schloß mit allem, was darin war, so völlig zerstört, daß Spenser nichts als sein Leben retten konnte und gänzlich verarmt nach London sich begeben mußte. Die Königin hatte ihm zwar für die Widmung der fairy Queen ein Jahresgehalt von fünfzig Pfund ausgesetzt, das aber — wie behauptet wird — nur einmal ihm ausgezahlt worden ist. Es war dies nur einer von den verschiedenen Fällen, in denen diese gepriesene Königin die anfänglich von ihr begünstigten Dichter, sobald diese genug für die Befriedigung ihrer Eitelkeit getan hatten, in herzlosester Weise fallen ließ. So hatte sie auch gegen John Lilly gehandelt, nachdem derselbe in seiner Hofstellung als master of the revels (Vergnügungsintendant) abgedankt worden war und trotz seiner flehentlichen Briefe an die Königin seiner Not überlassen blieb.

Was Edmund Spenser betrifft, so konnte derselbe in seiner Bedrängnis auf Raleighs Vermittelung nicht rechnen. Nachdem der unternehmende Seefahrer vergebliche Versuche gemacht hatte, in Südamerika das gepriesene Eldorado (eigentlich El Dorado: Goldland) aufzufinden, war er zwar 1595 von Guayana nach England zurückgekehrt, aber auch er geriet bald danach wegen der irischen Politik Englands in scharfe Kontroversen, die schließlich erst in der Katastrophe des Essex ihren tragischen Gipfelpunkt erreichen sollten.

Auch diese politischen Angelegenheiten sind hier, wenn auch nur in Kürze, zu erwähnen, da auch Shakespeare in der Folge in nähere Beziehungen zu den Genannten trat, namentlich aber durch den freundschaftlich gewordenen Verkehr mit Southampton Kenntnis von manchen politischen Verhältnissen, Hof- und Partei-Intriguen erlangte, die ihm zunächst für seine weiteren historisch-dramatischen Schöpfungen wertvolle Anregungen gaben. Die ganz allgemeine Begeisterung, die er besonders für „Romeo und Julie" erregt hatte, führte nicht nur dem Theater neue Freunde zu, sondern erweiterte auch den Kreis solcher Personen von Rang, mit denen er gelegentlich in persönliche Berührung kam. Auch das Vorurteil gegen einen gesellschaftlichen Verkehr mit Schauspielern konnte diesem außerordentlichen Menschen gegenüber bei Southampton nicht bestehen. Bei dem frischen und freien Sinne dieses Jünglings, bei seiner Abneigung gegen jeden Zwang fand dieser auch ein Vergnügen daran, zuweilen nach einer Theatervorstellung — die Aufführungen fanden in den Nachmittagsstunden statt und begannen zu dieser Zeit gewöhnlich um 3 Uhr — mit einzelnen seiner aristokratischen Freunde, unter denen besonders Lord Rutland zu den größten Bewunderern des Dichters gehörte, zu einem kleinen Gastmahl zu laden. Shakespeare würde darauf nicht eingegangen sein, wenn von seinen Kollegen nicht wenigstens der ihm nah befreundet gewordene Richard Burbadge ebenfalls dazu geladen worden wäre.

Burbadge verdiente auch diese Bevorzugung, die Shakespeare für ihn beanspruchte, denn er war und blieb auch fernerhin des Dichters zuverlässigste Stütze bei den meisten seiner Stücke. Schon durch Richard den Dritten war er der gefeiertste von den Schauspielern der Truppe geworden; danach folgte sein Romeo und ganz neuerdings hatte er als Shylock seine Vielseitigkeit in neuem Lichte zeigen können.*)

Es ist selbstverständlich, daß Burbadge im Sinne des Dichters das Genrehafte dieser Gestalt, sowohl als häßliches Individuum wie auch als nationalen Typus, ganz so hervortreten ließ, wie es der Anschauung der Zeit und ihrer harten Unduldsamkeit entsprach und wie es der Charakter der „Komödie" erforderte. Die Frage der Klassifizierung des „Kaufmann von Venedig" berührt ganz und gar das innerste Wesen dieses Schauspiels.47) Wenn auch das eminente Interesse, das die Gestalt Shylocks durch ihre wunderbar tiefe Charakteristik erregt, nach dieser Seite hin stark überwiegt, und wenn dadurch auch die dramatische Spannung früher zu Ende geht, als die Abwickelung des heiteren

---

*) Nach dem Tode Burbadges wurden in einem ihn preisenden Gedicht die berühmtesten seiner Rollen, sämtlich Shakespearesche, angeführt. Daß Richard III. darin fehlte, mag ein Versehen des Autors gewesen sein. Romeo ist bereits darin genannt, auch Shylock, der hier bezeichnenderweise als „der rothaarige Jude" (the redhaired jew) erwähnt ist.

Teils der Intrigue, so hat man doch bei der Gattungsbestimmung des Ganzen sich nur die Frage nach der einfach bürgerlichen Moral zu beantworten; diese aber ist schon in der italienischen Novelle ausdrücklich in dem Satze ausgesprochen: „Wer einem andern eine Grube gräbt, fällt selbst hinein". Und diese sprichwörtliche Moral, die auch durch die Vertiefung in der Shakespeareschen Auffassung und durch die reichere Ausgestaltung der Fabel nicht verdeckt wird, ist eine durchaus komödienhafte. Aus der ganzen Art und Weise, wie der Dichter bei der Lösung des ernsten Konfliktes den rachedurstigen Juden zum großen Gaudium aller in der eigenen Schlinge zappeln läßt, wie der um sein Opfer Betrogene außer der schweren Züchtigung, die ihm zuteil wird, nur Hohn erntet, ersieht man deutlich, daß in das heitere und farbenreiche Gemälde des venezianischen Karnevals und des paradiesischen Reiches der Portia damit kein ernster Schatten fallen sollte. Die Intention des Dichters, ein wirkliches Lustspiel zu schaffen, geht auch daraus hervor, daß er mehr als einen ganzen Akt lang mit der leichten Tändelei der Liebespaare über die Lösung des ernsten Konfliktes hinausgeht. Die äußerlichen Züge der Handlung hat Shakespeare auch hier in der Hauptsache einer italienischen Novelle entnommen, diese aber mit der anderen Geschichte von den drei Kästchen verwebt, da er die in Fiorentinis Novelle den Freiern der Dame von Belmonte auferlegten grausamen Prüfungen für die Komödie nicht gebrauchen konnte. Daß beide nebeneinanderlaufenden Teile der Handlung den märchenhaften Charakter nicht verleugnen, braucht nicht erst gesagt zu werden. Es gilt dies sowohl von dem Vertrag zwischen Shylock und Antonio und dem daraus entstehenden Rechtshandel, wie auch von der Geschichte mit den drei Kästchen. Die nicht eben tiefsinnige Lehre, daß nicht alles Gold ist, was glänzt, ist von dem Vater der Portia in einer Weise gemißbraucht, die der Tochter ganzes Lebensglück in frevelhafter Weise aufs Spiel setzt. Denn so gut wie Bassanio konnte ja auch jeder seiner Vorgänger auf die so naheliegende Idee kommen, daß gerade das schlichteste Kästchen den höchsten Wert enthalte und den Preis.

Sowie Shakespeare im Sommernachtstraum durch seine Einbildungskraft — „im schönen Wahnsinn" — eine unbekannte Welt zauberte und die Wirkungen seiner märchenhaften Gebilde auf die davon nichts ahnenden Sterblichen zeigt, so hat er im Kaufmann von Venedig das Märchenhafte zur Wirklichkeit erhoben, indem er für die an sich unglaubwürdigen Begebenheiten doch so lebensvolle, wirkliche Menschen schuf, daß durch diese für uns das Märchenhafte der Vorgänge in Vergessenheit kommt. Bei der Shylock-Fabel ergab sich für einen stets in die Tiefen dringenden Dichter die kulturhistorische Bedeutung des Juden, wie auch die Frage des abstrakten Rechtes von selbst. Daß er aber dies letztere Motiv auch zu so hoher ethischer Bedeutung erhob, stand ganz im Zusammenhange mit der herrlichen Erhöhung des Charakters der Portia. Denn diese ist in der Tat die Repräsentantin der sittlichen Idee des Stückes. Um den tragischen Knoten zu lösen, der sich um den aufopfernden Freund ihres Geliebten geschlungen hat, dazu reichte weder ihre selbstlose Liebe, noch ihr Reichtum aus; dazu mußten bei ihr Herz und Geist vereinigt in den Kampf treten. Es ist daher einer der schönsten und tiefsinnigsten Züge in Shakespeares Behandlung dieses Fabelstoffes, daß Portia, in ihrer Rolle als Rechtsgelehrter, nicht sogleich den unbarmherzigen Kläger mit seiner eigenen starren Logik schlägt, sondern daß der Dichter zuvor — in dem Hinweis auf die Pflicht der Gnade — sie in ihrer schönsten Menschlichkeit und von wahrhaft christlicher Gesinnung erfüllt dem Shylock gegenüberstellt, und daß sie erst — als dieser Anruf von Shylock abprallt — von der Waffe des Geistes Gebrauch macht, die ihn vernichtet.

In allen weiblichen Gestalten, die uns Shakespeare gegeben, mögen sie Julia, Beatrice, Viola oder Desdemona usw. heißen, ist er trotz allen Zaubers, mit denen er sie ausstattete, doch immer der größte Realist geblieben. Seine Portia im Kaufmann von

Venedig ist hingegen die einzige seiner weiblichen Gestalten, in der er, durch ihre verschwenderische Ausstattung mit allen Reizen und allen Vorzügen des Herzens und des Geistes, eine vollkommene Idealfigur geschaffen hat, die — dennoch lebt. Aber die Heimat dieser Portia ist nicht Belmonte und nicht Italien, sondern es ist das Vaterland des Dichters selbst, denn sie ist das Ideal einer schönen, graziösen und geistreichen Engländerin. Ich sage: das Ideal, d. h. so wie es seinem Geiste vorschwebte, nicht wie er ein solches nach dem wirklichen Leben geschildert haben sollte. Aber die englische Nationalität ist in dieser Portia so unverkennbar, daß er dafür sehr wohl einzelne Züge aus dem Leben, soweit dafür seine Beobachtung reichte, nehmen konnte. Es ist sehr wahrscheinlich, daß der Dichter durch seine Freundschaft mit Southampton und durch die daraus sich gestaltenden Beziehungen auch zu anderen Personen aus dem Umgangskreise seines Gönners gelegentlich auch solche Damen kennen lernte, die für die Huldigungen seitens der jungen Lords besonders empfänglich waren und in ihrem Werte doch wohl erheblich höher standen als jene „Schönen", die von den Marlowe, Greene und Peele des nähern Umgangs gewürdigt wurden. Aber auch der Dichter von „Venus und Adonis" wird an der Seite seines hohen Patrons sicher nicht unbeachtet geblieben sein.

Was Shakespeares Beziehungen zu Southampton betrifft, so mag hier daran erinnert sein, daß eben zu dieser Zeit jene Reihe seiner frühesten Sonette entstanden sein muß, in denen er mit aller Kunst der poetischen Dialektik seinen hochstehenden Freund zum Heiraten überredete. Von den 126 an den „Freund" gerichteten Sonetten behandeln die ersten 17 ganz ausschließlich nur dies Thema, das in einem erstaunlichen Reichtum von Varianten behandelt wird. Das Rätsel dieser ganzen Sonetten-Sammlung, die — wie hier wiederholt werden muß — erst viel später und ohne des Dichters Zutun veröffentlicht wurde, wird schwerlich jemals in allen Teilen ganz zu lösen sein. Daß aber die 126 an den

„Freund" gerichteten Sonette Southampton galten, ist mindestens höchst wahrscheinlich, von den siebzehn ersten aber kann es mit voller Gewißheit gesagt werden. Den Zeitpunkt für die Entstehung dieser ersten Gruppe wird man mit ziemlicher Sicherheit annehmen können und zwar wegen eines Umstandes, der, wie mir scheint, dafür ins Gewicht fällt. Im Jahre 1595 hatte Southampton eine heftige Leidenschaft für die schöne Mrs. Elisabeth Vernon, eine Cousine des Grafen Essex, erfaßt. Im September 1595 schrieb Roland White in einem Briefe an Sir Robert Sidney über diese Angelegenheit: „Mylord Southampton bemüht sich mit allzu großer Vertraulichkeit um die schöne Mrs. Vernon, während seine Freunde, die der Königin Launen gegen Lord Essex bemerken, alles Mögliche tun, um ihn bei ihr in Gunst zu setzen; es ist aber zurzeit noch vergeblich."

Ob nun Shakespeare bereits darum wußte, möge dahingestellt bleiben. Ist dies aber der Fall, so war ihm auch Southamptons Unlust bekannt, sich durch eine Heirat Fesseln anlegen zu lassen, und der Dichter wollte ihn deshalb um so eifriger zu dem Schritte der Heirat antreiben. Jedenfalls ist dies eher anzunehmen, als daß er, ohne jegliche Kenntnis jener Beziehungen, ihn nur ganz im allgemeinen zum Heiraten bewegen wollte. Dabei ist es ganz begreiflich, daß die Sonette keine, sei es auch noch so verschleierte, Hindeutung auf ein bestimmtes weibliches Wesen enthalten konnten, und deshalb ist, schon aus natürlicher Diskretion, das Thema immer nur ganz im allgemeinen behandelt, wobei der Dichter unerschöpflich in seiner poetischen Beredsamkeit ist, dasselbe Thema immer wieder in neuen Bildern und Formen zu variieren. Da gleich das erste in dieser Reihe in seiner am wenigsten gekünstelten Formgebung des Gedankens zu den besten gehört, ist es manchem vielleicht willkommen, wenn dasselbe hier eingeschaltet wird.*)

---

*) Bei der Gedankenfülle und der besonderen Kunstform dieser Sonette

Von schönsten Wesen wünschen wir Vermehrung,
Damit der Schönheit Rose nicht vergeh',
Und stirbt sie dennoch durch der Zeit Verheerung,
Im zarten Sprößling man ihr Abbild seh'.
Doch Du, dem eigner Augen Glanz genügt,
Nährst Deines Lichtes Flamm' mit eignem Feuer,
Schaffst Hungersnot, wo Überfülle liegt,
Dir selber Feind, des holden Ichs Bedräuer.
Hab' Mitleid mit der Welt, verschling' aus Gier
Ihr Pflichtteil nicht in Deinem Grab mit Dir.

Das zweite der Sonette beginnt mit der Mahnung, an spätere Zeiten zu denken:

Wenn vierzig Winter Deine Brau'n belagern — usw.;

im dritten mahnt er ihn, in den Spiegel zu blicken, um zu er-kennen, daß er von diesem Bilde ein Abbild schaffen müsse, — und so geht es fort in den weiteren vierzehn Sonetten — derselbe Gedanke in immer neuen Formen mit neuen Bildern geschmückt.

Auch bei der Gesamtheit der Sonette ist nicht außer acht zulassen, daß es bei dieser italienisierenden poetischen Gattung stets darauf ankam, das angeschlagene Thema durch künstliches Hin- und Herwenden nach allen Richtungen zu erschöpfen, ein Umstand, der es bei den anderen Sonetten Shakespeares sehr schwierig macht, das Vorhandensein wirklicher Empfindungen zu einem realen Gegenstand von einer bloßen dichterischen Imagination zu unterscheiden.

Da Southamptons Heirat mit Elisabeth Vernon erst 1598 stattfand, so wird zurzeit auf diese Angelegenheit, wie auch auf die Sonettenfrage zurückzukommen sein.

---

wird eine annähernd gute Wiedergabe durch Übersetzung kaum zu erreichen sein. Ich gebe die obige Probe in einer Kombinierung aus den besten Übersetzungen: Von G. Regis (Shakespeare-Almanach, 1836) und von Fritz Kraus (Leipzig 1872, W. Engelmann).

Bei einem Charakter wie Shakespeare war es ganz selbstverständlich, daß bei seiner Freundschaft mit Southampton und
bei den daraus sich ergebenden Beziehungen auch zu anderen Persönlichkeiten jenes Kreises dennoch der eigentliche und feste Boden
für seinen täglichen Verkehr das Theater blieb. Von seinen
Kollegen standen ihm Richard Burbadge und John Heminge
am nächsten, nicht nur durch gegenseitige freundschaftliche Anhänglichkeit, sondern auch dadurch, daß diese seinem geistigen Schaffen
ihre verständnisvolle Anteilnahme zuwenden konnten und bei einer
neuen für das Theater bestimmten Schöpfung ihre Meinungen
mit ihm austauschten. In gewissem Sinne war dies auch bei
Thomas Kempe, seinem ausgezeichnetsten Vertreter der komischen
Rollen, der Fall, indem Kempe ihm zuweilen den Wunsch zu
erkennen gab, für seine Rolle etwas reichlicher bedacht zu werden.
In „Romeo und Julie" konnte freilich der für ihn eingefügten
Rolle des Peter keine größere Ausdehnung gegeben werden. Um
so reicher war er dafür im „Sommernachtstraum" durch den
köstlichen Bottom (Zettel) entschädigt worden und danach nicht
weniger mit der so dankbaren Episode des richtigen Clown
Lanzelot Gobbo.

Zwischen den zuletzt genannten Stücken, vielleicht auch noch
vor ihnen, hatte Shakespeare wiederum aus der ergiebigen Ge-
schichtsquelle, der Chronik von Holinshed, geschöpft, und es war
diesmal die Geschichte des Königs Johann, in der ihn der
Kampf zwischen der königlichen Macht und der Herrschaft der Kirche
anzog. In der dichterischen Ausarbeitung trat daneben die Gestalt
des Bastard Philipp Fauconbridge immer mehr in den Vordergrund. Wenn dies schon durch die Beziehung zu dem englischen
Nationalhelden Richard Löwenherz erklärlich ist, so war es dabei
für die dramatische Wirkung kein Schade, wenn hierdurch das politische Interesse (in der Befestigung der Adelsrechte durch die Magna
Charta) zu kurz kam. Obwohl aber das Genie des Dichters die
Gestalt des Bastards durch den Glanz seines überlegenen Humors

zu einem seiner interessantesten lebensprühenden Charaktere gestaltet hat, so vermochte er es dennoch nicht, trotz mancher anderen hervorragend schönen Partien, für das ganze Drama eine volle Teilnahme zu erregen. Und daß er gerade nach dem so eindringlichen und mächtig packenden Richard III. mit dem König Johann eine annähernd gleiche Wirkung nicht erreichen konnte, ist aus mehr als einer Ursache erklärlich. Tatsache ist es, daß das gedruckte Buch von Richard dem Dritten immer wieder in neuen Auflagen erschien, während vom König Johann überhaupt ein Einzeldruck nicht bekannt ist und wohl auch nicht erschienen war. Nicht in allen Fällen kann das Erscheinen oder Fehlen eines Einzeldruckes als Maßstab für die Beliebtheit eines Stückes gelten; in diesem Falle aber hat es neben dem dauernden Erfolge der Richard-Tragödie seine Bedeutung. Die Charakterzeichnung des Königs Johann selbst ist undeutlich; er wirkt nur unsympathisch, aber ein Interesse kann er nicht einflößen. Nur die so schön und rührend gezeichnete Gestalt des Knaben Arthur vermag eine menschliche Teilnahme zu erwecken, aber auch diese wird beeinträchtigt durch die unruhigen, fortwährenden Wechselfälle in den kriegerischen Ereignissen und in den hin- und herschwankenden Parteibildungen.

Sehr auffällig ist es, daß — während Shakespeares „König Johann" erst nach dem Tode des Dichters in der Gesamtausgabe seiner Dramen gedruckt wurde — ein älteres Schauspiel vom König Johann, das schon 1591 ohne Autornamen gedruckt war, noch in späteren Jahren mit dem Namen Shakespeares erscheinen konnte.[48] In der hieraus entstandenen viel erörterten Frage: ob jener ältere König Johann von einem anderen (unbekannten) Dichter herrühre, oder ob es eine Jugendarbeit von Shakespeare selber sei, die er dann später umarbeitete, ist es viel schwerer, zu einer festen Überzeugung zu kommen, als in dem früher erwähnten Fall der beiden Teile Heinrichs VI. Im Szenengange sind beide Stücke ziemlich übereinstimmend; aber in der Ausarbeitung der Charaktere wie in der ganzen poetischen Diktion steht das authentisch Shakespearesche Stück so unvergleichlich höher, als der ältere König Johann, daß es unentschieden bleiben wird, ob er das Stück eines anderen, oder sich selber so erheblich verbessert hat. Denn mit bloßen Behauptungen, auch wenn sie mit dem Schein vollster Überzeugung aufgestellt werden, ist es hier nicht getan.

Dasselbe gilt von den sehr abweichenden Meinungen darüber, in welche Zeit das Shakespeare=Drama zu setzen sei. Wenn aber bei dem Mangel entscheidender Gründe auch hier nur Ansicht gegen Ansicht stehen wird, so glaube ich doch, daß „König Johann" keinesfalls später als 1595 geschrieben sein könne, und zwar deshalb nicht, weil der Dichter in den nächstfolgenden Jahren an die Ausarbeitung jener Dramenreihe gegangen sein muß, in der er als vollkommener Meister in der Behandlung der englisch historischen Stoffe sich zeigen sollte: in der den Kriegen der roten und weißen Rose vorausgehenden Lancaster=Tetralogie.

Während er aber mit dem ersten dieser zusammengehörenden vier Stücke — mit König Richard dem Zweiten — schon beschäftigt war, wurde er durch ein ihn persönlich berührendes, sehr schmerzliches Ereignis nach seiner Heimat Stratford zurückgerufen.

Es ist kaum zu bezweifeln, daß er schon vorher, sobald seine Erfolge in London ihm größere Einnahmen verschafft hatten, entweder Geld hingeschickt hatte, oder auch — was noch bestimmter anzunehmen ist — selbst hingereist war, um durch seine Ermittelungen zu erkennen, was er für die Verbesserung der Verhältnisse seines Vaters tun könne, zugleich aber auch von dem Gedeihen seiner Kinder sich zu überzeugen. Da traf ihn nun im August des Jahres 1596 in London die Kunde, daß sein einziger Sohn — der in der Taufe anfangs Februar 1585 den Namen Hamnet erhalten hatte (vergl. S. 74) — ihm durch den Tod entrissen war. Sein diesmaliger, durch den schmerzlichen Trauerfall veranlaßter Aufenthalt in Stratford dauerte länger als sonst, so lange, bis

er mit seiner Umsicht und Geschäftskenntnis, wie auch mit seinen
darauf verwendeten Geldmitteln es erreicht hatte, daß er teils
durch Zahlung von Schulden des Vaters, teils durch übernommene
Bürgschaft denselben von allen weiteren Bedrängnissen befreite,
zugleich auch Vorkehrungen traf, um der Wiederkehr solcher Zu=
stände vorzubeugen. Shakespeare erwies sich hierdurch nicht nur
als der liebevolle Sohn, sondern er legte damit auch Zeugnis
dafür ab, daß das Genie nicht notwendig mit Liederlichkeit oder
mit der Unfähigkeit fürs praktische Leben verbunden zu sein braucht.
Das größte dichterische Genie aller Zeiten war aber auch in
diesem Punkte — Engländer.

In dasselbe Jahr 1596 fällt auch der Anfang einer anderen
Angelegenheit, die er im Interesse seines Vaters betrieb, oder
auch vielleicht durch diesen für sich selbst betreiben ließ. In
diesem Jahre nämlich, schon vor dem letzten Besuche Williams,
hatte John Shakespeare die ersten Schritte getan, durch das
Heroldsamt die Verleihung eines Wappens zu erlangen. In
seiner deshalb gemachten Eingabe suchte er nachzuweisen, daß
seine Vorfahren unter König Heinrich VII. (dem Besieger Richards III.)
sowohl durch Tapferkeit wie durch treue Anhänglichkeit sich verdient
gemacht hätten; und er machte für sich selbst auch seine ehemalige
Würde als Bürgermeister von Stratford geltend. Aber auch John
Shakespeares Ehefrau, die Mutter des Dichters, stammte als ge=
borene Arden aus altem und ehrenwertem Geschlecht, und ihr Vater
Robert Arden wurde denn auch in dem Antwortschreiben des
Heroldsamtes als Esquire bezeichnet. Obwohl aber damals schon
das Wappenschild für Shakespeare ausgeführt war und der Dichter
dadurch als „Gentleman" anerkannt wurde, so hatten sich doch
die Verhandlungen durch mancherlei Umstände (die für uns gleich=
gültig sind) so lange hingezogen, daß erst drei Jahre später dem
Vater die gesetzliche Beurkundung des Wappens zugestellt werden
konnte, was endlich durch die dem Dichter so gewogenen hohen
Freunde erreicht wurde; denn Graf Essex, der vertraute Freund

Southamptoms, war seit 1597 Marschall und Haupt des Herolds-Kollegium.

Das Wappen zeigt einen Schild, auf dessen goldenem Grunde von rechts nach links aufwärts ein schwarzer Schrägebalken und auf dessen Fläche in gleicher Länge ein silberner Speer. Auf dem bekränzten Schilde steht ein Falke mit ausgebreiteten Flügeln, in der rechten Klaue einen aufrechtstehenden goldenen Speer haltend.[49])

Daß Shakespeare durch die Verleihung des Wappens wenn auch nicht zum Adel, so doch zur Gentry gehörte, wird ihm besonders in seinem Stand als Schauspieler und bei der damals mehr noch als heute so strengen Beobachtung der Standesunterschiede nicht ganz gleichgültig gewesen sein. Der Hauptwert freilich, den die Verleihung in seinen Augen haben konnte, war ihm durch den Tod seines elfjährigen Sohnes verloren gegangen. Daß ihm aber ein zweiter Sohn geboren werden würde, war für ihn ausgeschlossen. Tiefer noch, als er selbst es vielleicht schon empfunden hatte, zeigte sich ihm in Stratford die Kluft, die ihn von jener Frau schied, die so verhängnisvoll in sein junges Leben getreten war. Sein ganzes Fühlen und Denken hatte in den zehn Jahren eine so schnelle Entwickelung der jugendlichen Keime genommen, daß er sich jetzt auf dem alten und unverändert gebliebenen Boden wenn auch nicht fremd, aber doch fast als ein anderer Mensch fühlen mußte. Nicht daß er sich nach dem glanz- und geräuschvollen Leben und nach dem andern Umgang in der Weltstadt besonders zurücksehnte. Dafür war er eine zu tiefe und innerlich feste Natur, und die Bedeutung dieses ganzen Lebens, mit allen ihn bewegenden Fragen und Geheimnissen, mit Höhen und Tiefen, täuschenden Genüssen und Nichtigkeiten, — alles das empfand er in Stratford jetzt nicht anders, als er es in London gefunden. Aber dort stand er noch mit ganzer Kraft und mit vollster Erkenntnis in seinem Berufe, und für die Fülle seiner Empfindungen und Gedanken war ihm für jetzt dieser Beruf noch eine

Notwendigkeit. Was ihn dagegen innerlich noch mit Stratford ver=
bunden hielt, war die Liebe zu seinen beiden Töchtern, der nun=
mehr zwölfjährigen Susanna und der jüngeren Schwester Judith,
denen er seine Zärtlichkeit zuwendete. Und die eine Beruhigung
wenigstens nahm er jetzt von dort mit sich, daß sein Weib Anna
den beiden Mädchen gegenüber keine Pflicht, die einer Mutter
auferlegt ist, versäumte. Zu ihm war die Frau wohl etwas scheu
geworden, aber um so eifriger hatte sie dabei ihre Liebe den
beiden Töchtern zugewendet.

Nachdem William Shakespeare den einzigen Sohn hatte zu
Grabe tragen sehen, und nachdem er alles Erdenkliche getan hatte,
— nächst der Versorgung seiner Kinder — auch dem Vater und
der Mutter ein sorgenfreies Dasein vorzubereiten, war er in sehr
ernster Stimmung nach London zurückgekehrt, um nun wieder
ganz seinem gebieterischen Genius zu folgen und zunächst die Arbeit
an dem schon begonnenen neuen Drama „Richard der Zweite"
fortzusetzen.[50])

Man kann bei dieser wenig hinreißenden und doch so sehr
bedeutenden Tragödie wahrnehmen, daß er im allgemeinen daran
weniger mit der Empfindung als mit dem erwägenden Verstande
arbeitete, und so ist Richard der Zweite mehr als irgend eines
seiner historischen Dramen das ausgesprochen politische Stück
geworden. Darin liegt seine Bedeutung und zugleich auch die
Ursache, daß die dramatische Wirkung dieser seiner hohen Bedeutung
nicht völlig entspricht.

Aus der ganzen Anlage dieses Stückes ist es zu erkennen,
daß Shakespeare schon hier die weitere Folge dieser Dramenreihe
— bis zum Höhepunkt Heinrich der Fünfte — klar überschaute,
um schon in diesem ersten Stücke der Lancaster=Tetralogie den festen
Grund zu legen für die nachfolgenden Heinrichs=Dramen. Für
diese ist Richard der Zweite im Sinne des Dichters die notwendige
Vorbedingung geworden in der mit größter Bestimmtheit dar=
gelegten Tendenz: einem von Hoheitsdünkel erfüllten, auf das ihm

durch die Geburt zugefallene Recht des Herrschers übermütig pochenden, dabei aber unfähigen Könige — den Usurpator gegenüberzustellen, der zwar nicht das Legitimitätsrecht für sich in Anspruch nehmen kann, aber durch vorsichtige Berechnung und politische Klugheit das Recht der Befähigung für das Herrscheramt erwirbt und als kluger Herrscher sich zu behaupten weiß. Mit großer Überlegung und Sorgfalt hat der Dichter diese Gestalt des Heinrich Bolingbroke, späteren Königs Heinrichs IV., ausgearbeitet und sein erst in den folgenden beiden Stücken vollendetes Charakterbild schon in Richard II. in den feinsten Zügen vorbereitet.

Wie Shakespeare in dieser neuen Reihe der Historien von dem Chronikenstil sich bereits völlig frei gemacht hat und bei der gewonnenen Sicherheit in Behandlung der szenischen Ökonomie die Vorgänge auf ihre entscheidenden Momente zu konzentrieren wußte, das tritt auch in dem äußerlichen Merkzeichen hervor, daß die drei Stücke bis zum Tode Heinrichs IV. geschichtlich einen viel kürzeren Zeitraum umfassen, als der erste Teil König Heinrichs des Sechsten allein.51) Dies aber konnte er nur dadurch erreichen, daß er in Richard II. erst mit den zwei letzten Jahren seiner Regierung begann, sonach alle vorausgegangenen Ereignisse, die wachsende Despotie des Königs, den Aufstand Wat Tylers, die Verschwörung seines Oheims Gloster und dessen Ermordung usw., nicht mit in die Handlung gezogen hat. Dieses der dramatischen Einheitlichkeit zugute kommende Verfahren läßt zugleich des Dichters Absicht erkennen, den Schwerpunkt dieses Dramas nicht in die Anhäufung von Schuld zu legen, von der die Geschichte berichtet. Um so stärker betonte er diejenigen Handlungen seiner Mißregierung, die das Wohl und das Ansehen des Staates schwer erschüttern mußten. Und dies ist der Punkt, auf welchem sowohl die politische Berechtigung des begabten Usurpators Bolingbroke einsetzt, zugleich aber auch dessen tragische Schuld, die der Dichter für die beiden folgenden Dramen brauchte und verwertete.

Mit höchster Sorgfalt ist dabei die politische Tendenz des

Stückes in der Charakterisierung des Königs dargelegt. Nach=
dem Richard zuerst durch die rechtswidrige Verbannung Boling=
brokes und danach — weil der König Geld braucht — durch die
nicht minder rechtswidrige Einziehung der Güter des Verbannten
sich schwer vergangen hat, handelt er in rohester Weise gegen den
alten Oheim Gaunt, der durch solche Frevel die Zerrüttung des
Staates kommen sieht. In dem Hoheitsdünkel Richards, in seinem
Pochen auf die ihm von Gott verliehene königliche Macht denkt
er nicht an die Pflichten, die ihm damit auferlegt sind. Mit seiner
übermütigen, auf Selbstverherrlichung beruhenden Günstlings=
wirtschaft, in der er nur den selbstsüchtigen Schmeichlern sein
Ohr leiht, aber dem wohlmeinenden Rate der Würdigeren unzu=
gänglich ist, setzt er das Ansehen des Staates herab und bereitet
sich selbst seinen Untergang und zwar durch denjenigen, den er
aus Mißtrauen schwer verletzt hat. Erst in seinem Unglück treten
die weicheren Seiten seines Charakters hervor, zeigen aber auch
zugleich seine Unfähigkeit als Herrscher. Anstatt gegen die ihm
drohenden Gefahren tatkräftig sich zu erheben, findet er es be=
quemer, sich immer tiefer in eine Glaubensmystik zu versenken.
Dann klammert er sich ganz an sein Vertrauen auf die Hilfe
des Himmels, denn — sagt er — „nicht alle Flut im weiten
Meere könne den Balsam vom gesalbten König waschen", und
für jeden Kämpfer Bolingbrokes

> Hat Gott für seinen Richard einen Engel
> In Himmelssold: mit Engeln im Gefecht
> Besteht kein Mensch; der Himmel schützt das Recht!

Aber in derselben Stunde treffen ihn Schlag auf Schlag
weitere Unheilskunden. Da wo der Schmerz ihn am tiefsten er=
greift, blitzt wieder momentan das Bewußtsein seiner Würde aus
den jammervollen Klagen hervor, aber auch der Trotz auf die
von Gott ihm verliehene Königsgewalt. Indem er in solchen
Momenten erst das Recht seiner unantastbaren Majestät mit
Heftigkeit geltend macht, wirft er gleich darauf wieder alle Würde

von sich und gesteht in ohnmächtigem Trotze und zugleich in er=
niedrigender Schwäche dem Bolingbroke mehr zu, als dieser bei
seiner klugen Mäßigung fordert, indem er gegenüber der Red=
seligkeit des Königs wortkarg, aber handelnd, sicher und ruhig
vorwärts schreitet.

In allen solchen Zügen tritt der Grundgedanke des Stückes
aufs deutlichste und in heller Beleuchtung hervor, der Grund=
gedanke, den man kurz als die „Tragödie des Gottesgnaden=
Königtums" bezeichnen kann.

Als bedeutungsvoll für diese Tendenz ist hier zu erwähnen,
daß die beiden ersten Drucke des Stückes (die Quartausgaben von
1597 und 1598) die große Parlamentsszene des 4. Aktes, in
der König Richard in aller Form zur Abdankung genötigt wird,
noch nicht enthielten. Sicher ist sie von Anbeginn vorhanden
gewesen, durfte aber nicht aufgeführt werden, da die Königin es
nicht für angemessen gehalten hätte, die förmliche Absetzung eines
legitimen Herrschers dem Volke vorzuführen. Da die Darstellung
nicht gestattet war, konnte die Szene auch nicht für den Druck nach=
geschrieben werden, und erst in einer späteren Ausgabe — nach
dem Tode der Elisabeth — wurde sie eingefügt, und zwar mit
dem ausdrücklichen Hinweis auf dem Titelblatt. Daß schon vorher,
bei dem Aufstande des Grafen Essex, das Stück ausersehen war,
dabei eine Rolle zu spielen, wird man später erfahren.

Wenn in Richard dem Zweiten die Tendenz in der klaren
Veranschaulichung des Grundgedankens besonders den nachfolgenden
beiden Dramen zugute kommt, so ist nicht in Abrede zu stellen,
daß in der Tragödie Richards selbst das Charakterbild des Königs
so fein dasselbe auch ausgeführt ist, eine volle dramatische Wirkung
nicht recht aufkommen läßt. Mit den geschichtlichen Überlieferungen
ist der Dichter hier in einer Hinsicht umgekehrt verfahren, als bei
der Dramatisierung Richards des Dritten. Während er bei diesem,
um das Schreckbild recht eindringlich zu machen, keinen Zug, der
in der Chronik oft nur angedeutet ist, sich entgehen ließ, um

alles Verbrecherische, auch wo es geschichtlich nicht verbürgt ist,
auf sein Haupt zu häufen, hat er in Richard dem Zweiten das
Sündenregister dieses Königs eher vermindert. Es geschah dies
nicht allein in der schon angedeuteten Rücksicht auf die dramatische
Ökonomie des Stückes, sondern auch aus anderem Grunde.
Gerade wegen des Abstandes von jener energisch dämonischen
Natur mußte er nach Vorführung seiner Vergehungen, mit denen
das Drama beginnt, ihm andere persönliche Eigenschaften ver=
leihen, die ihm wenigstens in seinem Unglück und schließlichen
Untergang ein gewisses Mitgefühl zuwenden. Hierdurch aber hat
das Charakterbild etwas Zwiespältiges erhalten, das eine volle
innere Teilnahme, sei es gegen ihn oder für ihn — nicht auf=
kommen läßt. Auch von den anderen dramatischen Gestalten
dieses Dramas tritt neben den in wenigen, aber feinen Zügen
gezeichneten Bolingbroke nur der alte Herzog von York als eine
lebensvolle Gestalt von echt Shakespeareschem Geiste und von
ganz individuellem Gepräge hervor. Im ganzen aber herrscht in
dem Drama durchgängig ein etwas eintöniges Grau, und auch
die mancherlei poetischen Schönheiten konnten daran nichts ändern.
Es fehlen eindringliche Höhepunkte und es fehlt vor allem der
Farbenreichtum, mit dem der Dichter sonst so verschwenderisch
schalten durfte und der ganz besonders in dem nachfolgenden
Heinrichs=Drama in voller Pracht uns entgegenleuchtet.[52])
    In „Heinrich dem Vierten" (1. Teil) haben wir nach
dem vorausgegangenen Drama den Eindruck, als ob plötzlich ein
leichter Nebelschleier geschwunden wäre und alles — wie nach
trüben Regentagen — in sonniger Klarheit leuchtete. Alles hat
warmes Leben und gesättigte Farben erhalten und eine jede der
so zahlreichen Gestalten kommt zu so greifbar körperlicher Er=
scheinung, daß sie schon für sich ein eindrucksvolles Charakterbild
ist. Das Genie und die hohe Kunst des Dichters zeigt sich hierin
um so bewundernswürdiger, als es hier bei dem historischen Stoff
doch nur um Vorgänge von durchaus national englischem Interesse

sich handelt, zu denen wir kaum tiefere Beziehungen haben können. Denn allgemein menschliches Interesse, das über die begrenzte Nationalität hinausreichte, kommt hier viel weniger in Betracht, als es in den Bürgerkriegen der roten und weißen Rose und in der Tragödie Richards III. der Fall ist. Und dennoch — wie hoch erhebt sich die neuere Dramenreihe über jene früheren Historien, sowohl aus der tieferen Anschauung des Dichters für den geschichtlichen Geist, wie auch in seiner künstlerisch gesteigerten Kraft der poetischen Darstellung! Ich halte es daher bei den in Deutschland wiederholt gemachten Versuchen, die ganze Historien- reihe in chronologischer Folge der Ereignisse vorzuführen, für einen empfindlichen Übelstand, daß die dichterischen Meisterwerke beginnen müssen und die vielfach noch unvollkommenen jugendlicheren Schöp- fungen jenen sich anschließen.

Von den beiden so sorgsam ausgearbeiteten Charakterbildern des Königs Heinrich und seines für den Thron berufenen Nach- folgers will ich nicht reden, denn der Dichter hat, um sie er- schöpfend zu charakterisieren, für einen jeden drei ganze Stücke gebraucht. Sowie das Porträt des Königs Heinrich schon in der Tragödie Richards II. vorbereitet ist, so hat auch der Prinz und spätere König Heinrich V. in den beiden Teilen Heinrichs IV., bis gegen den Schluß des ersten Teils, für seine Charakter- entwicklung die vorbereitende Grundlage erhalten, bis er in dem dritten Stücke zur Größe emporsteigt. Aber mit was für Ge- stalten hat der Dichter diese beiden historischen Mittelpunkte um- geben, vor allem im ersten Teile des vierten Heinrich! In erster Reihe Heinrich Percy der Heißsporn, dies Juwel von feuersprühender Kraft, ritterlicher Treuherzigkeit und — untermischt mit den humor- vollen Zügen seines sich überschlagenden Kampfes-Furors — der ehrlichen und freudigen Heldennatur. Neben ihm dieser North- umberland, der stolze Große, der stets bereite Verschwörer, mehr aus Neigung als von wirklichem Beruf. Und wie steigert sich der Farbenreichtum dieser Charaktere mit den hinzutretenden

Verschwörern, dem tapferen Schotten Douglas, dem nicht minder tapferen, aber prahlerischen Glendower. Diejenigen, welche sich und anderen einreden wollen, daß schon die Jugendwerke unter den englischen Königsdramen den großen Meister erkennen lassen, möchte ich nur auf die erste der Verschwörungsszenen in „Heinrich dem Vierten" verweisen, die in ihrem schnell und folgerichtig sich steigernden Aufbau ein glänzendes Meisterstück für sich ist, und möchte fragen, ob in den älteren Stücken irgend etwas im Stoffe Gleichartiges zu nennen wäre, das mit diesen Verschwörungsszenen auch nur annähernd zu vergleichen wäre. Das Genie des Dichters zeigt sich besonders in diesen Lancaster-Dramen auch darin, wie er die von der Chronik ihm gegebenen Stoffe so ganz sein eigenes Empfinden durchdringen ließ, daß er, im Gegensatze zu dem Chronikenstil, für die Ereignisse auch wirkliche, lebendige Menschen schuf, deren Triebe wir mitempfinden können. Für die glänzendste unter allen diesen Gestalten, für den tollköpfigen, in seinem sich überstürzenden Eifer und seiner ehrlichen Derbheit so liebens=würdigen Percy, wußte der Dichter das Lebensvolle der Gestalt nicht wenig dadurch zu steigern, daß er ihn auch in den kleinen häuslichen Szenen in seinem frischen Wesen uns vorführt. Ohne die Szene mit Lady Percy (2. Akt, 3. Szene) würde dem ganzen Porträt bei all seiner Schönheit dennoch ein wertvoller Zug fehlen. Die kleine Szene ist aber auch wichtig für das dem Helden so ebenbürtige weibliche Seitenstück, denn unter allen Frauengestalten in diesen Historien ist diese Käte die weitaus anziehendste, und der Dichter hat sie auch noch im zweiten Teile verwendet, um durch die rührend schöne Schilderung ihres Percy diesen wenigstens in unserer Erinnerung wieder lebendig zu machen.

Für die weitere Ausführung und Vollendung des Charakter=bildes Bolingbrokes als König Heinrich hatte der Dichter in den beiden, des Königs Namen tragenden Stücken einen breiten Spielraum. Um die Zusammengehörigkeit dieser Stücke ausdrück=lich hervorzuheben, weist er schon in Richard II. auf die Folgen hin, die sich aus dem Sturze dieses Königs ergeben werden. Vor seinem schon entschiedenen Untergange wendet sich einmal König Richard gegen seinen hartnäckigsten Gegner Northumberland, indem er ihm prophezeit, welcher Unfriede aus diesem bösen Samen erwachsen werde:

> Du wirst denken,
> Gibt Dir der König auch sein halbes Reich,
> Zu wenig sei's, da Du ihm alles schafftest;
> Und Er wird denken, Du, der Mittel weiß,
> Ein unrechtmäßig Königtum zu stiften,
> Du werdest leicht gereizt, auch Mittel finden,
> Wie man ihn stürzt vom angemaßten Thron.

Von diesem gegenseitigen Mißtrauen sehen wir denn auch schon im Beginn des ersten Teils Heinrichs IV., hier den König, dort Northumberland und seine Verbündeten, erfüllt. Die auf Vorsicht und Mißtrauen basierende diplomatische Kunst Bolingbrokes ist beim König Heinrich bereits in schärferen Linien gezeichnet. Wenn es ihm zuvor gelang, mit seiner politischen Klugheit und seinen hervorragenden Fähigkeiten sich eine Macht zu erobern, so gilt es jetzt, diese Macht sich zu erhalten. Und wie er den errungenen Besitz gegen seine Feinde verteidigt und gleichzeitig die staatliche Ordnung zu schützen weiß, zeigt aufs neue seine hervorragende Begabung für das Herrscheramt. Wenn ihm auch manches Unglück seiner Gegner dabei zustatten kommt, so ist doch für des Königs Sache dessen schnelles und bestimmtes Handeln entscheidend.

Wenn der Charakter des Königs in seinem halbverschleierten Wesen und in der aus seinem Mißtrauen entspringenden Ungerechtigkeit gegen den treuherzigen Percy uns nicht sympathisch sein kann, so hat der Dichter doch dafür gesorgt, im Verlaufe der Handlung in den beiden Dramen ihn unserem Empfinden und Verständnis näher zu bringen: zunächst durch den in seinem Innern auszukämpfenden Widerstreit des Regenten mit dem an ihm nagenden Gefühl des gegen König Richard begangenen

Unrechts; und dann in höherem Maße durch die schwere Sorge um den nach seiner Meinung verlorenen Sohn, dem nach des Königs Tode das Wohl des Staates anvertraut werden soll. Und das ist auch hier wieder der Punkt, den der Dichter als englischer Patriot wiederholt und mit aller Deutlichkeit zum Bewußtsein bringt. Es sei hier beiläufig bemerkt, daß die den Tod des Königs begleitenden Umstände (in der Szene mit der Krone) auch vom Chronisten Holinshed berichtet werden; aber es bedarf auch kaum hinzugefügt zu werden, welch tief ergreifendes Seelengemälde erst der Dichter daraus schuf.

Dasselbe gilt natürlich von der ganzen Charakterisierung des Prinzen Heinrich und seinem ungebundenen Leben in niederer Gesellschaft, wofür die in der Chronik enthaltenen mannigfachen Züge je nach ihrer Brauchbarkeit von Shakespeare benutzt, aber doch so moderiert und aus der beffern Natur des Prinzen hergeleitet sind, daß der Umschwung in seinem Wesen nach dem Tode des Königs keineswegs so unvermittelt geschieht, wie es sowohl nach dem Berichte des Chronisten wie auch nach den im Volksmunde bewahrten Traditionen anzunehmen wäre. Aus der Vermischung solcher volkstümlicher Traditionen mit den geschichtlichen Daten ist auch ein älteres Schauspiel hervorgegangen, das „die berühmten Siege Heinrichs des Fünften" behandeln soll, das aber dabei auch die Jugendjahre des Prinzen, seine Ausschweifungen und gemeinen Streiche mit großem Behagen schildert. Daß Shakespeare dies Stück gekannt hat, geht aus seiner Benutzung einzelner etwas umgestalteter Namen und episodischer Züge hervor. Aber auch hierbei zeigt eine Vergleichung, wie Shakespeare es verstand, aus leerer Spreu Gold zu machen.^{53})

Bei Shakespeare ist des Prinzen reinere und bessere Natur schon in dem ersten der beiden Heinrichs-Dramen wiederholt und deutlich vorbereitet. Nächst seiner ernsten Unterredung mit dem Vater geschieht dies gegen Ende dieses ersten Teils in der ergreifenden Szene der Begegnung mit Percy auf dem Schlachtfeld. Hier hat der Dichter die Situation — in dem persönlichen Gegenübertreten beider Kämpfer — nicht in der Chronik gefunden, sondern sie aus sich selbst geschaffen und zwar aus Erwägungen, die leicht zu erkennen sind. Wenn er zwar auch hier dem Helden Percy das volle tragische Mitgefühl zuwendet, so war ihm doch dadurch auch gleichzeitig die Gelegenheit gegeben, dem Prinzen Heinrich für seine fernere Laufbahn einen Zug von seelischer Größe zu verleihen und zugleich seine Bescheidenheit, die er bereits im vorausgehenden Afte den heftigen Zurechtweisungen seines Vaters gegenüber gezeigt, auch hier, auf Percys pomphafte Herausforde= rung und dessen selbstbewußtes Heldentum, zu schönem Ausdruck zu bringen. In weiser Absicht hat der Dichter hier das Gegen= sätzliche beider Naturen hervorgehoben, nicht aber ohne diesen Gegensatz nach der Entscheidung in dem herrlichen Nachruf, den der Prinz dem gefallenen Helden widmet, zu wohltuender Auf= lösung zu bringen. Für das künftige Bild des ritterlichen und gottesfürchtigen Königs ist hiermit schon der Goldgrund gelegt.

Für Shakespeares wunderbare Kunst des Motivierens aus dem innersten Wesen seiner Geschöpfe ist diese Szene einer seiner glänzendsten Beweise. Aber sie zeigt auch zugleich, daß Shake= speare alles wagte, wo es von der unbestechlichen Wahrheit seiner Natur gefordert wurde.

Und in eben derselben Situation des Dramas zeigt sich dieser Wagemut des Dichters in noch höherem Maße nach einer anderen Richtung hin. Auf demselben Teil des Schlachtfeldes, wo Percy, der „Spiegel für Englands jugendliche Ritterschaft", den Todesstreich erhalten mußte, — nur wenige Schritte davon — liegt auch der feiste Prahler Falstaff, der, um sein Leben zu sichern, den Toten spielt und dann hinterher dem toten Helden noch einen Stich ins Bein versetzt, um sagen zu können, Percy habe von ihm diesen Stich erhalten! Auch hier wagte es der Dichter um der Wahrheit willen, alle Teilnahme der lachenden Menschheit für diese ungeheure Schöpfung des Humors aufs

Spiel zu setzen. Und nur Shakespeare konnte so etwas wagen; hier aber ist der Mut und die siegreiche Tapferkeit — die des Dichters!

Daß Falstaff für die ganze Handlung des Stückes nur die Bedeutung einer Episode hat und dennoch einen verhältnismäßig so breiten Raum einnimmt (etwa fünf Zwölftel des Ganzen), könnte man ja vom streng ästhetischen Standpunkt als einen Fehler dieses Dramas betrachten. Und dennoch wird wohl niemand, auch nicht der strengste theoretische Rechenmeister, es wünschen können, daß diese gewaltige humoristische Schöpfung des Dichters durch Einschränkung dieser Szenen in ein richtigeres Verhältnis zu der ganzen Dichtung gebracht werde. Schon zu Shakespeares Zeit war der erste Teil Heinrichs IV. ein ganz besonders beliebtes Theaterstück, wofür sowohl die zahlreichen Auflagen des Einzeldruckes Zeugnis geben, wie auch der Umstand, daß der Dichter die Figur des Falstaff, die so viel zu der großen Beliebtheit beitrug, in gleicher Ausdehnung im zweiten Teil des Stückes mitwirken ließ. Ja, er hatte sogar im Sinne, Falstaff auch noch in das Drama Heinrichs V. hinüberzunehmen, was aus dem beachtenswerten Epilog zum zweiten Teile Heinrichs IV. hervorgeht. Daß Shakespeare davon wieder zurückgekommen ist, war jedenfalls einer sehr richtigen Erwägung entsprungen, und er deutet die Ursache schon in dem erwähnten Epilog an durch die einschränkende Bemerkung: „falls Ihr von fetter Speise nicht überladen seid."*)

---

*) Aus demselben Epilog ist auch zu ersehen, daß Falstaff ursprünglich den Namen Sir John Oldcastle gehabt hatte, welchen Namen der Dichter dem erwähnten schlechten Schauspiel von Heinrich V. entnahm (aber nur den Namen.) Da nun aber Oldcastle der Name eines gefeierten Märtyrers (Sir John Oldcastle Lord Cobham) war, so hatte eine solche unpassende Verwendung dieses Namens Anstoß erregt. Auch dies ist in jenem Epilog angedeutet in den auf Falstaff bezüglichen Worten: „wenn er nicht schon durch Euer strenges Urteil tot ist, denn Oldcastle war ein Märtyrer und dies ist nicht der Mann."

Die ursprüngliche Bestimmung Falstaffs in diesem Drama war jedenfalls nur, zur Charakteristik des Prinzen Heinrich zu dienen. Aber der alte Schlemmer wurde unter den Händen des Dichters nicht nur dicker, sondern als bestimmtes Charakterbild offenbar auch bedeutungsvoller, als es in der ursprünglichen Intention seines Schöpfers lag. Es bedarf keines besonderen Aufwandes der Interpretation, um darzutun, daß dieser Falstaff viel mehr ist als eine bloß komische, durch irgendwelche lächerliche Eigenschaften, geistige und körperliche, belustigende Figur. So wie Malvolio und andere humoristische Charakterbilder des Dichters, ist auch die Figur des Falstaff unsterblich durch den Witz und die Menschenkenntnis des Dichters, deren Resultate auch hier den tiefen Untergrund bilden für die heiteren Farbenspiele, die uns dabei ergötzen. Die geistige Behendigkeit des Dickwanst, zugunsten aller seiner schlechten Eigenschaften und Lächerlichkeiten seine materialistische Lebensphilosophie in Anwendung zu bringen, und seine damit zusammenhängende, stets aufs neue überraschende Schlagfertigkeit des Witzes — das alles würde bei weitem nicht die unwiderstehliche Wirkung auf uns üben, wenn nicht auch dieser Charakter in seiner Absonderlichkeit aus der Tiefe der Menschennatur hervorgezaubert wäre und dadurch, in dem harmonischen Ganzen aller einzelnen Züge, die Vorstellung von einer wirklichen Persönlichkeit bewirkte. Trotz seiner in allem, was er sagt und tut, uns ergötzenden Eigenschaften gehört dennoch Falstaff einer Gattung von Charakteren an, gegen die sich der schärfste Stachel der Satire richtet. Er ist ein Musterbild jener Sorte nichtsnutzigen und äußerlich kavaliermäßigen Schlemmertums, die als eine höhnende Karikatur der Ritterlichkeit erscheint, wenn er auch in dem Gegensatz ritterlicher Tugend die Ehrenzeichen derselben für sich in Anspruch nehmen will. Nur dem sinnlichen Leben angehörend und deshalb auch den Begriff „Ehre" verspottend, wenn man durch ein solches ungreifbares Luftbild nichts als den Tod gewinnt, ist er seiner Schlechtigkeit sich selbst bewußt, aber er hat Witz genug, sich darüber hinwegzuphilosophieren. Als einmal der Oberrichter ihn wegen seiner schlechten Streiche zur Rede stellt (im zweiten Teil, zweiter Akt) und zu ihm sagt: „Sir John, ich muß Euch sagen, Ihr lebt in großer Schande", hat Falstaff die köstliche Antwort: „Wer meinen Gürtel um= schnallt, kann in keiner geringeren leben". Milder urteilte über ihn der Prinz Heinrich, solange als er noch an ihm sich belustigte, und in jener Schlachtszene, da er ihn scheinbar tot am Boden liegen sieht, mit den Worten flüchtig kennzeichnet: „Wie, alter Freund, konnt' all dies Fleisch denn nicht ein bischen Leben halten?" Aber er fügt auch sehr bezeichnend hinzu: „Ich könnte besser einen Bessern missen."

Im zweiten Teil Heinrichs des Vierten nimmt zwar die Figur Falstaffs wiederum einen unverhältnismäßig breiten Raum ein, ohne aber eine so belebende Wirkung zu üben, und die ge= ringere Bewegung in den dramatischen Situationen dieses Stückes wird dadurch noch fühlbarer. Die mancherlei komischen und charakteristischen Züge, die ihm hier der Dichter noch verleiht, sind mehr episodischer Art (wie die lächerliche Rekrutenwerbung) oder es sind Szenen, die das Gemälde wohl erweitern, ohne aber es wesentlich zu bereichern. Das hat auch seinen guten inneren Grund: der Prinz wächst an Bedeutung und sein ihn belustigender Genosse verliert damit in seiner Wirkung. Wir fühlen aber auch als den Hauptgrund dafür die Entfremdung, die zwischen ihm und dem Prinzen bereits eingetreten ist. Auch die neuen Figuren, mit denen der Dichter diese Gesellschaft bereicherte, die köstlichen Typen der Friedensrichter Shallow und Silence (Schaal und Stille), sowie der lächerliche Schwadronierer Pistol, bringen zwar neue Farben in das Gemälde dieser niederen Gassen= und Schenken= gesellschaft. Aber sie alle zusammen wiegen noch nicht so schwer, um für das verminderte Gewicht Falstaffs vollen Ersatz zu bieten. Den Ersatz dafür erhalten wir vielmehr in dem ernsteren, historischen Teile des Dramas, denn die weitere Entwicklung in dem Charakter=

bilde des Prinzen Heinrich bis zu seiner Vollendung steht damit
auch in innerlichem Zusammenhang. Falstaff muß an Interesse
verlieren, je mehr sein liebenswürdiger prinzlicher Gefährte sich von
ihm entfernt. Falstaffs schlagender Witz wurde geschärft durch
das Bewußtsein, in dem Prinzen einen so empfänglichen Zuhörer
zu haben. Die seiner Eitelkeit so sehr schmeichelnde Kameradschaft
eines Königssohns und künftigen Königs verlieh seinem Humor
fortwährend die nötige Spannkraft, seinem Witz die Erfindung.
Die beginnende merkliche Verstimmung gegen denjenigen, dem er
unentbehrlich zu sein glaubte, läßt auch alle seine niedrigeren
Eigenschaften immer mehr hervortreten. Schon daß er vom
Prinzen getrennt ist und nicht mehr wie früher mit ihm schwelgen
oder gelegentlich ihn durch seine Lügen wie durch seinen auch
hierbei ihn unterstützenden Witz belustigen kann, macht ihn ver=
stimmt. Als er in des Prinzen Abwesenheit so verächtlich über
ihn zu den gemeinen Weibern sich äußert und dabei vom Prinzen
ertappt wird, gibt dieser ihm schon deutlich zu erkennen, was er
von Falstaffs ihm vorgeheuchelter Liebe zu halten habe, wie
wenig in diesem verderbten Gemüt die Tugend der Dankbarkeit
auch nur den bescheidensten Platz hat. Denn Falstaff ist in
seiner niedrig materialistischen Lebensanschauung auch der ge=
meinste Egoist. Für seinen Heinz wird er erst wieder warm, als
dieser zum Thron gelangt; aber alle seine Hoffnungen laufen
darauf hinaus, daß nun die lästige Herrschaft des Gesetzes auf=
hört und das zügellose Genußleben mit seinen Gaunerstreichen
vom Throne proklamiert wird. Falstaffs Enttäuschung war nicht
allein für den zur Größe emporsteigenden Prinzen Heinrich eine
notwendige Forderung, sondern es ist auch logisch, daß dieser
Sündenbau zusammenstürzen mußte, sobald der junge König ihn
und seine Genossen auf den Pfad der Gesetzlichkeit verwies, auf
jene Grundsäule eines sittlichen Staatswesens, dessen Autorität
der junge König selbst in so bescheidener Weise — dem Ober=
richter gegenüber — sich unterwarf. Von diesem höheren Stand=

punkt aus konnte der Dichter auch kein Zugeständnis denjenigen machen, denen seine kolossalische Schöpfung des Humors ans Herz gewachsen war.

In dem der Krönung Heinrichs des Fünften sich anschließenden letzten Stücke dieser Lancaster=Tetralogie sehen wir den Dramatiker Shakespeare gegen den patriotischen Dichter merklich zurückstehen. „König Heinrich der Fünfte" ist vielmehr ein patriotisches Heldengedicht als ein Drama, denn es kommt darin kein anderes Interesse zu einem dramatischen Konflikt, als das Interesse des Krieges (im patriotischen Sinne) und die Verherrlichung des ritterlichen Königs. Die trefflichen Figuren des braven Fluellen mit seiner Kriegsgelehrsamkeit, und des Lumpen Pistol sind in dem Gefüge des Ganzen doch nur Nebenläufer, und auch die anmutigen, von graziösem Humor belebten Szenen der Englisch lernenden schönen Katharine von Frankreich können die dramatische Magerkeit des Stückes nicht decken. Mit Bewußtsein hebt der Dichter selbst diesen besonderen Charakter des Schauspiels hervor, schon durch den ihm beigegebenen schwungvollen Chor, der — nach dem Beispiele älterer Stücke — einen jeden der einzelnen Akte einleitet und dadurch zugleich die in der sichtbaren Aktion bestehenden Lücken ausfüllt. Da der Dichter selbst zweifellos den Mangel einer dramatischen Handlung fühlte, hat er durch Hin= zufügung dieser dithyrambischen Chöre (von denen der erste nebenbei auch auf die Beschaffenheit der altenglischen Bühne Bezug nimmt) den Charakter dieser Historie noch bestimmter herauskehren wollen. Die wertvollen Eigenschaften des königlichen Helden, die in den vorigen Stücken bereits seinen Weg zur Größe vorbereitet haben, erhalten hier ihre volle Beleuchtung: ritterlicher Sinn und Pflicht= bewußtsein, männliche Energie neben Bescheidenheit und Gottes= furcht. Indem der Dichter die wirkliche Frömmigkeit des helden= haften Königs so stark und bei jeder sich bietenden Gelegenheit hervorhebt, hat er mit dem wachsenden Ernst der Situation auch das sittliche Gefühl des Helden gesteigert. Die nationale Tendenz

des Stückes wird auch noch sehr scharf in der keineswegs über=
triebenen, aber doch den nationalen Standpunkt des Dichters
kennzeichnenden Schilderung der Franzosen verstärkt. Der sieges=
gewissen Zuversicht und Prahlerei wie dem lächerlichen Prunk
der Franzosen stellt er den schlichten Ernst, die Unverzagtheit und
Gottesfurcht der Engländer gegenüber und verleiht damit zugleich
ihrer Tapferkeit und ihrem Siege den höheren sittlichen Wert.

Bei alledem ist es ja selbstverständlich, daß ein Dichter wie
Shakespeare sich nicht mit einem bloßen Hymnus auf die Tapferkeit
seiner Vorfahren und mit der Verherrlichung dieses Königs genügen
konnte. Gerade was diesen seinen Liebling unter den englischen
Königen betrifft, so dringt der Dichter auch hier in die verborgensten
Tiefen des Menschenherzens. Namentlich in den Szenen vor
der Entscheidungsschlacht, wie in den Monologen (4. Akt), gibt
er von dem Seelenzustand des Königs eine so ergreifende Schilde=
rung, daß diese auch dem höchsten Waffenruhm erst die Weihe
verleiht. Bei den auch hier so bestimmt wiederholten Hinweisen
auf die wahre Frömmigkeit und Gottesfurcht des Königs vor und
nach der Schlacht, in der bescheidenen Unterwürfigkeit vor dem
höchsten Lenker der Dinge, und dann in seinen aus der Tiefe des
Herzens an ihn gerichteten Dankesworten — ist es für uns ganz
unabweisbar, an jenen frommen königlichen Helden zu denken, den
unsere eigene Geschichte aufzuweisen hat, und den unser Geschlecht
noch erleben konnte.

Gehen wir die Reihe dieser vier Dramen durch, von dem so
tief erfaßten und so fein ausgearbeiteten Charakterbild Richards
des Zweiten bis zu diesem erhabenen Abschluß der Tetralogie,
so erkennen wir, wie auch des Dichters „historischer Natursinn"
hier auf gleicher Höhe steht mit seiner sittlichen Anschauung und
daß beides bei ihm unzertrennbar ist. Denn sein tiefes sittliches
Empfinden ist auch in dieser Reihe der Geschichtsdramen der Kern
aller Weisheit. Wenn überhaupt Fürsten und Völker für Lehren
der Geschichte zugänglich wären (was noch niemals sich gezeigt

hat), so würde diese Dramenreihe — auch in der dichterischen Durchleuchtung der Dinge — ein Lehrbuch sein können für alle Zeiten.

Von allen hier besprochenen zusammengehörenden acht englischen Königsdramen (König Johann und Heinrich VIII. stehen außerhalb dieses geschlossenen Zyklus) waren schon frühzeitig gedruckte Einzelausgaben unrechtmäßig hergestellt worden. Wenn diese Drucke auch immer erst einige Zeit nach den erfolgten Aufführungen (oft mehrere Jahre später) erscheinen konnten, so lassen dennoch die Jahreszahlen einigermaßen auf die Zeit der Aufführungen schließen, wobei in einzelnen Fällen auch noch andere Merkmale für die Zeitbestimmung mitwirkend sind. Daß die einzelnen Teile dieses ganzen Zyklus nur in längeren Zwischenpausen auf die Bühne kamen, ist ebenfalls aus den Zeitabständen zwischen den Jahreszahlen jener Quartausgaben zu entnehmen. Dem ersten Drucke Richards II. (1597) folgte im nächsten Jahre der erste Teil Heinrichs IV. Nachdem dann vom zweiten Teile erst zwei Jahre später (1600) die Druckausgabe erschien, schloß sich dieser doch schon in demselben Jahre der ganz besonders liederlich und lückenhaft hergestellte Druck Heinrichs V. an. Es ist hiernach zu vermuten, daß dies letzte Stück im Jahre 1599 aufgeführt war. Wenn wir dies annehmen dürfen, so würde man aus den Worten des ersten Chors*) als ziemlich wahrscheinlich schließen können, daß die ersten Aufführungen Heinrichs V. bereits in dem neuerbauten Globe-Theater stattgefunden hatten. Von der äußeren Form dieses Theaters sind uns verschiedene Abbildungen auf alten Londoner Stadtansichten überliefert worden, und alle sind darin übereinstimmend, daß das Globe-Theater ein achteckiger Bau war, dessen Außenwände einen zum Teil nach oben offenen Raum umschlossen, in dem nur die Logen und die Bühne nebst deren Neben-

---

*) — — — — or may we cram
Within this wooden O the very casques
That did affright the air of Agincourt?

räumen bedacht waren. Da in diesem achteckigen Bau das ganze Innere eine ovale Form hatte, so würden damit die Worte in dem Prolog zu Heinrich V. — „dieses O von Holz" darauf Bezug haben.

Das Globe=Theater, das für die Folgezeit mit dem Ruhme Shakespeares verbunden blieb, ist eines der wenigen von den älteren Theatern Londons, bei dem die Zeit seiner Errichtung feststeht. Daß bei den schon vorher vorhanden gewesenen Theatern die Angaben über die Zeit ihrer Entstehung sehr voneinander abweichen, ist schon in einem der früheren Kapitel hervorgehoben worden und ich habe auch in einem Falle aufs unwiderleglichste nachgewiesen, daß der Widerspruch der neueren Angaben gegen die seit länger als einem Jahrhundert gültig gewesenen (bezüglich des Black=friar=Theaters) unberechtigt ist. Da aber die Namen der verschiedenen Theater für uns gleichgültig sind, so braucht hier die Frage nicht weiter erörtert zu werden. Feststehend scheint es nur zu sein, daß die ersten Shakespeareschen Historien im Rose=Theater stattgefunden hatten. Die Truppen wechselten aber auch in den von ihnen benutzten Häusern, von denen für die Shakespearesche Truppe — sie nannte sich jetzt die „Lord Kämmerers Diener" — besonders auch das alte „Theater", sowie der „Vor= hang" (the Curtain) und das Theater Blackfriars in Frage kommen.

Da in den alten Quartausgaben der Stücke noch bis 1602 auf dem Titelblatt stets nur die nach dem Namen ihres Patrons benannte Truppe angegeben ist, seltener aber der Name des Theaters, so kann man auch hiernach annehmen, daß die Schauspielhäuser von den Unternehmern wechselnd an verschiedene Truppen ver= mietet wurden. Noch bis Anfang des 17. Jahrhunderts werden auf den Titeln der Shakespeareschen Stücke fast ausnahmslos die Schauspieler als die Lord Kämmerers Diener (Lord Chamber- laine's servants) bezeichnet. Es waren dies die ursprünglichen Lord Leicesters players oder servants, die nach dem Tode Leicesters auf den Namen Lord Stranges, dann Lord Hunsdons spielten, aber seit 1597 nur als Lord Chamberlaine's servants bezeichnet werden. Erst nach 1600 wird außer dem Namen der Truppe auch noch das Globe=Theater genannt.

Die hier erwähnten Theater unterschieden sich in der Haupt= sache als „private" und als „public" Theater. Die ersteren waren geschlossene Räume mit vollständiger Bedachung, während bei den public-theaters der Hauptzuschauerraum, der Hof (yard) nach oben offen blieb. Für gewöhnlich wurde in den offenen Theatern im Sommer gespielt, beim Tageslicht, während die geschlossenen Theater Kerzenbeleuchtung hatten. Jedenfalls ist die so große und wachsende Beliebtheit derjenigen Truppe, zu welcher auch Shakespeare gehörte, mit ein Grund gewesen, daß die Unternehmer des Globe=Theaters dasselbe für eine größere Zuschauerzahl und sonach als public Theater herstellten.

Für die innere Einrichtung wird bei allen Theatern das Hauptprinzip übereinstimmend gewesen sein: Der vordere und Hauptspielraum war entweder an drei Seiten vom Publikum um= geben, oder — wie es beim Globe=Theater angenommen wird — der vordere Spielraum ragte halbkreisförmig in den Zuschauer= raum hinein. Den hinteren Abschluß dieser Vorderbühne bildete eine gemalte Architektur, in deren Mitte eine Vertiefung der Bühne war, die — durch einen besonderen Vorhang zu schließen — eine schmale Hinterbühne bildete. Über dieser Bühnenvertiefung befand sich eine Loge, die ebenfalls für gewisse Momente der Handlung und namentlich beim Szenenwechsel verwendet wurde. Das höchst Zweckmäßige dieser Einrichtung läßt sich leicht er= kennen, wenn man ein Shakespearesches Stück zur Hand nimmt und dabei — mit Nichtbeachtung der erst von den späteren kritischen Herausgebern von Shakespeares Werken eingefügten Ortsangaben — den Text unter der Vorstellung jener alten Bühneneinrichtung verfolgt. Man braucht hierbei nur an die einem jeden bekannten Szenen in den populärsten Dramen zu denken, um die Verwendung des kleineren hinteren Bühnenraums sich klarzumachen. Hier war für gewöhnlich der Platz, von dem aus der König von seinem Thronsessel zu seiner Umgebung sprach (Hamlet, Heinrich IV. usw.). Hier saß König Lear auf dem Throne, wenn nach der ersten Szene des Dramas der kleine Vorhang zurückgezogen wurde; hier war Desdemonas und Imogens Schlafgemach; hier hatte Julia, nachdem sie den Schlaftrunk genommen, sich aufs Bett zu werfen. (In der I. Quarto lautet hier die Anweisung: „She falls upon her bed within the curtaines".) Und im letzten Akte der Tragödie bildete dieselbe Bühnenvertiefung das Grabgewölbe der Capulets, in das Romeo von der Vorderbühne aus eindringt. Hier saß auch Julius Cäsar im Kapitol bei der Szene seiner Ermordung; im Coriolan aber war es das Tor von Corioli, in das Cajus Marcius eindringt; und im dritten Akte des Hamlet wurde hier die Schauspielszene aufgeführt.

Zahlreiche solche Beispiele für die Verwendung dieser Hinterbühne können wir den alten Drucken der Stücke, sowohl den Quartos wie der Folio, entnehmen. So im zweiten Teil Heinrichs VI. in dem alten Drucke („The first part of the contention" usw.) in der zweiten Szene des dritten Aktes, nach der Ermordung Humphreys von Glofter. Als Warwick in das Zimmer Glofters geht, heißt es in der Anweisung: Warwick zieht den Vorhang (d. h. der Hinterbühne), „man sieht den Herzog Humphrey in seinem Bett". Dasselbe wiederholt sich in der folgenden Szene beim Tode des Kardinals von Beaufort. In Heinrich VIII. heißt es (Akt I, Szene 2) in der Folio-Ausgabe: „Der König zieht den Vorhang und sitzt nachdenklich lesend." Ebenso geschieht es in Marlowes „Faust", wo es am Schlusse des einleitenden Chors heißt: „Seht hier den Mann bei seinen Studien sitzend." Hierbei hatte der Sprecher die Gardine zurückgezogen, worauf es dann weiter heißt: „Faust coverd in his study." Eine gleiche Anweisung in Peeles Drama von David und Bathseba ist schon früher erwähnt worden.

Nicht minder nützlich für die schnelle Folge der Szenen war die Verwendung der schon erwähnten, über der Hinterbühne befindlichen Loge, deren Gardine ebenso wie unten beim Szenenwechsel auf- oder zugezogen wurde. Dieser obere Raum war Julias Balkonfenster in Capulets Garten; im Othello war es im ersten Akt das Fenster, aus dem Brabantio spricht; in Richard III. spielte hier Richard die Komödie mit dem Lord Mayor; wieder in anderen Szenen war es ein Turm, oder der Teil einer Stadtmauer, von der aus mit den feindlichen Häuptern unterhandelt wurde.

Es ist nun freilich nicht zu denken, daß derartige Bestimmungen beider Räume der Hilfe jeglicher Dekorationsstücke entbehrten. Dies waren aber eben nur das, was man Versetzstücke nennt. In einem „Diary" des Theaterunternehmers Henslowe ist aus dem Jahre 1598 eine ganze Anzahl solcher Dekorationsstücke angegeben: ein Turm, ein Felsen, ein Höllenrachen, ein Gefängnis (vermutlich nur ein vergitterter Käfig), ein Baum mit Äpfeln, eine Mauer und dergleichen.

Alle solche Dinge waren aber immer nur Andeutungen für den Schauplatz, ohne daß dadurch eine völlige Veränderung der Bühne nötig wurde. Der einzige für die ganze Vorstellung bleibende Schmuck der Bühne waren die aufgehängten Teppiche oder Tapeten (arras) und die Gardinen, die auch den Bühnenraum zu beiden Seiten begrenzten, aber dabei zugleich für gewisse Vorgänge in der Handlung verwendet wurden. So verbirgt sich Polonius im dritten Akte des Hamlet im Zimmer der Königin „behind the arras"; und so heißt es im ersten Teil Heinrichs IV., da am Ende des dritten Aktes Falstaff hinter der Tapete eingeschlafen ist: „behind the arras".

Es ist einleuchtend, welche Vorteile gerade die Einfachheit der Bühne einem Dichter wie Shakespeare bei der so schnell vorwärts drängenden Handlung bieten mußte, indem hier Zeit und Raum mit jener Freiheit behandelt wurden, durch die das am stärksten wirkende Element aller dramatischen Handlung — die Symbolik — zu so großer Bedeutung kommt. Die symbolische Konzentrierung der vom Dichter vorgeführten Gestalten und Er= eignisse ist ja das wichtigste und am stärksten wirkende Mittel der dramatischen Kunst, und niemals hat ein Dichter in der Behandlung des Symbolischen so zu wirken gewußt, wie Shake= speare. Zu dieser Symbolik gehört nicht nur die Verengung von Raum und Zeit, sondern auch das oft Überlebensgroße der Ge= stalten und die gesättigte Farbe in der Schilderung der Leiden= schaften, Tugenden und Laster. Das stark Konzentrierte in den uns vorgeführten Charakteren und Ereignissen fordert unsere Phantasie zur Mitwirkung heraus. Wie die mitwirkende, d. h. ergänzende Phantasie des Empfängers die notwendige Bedingung für jede wahrhafte Kunstschöpfung ist, so wird ihre Wirkung eine um so stärkere sein, je weniger ihr durch die äußerlichen Hilfs= mittel des szenischen Apparats gewisse Grenzen gezogen sind.

Es ist bekannt genug, aber ich muß der Vollständigkeit wegen daran erinnern, daß die Angaben des veränderten Schauplatzes, wie wir sie im gedruckten Shakespeare (dem deutschen wie dem englischen) finden, erst von den kritischen Herausgebern seit Anfang des 18. Jahrhunderts herrühren. In den ältesten Quartos wie auch in der Folioausgabe der Dramen heißt es am Schlusse einer Szene nur Exit oder Exeunt, worauf dann die folgende Szene mit Enter beginnt — ohne Angabe einer Ortsveränderung. Alles geht, wie einmal Goethe darüber bemerkte, seinen sittlich leiden= schaftlichen Gang und man nimmt sich nicht die Zeit, um an die Örtlichkeiten zu denken.*)

In der (1623 erschienenen) ersten Folioausgabe wurden die Bezeichnungen der Akte wie auch der Szenen zwar hinzugefügt, aber auch hier in sehr unvollkommener Weise. Nur etwa zehn Stücke haben in der Folio vollständig durchgeführte Akt= und

---

*) Die Bemerkung findet sich bei Goethe in einer Besprechung des in Leipzig erschienenen Neudruckes der ersten englischen Ausgabe des „Hamlet".

Szenenteilung; bei anderen sind die Bezeichnungen angefangen, aber nicht fortgesetzt oder mehrfach ausgelassen, und endlich bei einer ganzen Anzahl von Stücken fehlen solche Angaben gänzlich. (Vgl. im Anhang.) Aus dieser Nachlässigkeit ist aber auch zu ersehen, wie wenig Gewicht überhaupt — und insbesondere bezüglich der Aktbezeichnungen — darauf gelegt wurde, weil die Zwischenpausen bei offener Bühne stattfanden und die Aktschlüsse einzig durch etwas Musik markiert wurden.

Bei so schnellem, nicht durch den Zwischenvorhang stets empfindlich unterbrochenen Fortgang der Handlung ist es begreiflich, um wieviel schneller ein solches Drama vor den Zuschauern sich abspielte. Einigermaßen können wir hiernach auch die von Shakespeare ein paarmal gemachten Andeutungen über die Zeitdauer eines Stückes begreifen. Ich sage „einigermaßen", wenn auch nicht ganz — wenn zum Beispiel in dem Prolog zu „Romeo und Julia" gesagt ist, daß die Begebenheiten „in zwei Stunden" würden vorgeführt, und ebenso wenn im Prolog zu Heinrich VIII. von den „zwei kurzen Stunden" die Rede ist. Wenn solche gelegentliche Angaben als genau aufgefaßt werden sollten, so müßte man daraus schließen, daß die Stücke bei den Aufführungen gekürzt worden wären.

Mehr Aufwand als mit der Dekorierung der Bühne wurde in jener Zeit, wie schon bemerkt, mit dem Kostüm getrieben. Bei den römischen Tragödien war natürlich von einem „historischen" Kostüm nicht die Rede, wie man überhaupt den Begriff „historischer Treue" (bei uns der Ersatz für die gesunkene Kunst der dramatischen Darstellung) nicht kannte. Fremde Nationalitäten, die auch in ihrem äußeren von den europäischen Kulturvölkern merklich abweichen, wie Türken, Mohren und (wie aus der Verkleidungsszene in „Verlorene Liebesmüh" hervorgeht) auch Russen, hatten die ihrer Nationalität zukommenden Kostüme. Selbstverständlich waren auch bestimmte Charakterfiguren, wie geistliche Würdenträger, Mönche, wie auch Seeleute, Advokaten usw. — kurz alle diejenigen, deren Stand oder Beruf auch in der Tracht zu erkennen iſt, entſprechend koſtümiert. Beſonders hielt man auch darauf, fürſt= liche und andere höhere Standesperſonen durch reiche Kleider von Sammet und Seide oder durch anderen Schmuck von der einfacheren bürgerlichen Kleidung ſtark zu unterſcheiden. Auch für Waffen, Harniſche und Helme, wie überhaupt für alles, was den Glanz der Perſonen, wo ſolches erforderlich war, erhöhen konnte, geſchah verhältnismäßig viel.

Am ſchwerſten werden wir uns gegenwärtig vorſtellen können, wie es möglich war, daß auch die weiblichen Charaktere in den Stücken von jungen Männern oder Knaben dargeſtellt wurden. Auch hierüber haben wir in den Stücken ſelbſt einige Andeutungen. Als Hamlet (2. Akt, 2. Szene) die Schauſpieler begrüßt, redet er den jungen Darſteller der Frauenrollen beſonders an: „Ei, meine ſchöne junge Dame“ uſw. und ſcheint dabei zu bedauern, daß der Darſteller, ſeit der Prinz ihn geſehen, zu ſehr gewachſen ſei, viel= leicht auch den hellen Klang der Stimme verloren habe. Im „Sommernachtstraum“ wendet Flaut, der die Thisbe ſpielen ſoll, dagegen ein, daß er ſchon einen Bart kriege. Am intereſſanteſten aber iſt eine Stelle der Komödie „Wie es euch gefällt“. Im Epilog zu dieſem Stücke, den Roſalinde zu ſprechen hat, wendet dieſelbe ſich nacheinander an die Frauen und die Männer im Publikum. Zu den Männern ſagt ſie: „Wenn ich eine Frau wäre, ich küßte alle, deren Bärte mir gefielen.“*) Dieſes ſcherz= hafte Fallenlaſſen des dramatiſchen Charakters, in Anbetracht des Geſchlechtes — in den Worten „Wäre ich ein Weib“ — konnte allerdings nur in einem Epilog und auch nur nach einer Komödie zu entſchuldigen ſein. Die in demſelben Epilog zuvor an die Frauen gerichtete Anſprache (I charge you, o women etc.) wider= legt aber auch die verbreitete Annahme, daß Frauen überhaupt das Theater nicht beſuchen konnten. Auch für die traditionelle

---

*) If I were a woman, I would kiss as many of you, as had beards that please me.

Angabe, daß sie nur verlarvt sich eingefunden hatten, ist meines Wissens nirgends auch nur der geringste Anhalt gegeben. Der Ausschluß der Frauen bezog sich nur auf die Mitwirkung bei den Darstellungen der Stücke, weil dies für das weibliche Geschlecht nicht als schicklich betrachtet wurde. Diese Auffassung war ebensowenig befremdlich, wie so viele Sitten und Schicklichkeitsbegriffe der Zeit, die mit dem Wechsel der Zeiten und des Geschmackes auch wieder anderen Sitten Platz machten, wie solches ja auch von der damals noch nicht üblichen Anwendung wechselnder Dekorationen gilt.*) Waren ja doch auch die Stücke, die man in den öffentlichen Theatern spielte, meist dieselben, die auch für die Aufführungen am Hofe der Königin (zu Greenwich, Whitehall usw.) bestimmt wurden. Und diese wurden nicht allein von den children of St. Paul oder of the Chapel gespielt, sondern sehr häufig von den privilegierten Schauspielergesellschaften, unter denen jetzt die Truppe, der Shakespeare angehörte, die angesehenste war. So streng und zum Teil engherzig auch die Hofetikette war, so herrschten doch bezüglich der Begriffe des Anstandes und der allgemeinen Sitte andere Anschauungen, als in neuerer Zeit, in der man gegen das deutliche Wort, das eine Sache bezeichnet, sich empört, dagegen aber alle erdenklichen, nur leicht verschleierten Obszönitäten wohlgefällig hinnimmt. So haben auch die mancherlei Derbheiten in der Sprache Shakespeares und die ohne Zimperlichkeit behandelten Vorgänge bei geschlechtlichen Beziehungen viel dazu beigetragen, daß man die Zuhörerschaft in den damaligen Theatern allzu niedrig schätzte. Schon der geistige Gehalt in den Shakespeareschen Dramen und die verständnisvolle, ja begeisterte Aufnahme, die sie fanden, sollte doch genügen, um das Unberechtigte einer so niedrigen Schätzung des Publikums darzutun. Wenn damals, wie schon

---

*) Es wird berichtet, erst im Jahre 1629 sei es in London vorgekommen, daß Frauen auf der Bühne mitwirkten. Dies geschah aber durch eine französische Truppe, die dafür ausgezischt wurde.

hervorgehoben wurde, beim Schauspiel der Reiz des heutigen dekorativen Prunkes fehlte und wenn außerdem die Darstellung der weiblichen Rollen durch junge Männer nicht die Anziehung ausüben konnte, wie es heute bei der Mitwirkung des weiblichen Geschlechts der Fall ist, so wird bei solchen Erwägungen das damalige Theaterpublikum nicht gar so niedrig zu bewerten sein. Auch wenn wir zugeben, daß die bessern Theater in besondern Fällen ihre Tonangeber hatten, aus den aristokratischen wie literarischen Kreisen, so ändert dies nichts an der Tatsache des auch bei der großen Menge vorhandenen lebhaften Interesses.

Daß schon in jener Zeit das Theater auch in der Schätzung seiner sittlichen Bedeutung gestiegen war, trotz der fortdauernden Angriffe von seiten der puritanischen Eiferer, ist wohl zum Teil auch dem Interesse zuzuschreiben, das in London die gebildete Aristokratie daran nahm, und es ist sehr natürlich, daß auch bei den gesteigerten Einkünften der Schauspieler die namhaftesten unter ihnen auch durch ihre materiellen Mittel eine bessere gesellschaftliche Stellung erlangen konnten, als es noch vor ein paar Jahrzehnten der Fall war, da sie als fahrendes Volk behandelt wurden. Über die Einkünfte der namhafteren Schauspieler sind seit den frühesten Untersuchungen (schon gegen Ende des 18. Jahrhunderts) bestimmte Zahlen angegeben worden. Da diese aber nur als Vermutungen oder willkürliche Annahmen gelten können, so wird man sich mit der allgemeinen Schätzung ihrer günstigen materiellen Lage begnügen müssen. Und diese Schätzung wird durch die Tatsache unterstützt, daß Shakespeare schon in dieser Zeit zu Wohlhabenheit gekommen war, wobei allerdings ein nicht geringer Anteil seiner Einkünfte dem dramatischen Dichter zufallen muß. Was die Honorierung der Stücke betrifft, so scheint es festzustehen, daß dem Dichter außer einem ziemlich geringen Kaufpreis bei besonders beifälliger Aufnahme von der zweiten oder dritten Vorstellung ein bedeutender Teil der Einnahme zufiel. Shakespeares jährliche Einnahme in jener Zeit schätzt man auf 130 Pfund

(2600 Mark), was nach heutigem Geldwerte (wie angenommen wird) etwa das Achtfache betragen würde.

Schon 1597 kaufte Shakespeare in Stratford eines der ansehnlichsten Häuser der Stadt, das unter dem Namen New place bekannt geblieben ist. Es war ein schon altes Haus, für das der Dichter 60 Pfund zahlte, außerdem aber in den folgenden Jahren das Haus bedeutend ausbessern und verschönern ließ und auf dem Grundstück einer Obstgarten anlegte. Wenn er schon damals in seiner Vaterstadt ein Mann von Ansehen geworden war, dessen Rat und Beistand auch für städtische Interessen bei verschiedenen Gelegenheiten in Anspruch genommen wurde, so gestalteten sich in späteren Jahren, als er auch Anteilhaber an dem Theater wurde, seine Verhältnisse noch günstiger.

Was seine Tätigkeit als Schauspieler betrifft, so ist es, wie schon früher gesagt worden, nicht festzustellen, welche Rollen er gespielt hat. Die Vermutung aber, daß es besonders solche Rollen waren, denen seine Persönlichkeit und sein vornehmes Wesen zustatten kam, wird durch ein Epigramm unterstützt, das der Dichter John Davies in seiner „Scourge of folly" an ihn gerichtet hat unter der Überschrift: An unseren englischen Terenz, Mr. William Shakespeare. Der Inhalt der Verse, die schwer durch eine metrische Übersetzung wiederzugeben sind,*) ist: „Man sagt von Dir, guter Will, wärest Du nicht berufen gewesen, Könige im Spiele darzustellen, so hättest Du der Genosse eines Königs sein können, oder ein König selbst unter der niederen Menge."

Wenn man hieraus erfährt, daß er als Schauspieler auch Könige darstellte, so werden dies, was seine eigenen Stücke betrifft, nur solche gewesen sein, die nicht wegen ihrer dominierenden Bedeutung, wie Richard III. und II. oder auch wie Heinrich V.,

---

*) Some say, good Will, which I in sport do sing,
   Hadst thou not played some kingly part in sport,
   Thou hadst been a companion of a king,
   And been a king among the meaner sort.

seinem hervorragendsten Schauspieler zufielen. Vielleicht aber hatte er in der früheren Periode Heinrichs VI. gespielt, oder auch solche vornehme Große, die eine entsprechende Repräsentation verlangten. Nicht unwahrscheinlich ist es daß er, — wie sein erster Biograph berichtet — den Geist des Königs Hamlet gespielt hat. Es würde dieser Fall beweisen, daß er bei seinen eigenen Stücken weniger darauf bedacht war, sich selbst eine im Sinne des Schauspielers „dankbare" Rolle anzueignen, als vielmehr da mit seiner Person einzutreten, wo es galt, durch Übernahme einer nicht hervorragenden aber für den Gesamteindruck wichtigen Rolle dem Ganzen zu nützen.

Im übrigen brauchen wir es nicht zu beklagen, daß wir von seiner Tätigkeit als Schauspieler wenig oder nichts wissen. Der Besitz seiner dichterischen Schöpfungen macht uns reich genug, und was die andere Seite seiner Kunst betrifft, so genügt es uns, zu wissen, daß es die Bühne war, die Welt des schönen Scheins, aus derem Zauberkreis die Geschöpfe seines dichterischen Geistes hervorgegangen waren, daß die Welt, wie seines Geistes Auge sie erblickte und verstand, auf diesem Boden Gestalt und Leben erhielt.

Mit dem zu Bankside (südlich des Themsestromes) errichteten und 1599 eröffneten Globe-Theater hatte für die Geschichte der Shakespeareschen Dramen eine neue und bedeutende Epoche begonnen. Schon zwei Jahre früher (1597) war das alte Blackfriars-Theater durch James Burbadge (den Vater) völlig umgebaut worden, um auch für die Wintermonate ein angemessenes Haus zu schaffen.*) Merkwürdigerweise wurde aber dieses Theater zu

---

*) Ordish sagt in seinem Buche „Early theatres", das Blackfriars-Theater sei 1596—97 aus einem Privathaus erbaut worden, was auch Sidney Lee (Life of Shakespeare) wiederholt. Da ich nachgewiesen habe, daß das Theater Blackfriars durchaus schon früher bestanden haben müsse (vgl. die Anmerkung zu S. 37), vermute ich, daß es sich hier in der Tat nur um einen Um- oder Neubau des alten Theaters handeln könne.

nächst auf eine Reihe von Jahren an den master of the children of the chapel (der Königin Elisabeth Chorknaben) zu theatralischen Aufführungen vermietet, die zum Nachteil der dramatischen Kunst und zum Verdruß der wirklichen Schauspieler denselben Konkurrenz machten. Bekanntlich hat Shakespeare im Hamlet (Akt 2, Szene 2) in der Unterredung mit Rosenkranz gegen diese Aufführungen durch Kinder sich in sehr scharfen Worten ausgesprochen. Für ihn konnte es sich hierbei nur um einen Protest gegen die Entwürdigung der Schauspielkunst handeln, da seine Truppe eine Konkurrenz nicht zu fürchten hatte. Da aber diese Kinderkomödien durch die Königin protegiert wurden, so ersieht man auch aus seinem so scharfen Protest, daß auch keine Rücksicht auf den Theatersport der Königin ihn abhalten konnte, seinen künstlerischen Standpunkt mit aller Bestimmtheit zu wahren. Übrigens ging auch das Blackfriars-Theater mehrere Jahre später in den Besitz der Erben von James Burbadge über, während Richard Burbadge, der große Schauspieler, und sein Bruder das Globe-Theater auf eigene Rechnung erbaut hatten. Nach einer nur auf mündlicher Tradition beruhenden Nachricht soll Lord Southampton in jener Zeit dem Dichter einmal eine Schenkung von tausend Pfund gemacht haben. Ob dies nun zur Förderung seiner künstlerischen Unternehmungen oder im Interesse seiner Stratforder Angelegenheiten sollte geschehen sein: tausend Pfund war eine so enorme Summe, daß von Shakespeares Erwerbungen in Stratford das Haus New place mehr als zehnfach hätte bezahlt werden können und auch noch für andere bedeutende Erwerbungen ausgereicht haben würde. Daß der Dichter aber irgendwelchen Anteil an dem Eigentum des Globe-Theaters gehabt hätte, ist nirgends bezeugt worden.

Ob das Globe-Theater für zweitausend Zuschauer Raum gehabt habe, wie berichtet wird, ist ebenfalls stark zu bezweifeln. Jedenfalls aber wird es als public theatre jetzt zu den größten und am besten eingerichteten Theatern Londons gehört haben.[54)]

Bei der wachsenden Teilnahme für das Theater, namentlich auch für Shakespeare und die fortan im Globe=Theater spielende Lord Chamberlaines Truppe, und bei dem Interesse, das nunmehr auch die Gebildeten der Londoner Gesellschaft diesem neuen Theater zuwendeten, wird man zu erwägen haben, wie nicht nur das Verständnis für das dichterische Genie Shakespeares daran Anteil hatte, sondern daß in den Königsdramen auch der Sinn für die vaterländische Geschichte und das so stark hervortretende patriotische Gefühl in solchen Kreisen, die vermöge ihrer bevorzugten Lebensstellung und allgemeinen Bildung von Einfluß waren, ganz besonders lebhafte Zustimmung finden mußten. Die namhafteren von den hierbei in Frage kommenden Zierden des Hofes waren Dichter und zugleich kriegerische Persönlichkeiten, hervorragend durch Tapferkeit und Entschlossenheit. Der feinsinnige und allgemein geliebte Philipp Sidney hatte schon frühzeitig in Holland als tapferer Soldat sein Leben lassen müssen. Sir Walter Raleighs Ruhm als Feldherr ist allgemein bekannt; und auch er war Dichter und hatte das zweifelhafte Glück, zu den Günstlingen der Königin zu gehören. Graf Essex, einer der glänzendsten Sterne in der englischen Ritterschaft, dabei von hoher geistiger Begabung, hatte sich auch bereits als Feldherr Ruhm erworben, und ihm war eben jetzt die Bekämpfung des blutigen letzten Aufstandes in Irland anvertraut worden. In derselben Zeit hatte Shakespeare mit Heinrich V. seinen großen Dramenzyklus abgeschlossen, und bei seiner Begeisterung für den heldenhaften König hatte er in den „Chor" zum letzten Akte seines Schauspiels eine Beziehung auf des Essex zu erwartende siegreiche Rückkehr aus Irland eingeflochten. Als er in den Worten des Chors von des geliebten Königs Rückkehr nach London und von dem ihn dort umringenden Jubel aller Kreise der Bevölkerung spricht, unterließ er es nicht, „als ein geringeres aber liebend Gleichnis" die Worte hinzuzufügen:

Wenn jetzt der Feldherr unsrer gnädgen Herrscherin
— O, mög' es bald geschehn, — aus Irland käme,
Und brächt' Empörung auf dem Schwert gespießt —.

Daß der Dichter bei solchen Vorgängen auch mit manchen
Umständen vertraut war, die der großen Menge verborgen
blieben, zeigt sich auch hier in der Vorsicht, mit der er den
Vergleich des Essex mit seinem königlichen Helden einschränkte,
dem der Jubel der Stadt „mit noch viel mehr Grund" zuteil
wurde. Denn des Essex Kriegführung in Irland war keineswegs
eine glückliche und fand manchen scharfen Tadel, den schärfsten
bei der Königin selbst, und als Essex später ganz eigenmächtig
mit den Irländern Frieden schloß und unbeordert nach London
zurückkehrte, ließ ihn die Königin in Haft nehmen.

Auch Southampton, der Patron und begeisterte Freund
des Dichters, hatte sich Kriegsruhm erwerben wollen und bereits
Proben seiner Befähigung abgelegt. Seine Liebe zu des Grafen
Cousine Elisabeth Vernon hatte wegen mancher Schwierigkeiten
noch nicht zu dem Ehebündnis führen können. Als daher Essex
1597 als Befehlshaber nach dem Azoren geschickt wurde, hatte
Southampton sich unter seine Führung gestellt. Die Verzögerung
seiner von allen seinen Freunden und auch von Mrs. Vernon
selbst erwarteten Vermählung war natürlich wieder durch die
tyrannische Laune der Königin herbeigeführt worden. Nachdem
zwischen ihr und Essex bereits eine tiefe Verstimmung eingetreten
war, wurde hierdurch auch für Southampton die Sache noch
schwieriger, denn da die Königin von Southamptons Verhältnis
zu Mrs. Vernon Kenntnis erhalten hatte, so konnte sie ihre
Bosheit gegen Southampton und Essex zugleich ausüben.

Nachdem Southampton der Expedition gegen die Azoren
zunächst als Volontär auf dem Schiffe Garland sich angeschlossen
hatte, wurde er bald von Essex zum Befehlshaber dieses Schiffes
ernannt. Bei einem Gefecht mit der spanischen Flotte hatte er
sich zur Verfolgung eines großen spanischen Kriegsschiffes hinreißen

laſſen und ließ dasſelbe in den Grund bohren, wobei er ſelbſt eine Wunde am Arm davontrug. Einer der Admirale machte ihm zum Vorwurf, daß er durch die Verfolgung des ſpaniſchen Schiffes Zeit verloren habe, die beſſer hätte genützt werden können. Eſſex aber billigte das Verfahren Southamptons und um ſeine ihm günſtige Meinung nachdrücklichſt zu demonſtrieren, ſchlug er Southampton noch während der Expedition zum Ritter. Das alles war natürlich geeignet, die Gereiztheit der Königin zu ſteigern und nach erfolgter Rückkehr der Expedition ließ ſie ſowohl Eſſex wie Southampton ihren Unwillen fühlen.

Der junge Lord — er war jetzt erſt vierundzwanzig Jahre alt — kümmerte ſich wenig darum. Durch ſein Benehmen am Hofe erregte er wiederholt Anſtoß, ſo daß er in manche perſönliche Konflikte geriet; und als eine von ihm ausgehende Herausforderung eines Earl von Northumberland der Königin zu Ohren kam, wurde durch ihre ſtrengſten Befehle das Duell verhindert. Nachdem er im Oktober 1597 ins Parlament gekommen war, hatte er anfangs 1598 den mit einer diplomatiſchen Miſſion nach Paris geſandten Sekretär der Königin, Lord Robert Cecil,*) auf ſeinen eigenen Wunſch dorthin begleitet, wodurch freilich ſeine Vermählung mit Eliſabeth Vernon wiederum hinausgeſchoben wurde.

Diese Geſandtſchaft Lord Robert Cecils fiel in die Zeit des Edikts von Nantes, das den Proteſtanten in Frankreich freie Religionsübung zuſicherte. Southampton war dadurch für den König Heinrich IV., der ihn ſehr freundlich aufgenommen hatte, ſo begeiſtert, daß er Dienſte in ſeinem Heere nehmem wollte. Doch wurde die Erfüllung ſeines Wunſches durch den Frieden von Vervins verhindert.**)

So kehrte Southampton gegen Ende des Jahres 1598 wieder

---

*) Robert Cecil war der Sohn des langjährigen und einzigen allmächtigen Miniſters der Königin, Heinrich Cecils Lord Burgley († 1598).

**) Der Friede von Vervins wurde am 2. Mai 1598 zwiſchen Heinrich IV. von Frankreich und Philipp II. von Spanien geſchloſſen.

nach London zurück, und nun endlich mußte und wollte er sich zu
der Heirat mit Elisabeth Vernon entschließen. Da die Verbindung
ohne Wissen und auch gegen den Willen der Königin Elisabeth
stattgefunden hatte, mußten beide den Zorn und die Macht dieser
bösartigen Königin empfinden, denn Southampton sowohl wie
seine Gattin wurden in Haft genommen. Solche Akte persönlicher
Willkür konnten wohl in manchen Staaten des Kontinents noch
bis ins 18. Jahrhundert vorkommen. Daß sie aber bei einem
Volke, das — wie das englische — durch seine parlamentarische
Regierung auf die Macht und Autorität des Gesetzes erzogen
war, ungehindert und ungeahndet geschehen konnte, läßt sich nur
dadurch erklären, daß in ihren persönlichen Angelegenheiten die
Majestät der Königin unantastbar war, wodurch auch die Macht
des Parlamentes illusorisch wurde. Wie lange die Gefängnis=
strafe für die „heimliche Ehe" (wie es die Königin nannte) ge=
dauert hat, ist nicht mit Gewißheit zu sagen, vermutlich aber
mehrere Monate; sicher ist es, daß Southampton Ende März 1599
den Grafen Essex, als dieser nach Irland als Lord Statthalter
sich begab, dorthin begleitete, und daß Essex sogleich nach seiner
Ankunft daselbst ihn zu seinem General der Reiterei ernannte.
Da dies, wie es heißt, gegen seine Instruktion und wieder ohne
Genehmigung der Königin geschah, so muß man dies schon als
eine bewußte Herausforderung der Königin von seiten des trotzigen
Grafen ansehen. Daß eine Elisabeth sich das nicht bieten ließ,
war selbstverständlich. Southampton wurde schon im Sommer
desselben Jahres seines Kommandos in Irland enthoben und
nach London zurückberufen; und Ende des Jahres wurde Lord
Mountjoy an Essex' Stelle als Statthalter nach Irland geschickt.
Bei den fortgesetzten gegenseitigen Kränkungen war in des Essex
stolzem Herzen der Groll gegen Elisabeth auf den höchsten Punkt
gestiegen, und seiner Tragödie letzter Akt war gründlich vor=
bereitet. Aber in seinem so starken Selbstbewußtsein und in
seiner Leidenschaft bedachte der Unglückliche nicht, daß er in

einem persönlichen Kampfe mit der Königin schließlich doch im Nachteil sein mußte.

Als Southampton wieder in London war, hatte er aus Liebe zu seiner bekümmerten Gattin eine Versöhnung mit der Königin herbeizuführen versucht, aber vergeblich, troß der Vermittelung des ihm sehr wohlgesinnten und bei Elisabeth im höchsten Ansehen stehenden Lord Cecil. Southampton konnte für seine Person dies leicht verschmerzen; da er keine Pflichten weiter gegen die Königin zu beobachten hatte, fühlte er sich um so freier und konnte um so fröhlicher seiner Neigung für das Theater nachgehen.*) Und wie sehr hatte er während dieser für ihn so unruhigen Zeiten seinen geliebten Schützling William in seiner Dichtergröße wachsen gesehen! Vielleicht war er selbst nicht ohne fördernden Einfluß auf die so über alle Erwartungen herrliche Vollendung dieses Historienzyklus gewesen, und mit um so strahlenderer Freude konnte er jetzt auf das ganze farbenreiche und eindrucksvolle Gemälde einer ganzen Geschichtsepoche blicken. Freilich für die ergötzlichen Gestalten, mit denen der Dichter das ernste Geschichtsbild zu bereichern und froh zu beleben wußte, hatte dieser seine Beobachtungen aus anderen Kreisen holen müssen, aus Kreisen, die von keinem Squire oder Ritter, viel weniger noch von einem Pair von England aufgesucht wurden. Shakespeare verstand es, sie zu finden, um sie dann in Gesellschaft mit Kempe und anderen Kollegen wiederholt zu besuchen. Die Taverne „zum wilden Schweinskopf" zu Eastship in London existierte schon in der ersten Hälfte des 16. Jahrhunderts. Sie lag in einer der engen Straßen, die aus der City nach der Themse zu hinführen, und auch der holzgeschnitzte Eberkopf über der Tür des

---

*) Eben aus diesem Jahre 1599 enthalten die Sidney papers ein Zeugnis dafür. In einem Briefe heißt es daselbst: „Mylord Southampton und Lord Rutland kommen nicht an den Hof; der eine nur sehr selten. Sie bringen ihre Zeit in London lediglich damit zu, daß sie alle Tage ins Schauspiel gehen."

Hauses war schon ziemlich bei Jahren. Hier konnte der Dichter wohl manche Gestalten finden, die ihm einige Linien für seine Charaktere lieferten, Grundzüge, aus denen er ganze Körper voll wirklichem Leben schuf und zu bestimmt individualisierten Typen ausgestaltete. Ein Bardolph und eine Wirtin wie Frau Quickly oder ein Dortchen Tearsheet waren nicht schwer zu finden. Aber freilich für einen Falstaff mußte, bei aller Beobachtung aller aus dem Leben genommenen Züge, doch der gewaltige Humor und Witz des Dichters das Beste tun, um in seinem fruchtbaren Geiste ein solch Gebilde zur Vollkommenheit auswachsen zu lassen.

Wenn von den Shakespeareschen Königsdramen ganz besonders König Heinrich IV. noch lange Zeit in der Gunst des Publikums sich erhielt, so hatten natürlich daran die humoristischen Figuren ihren reichen Anteil. Auch im zweiten Teile dieses Heinrich waren die Friedensrichter Schaal und Stille in jener Zeit typische Figuren geblieben, und man findet sie als solche in der Literatur der Shakespeareschen Zeit wiederholt genannt. Bei alledem aber blieb Hans Falstaff doch die populärste Schöpfung des Humors. Noch viele Jahre lang wurde er auch in anderen Theatern als gelegentliche episodische Erscheinung verwendet und stets willkommen geheißen. Wenn Shakespeare seine anfängliche Absicht, ihn auch noch in Heinrich den Fünften hinüberzuführen, wieder aufgab, so hatte er ihm doch dafür in diesem Schauspiel noch ein Epitaphium gewidmet, das wiederum — in der rührend komischen Schilderung seines Todes durch die Wirtin — ein Meisterstück für sich ist. Man muß es deshalb bedauern, daß der Dichter sich dennoch überreden ließ, diesen König seiner Humore als Hauptfigur einer ihm gewidmeten Komödie wieder aufleben zu lassen, — in seinem bürgerlichen Lustspiel „Die lustigen Weiber von Windsor."[55])

Warum manche Kritiker sich bemüht haben, wegen der in den „lustigen Weibern" wieder benutzten Personen aus Falstaffs früheren Gesellschaft zu ermitteln, ob das Lustspiel vor Heinrich V.

oder gar zwifchen den beiden Teilen Heinrichs IV. entftanden fei,
ift nicht zu begreifen, da ja doch in der Handlung des Luftfpiels
nicht in einem einzigen Punkte Bezug auf eine der Hiftorien
genommen ift, fondern völlig getrennt für fich dafteht. Auch der
erft zwei Jahre nach der letzten der Hiftorien erfchienene Druck
des Luftfpiels ift in diefem Falle beftimmend für die Zeitfolge,
und es ift charakteriftifch, daß in dem Titel der erften Quarto
nicht „Die luftigen Weiber" voranftehen, fondern Falftaff. Der
ganze und — wie es in allen diefen unrechtmäßigen Einzelausgaben Gebrauch der Drucker oder Herausgeber war — fehr
lange Titel lautet: „Eine fehr unterhaltende und ausgezeichnet
witzige Komödie von Sir John Falftaff und den luftigen
Weibern von Windfor. Untermifcht mit mannigfaltigen und
amüfanten Späßen des Sir Hugh, der wälfche Ritter, des
Friedensrichters Shallow und feines weifen Vetters Mr. Slender.
Mit den eiteln Prahlereien des Fähndrich Piftol und Korporal
Nym. Von William Shakefpeare." Die vom Jahre 1602 datierte Ausgabe ift im Vergleich zu dem uns in der Folio überlieferten Text äußerft lückenhaft und in jeder Hinficht inkorrekt.
Die Abweichungen von dem bekannten Texte find aber hier mehrfach fo erhebliche, daß fie nicht aus bloßer Flüchtigkeit beim
Nachfchreiben zu erklären find. Man nimmt deshalb hier wohl
mit Recht an, daß diefer Raubdruck nach einer erften vom Dichter
felbft gefchriebenen Skizze des Luftfpiels hergeftellt wurde.

Es ift eine bekannte Tradition, daß diefe Komödie durch den
Wunfch der Königin entftanden fei, Falftaff in Liebeshändeln
dargeftellt zu fehen. Auf der Titelfeite des eben angeführten erften
Druckes heißt es denn auch, daß es vor der Königin und anderswo
(before her Maiestie and elsewere) aufgeführt fei. In einer
erft hundert Jahre fpäter erfchienenen Bearbeitung unter dem
Titel „The comical Gallant" wird fogar gefagt, daß es auf
Befehl der Königin in vierzehn Tagen gefchrieben fei. Solche
Angaben find, da fie auf bloßen Traditionen beruhen, gar keiner

Beachtung wert. Wenn es aber als richtig anzunehmen ist, daß
der Wunsch der Königin die Veranlassung zu der Komödie gegeben
hat, so würde dies beweisen, daß Elisabeth für diese Schöpfung
des Dichters kein volles Verständnis hatte, daß sie auch ein solches
kaum haben konnte, indem ihr als Frau die Grundlage dafür
fehlen mußte: die volle Kenntnis der Lebensverhältnisse, aus denen
der ganze Charakter des Falstaff entwickelt ist und in seiner ganzen
Bedeutung als ein großartiges Charakterbild erst zu begreifen
und zu bewundern ist. In ihrer einseitigen Auffassung dieser
Gestalt kann sie sich nur an der Komik und allenfalls an dem
stets schlagfertigen Witz des dicken Schlemmers belustigt haben,
und einer solchen Auffassung kommt auch das von Falstaff gegebene
Bild in den „lustigen Weibern" entgegen. Hierin liegt aber der
Grund, daß wir an der Abnutzung und Verseichtung des unver=
gleichlichen Charakterbildes, wie wir es in den beiden Heinrichs=
Dramen bewundern, keine Freude haben können. Man kann aus
allen diesen Gründen es sehr wohl glaublich, ja wahrscheinlich
finden, daß Shakespeare diese Posse auf eine von außen ihm
gegebene Anregung — mag es nun der Wunsch oder gar der
„Befehl" der Königin oder ein anderer Umstand gewesen sein —
geschrieben hat, denn aus eigener Neigung würde er seine Schöpfung
nicht in solcher Weise preisgegeben haben.

Unter dieser Voraussetzung ist es immerhin erstaunlich, mit
welcher Geschicklichkeit er hier eine ihm gestellte Aufgabe gelöst hat.
Es war ihm dafür nur die Figur des Falstaff gegeben, mit dem
Wunsche, ihn als Verliebten (in love) zu zeigen. Zu diesem
Zwecke mußte eine passende Handlung, eine Intrige gefunden
werden, und hier war es wieder die italienische Novellenliteratur,
die Rat schaffte, wenn auch nicht in einer vollständigen und ein=
heitlichen Geschichte, so doch in verschiedenen anekdotischen Schwänken
und Erzählungen, die zusammenzufügen waren, damit der Koloß
in eine solche Zwangsjacke gesteckt werde. Als Hauptfaden für
das Ganze benutzte der Dichter eine Geschichte des Fiorentini.

Darin wird von einem Studenten in Bologna berichtet, der — nach Vollendung seiner Studien — von seinem Lehrer sich in der Kunst zu lieben unterrichten ließ, dabei aber an die junge Frau des Lehrers selbst geriet. Der Humor der Sache liegt nun — wie in dem Verhältnisse Falstaffs zu Herrn Ford — darin, daß der Ehemann von dem Liebhaber selbst — der nicht weiß, wer die Frau ist — erfahren muß, auf welche listige Weise die Frau ihn vor der Rache des hinzugekommenen Mannes zu retten wußte. Sowie aber die Veranlassung zu diesem Liebeshandel durchaus verschieden ist von der Intrigue der luftigen Windsorinnen, so ist auch die Schlußentwicklung in der italienischen Novelle eine völlig andere, als sie Shakespeare zu seinem Zwecke brauchte. Dafür gab ihm eine der Novellen von Straparola (in dessen tredeci piacevoli notte) einen passenderen Stoff. In dieser Geschichte ist nämlich der Liebhaber (wie bei Shakespeare Falstaff) der Geprellte. Als dieser bei einem Tanzfeste drei schönen Frauen — einer jeden insbesondere — seine Liebe erklärt hat, beschließen die Frauen, als sie dahinter gekommen sind, ihn dafür zu strafen. Dies wird dadurch ausgeführt, daß er von allen dreien, aber von einer nach der andern, zum Stelldichein verlockt wird, dann aber von einer jeden, unter dem Vorwande, daß er vor dem herbeikommenden Ehemann verborgen werden müsse, in die abscheulichste Lage versetzt wird, die ihm entsetzliche Angst und körperliche Martern bereitet.

Es ist nicht nötig, die zahlreichen Varianten herzuzählen, in denen beide Geschichten in verschiedenen Bearbeitungen, sowohl in der italienischen wie in der deutschen und englischen Literatur, wiedererzählt und benutzt worden sind. Wohl aber möge darauf hingewiesen sein, wie Shakespeare bei seiner Art, die Novellenstoffe zu behandeln, selbst in diesem, seiner dichterischen Größe keineswegs entsprechenden Lustspiel einerseits sich als Meister der dramatischen Technik zeigt, während er anderseits auch hier sein niemals mehr ins Wanken kommendes ethisches Empfinden erkennen

läßt. Daß er in letzterer Beziehung den naiv frivolen Stand=
punkt der italienischen Novellisten nicht sich aneignen konnte,
war bei ihm selbstverständlich. Indem er aber der Novelle des
Straparola mit richtigem Gefühl darin folgte, daß er nicht dem
Ehemann, sondern dem Liebhaber die Rolle des Geprellten zuweist,
hat er der sittlichen Tendenz noch eine zweite Spitze gegeben, die
sich gegen die unbegründete und deshalb dem Spotte verfallende
Eifersucht des Ehemannes richtet. Einen großen Übelstand konnte
er aber dennoch nicht beseitigen: daß bei der Intrigue der Wind=
sorer Frauen der gegen den dicken Schlemmer gerichtete Spaß schon
durch die Wiederholungen an Wirkung einbüßen muß, wodurch
zugleich auch Falstaff — wie er einst war — noch tiefer herab=
sinkt. Die Worte Falstaffs am Schlusse der Komödie: „Nun
wohl, ich bin euer Stichblatt, die Dummheit selbst drückt auf mich
wie Blei" — sind in ihrer Doppelsinnigkeit treffend. Was ist
Falstaff, wenn ihm der Witz abhanden gekommen ist, so daß er
zum Spielball (und zwar schon eigentlich foot ball) dieser Gesell=
schaft wird! Diese Gestalt durfte nicht von dem Boden entfernt
werden, auf dem wir sie so mächtig emporblühen sahen. Der
Dichter hatte deshalb schon ganz richtig gefühlt, wenn er den
Sir John absterben ließ, nachdem er von dem Boden verbannt
war, der seinen Witz nährte. Der „Befehl" der Königin aber
hatte nicht die Kraft, Tote zu erwecken.

Mit der Falstaff=Posse bin ich, was die Zeitfolge der
Shakespeareschen Werke betrifft, schon etwas vorausgeeilt, und
muß deshalb auf das schon mindestens zwei Jahre früher ent=
standene Lustspiel „Viel Lärm um Nichts" nachträglich zu
reden kommen. Da die erste Quartausgabe dieses Stückes die Jahres=
zahl 1600 trägt, und da es von Meres 1598 in „Palladis Tamia"
noch nicht unter den Werken Shakespeares erwähnt wird, so muß
es zwischen 1598 und 1600 entstanden sein, also zwischen der
letzten Reihe der Historien oder unmittelbar nach Heinrich V.

Für den ernſten Teil der Handlung, das ſo vielfach im Laufe von Jahrhunderten behandelte Thema der verleumdeten Unſchuld, gab ihm die Bandelloſche Novelle von Timbreo de Cardona den Stoff, der aber in anderer Form auch ſchon im Orlando furioso des Arioſt vorhanden war.[56]) Im allgemeinen hat die Geſchichte durch Shakeſpeare keine pſychologiſche Vertiefung erfahren, wenigſtens nicht in dem Maße, wie es ſonſt bei ihm in ſeiner Benutzung vorhandener Stoffe zu bewundern iſt. Die Dramatiſierung der Erzählung iſt eine ziemlich äußerliche und die Plumpheit der gegen die unſchuldige Hero geſponnenen Intrigue läßt ein wirkliches Intereſſe für die daran beteiligten Perſonen nicht aufkommen. Dennoch gibt Shakeſpeare auch hier in einem der von ihm nur leicht gezeichneten Charaktere den Beweis für ſeine ſtets in das innerſte Weſen der Sache dringenden Intentionen. Bei Bandello erregt der durch die Verleumdung Hero's betrogene Timbreo (bei Shakeſpeare Claudio) das tiefſte Mitleid, während Shakeſpeare uns den Liebhaber als einen ſchwachen und eiteln Menſchen ſchildert, der für den Beſitz Hero's erſt einer gründlichen Läuterung bedurfte. Zu dieſer ernſten Handlung ſchuf dafür der Dichter in dem muntern Paare Benedikt und Beatrice eine ſo außerordentliche Bereicherung des Stoffes, daß hierdurch auch das ganze Intereſſe auf dieſe beiden Perſonen gerichtet wird. Wir empfinden es ſehr bald, daß dieſe beiden Menſchen in ihren Witz und Stachelreden einander nur abſtoßen, weil ſie ſich unwiderſtehlich anziehen. Wir ſehen in ihnen die Berührung und Vermählung zweier ſtarken Elemente, und da geht es nicht ſo ſanft her, wie wenn ein Bächlein in das andere fließt. Sowie Benedikts feſte und geſunde Natur ſchon gegenüber der Schwäche Claudios durchblitzt, indem er deſſen ſo leichtes und leichtfertiges Aufgeben Hero's mit der Bemerkung ſcharf ironiſiert: „Das nenn' ich geſprochen wie ein ehrlicher Viehhändler", — ebenſo zeigt ſich bei Beatrice trotz alles ihres mutwilligen Spottes über die Ehe doch ihr treffliches und liebevolles Herz in ihrer ſo energiſch ſich äußernden Teilnahme für das

15*

Geschick der sanften Hero, und so wird endlich das über diese hereinbrechende Unglück die Veranlassung, die ganze, schöne und tiefe Natur Beatricens herauszufordern. Zugleich ist aber damit auch für Benedikt der Moment gegeben, sich dieses trefflichen Wesens wert zu zeigen. Wie die steigende Liebe in diesen beiden sich äußert, wie des allzusehr sich selbst vertrauenden Benedict ganzes Wesen in dieser Liebe geläutert wird, und wie der Humor der spöttischen Beatrice plötzlich in komische und doch dabei fast rührende Sentimentalität umschlägt, — das ist hier wieder von dem großen Kenner des Menschenherzens mit vollendetster Kunst geschildert.

Wie diese beiden Prachtnaturen, so sind auch die derbkomischen Episoden, die grotesken Gerichtsdiener, ganz des Dichters eigene Schöpfungen. Diese in ihrem Diensteifer so komischen Leute sind dabei sehr geschickt in die Handlung eingefügt, indem sie gerade da, wo die tragische Wendung plötzlich die Heiterkeit unterbricht, dem auf die Szene geworfenen dunkeln Schatten so unmittelbar folgen, daß wir schon hierbei die Beruhigung erhalten, es werde mit dem düstern Ernste, der hier Platz greifen will, nicht lange dauern. Ja, man könnte die plumpe Intrigue des gallsüchtigen Prinzen Don Juan dadurch ironisiert finden, daß der Dichter das Bubenstück nicht durch den „Verstand der Verständigen", sondern gerade durch diese Einfaltspinsel enthüllen läßt.

Bei der außerordentlichen Tätigkeit, die Shakespeare bisher als Dramatiker entwickelt hatte, werden wir stets zu berücksichtigen haben, daß er mit dieser reichen Produktion vor allem auch für das Bedürfnis des Theaters sorgte, wodurch es hinlänglich er= klärlich wird, wenn auch in der letzten Reihe von Jahren nicht alle Stücke auf gleicher Höhe des Wertes standen. Nicht immer hatte er dabei einzig seinem ihn zum Schaffen treibenden Genius zu folgen, sondern er ließ sich auch durch zufällig erhaltene An= regungen (wie bei den „Lustigen Weibern") zur Tätigkeit bestimmen, daneben aber auch ältere Stücke, deren Stoffe ihm trotz mangelhafter Ausführung günstig erschienen, neu zu bearbeiten. Wie dies schon in früheren Jahren bei der „Zähmung der Widerspenstigen" nachweislich der Fall war, so wäre es wohl möglich, daß er auch bei dem ihm zugeschriebenen Schauspiel „Perikles" an der Überarbeitung eines älteren Stückes beteiligt war. (Diese Frage wird erst später, bei Besprechung der ihm fälschlich zugeschriebenen oder zweifelhaften Stücke, näher zu erörtern sein.)

Von den Schauspielen seiner unmittelbaren Vorgänger, von Marlowe, Greene, Kyd, Peele, wurden die besseren Stücke noch ab und zu gegeben; und wie die „Spanische Tragödie" von Kyd, so hatte sich von Shakespeare selbst auch sein schrecklicher „Titus Andronikus" in der Gunst der großen Menge noch lange erhalten. Von seinen Dramen der vorgeschritteneren Zeit behaupteten sich aber neben Richard III. besonders der erste Teil Heinrichs IV., wie auch „Romeo und Julie" und der „Kaufmann von Venedig" auf dem Platz.

So viele Autoren aber auch bei der herrschenden Vorliebe für die Bühne sich an dem Wettbewerb beteiligten, so war doch von jüngeren wie auch älteren Dichtern bis gegen Ende des Jahrhunderts nichts Nennenswertes zum Vorschein gekommen. Aus der literarischen und Gelehrten-Zunft hatte zwar auch Chapman sich dem Drama mit Eifer zugewendet, aber ohne damit wirkliche Bühnenerfolge zu erringen. Die von ihm uns erhalten gebliebenen Stücke lassen einen gebildeten Geist erkennen, nichts mehr, und der größte Ruhm, den er sich erwarb, war seine in langen Zwischenräumen und stückweise herausgekommene Übersetzung des Homer. Auch Henry Chettle, der mit seiner Herausgabe des Greeneschen Pamphlets so übel angekommen war, suchte mit zahlreichen Schauspielen die verschiedenen Theater Londons zu versorgen, kann aber neben den eigentlichen Dichtern als solcher kaum genannt werden. Nur eines seiner Stücke — es ist das einzige, das auch durch den Druck auf die Nachwelt

gekommen ist — möge hier in Kürze erwähnt sein, und zwar
weil es — wenn auch nur hinsichtlich des Rachemotivs — aus
der ursprünglichen Hamlet-Fabel hervorgegangen zu sein scheint.
Der Held des Stücks heißt aber nicht Hamlet, sondern —
„Hoffman", welchem Titel auch noch der zweite hinzugefügt ist:
oder „Die Rache für einen Vater".*) Wie schon der Titel erkennen
läßt, war dieses im Jahre 1602 aufgeführte Schauspiel noch ein
Nachklang aus der Epoche der Blut- und Rachetragödien. Das
Stück spielt in Preußen und zwar „in der Nachbarschaft von
Danzig. Die Handlung ist: Hoffman, der Sohn eines Admirals,
der wegen Seeräuberei grausam zu Tode gemartert wurde, beschließt, seinen Vater zu rächen. Er gelobt dies bei dem Skelett
des Vaters, das zu Anfang des Stückes in einer Höhle aufgehängt
ist, und auf dessen Schädel man noch die eiserne Krone sieht, die
dem Vater glühend auf sein Haupt gedrückt worden war. Der
erste Racheakt des Sohnes Hoffman ist, daß er einen Prinzen,
den er in seine Gewalt bringt, ebenfalls durch eine glühend gemachte eiserne Krone tötet. Nach einer Menge anderer schauder-
hafter Taten kommt endlich Hoffman in die Gewalt seiner Gegner,
und nun muß diese eiserne Krone nochmals herhalten, um ihm
selbst den Tod zu geben, nachdem man ihn an einen Felsen
geschmiedet hat. Daß in der Zeit der höchsten Meisterschöpfungen
Shakespeares auch solche unkünstlerische Machwerke auf den untergeordneten Bühnen Londons ihr Publikum fanden, ist weiter nicht
zu verwundern. Und daß diese Hoffman-Tragödie 1602 wirklich
aufgeführt wurde — vielleicht im Phönix-Theater —, geht aus
einer Eintragung in Henslowes „Diary" hervor.⁵⁷)

Unter den in ihrer literarischen Tätigkeit viel höher stehenden
Zeitgenossen Shakespeares hatte auch Thomas Nash es mit dem
Theater versucht, dessen Bedeutung er ganz besonders lebhaft

---

*) „Hoffman, or, a Revenge for a father." Ein Druck davon, unter
diesem Titel, existiert nur aus dem Jahre 1631.

gegen die puritanischen Angriffe verteidigt hatte, dafür aber auf
diesem Boden keinen Dank erntete. Nach seiner verunglückten
Komödie „Summers last will and Testament", die 1592 vor
der Königin gespielt sein soll, scheint er weitere dramatische Versuche nicht gemacht zu haben, wogegen er in seinen Essays des
Erfolges meist sicher war, auch wo sie ihm Streitigkeiten eintrugen.

Nach Marlowe und Greene scheint auch George Peele,
deren hervorragendster Genosse im wüsten Leben, um 1598 verstorben zu sein. Auch dieser hochbegabte Dichter und Dramatiker
war ein Opfer des von diesen exaltierten Geistern für sich in
Anspruch genommenen ausschweifenden Genußlebens geworden.
Er, der wegen seiner musterhaften Behandlung des dramatischen
Verses selbst von einem Nash als primus verborum artifex
gepriesen worden war, der in seinen Anfängen auch der Königin
Elisabeth seine unverschämten, aber um so williger von dieser
entgegengenommenen Huldigungen darbieten durfte, — er sank
immer tiefer, so daß er zuletzt nur noch in den schlechtesten
Tavernen und Ale-Häusern und in der niedrigsten Gesellschaft
anzutreffen war und endlich aus dem Leben verschwand, ohne
daß jemand danach fragte.

Eine glücklichere Wendung war in dem Lebenslaufe des
Thomas Lodge eingetreten. Zunächst schien die in dem Pamphlet
von Robert Greene auch an ihn gerichtet gewesene Warnung
keinen Eindruck auf ihn gemacht zu haben. Noch im Jahre 1595
erschien von ihm eine Sammlung von Episteln und Satiren
unter dem Titel „A fig for Momus". Aber schon ein Jahr
später ließ er eine Schrift folgen, in der er sich, gleich Robert
Greene, als bußfertiger Sünder erklärte. Daß aber dies Reue-
bekenntnis bei ihm nicht aus so schmerzlich ergriffenem Gemüt
kam wie bei jenem, ist schon aus dem Inhalte dieser Schrift „Wits
misery" zu erkennen. Aus derselben wird immer nur der Satz
zitiert, in welchem auf ein Schauspiel „Hamlet", und zwar
auf ein älteres als die uns bekannte Shakespearesche Tragödie,

angespielt wird. Aber diese ganze längere Stelle in der Schrift, in der das Wort „Hamlet, revenge!" vorkommt, ist als ein äußerst bitterer Angriff gegen eine gewisse Literatenklasse sehr bezeichnend für die Stimmungen und gegenseitigen Verstimmungen in den Schriftstellerkreisen; denn der Angriff ist jedenfalls gegen die Kritiker überhaupt, dabei aber wohl auch gegen eine bestimmte Persönlichkeit gerichtet, durch die vielleicht Lodge selbst schwer verletzt worden ist.*)

„Ihr sollt ihn kennen", so heißt es in genannter Schrift, „diesen Gesellen, dessen Muse mit einem gespaltenen Zahn bewaffnet ist. Er ist ein schmutziger Lümmel, seine Zunge ist von der Lüge betupft, sein Herz verhärtet gegen Nächstenliebe. Er geht meist in Schwarz einher, der Farbe der Gravität, und sieht so bleich aus, wie der Geist, der so jämmerlich im Theater schreit wie ein Austernweib: Hamlet, Rache! Er ist voll von Niedertracht und Verleumdung und in solchem Maße, daß, wenn er am Vormittag seine Begierde, jemanden zu verläftern, nicht befriedigen konnte, ihn ein Fieber befällt, das ihn bis zum Abendessen nicht verläßt. Stets sinnt er auf Epigramme und Bosheiten, lacht niemals, außer über den Schaden anderer... Das Schlimmste dabei ist, daß er durch sein ehrbar scheinendes Wesen und durch das Herumtragen von Neuigkeiten sich ein gewisses Ansehen zu verschaffen weiß, denn es gibt Narren genug, die, weil er Geschicklichkeit mit der Feder besitzt, an alles was er schreibt, wie ans Evangelium glauben. .... Kein Dichter in seiner Nähe lebt, der nicht von seinem Hohn zu leiden gehabt. Wenn er in einem Wirtshaus einen Mann von Geist trifft, so ist ihm dieser nur ein alberner Zänker, ... läßt einen Gelehrten etwas Gutes

---

*) Der ganze Titel der Schrift ist „Wits misery and the worlds mad-nesse. Discovering the Devils incarnate of the age". Das Wort „Witz" (wit) bedeutet hier, ebenso wie in Greenes „Groatsworth of wit", in Meres' „Wits treasury" (Palladis Tamia) usw. die geistige und Verstandes-Qualität überhaupt, wie ja auch bei uns im Mittelhochdeutschen das Wort „Witz" für Klugheit oder Verstand gebraucht wurde.

schreiben, so hat er's aus irgend einem Buch gestohlen, hat er etwas übersetzt, so heißt es: das ist nicht von ihm..... Wer in seinem Stande sich emporarbeitet, der erweckt seinen Neid. Weil er alle Menschen haßt, kann er niemands beständiger Freund sein."

Man hat diese sehr drastische Schilderung gegen Thomas Nash gedeutet; aber abgesehen von dessen Neigung zum Spotte würde das Bild doch nicht in allem zutreffend sein. Jedenfalls aber geben alle diese Zänkereien und gegenseitigen Beschimpfungen keine sehr erfreuliche Vorstellung von gewissen literarischen Kreisen in jener Zeit. Aber in dem bewegten Gesamtbild der mannig= fachen, aus der Überfülle geistiger Produktion hervorgehenden heftigen Reibungen sehen wir William Shakespeare als reine Lichtgestalt ruhig hindurchschreiten.

Was Thomas Lodge betrifft, so hatte seine reuige Umkehr ihn nicht zu so jämmerlichem Ende geführt, wie es bei Robert Greene der Fall war. Nachdem er von Gläubigern bedrängt, bald auf Reisen ging, bald wieder nach London in die „Nacht seiner Irrtümer" zurückgekehrt war, hatte man jahrelang nichts von ihm vernommen, bis er endlich um 1600 wieder in London auftauchte, und zwar als — Doktor der Medizin. Auf seiner letzten Reise war er zu seinem wissenschaftlichen Berufe zurück= gekehrt, hatte sich in Avignon niedergelassen und dort — als „Doctor in Physic of the University of Avignon" — eine Zeit= lang praktiziert. Dann war er als ein auf medizinischem Wege gereinigter Mensch nach London zurückgekehrt, um hier seinem Berufe als Arzt auch ferner nachzugehen und darin auch Ansehen zu erlangen. Von Oxford ebenfalls als Doktor der Medizin bestätigt, hatte er neben seiner ärztlichen Praxis sich auch in wissenschaft= lichen Arbeiten hervorgetan, unter anderm auch durch eine Ab= handlung über die im Jahre 1603 in London herrschende Pest (the plague).

Mit dem Theater scheint Lodge, nach den wenigen dramatischen Werken früherer Zeit, sich nicht mehr eingelassen zu haben.

Dennoch hat sich von einer seiner nichtdramatischen Dichtungen ein Schimmer seiner Poesie durch das Medium Shakespeare auch auf der Bühne erhalten. Es ist dies seine schon früher erwähnte poetische Erzählung „Rosalynde", die den Stoff zu Shakespeares dramatischem Waldidyll „Wie es euch gefällt" geliefert hat.*)

Ehe wir auf diese romantische Komödie des Dichters zu sprechen kommen, sind wir genötigt, auf einige Jahre rückwärts zu blicken, um des eines dramatischen Dichters zu gedenken, der noch vor Ablauf der neunziger Jahre auf dem Plan erschien, um für längere Zeit als wirklicher Rival des großen Dichters auf= zutreten. Es war dies der noch jugendliche Ben Jonson, dessen erstes und am häufigsten genanntes Lustspiel „Jedermann nach seiner Laune" bereits 1595 oder 96 auf dem Rose=Theater erschienen war.

Benjamin Jonson (stets nur mit dem abgekürzten Vor= namen Ben genannt) war 1574 in London geboren, also zehn Jahre jünger als Shakespeare. Über seine Lebensumstände bis zu dem Zeitpunkt, da er zuerst als Dichter auftrat, ist wenig Sicheres zu sagen, indem die von seinen Biographen gesammelten, oft aber willkürlich ergänzten Nachrichten aus seiner früheren Lebenszeit so viel Unklares enthalten, daß man nur in aller Kürze das Wesentliche daraus mit einiger Zuverlässigkeit mitteilen kann. Sein Vater hatte als sehr eifriger Protestant dem geistlichen Stande sich gewidmet, ist aber schon zwei Monate vor der Geburt des Sohnes gestorben. Nicht lange danach hatte seine Mutter zum zweitenmal geheiratet, und zwar einen Maurer**) und es ist kaum zu bezweifeln, daß der arme Knabe von den Eltern sehr vernachlässigt wurde. In einer der untergeordneten Schulen Londons erhielt er seinen ersten Unterricht, fand aber einen mit=

---

*) Nachdem Lodge schon bald nach seiner Rückkehr eine Übersetzung des Flavius Josephus herausgegeben, ließ er noch 1614 eine englische Über= setzung des Seneca erscheinen. Er ist erst 1625 in London gestorben.

**) Bricklayer, so bezeichnen ihn B. Jonstons Biographen.

leidigen Gönner, der sich seiner annahm und ihn in die höhere Westminster=Schule brachte. Von dort, so heißt es, sei er in seinem 16. oder 17. Lebensjahre nach der Universität Cambridge gekommen. Dort kann er nur sehr kurze Zeit gewesen sein (nur wenige Monate, nach einigen gar nur Wochen), indem er nach London zurückgerufen wurde, um ebenfalls das Maurerhandwerk seines Stiefvaters zu ergreifen. Ben aber, der dazu nicht die mindeste Neigung hatte, widersetzte sich solchem Ansinnen, und um sich freizumachen, blieb ihm nichts anderes übrig als die Flucht. Nachdem er sein Elternhaus heimlich verlassen hatte, wurde er Soldat und schloß sich einer Truppensendung an, die nach den Niederlanden geschickt war. Wenn dies die englischen Hilfstruppen waren, die 1591 dorthin gingen, so würde Jonson damals sieb= zehn oder höchstens achtzehn Jahre alt gewesen sein. Wie lange er Soldat gewesen ist, kann nicht festgestellt werden. Doch weiß man, daß er bei erfolgter Rückkehr nach London zunächst eine Anstellung als Schauspieler an einem untergeordneten Theater gesucht und auch gefunden hatte. Doch wird hinzugefügt, daß sein wenig empfehlendes Äußere für diese Laufbahn ihm hinderlich gewesen sei. Aber auch für ihn wurde dennoch das Theater der Boden, von dem aus er endlich seinen Beruf fand: als dramatischer Dichter.

Was in den uns überlieferten Nachrichten über seinen früheren Lebensgang am sonderbarsten erscheinen muß, ist der Umstand, daß er so wenig Gelegenheit für Erlangung einer gründlichen wissenschaftlichen Bildung gehabt und dennoch — im Gegensatz zu Shakespeare — stets als der „gelehrte" Dichter galt, als welcher er selbst auch gelten wollte. Die vielfach einander wider= sprechenden Nachrichten seiner Biographen — Fuller, Malone, Gifford — geben uns über seinen Bildungsgang keine sichere Kunde. Entweder man müßte annehmen, daß er länger in Cambridge gewesen sei, als berichtet wird, oder — was noch sicherer anzu= nehmen — wir werden als seinen eigentlichen geistigen Erzieher, besonders was seine erlangte klassische Bildung betrifft, jenen trefflichen Camden zu erkennen haben, der schon in der Londoner Westminsterschule des gelehrigen Knaben sich eifrigst annahm und als derselbe genötigt wurde, nach London zurückzukehren, seinen Unterricht in den alten Klassikern fortgesetzt hatte, — wie einer von Ben Jonson gesagt hatte: „in der einen Hand die Maurer= kelle, in der andern den Horaz". Jener regelmäßige Weg in der gelehrten Bildung, wie ihn die Greene, Peele, Marlowe, Lodge genommen hatten und auf dem sie es zuerst zum Bachelor of arts, dann zum Master of arts, und zuletzt zum Dramendichter und liederlichen Genie gebracht hatten, wurde jedenfalls von Ben nicht durchschritten. Und vor der letzteren Stufe — der Lieder= lichkeit — schützte ihn nicht nur seine Armut, sondern auch seine zum Phantastischen wenig neigende Natur, sein nüchterner Verstand.

Jonsons schon genanntes erstes Lustspiel, mit dem er in die Öffentlichkeit trat — „Every man in his humour" — war nach seiner ersten Aufführung im Rose=Theater von ihm bedeutend umgearbeitet und kam danach erst 1598 in seiner neuen Gestalt auf das Globe=Theater. Es mag dahingestellt bleiben, ob dies — wie einige wissen wollen — besonders auf Shakespeares Befür= wortung geschah; jedenfalls kann dieser nicht dagegen gewesen sein, da in dieser Zeit Shakespeare der entschiedene Herrscher auf dieser Bühne war. Die Frage ist hier insofern von Wichtigkeit, als man von jeher und bis heute noch Ben Jonson als Gegner Shakespeares bezeichnet hat. Diese Gegnerschaft ist aber ohne Zweifel stets übertrieben worden. Der jüngere Dichter war aller= dings ein Gegner der bis dahin herrschenden ganzen dramatischen Richtung; er war ein Gegner jener Hyperromantik, wie sie schon von Sidney und andern verspottet wurde, wie auch des ganzen Stoffgehaltes des historischen Dramas dieser Zeit. Ben Jonson war in erster Reihe Verstandesmensch und wollte daher der Bühne seiner Zeit nicht die Wiedergabe von Begebenheiten zumuten, die an die Phantasie der Zuhörer zu weit gehende Forderungen stellen

mußten. Schon von diesem Gesichtspunkte aus wurde sein erstes
Stück „Every man" das erste nicht nur im eigentlichsten Sinne
bürgerliche, sondern auch durchaus moderne Lustspiel jener
Epoche. In dem Prolog, der allerdings erst in einer viel späteren
Ausgabe gedruckt wurde und wahrscheinlich auch erst nachträglich
geschrieben worden ist, spricht Jonson sich darüber aus, was man
in seinem Stücke nicht erwarten möge. Er spricht von den
Kämpfen zwischen York und Lancaster, von knarrenden Thronen,
flinken Raketen, von den rollenden Kugeln, die den Donner nach=
ahmen sollten usw. Indem er auf alle solche Dinge verzichte,
sei es auch nicht seine Absicht, Verbrechen zu schildern, sondern
Torheiten zu verspotten, die nichts weiter verdienten, als belacht
zu werden.⁵⁸) Nur in einer Stelle dieses Prologs scheint er auf
Shakespeare zu zielen, wenn er sagt: „Wo euch kein Chorus übers
Meer soll jagen" usw. In diesen Worten ist die Anspielung auf
die letzten Verse vom zweiten Chorus zu Heinrich V. deutlich
genug. Aber auch hierin ist die bestimmt ausgesprochene Tendenz
doch nur gegen die ganze Gattung des Dramas gerichtet, wie sie
seit länger denn zwanzig Jahren die englische Bühne beherrschte,
gegen jene überschwengliche Einbildungskraft, die von Shakespeare
selbst einmal als „des Dichters schönen Wahnsinn" bezeichnet
wird. Über die weiteren dramatischen Werke Jonsons, wie auch
über sein Verhältnis zu Shakespeare wird später noch einiges
zu sagen sein. Was aber sein erstes Lustspiel betrifft, das man
gewöhnlich auch als sein bestes bezeichnet, so wird es heute schwerlich
jemand begreifen, wie man darin eine Rivalität mit Shakespeare
— und eine siegreiche — hat finden können. Ben Jonson tat
nicht mehr, aber auch nicht weniger, als eine neue dramatische
Gattung dem romantischen und historischen Drama an die Seite
zu stellen: die Gattung des bürgerlichen Lustspiels, dessen Stoffe
und dessen handelnde Personen ganz ausschließlich der Gegenwart
und dem modernen Londoner Leben entnommen waren, ohne allen
Beisatz jener dichterischen Imagination, die sich von der Wirklichkeit

des modernen Lebens entfernt. Ben Jonson hätte damit aller=
dings auch auf die Versform der Sprache ganz verzichten müssen.
Das tat er aber nicht, denn er übernahm von seinen Vorgängern,
namentlich von Greene und Shakespeare, die dramatische Sprach=
form insofern, als er die Verspartien (blank verse) mit der
Prosarede abwechseln ließ, nur daß bei ihm die breit ausgeführten
Prosaszenen weit überwiegend sind. Und in diesem Prosadialog
lag auch seine ganze Stärke, denn er ist leicht und natürlich, da=
bei voller scharf pointierter und hübscher Wendungen und daneben
so reich an lokalen Beziehungen, daß man es versteht, wenn Ben
Jonson als der „modernere" Dichter betrachtet wurde. Aber er
unterließ es auch nicht, seine Kenntnis der alten Klassiker darin zu
zeigen, nicht nur in den reichlichen Zitaten, sondern auch in der
Beobachtung der geforderten dramatischen Einheiten. Bei der
Einfachheit der Intrigue — wenn man die schwachen Spuren
einer solchen so nennen kann — war es ihm nicht schwer, die
Einheit von Zeit und Ort zu beobachten, die erstere wenigstens
insofern, als beim Wechsel der Lokalität man sich nicht in ent=
ferntere Gegenden zu versetzen brauchte.

Der große Erfolg, den Jonsons Lustspiel hatte, veranlaßte
ihn, sehr bald ein zweites Lustspiel folgen zu lassen, bei dem er
schon durch den Titel — Every man out of his humour —
auf den Kredit des ersten Stückes spekulierte. Aber diese Speku=
lation war nicht besonders glücklich, denn der Erfolg dieses
zweiten Stückes, das schon 1599 auf dem Globe=Theater erschien,
blieb hinter dem ersteren weit zurück. Vielleicht lag die Schuld
zum Teil daran, daß der Dichter, um in den Charakteren, die
er im ersten Stücke aus dem wirklichen Leben genommen hatte,
sich nicht zu wiederholen, einzelne allzu künstlich konstruierte Cha=
raktere dazu erfunden hatte. An Witz und Schärfe des Geistes
steht es dem ersteren Stücke durchaus nicht nach, aber auch des
Dichters Hang, mit seinem vielen Wissen zu prunken, tritt hier
noch stärker hervor und die lateinischen Brocken sind noch reichlicher

eingestreut. Als charakteristisch möge hier noch angeführt sein, daß den Schlußworten, die — wie gewöhnlich — eine der Hauptpersonen an das Publikum richtet, hier noch ein aparter Epilog „für die Vorstellung vor der Königin Elisabeth" angehängt ist, den einer der Darsteller des Stückes spricht, und zwar von der Mitte des Epilogs an knieend. Je älter Elisabeth wurde, um so mehr brauchte sie solche Auffrischungen. Ob es aber der schon bejahrten Königin angenehm war, zu hören, daß das Alter ihr fern bleiben möge („Fly from her, Age!"), dürfte doch wohl fraglich sein.

Ob in den nächstfolgenden Jahren zwischen dem Dichter und dem Globe-Theater eine Verstimmung eingetreten war, ist zwar nicht mit Bestimmtheit zu sagen. Aber auffallend ist es, daß die folgenden zwei Stücke Jonsons nicht dort zur Aufführung kamen, sondern — von den Kindern der Kapelle (the children of Queene Elisabeths chapel), für die, wie schon früher erwähnt wurde, das neu hergerichtete Blackfriars-Theater auf mehrere Jahre gemietet war. Die große Schärfe, mit der Shakespeare im Hamlet sich gegen diese Kindervorstellungen aussprach, gewinnt dadurch noch mehr Bedeutung, daß Ben Jonson seine Stücke dazu hergab, und zwar beides Stücke — Cynthia's revels und der Poetaster —, die sicher sehr weit über das Verständnis dieser „Brut von Kindern" („an eyry of children", Hamlet, I. Akt, 2. Szene) hinausging.

Ein Übergang von Jonsons ersten Lustspielen zu der vermutlich gleich danach erschienenen hochromantischen Komödie Shakespeares „Wie es euch gefällt" zeigt uns den starken Gegensatz beider dichterischen Naturen in voller Deutlichkeit. Hier der geistreiche, aber verstandesnüchterne Realist, der nur das für die dramatische Verkörperung gelten lassen will, was man kennt oder was man in den uns bekannten Verhältnissen des Lebens denkbar und natürlich finden kann; und ihm gegenüber der wirkliche „Dichter", der auf dem romantischen Gebiete dichterischer Einbildungskraft die Wirklichkeit nur im Menschen sucht, nicht in den Begebenheiten. Es war außerdem hier keine leichte Sache, aus Lodges schon erwähnter Erzählung „Rosalinde" etwas zu schaffen, was auf der Bühne Gestaltung annehmen konnte, denn die Begebenheiten in der Erzählung sind so außerordentlich kompliziert, daß sie der dramatischen Dichtungsform entschieden zu widerstreben scheinen. Bei Shakespeare liegt deshalb die eigentlich dramatische Aktion zum Teil bereits in der Vergangenheit, zum Teil mußte er sie in die Exposition verlegen und in der Folge in ein paar Zwischenszenen weiterführen. Was an dramatischer Bewegung dadurch verloren ging, das konnte er in den mehr lyrischen und breit ausgeführten Szenen im Ardenner Walde durch eine Fülle von Poesie ersetzen. Und der Weg dazu war ihm allerdings schon durch den Erzähler gewiesen. Nicht ohne Grund hatte Lodge seiner Erzählung „Rosalinde" die zweite Bezeichnung gegeben: „Euphues goldenes Vermächtnis"; und Shakespeare hat denn auch dem Euphuismus John Lillys hier wiederum einen so weiten Spielraum gestattet, daß die langen Witzdialoge zwischen Rosalinde, Probstein, Jacques und anderen in dieser Hinsicht an des Dichters Jugendlustspiel „Verlorene Liebesmüh" vielfach anklingen; nur daß hier in dem poetischen Leben des Waldes, in dem Liebesgirren der verkleideten Mädchen und dem dazu verwendeten lyrischen Zierat das Ganze aus einer anderen, weicheren Tonart erklingt. Indem aber in dieser idealen Welt der Waldespoesie alle Dissonanzen nur als ein leichtes Spiel erscheinen, so fehlt den ziemlich gleichmäßig aufeinanderfolgenden Szenen auch das dramatische Tempo. Über die Unwahrscheinlichkeiten, wie man sie in solchen Verkleidungskomödien gewohnt ist, würde man auch hier sich leichter hinwegsetzen, wenn in der Fabel des Stückes eine lebhaftere Aktion und Verwicklung herrschte, die uns keine Zeit zur Überlegung ließe, wie es z. B. in Shakespeares weitaus vollendetstem Lustspiel „Was ihr wollt" (Twelfth night) der Fall ist. Aber der poetische Zauber, der in dieser Waldpoesie alles durchleuchtet, das reizende Liebesspiel und der rosige Humor, der bald mit

Keckheit, bald mit Grazie jeden nahenden Schatten verscheucht, — das alles ist so vorherrschend lyrischer Art, daß für die ohnedies schon in den Hintergrund verwiesenen ernsteren Konflikte das dramatische Interesse fast gänzlich schwindet.

Wenn man erwägt, daß zwei in ihrem innersten Wesen so heterogene Erscheinungen wie diese dramatisierte Waldidylle und Ben Jonsons Lustspiel auf demselben nationalen und auch lokalen Boden, zu derselben Zeit und vor demselben Publikum erstanden sind, so reflektiert diese Tatsache auch auf den Reichtum geistiger Potenzen, wie sie in dieser glänzendsten Periode des englischen Lebens und der englischen Geschichte zum Ausdruck kamen. Shake= speare aber vereinigte in sich alle diese Potenzen und er konnte bei seinem eigenen Reichtum zwischen seinen hochdramatischen Schöpfungen sich auch einmal einen gelegentlichen Ausflug in eine solche rein poetische und ideale Region gestatten.

Schnell genug ließ er hiernach wieder ein Werk folgen, mit dem der gewaltige Dramatiker sich wieder siegreich als der un= umschränkte Herrscher auf dem Boden des Theaters zeigte, — in jener Tragödie, deren Stoff er weder der Romantik mittelalterlicher Sagen= und Heldengestalten entlehnte, noch auch auf die Chroniken der vaterländischen Geschichte zurückkam. Es war die erste seiner großen römischen Tragödien — Julius Cäsar, die populärste jener geschichtlichen Überlieferungen aus dem klassischen Altertum, die schon seit mehr als zwanzig Jahren durch die englische Über= setzung des Plutarch manche englische Dramendichter zu kurzem Dasein hervorgerufen hatten. Von jenen älteren Stücken, die aus der römischen Geschichte besonders die großen Gestalten des Pompejus und des Julius Cäsar behandelten, ist uns bis auf die Titel nichts überliefert worden. Daß Shakespeare zunächst den populärsten jener Stoffe ergriff, entsprang wieder seinem starken Empfinden für das allgemein Menschliche, aus welchem Empfinden er auch das Fernstliegende gegenwärtig zu machen und dadurch lebensvoll zu gestalten wußte.

Genée, Shakespeare.   16

Wenn schon in den englischen Königsdramen mit jedem weiteren Stücke der Blick des Dichters für den ethischen Kern der geschichtlichen Vorgänge immer tiefer gedrungen war, so erkennen wir nunmehr seine völlig gefestigte sittliche Anschauung auf dem Boden der Geschichte auch in der erhabenen Tragik seines ersten römischen Geschichtsdramas. Was er aus Plutarch in den Lebensbeschreibungen des Cäsar und des Brutus dafür erhielt, waren nur die vorgezeichneten festen Linien in der Schilderung des Geschehenen, die knappen, aber deutlichen Umrisse für das daraus zu gestaltende Kunstwerk. Mit seinem klaren Blick und sichern Gefühl hatte er auch hier, in den geschichtlichen Über- lieferungen eines fremden Volkes und einer um vieles ferner liegenden Zeit, das, was der Dichter daraus zu geben hatte, als den ethischen Kern erfaßt, um das große geschichtliche Bild unter jenen Gesichtspunkt zu rücken, der für alle Zeiten der ewig gültige und deshalb für seine Gegenwart wie für die unsere verständlich bleibt. Ob er Römer geschildert hat und schildern wollte, darauf kommt es hier nicht an; als Dichter und Dramatiker hatte er vor allem Menschen zu schaffen, deren Triebe, Leidenschaften und Handlungen wir auch in dem fremden nationalen und Zeit- kostüm verstehen und deren Schicksale wir mitempfinden. Wenn damals ein Dichter sich bemüht hätte, die Römer als Römer zu schildern — aber doch immer nur so, wie er sie als Römer verstand —, so würden diese Gestalten uns heute wahrscheinlich fremd und unverständlich erscheinen. Shakespeares Gestalten hin- gegen sind in die Gefühlsregion seiner Zeit und aller Zeiten gerückt, weil das Allgemeinmenschliche in Jahrhunderten und Jahrtausenden dasselbe bleibt. Und wenn seine ethische An- schauung niemals in lehrhafter Form sich kundtut, so glüht sie doch hindurch aus dem innersten Wesen der Personen und der Ereignisse.

Über Shakespeares Cäsar-Tragödie ist von manchen gesagt worden: sie müsse eher den Titel Brutus als Cäsar führen, da

Brutus als die Hauptfigur im Mittelpunkte der Tragödie steht und bis zum Schlusse des Dramas der Handelnde und Leidende bleibt. Dieser Einwand ist nur im äußerlichem Sinne, nicht aber nach dem innersten Wesen der Tragödie richtig. Wollte man überhaupt Wert auf den Titel legen, so könnte man vielleicht „Cäsars Tod" oder seine Ermordung dafür nehmen; denn diese Ermordung bleibt das eigentliche Motiv auch noch bis nach seinem Tode. Von Cäsars ganzer Größe ein Bild zu geben, war nicht Sache des Dramatikers, sondern des Historikers. Shakespeare nimmt deshalb die Größe Cäsars als etwas Vorhandenes an, als eine gegebene Tatsache. Wir können dies sowohl aus den Reden seiner Freunde entnehmen, wie aus den Reden und Handlungen seiner Gegner, denen seine Größe lästig ist oder gefährlich erscheint. So hat auch Shakespeare die Größe Cäsars als den Brennpunkt des Dramas von vornherein erfaßt und bis zum Schlusse der Tragödie mit aller Deutlichkeit festgehalten. Dafür spricht nicht allein die erschütternde Szene im Zelte des Brutus (4. Akt), sondern in den ganzen beiden letzten Akten fühlen wir es, wie die unbezwungene Größe des Gemordeten schwer auf der ganzen Handlung lastet und den Untergang der Republikaner — bis zu dem tragischen Ende des Brutus — herbeiführt; Cäsars Geist ist es, der das Schwert des Brutus auf dessen eigene Brust lenkt. So bleibt also Cäsar auch noch nach seinem Tode der triumphierende Held der Tragödie. Die wenigen Züge, die zu seiner knappen Charakteristik der Dichter aus Plutarch genommen, sind so gewählt, daß sie ihn nach zwei Seiten hin schildern: heldenhafte Furchtlosigkeit gegenüber den sich ihm aufdrängenden Warnungen — das großartige Wort „Der Feige stirbt schon vielmals, eh' er stirbt!" —, dabei aber zugleich das Mißtrauen gegen den hageren und zu viel denkenden Cassius; sein stolzes Pochen auf die Unerschütterlichkeit seines Willens, und das unmittelbar vor seinem jähen Sturz, — dabei zugleich die menschliche Schwäche des Aberglaubens, als er gleich bei seinem ersten

Erscheinen Marc Anton erinnert, beim Wettlauf Calpurnia zu
berühren — die Sorge um seine Dynastie. Wenn Shakespeare
solche kleinen schon von Plutarch gegebenen Züge wohlweislich
benutzt hat, um neben dem Herrscher den Menschen zu zeigen, so
hat er anderseits einzelne vom Geschichtsschreiber nur sehr kurz
und ohne persönliche Meinung ihm überlieferte Momente, wo es
ihm um die dramatische Wirkung zu tun war, durch die selb=
ständige dichterische Ausgestaltung zur großartigsten Wirkung ge=
steigert. Das vollgültigste Zeugnis dafür gibt die gewaltige Szene
im 3. Akte auf dem Forum. Plutarchs Bericht über diese Vor=
gänge ist sehr kurz in nur wenigen Sätzen abgetan. Von der
Rede des Marc Anton ist nur berichtet, daß er in seiner Ansprache
an das Volk auf das Testament Cäsars hinwies und außerdem
an dem Gewande des Gemordeten die von den Dolchen der
Mörder herrührenden Risse des blutbespritzten Kleides zeigte.
Dies wenige wird bei Plutarch nur in zehn Zeilen gesagt, und
was für einen gigantischen Bau hat Shakespeare aus diesen paar
ihm dargebotenen Steinen geschaffen, was für ein Wunderwerk
der Redekunst wie der ganzen Architektur dieser Szene, wie sie
nicht ihresgleichen in der Weltliteratur hat. Und in dieser
Darstellung liegt zugleich der innerste treibende Kern und Grund=
gedanke der ganzen Tragödie: der Sieg des natürlich menschlichen
Empfindens über die Unnatur einer politischen Doktrin, deren
Vertreter auch noch im Meuchelmord sich als Helden und Patrioten
dünken. Wie der Dichter in seinem persönlichen Empfinden dazu
steht, das hat er trotz der Objektivität seiner Darstellung keinen
Augenblick zweifelhaft gelassen. Wenn er demungeachtet Brutus
wahrhaft verschwenderisch mit allen edeln Eigenschaften eines wahr=
haften Mannes ausstattete, so hat er gerade damit und in be=
stimmter Absicht in seine Seele den schwersten tragischen Konflikt
gelegt, den er von Anbeginn der Tragödie bis zu seinem Tode
durchkämpft. Es ist der Zwiespalt zwischen seiner Bewunderung
und persönlichen Liebe für Cäsar und seinem politischen Stand=

punkt als Republikaner. Seine Rechtfertigung der Tat vor dem
Volke ist Satz für Satz voll so anscheinend schlagender Logik,
daß auch das Volk davon verblüfft ist und ihm zujauchzt. Aber
dieser ganze künstliche Bau seiner zu einem Rechenexempel erstarrten
Logik stürzt dennoch zusammen, wenn der weniger „ehrenwerte",
aber von der Liebe zum Cäsar erfüllte Marc Anton — erst mit
Klugheit und Vorsicht, dann aber mit seiner heißen Beredsamkeit —
an das natürlich menschliche Gefühl sich wendet. Es wäre sehr
falsch, wollte man in seinem errungenen Siege nur die Wirkung
seiner Beredsamkeit und seiner so richtig spekulierenden Klugheit
erkennen. Bei all seiner Leichtblütigkeit und Genußsucht, im Gegen=
satze zu dem stoischen, gewissenhaften und ernsten Brutus, ist doch
seine Liebe zum Cäsar wahr und echt; wird er ja doch in seinem
Schmerze um den Gemordeten so überwältigt, daß er schon auf
dem Kapitol beim ersten Anblick der blutigen Leiche Cäsars und
in seinem Abscheu gegen die Mörder selbst die Gefahr vergißt,
die ihm inmitten der Verschworenen droht. Zugleich aber besitzt
er Klugheit genug, um mit seinem wahren Schmerz auch auf die
Empfindungen der Masse spekulieren zu können.

Ganz abgesehen von dem ebenso kühnen wie sicheren dra=
matischen Aufbau jener Forumszene, in der zum ersten Male
auch die Masse als ein einheitlicher Körper erscheint, und ganz
abgesehen von der Stufenfolge in den Wirkungen der Redner,
ist auch die Gegenüberstellung zweier solcher Persönlichkeiten wie
Brutus und Mark Anton ein Meisterstück, ebenso groß durch
den darin sich offenbarenden historischen Blick wie durch die
hinreißende Gewalt des dramatischen Ausdrucks. Bei der Vor=
führung solcher Persönlichkeiten und der durch ihre Naturen
erzeugten Konflikte hat sich Shakespeare niemals einfach damit
abgefunden, zwei gegensätzliche Faktoren einander gegenüberzu=
stellen. Niemals ist der Gegensatz, sei es Recht gegen Unrecht
oder Macht gegen Macht, durch den einfachen Unterschied der
Tonart oder auch des Tons gegeben. Ebenso wie beim musikalischen

Ton da, wo er nur ein Ton zu sein scheint, immer andere mit=
klingende Töne beteiligt sind, so ist das auch der Fall, wo Shake=
speare in der Sprache — als Gefühls= oder Gedankenausdruck
einer bestimmten Person — den Tongehalt wiedergibt. Da klingen
so viele Schwingungen und harmonisch wirkende Nebentöne mit,
daß eben hierdurch alle seine Charaktere das Lebensvolle und
Körperliche erhalten. Ein anderes und eindrucksvolles Beispiel
dafür ist im vierten Akte der Cäsar=Tragödie der Zwist zwischen
Brutus und Cassius, in deren einfacher Unterredung uns die
Perspektive auf zwei verschiedene Gattungen vollen Menschentums
eröffnet wird. In Brutus kannten wir bereits den sittlichen
Tugendtheoretiker, der als wahrhafter Stoiker auch seiner Empfin=
dungen Meister ist, wo sie ihm unziemlich erscheinen. Von der
Gestalt des Cassius aber scheint erst in dieser Szene plötzlich ein
Schleier zu fallen, wodurch uns vieles enthüllt wird, was uns
noch verborgen war. Denn hier erhalten wir einen tiefen Ein=
blick in das Innerste dieses leidenschaftlichen Charakters, dessen
Herz auch den weichsten und schmerzlichsten Regungen nicht ver=
schlossen ist. Und diese beiden so verschiedenen, fast einander
gegensätzlichen Naturen finden sich dennoch hier zusammen in dem
gemeinsamen Gefühl ihres unabwendbaren Untergangs, — als
Sühne für ihre tragische Schuld.

Trotz dieses sowohl dem historisch=dramatischen Vorwurf
wie der ästhetischen Anforderung entsprechenden vollen Abschlusses
der Tragödie wird man hinsichtlich der theatralischen Wirkung
des Ganzen zugestehen können, daß nach der so gewaltigen Forum=
szene des dritten Aktes die noch folgenden beiden Akte es schwer
haben, das Interesse für den Fortgang der Tragödie noch auf
der Höhe zu erhalten. Es berührt dies selbstverständlich nicht die
dramatische Kunst des Dichters, sondern allein die theatralische
Wirkung. Der Dichter hat zweifellos die durch den Stoff ihm
bereitete Schwierigkeit selbst empfunden, und in der Sorgfalt, die
er auf die beiden letzten Akte verwendete, ist er darauf bedacht

gewesen, sie weniger fühlbar zu machen. Er hat besonders in den vierten Akt noch zwei der kostbarsten Perlen seiner Dichtung gelegt, die beiden Szenen des Brutus in seinem Zelt. Hier steht — trotz des ruhigeren, ja fast müden Ganges der Handlung — dennoch der Dichter auch als Dramatiker auf der vollen Höhe seiner Kunst.

Wesentlich anders verhält sich dies bei derjenigen Tragödie, auf die wir jetzt — da sie ungefähr in denselben Zeitpunkt fällt — zu reden kommen, und bei der die wirkliche Schwäche der beiden letzten Akte keineswegs durch den gegebenen Stoff notwendig verursacht war, sondern aus einem inneren Mangel in der dramatischen Komposition hervorgeht. Ich meine: die Tragödie Hamlet.

Die zwischen des Dichters „Julius Cäsar" und seiner Tragödie „Hamlet" bestehenden Verbindungsfäden sind allerdings durch die große Verschiedenheit des Stoffes — in den Vorgängen, Motiven und Charakteren — so sehr verdeckt, daß sie kaum sich bemerkbar machen. Dennoch liegt eine gewisse Übereinstimmung gerade in einem Hauptmotiv der einen wie der anderen Tragödie, dort beim Brutus und hier beim Hamlet. Es sind die peinlichen Erwägungen, die bei beiden einem für notwendig und für berechtigt gehaltenen gewalttätigen Unternehmen vorausgehen. Die bedeutenden Unterschiede in beiden Handlungen, in ihren Zwecken sowohl wie in der Begründung und Ausführung, liegen so klar auf der Hand, daß eine vergleichende Erörterung derselben überflüssig wäre. Aber die Mannigfaltigkeit der vom Dichter uns in den geschilderten, bis in die feinsten Regungen dargelegten Seelenzustände läßt uns auch hier erkennen, welch ein unermeßlicher Reichtum von innerlichem Anschauungsvermögen dieses Dichters Geist erfüllte.

Es fällt dies hier um so mehr ins Gewicht, als beide Tragödien in ziemlich gleicher Zeit entstanden oder doch ans Licht gekommen sind, nur mit dem Unterschied, daß Shakespeare sich mit der Hamlet-Tragödie zweifellos viel länger in seinem Geiste herumgetragen hat, — so lange, daß in dem geistigen Werde=prozeß er von der Aufgabe, die ihm durch die mittelbare Über=lieferung der ursprünglichen Quelle gestellt war, sich immer weiter entfernt hat. Und dies ist der Punkt, von dem wir ausgehen müssen, wenn wir im Zweifel über seine eigentliche Absicht manches Seltsame und Widerspruchsvolle in der Dichtung uns erklären wollen, indem wir es auf seinen Ursprung zurückführen. Nur bei solchem Verfahren werden wir es auch begreifen, warum gerade diese populärste Tragödie bei aller Fülle ihres geistigen Gehaltes dennoch, wenn man an sie den Maßstab eines allen ästhetischen Anforderungen entsprechenden Kunstwerkes legen will, als ein solches gegen die Mehrzahl seiner großen Tragödien zurückstehen muß. Hier, wie nur irgendwo bei Shakespeare, ist es von Wichtigkeit, dem geistigen Werdeprozeß des Dramas nachzu=spüren, um sowohl die bestimmten Beweggründe wie auch die dabei ihn beeinflussenden Umstände zu erkennen, durch die er von dem innersten Wesen des ihm überlieferten Stoffes so weit abgewichen ist, daß zuletzt der Sinn des Dramas, im Hinblick auf die von dem Sagenstoffe überlieferte Darstellung, sich geradezu in das Gegenteil der ursprünglichen Überlieferung verkehrte. Denn in dem Bericht des dänischen Geschichtsschreibers Saxo Grammaticus, der noch die deutlichen Spuren seines Ursprungs in den rohen Kraftnaturen der frühmittelalterlichen Mythe zeigt, ist der Sinn der Erzählung: der Triumph persönlicher Kraft und Willens=stärke, wie schlau berechnender Verstellung und mit Grausamkeit gepaarter List. Hiervon ist dem Shakespeareschen Dänenprinzen nur die von ihm angewendete List geblieben, wobei auch einzelne Züge abstoßender Grausamkeit auf ihn übergegangen sind.

Saxo Grammaticus hat in seiner lateinisch geschriebenen Geschichte Dänemarks die Sage vom Prinzen Amleth, mit der Erzählung von seinem Vater Horvendil beginnend, ziemlich umständlich und mit Einflechtung mancher moralisierenden

Betrachtungen berichtet. Aber die Begebenheiten selbst lassen in den als Heldentaten dargestellten Proben roher und oft übermenschlicher Kraft deutlich den Ursprung aus der nordischen Mythe erkennen.[59)]

Die Hauptmomente in der Erzählung des dänischen Geschichtsschreibers wie auch der daraus geschöpften französischen und danach englischen Bearbeitung sind folgende:

Horvendil, Statthalter von Jütland, hat durch seine in einem gewaltigen Zweikampf bewährte Tapferkeit und überlegene Kraft die Tochter des Königs Rorik von Dänemark, Geruthe (Gertrud), zur Gemahlin erworben. Danach aber wird er durch seinen ihm neidisch gewordenen Bruder Fengo umgebracht, der dann Geruthe, das Weib seines ermordeten Bruders, zur Gemahlin nimmt. Die Ermordung Horvendils durch Fengo ist durchaus kein Geheimnis, sie wird vielmehr ganz offen von Fengo selbst durch schwere, aber unwahre Beschuldigungen gegen seinen Bruder begründet. Aber des Ermordeten Sohn Amleth beschließt, Rache an dem Mörder seines Vaters zu nehmen, und um diese sicher ausführen zu können, stellt er sich irrsinnig, geht in schmutzigem und ekelhaftem Zustande umher und treibt vor aller Augen lauter unsinnige Dinge und Possen, so daß die Personen am Hofe und aus dessen Umgebung ihren Spaß mit ihm treiben. Zu solchem Zwecke werden ihm von Verschiedenen allerlei Fragen vorgelegt, die er so beantwortet, daß er durch den scheinbaren Unsinn seiner Antworten stets erneutes Gelächter erregt, während in der Tat hinter der seltsam bildlichen Beantwortung für ihn selbst stets das Richtige verborgen liegt. Durch dies ganze Benehmen beabsichtigt er nur, hinter der angenommenen Maske eines völlig Verrückten seinen Racheplan durchführen zu können. Als aber der König Fengo dennoch beginnt, Verdacht zu schöpfen, schickt er ihn mit zwei Begleitern nach England, angeblich in einer politischen Mission, deren Inhalt zwei Runenstäben anvertraut sein soll. Diese Runenschrift enthält in Wahr-

heit die an den König von England gerichtete dringende Auf=
forderung, ihn als einen gefährlichen Menschen zu töten. Auf
der Reise nach England weiß aber der Prinz bei einer günstigen
Gelegenheit die Runenstäbe heimlich an sich zu nehmen und die
Schrift zu fälschen, so daß der König nach Empfang der Runen=
schrift statt den Prinzen Amleth die beiden Begleiter töten läßt.

Neben manchen hier übergangenen Einzelheiten ist bei Shake=
speare die wichtigste Abweichung von der Quelle erst in dem
weiteren Fortgang der Geschichte zu erkennen. Denn als nach
der dänischen Geschichtserzählung Amleth zur Überraschung aller
derer, die ihn tot glaubten, nach Jütland zurückkehrt, geht er
sogleich an die Ausführung seines Racheplanes, der zwar für uns
nicht ganz verständlich, aber jedenfalls grausam ist. Amleth hat
den Saal des Schlosses, in dem der ganze Hof zu einem
glänzenden Feste versammelt ist, mit einem höchst kunstvollen Netze
versehen, das er seit lange vorbereitet hat (von dessen Konstruktion
wir uns aber keine rechte Vorstellung machen können). In einem
geeigneten Momente, während die Mehrzahl der schwelgenden
Gäste betrunken ist, zieht Amleth das Netz zu, so daß keiner ent=
rinnen kann. Gleichzeitig hat er an verschiedenen Seiten des
Saals Feuer angelegt, so daß schnell alles in Flammen steht und
sämtliche Anwesende in dem brennenden Saal jämmerlich um=
kommen. Während des Brandes eilt Amleth in das Zimmer
des Königs, der schon früher dorthin sich zurückgezogen hatte, und
durchstößt ihn mit dessen Schwerte, wobei er sich ihm als den
Rächer seines gemordeten Vaters verkündet. Amleth, der nach
vollbrachter Tat sich zunächst verborgen hielt, um abzuwarten,
wie die Stimmung des Volkes über das schaurige Ereignis sich
äußern werde, trat dann nach kurzer Zeit aus seinem Versteck
hervor und berief eine Volksversammlung, vor der er eine lange
Rede hielt, um die Tat durch die Darlegung seiner Gründe zu
rechtfertigen, und nachdem ihm dies gelungen war, bestieg er als
König den Thron. Bei Saxo Grammaticus ist damit die

Geschichte noch nicht zu Ende, sondern der Bericht erstreckt sich noch auf die Regierungszeit des nunmehrigen Königs Hamlet bis zu seinem Tode.

Ich habe hier von dem ausführlichen Berichte des dänischen Geschichtsschreibers nur die bemerkenswertesten Grundzüge wieder-gegeben. Auf einige Einzelheiten wird noch bei Erörterung der Shakespeareschen Tragödie zurückzukommen sein. Aus der latei-nischen Chronik war die Erzählung erst erheblich später von dem französischen Erzähler Belleforest in seinen nach der Mitte des 16. Jahrhunderts erschienenen „Histoires tragiques" in wenig veränderter Übertragung mitgeteilt, und es ist sehr wahrscheinlich, daß dies für Shakespeare die nächste Quelle war; denn von einer englischen Übersetzung des französischen Autors ist nur ein viel späterer Druck bekannt, und es hat allen Anschein, daß diese englische „History of Hamblet", deren Verfasser unbekannt ist, erst durch die große Popularität der Shakespeareschen Tragödie veranlaßt worden ist.

Daß aber schon vor Shakespeares Hamlet, wie uns das Stück in den zwei ersten Quartausgaben und in der Folio über-liefert ist, ein Schauspiel Hamlet in England zur Aufführung gekommen war, geht aus den zum Teil schon angeführten früheren Äußerungen englischer Autoren — wie Nash und Lodge — her-vor. Da aber von einem solchen älteren Hamlet kein Druck er-mittelt worden ist, so bleibt die Frage noch unentschieden, ob jenes fragliche ältere Stück von einem anderen Autor herrührte, oder ob es eine Jugendarbeit von Shakespeare selbst gewesen sei, die vielleicht ohne seinen Namen auf die Bühne kam. Aus verschiedenen Gründen bin ich geneigt, das letztere anzunehmen, obwohl ich da-mit keine bestimmte Behauptung, sondern nur eine Vermutung aussprechen will. Bevor ich aber näher darauf eingehe, um meine Gründe dafür darzulegen, mögen hier die beiden ersten unter Shakespeares Autornamen erschienenen Quartausgaben von 1603 und 1604, sowie ihr Verhältnis zueinander in Kürze erörtert sein.[60])

Die erste Ausgabe erschien 1603 unter dem Titel: „Die tragische Geschichte von Hamlet, Prinz von Denmarke. Von William Shakespeare. Wie sie zu verschiedenen Malen durch Seiner Hoheit Diener in London, sowie in den beiden Universitäten Cambridge und Oxford und anderwärts aufgeführt worden."

Dieser erste Druck unterscheidet sich so bedeutend von dem uns überlieferten Texte, indem er um mehr als ein Drittel kürzer ist als dieser, daß hierdurch wahrscheinlich die Veranlassung gegeben wurde, schon im folgenden Jahre die Tragödie in der erweiterten und bekannten Form im Drucke erscheinen zu lassen und zwar unter dem gleichen Titel, aber mit folgendem Zusatz: „Neu gedruckt und um das gleiche des bisherigen Umfangs vermehrt, nach einer wahrhaften und vollständigen Abschrift."

Schon die Form, in der hier auf die Ausgabe des Stückes von 1603 hingewiesen ist, läßt es erkennen, daß es sich in dem ersten und unrechtmäßigen Drucke nicht nur um eine fehlerhafte Wiedergabe handelt, sondern um eine nicht mehr zu Recht bestehende frühere Form des Stückes. Noch überzeugender wird dies, wenn man den Text der neueren Ausgabe mit dem der älteren vergleicht und die Abweichungen des Inhaltes auf ihren Grund hin sorgfältig prüft. Das Genauere darüber ist in dem letzten Abschnitt dieses Buches mitgeteilt. Hier soll nur im allgemeinen darauf hingewiesen werden, daß in dem ersten Drucke der Szenengang zwar im allgemeinen mit der so beträchtlich erweiterten Ausgabe übereinstimmt, daß aber ein paar kleinere Szenen darin fehlen, die der Dichter zweifellos erst später als ergänzende Motivierungen eingefügt hat, während wiederum in der früheren und kürzeren Form des Stückes einzelne Textstellen enthalten sind, die im zweiten und vollständigen Drucke fehlen. Besonders bezeichnend aber für eine durchaus neue, vom Dichter selbst herrührende Redaktion des Stückes ist es, daß in der ersteren Ausgabe zwei Personennamen anders lauten, als in dem uns überlieferten Texte. Polonius heißt nämlich dort Corambis, und der

Diener desselben heißt nicht Reynaldo, sondern Montano. Abgesehen von solchen doch unmöglich durch Flüchtigkeit des Nachschreibens entstandenen Veränderungen ist der ganze Dialog des ersten Druckes um so vieles kürzer, daß er im Vergleich mit dem bekannten Texte sich wie eine Skizze desselben ausnimmt.

Schwerer als diese Feststellung des Verhältnisses, in welchem die beiden unter Shakespeares Namen vorliegenden Drucke zueinander stehen, wird die Frage zu entscheiden sein, ob der Text jener ersten Ausgabe von 1603 um so viel älter ist, daß die schon früher gemachten Andeutungen auf ein vorhandenes älteres Hamlet-Schauspiel sich auf die Shakespearesche Tragödie in ihrer früheren Gestalt beziehen können, oder ob es ein älteres von einem unbekannten Autor herrührendes Schauspiel gegeben hat, von dem wir aus jenen Andeutungen nichts weiter erfahren, als daß darin der Geist des Vaters den Sohn auffordert, seinen Tod zu rächen. Wenn früher schon in England und in neuerer Zeit auch wieder bei uns auf bloße Vermutung hin der Dichter der „Spanischen Tragödie" Thomas Kyd als der Verfasser eines älteren Hamlet bezeichnet werden sollte, so liegt für eine solche Annahme ein entscheidender Grund nicht vor. Ja, der dafür angeführte Umstand, daß in der Spanischen Tragödie zwei Hauptmotive des Dramas, der verstellte Wahnsinn und die Veranstaltung eines Schauspiels im Schauspiel, auch im Hamlet sich wiederholen, spricht meines Erachtens sogar aufs bestimmteste gegen die gemutmaßte Autorschaft des Kyd, denn derselbe Dichter würde doch ein so wichtiges Motiv wie die Veranstaltung des Schauspiels nicht in seinem eigenen Drama wiederholt haben. Der verstellte Wahnsinn kommt dabei gar nicht in Betracht, weil dies Motiv dem Hamlet-Dichter ja schon von der altdänischen Sage überliefert war; was aber das so wichtige Motiv eines Schauspiels im Schauspiel betrifft, so ist dasselbe in der Tragödie von Kyd sogar wirksamer als im Hamlet. Bei Shakespeare wird das Schauspiel nur veranstaltet, um damit den König Claudius zu prüfen, um dadurch

Gewißheit über sein Verbrechen zu erlangen; hingegen in der „Spanischen Tragödie" kennt der alte Jeronimo die Mörder seines Sohnes schon, weshalb er in dem für seinen Zweck veranstalteten Schauspiel (wie früher berichtet) sein blutiges Rachewerk auch gleich selbst ausübt. Auch ein äußerlicher Umstand ist hierbei zu beachten: daß nämlich bei Kyd die entscheidende Szene im fünften Akte der Tragödie liegt und also mit der Katastrophe zusammenfällt, wogegen bei Shakespeare die ähnliche Szene schon im dritten Akte liegt und hier die Peripetie des Dramas bildet. Und dies ist verhängnisvoll für die beiden letzten Akte, indem diese, ohne die eigentliche Aktion weiterzubringen, auf gleichem Niveau sich fortbewegen. Diese Struktur des Stückes ist aber auch in der so mangelhaften ersten Quartausgabe — trotz sonstigen vielfachen abweichenden Textstellen — dieselbe wie in der für uns maß= gebenden Ausgabe. Es würde sonach sich nur um die Frage handeln, ob ein älteres Drama Hamlet, das wir nicht kennen, das aber vorhanden gewesen sein mag, in den Hauptzügen der Komposition anders beschaffen war. Für die Beantwortung dieser Frage ist uns aber nicht der geringste Anhalt gegeben, da wir aus den Erwähnungen eines fraglichen älteren Stückes eben nichts weiter erfahren, als daß — nach der gelegentlich von Lodge in einer Schrift gemachten Bemerkung (vgl. S. 232) — der Geist des gemordeten Königs dem Sagenstoffe schon hinzugefügt ward, um dem Prinzen Hamlet die Mordtat zu enthüllen. Viel nichtssagender für die Existenz eines älteren Hamlet ist die vielfach angeführte Äußerung von Nash, der von dem „englischen Seneca" spricht, und von seinen in Aussicht gestellten „ganzen Hamlets tragischer Reden". Dieser Bemerkung kann schon wegen ihrer Unklarheit keine Bedeutung beigelegt werden; das in solchem Zusammenhang gebrauchte Wort — whole Hamlets oder handfulls tragischer Reden — mochte damals einen Sinn haben, den wir heute nicht mehr verstehen. Und wer konnte denn im Jahre 1589 als der „eng= lische Seneca" — sei es auch nur im ironischen Sinne —

bezeichnet werden? Das paßte früher wohl auf Lord Sackville, als den Mitverfasser des antikisierenden Musterstückes „Gorboduc", nicht aber für einen der Romantiker.

Anderseits würde die Annahme, daß der ältere „Hamlet" von Shakespeare selbst herrührte, durch eine Bemerkung des Dichters Harvey aus dem Jahre 1598 eine entscheidende Beweiskraft erhalten, vorausgesetzt, daß kein Zweifel an der Echtheit der nur handschriftlichen Eintragung besteht, die sich in einem dem Dichter Gabriel Harvey gehörenden Buche (einer Ausgabe Chaucers) befinden soll.[61]) Daß in Meres' „Palladis Tamia" (1598) unter den von ihm angeführten Stücken Shakespeares die Tragödie Hamlet sich noch nicht befindet, würde keineswegs dagegen sprechen, denn das Urteil Harveys kann in demselben Jahre geschrieben sein, nachdem das Buch von Meres schon gedruckt war.

Man ersieht aus allen diesen Pro's und Contra's, daß die Frage mit voller Bestimmtheit nicht zu beantworten ist, indem es dabei doch immer nur auf einander widerstreitende Ansichten und Meinungen ankommt.

Daß eine aber können wir aus alledem als mindestens höchst wahrscheinlich annehmen: daß ein älterer Hamlet Shakespeares bereits 1597—98 vorhanden war und daß er einige Jahre später das Schauspiel in umfänglicher Weise einer neuen Bearbeitung unterzog, die sich namentlich auf die zwar nicht zur wirklichen Handlung gehörenden, aber für den ganzen Charakter des Stückes sehr bedeutsamen Erweiterungen des Dialogs bezog, sowie auf manche eingeschaltete stärkere Motivierungen. So ist zum Beispiel im ersten Drucke von 1603 das Erscheinen des Fortinbras auf seinem Kriegszuge (4. Akt 4. Szene) mit den sechs Verszeilen, die er selber spricht, abgetan, während die ganze darauf folgende Unterredung Hamlets mit dem norwegischen Hauptmann und der daran sich schließende so wichtige Monolog Hamlets („Wie jeder Anlaß mich verklagt" usw.) dort fehlt und offenbar von Shake= speare für die neue Bearbeitung erst hinzugefügt wurde. Und diese letztgültige Form des Stückes ist jedenfalls schon in dem Zeitraum von 1600—1602 entstanden, nachdem der Dichter den ganzen Zyklus der englischen Königsdramen mit Heinrich V. ab= geschlossen hatte. In diesen Zeitraum fallen aber auch die hoch= bedeutsamen politischen Vorgänge, die ihn zwar nur indirekt, aber doch seelisch tief berührten. Ich meine die aus der immer stärker gewordenen Spannung zwischen dem Grafen Essex und der Königin Elisabeth hervorgehende Verschwörung gegen die Königin, die Essex infolge des verunglückten Aufstandes den Kopf kostete, während unsers Dichters Patron und Freund Graf Southampton, der ebenfalls an der Verschwörung teilgenommen, in den Tower kam.

Auf diese Tragödie des wirklichen Lebens werden wir noch zu sprechen kommen. Zuvor aber sind noch mehrere Punkte in der tragischen Dichtung zu erörtern.

Der Stoff der altdänischen Sage hatte seinen ursprünglich barbarischen Charakter im Geiste des Dichters hauptsächlich dadurch immer mehr verloren, daß Shakespeare in der fortschreitenden Beschäftigung damit sein eigenes Denken und persönliches Empfinden darin zum Ausdruck brachte und hierdurch in einen Zwiespalt mit dem überlieferten Stoffe geriet. Sein Hamlet wurde immer mehr dem ursprünglichen Boden seiner Zeit entrückt und in die moderne Welt des Dichters versetzt, so daß der Amleth der Sage, der das von ihm aus eigener Entschließung geplante Unternehmen ohne alle Skrupel und mit brutaler Tatkraft ausführte, zu dem fein gebildeten Prinzen Shakespeares nicht mehr recht passen wollte. Es ist bei diesem Hamlet nicht zufällig und nicht gleichgültig, daß ihn der Dichter in dem durch Luther und die Reformation so berühmt gewordenen Wittenberg studieren ließ. Denn dies war ein hervorragend mitwirkendes Moment für seinen sittlichen Rigorismus, der seine ganze Auffassung der Welt= und Lebens= verhältnisse, wie sie durch des Dichters eigene Beobachtung und durch seinen unbestechlichen Blick erkannt wurden, völlig durchdrang. Und indem Hamlet dadurch zum Grübler und melancholischen

Denker wurde, ward ihm der zur rächenden Tat erhobene Arm gelähmt.

Der Zwiespalt aber, der dadurch in das Drama kam — der Widerspruch zwischen dem, einem barbarischen Zeitalter angehörenden Stoff und der dichterischen Umgestaltung, durch die derselbe Stoff in die Zeit des Dichters versetzt wurde, zeigt sich uns auch darin, daß einzelne Züge von Roheit aus dem mittelalterlichen Stoff auch auf den geistig so verfeinerten Prinzen Hamlet Shakespeares übergegangen waren und bei dem stets so in die Tiefe dringenden Dichter befremden müssen. Hat schon bei Hamlets Sendung nach England sein Verfahren gegen die zwei an sich nicht bösartigen Menschen wie Rosenkranz und Güldenstern, die noch obenein seine Jugendfreunde sind, etwas Hartes und Tückisches, so können wir uns noch weniger damit abfinden, wenn er gegen die arme Ophelia, die er nach seiner eigenen Versicherung innig liebt, mit so ausgesuchter Grausamkeit verfährt. Auch für diese Ophelia findet sich eine Spur in der alten Sage, die dem Dichter den Anlaß zu seiner rührenden Gestalt gab. Bei Saxo Gramaticus ist diese Episode in der Erzählung noch roher, berührt uns aber dennoch weniger grausam. Denn dort ist es irgend ein uns gleichgültiges Mädchen aus der Umgebung des Hofes, die man benutzen will, um des scheinbar völlig Tollen Verhalten in diesem Punkte zu prüfen. Dort benutzt Amleth das ihm zugeführte Mädchen, läßt sie dann laufen und es ist weiter nicht die Rede von ihr. Shakespeares daraus entstandene Ophelia ist uns aber keineswegs gleichgültig in ihrem traurigen Geschick, denn der Dichter hat sie uns als ein liebevolles und liebenswertes Geschöpf vorgeführt, von holdem weiblichem Reiz sowie von zarter und dabei tiefer Empfindung. Die zwischen ihr und dem Prinzen bestehende Liebe war auch schon vorhanden, ehe man sie zur Prüfung seines Zustandes benutzen will.

Auch für Hamlets Verhalten gegen Polonius war dem Dichter in der dänischen Chronik ein Körnchen gegeben, das in seinem

befruchtenden Geiste erst zu einer fein humoristischen Charakter-
figur sich entwickelte. In der nordischen Sage wird dem anscheinend
Tollen ebenfalls von König Fengo ein Aufpasser gegeben, der sich
unter einer Decke verborgen hat. Da Amleth dies merkt, treibt
er erst, auf der Decke herumspringend, Narrenspossen, kräht wie
ein Hahn usw., dann sticht er mit seinem Schwert durch die Decke
und tötet den Hofmann. Hiernach nimmt er heimlich die Leiche,
zerschneidet sie in kleine Stücke, die er dann den Schweinen vor-
wirft. Natürlich war ein solches abscheuliches und ekelhaftes Verfahren für Shakespeares Hamlet nicht zu brauchen. Wenn aber
bei ihm Polonius, der in Sorge um die Königin sich hinter dem
Arras verborgen hat und von Hamlet nur aus Irrtum, indem
er ihn für den König hält, getötet wird, so müssen wir doch in
seinen, an den getöteten alten Mann gerichteten höhnenden Worten
und in seinem weiteren gefühllosen Verhalten in dieser Angelegenheit eine Roheit erkennen, die ebenfalls zu der Natur jenes Prinzen,
wie sie der Dichter uns geschildert hat, nicht stimmt. Über Hamlets
sittliches Empfinden und seine über jeder Gemeinheit hoch erhabene
geistige Natur hat uns der Dichter sonst nicht in Zweifeln gelassen.
Aber die Art, wie er unter der Maske des angenommenen Wahnsinns diese Rolle durchführt, kann uns wohl Veranlassung zu
einer kurzen Erörterung geben. Hamlet selbst kündigt nach seiner
ersten Begegnung mit dem Geiste (Ende des 1. Aktes) mit deutlichen Worten Horatio und den beiden anderen Zeugen an, daß
er es für gut finden werde, von nun an ein sonderbares Wesen
anzunehmen, und er kommt später, nach der großen Szene mit
der Mutter im vierten Akte, nochmals darauf zu sprechen. Daß
aber unmittelbar nach der vom Geiste ihm gemachten Enthüllung
durch die seine ganze Natur so furchtbar erschütternde Begegnung
sein Geist eine momentane wirkliche Störung erlitten hat, zeigt
sich in seinem mehr als sonderbaren Verhalten Horatio und den
anderen gegenüber, so daß auch Horatio seine Besorgnis über des
Prinzen irre und wirrlichte Worte zu erkennen gibt. Trotz Horatios

Bitte, er möge sich vernünftiger äußern, fällt Hamlet noch ein paarmal in diesen Ton verwirrter Reden zurück, — man denke auch an die seltsame Art, wie er die Freunde immer wieder auf sein Schwert schwören und dabei die Stelle zweimal wechseln läßt, und endlich den Geist seines von ihm so heißgeliebten Vaters mit „alter Maulwurf" anredet. Aus alledem ersieht man, daß Hamlet durch die unerhörte Erscheinung und Offenbarung des Geistes wirklich eine momentane Geistesstörung erlitten hat, und daß er eben dadurch zu dem Entschluß gebracht wird, für die anderen die Maske des Wahnsinns anzunehmen, wozu ihn auch seine tiefe Melancholie schon vorbereitet hat. Wenn wir also von dieser Tatsache, von diesem ganz deutlich gezeichneten Übergang aus den erlittenen wirklichen Störungen seines Geistes in den nur simulierten Wahnsinn ausgehen, so werden wir auch manches Auffällige in seinem späteren Benehmen uns erklären können. Wenn er wiederholt in einzelnen Gesprächen, nicht nur zu Horatio, sondern auch zu den Schauspielern, vor allem auch zu Rosenkranz und Güldenstern, die er doch beide täuschen will, wie ein durchaus vernünftiger, klar und scharf urteilender Mensch spricht — wie zum Beispiel in seinen so scharf mißbilligenden Bemerkungen über die Kindertheater —, so muß man darin Inkonsequenzen des Dichters erblicken, die aus den wiederholten Änderungen und neuen Zusätzen zu erklären sind, mit denen er die Dichtung be= reichern wollte. Aus seiner wiederholten Beschäftigung mit der Tragödie innerhalb mehrerer Jahre kann man es sich auch erklären, daß im Hamlet viel mehr als in einer seiner andern Tragödien so viele einzelne Teile gesondert als Szenen für sich erscheinen. Nur von dem viel früher geschriebenen Richard dem Dritten läßt sich ein gleiches sagen, und wenn dort, wie seinerzeit schon gesagt worden ist, die Rücksichtnahme auf die „Rolle" und auf die für den Schauspieler berechnete Wirkung von bedeutendem Einfluß war, so ist diese schauspielerische Seite auch beim Hamlet, trotz des entschieden höher stehenden geistigen Gehaltes, nicht ganz zu übersehen; auch hier war es wieder Richard Burbadge, für den er die Rolle so ausstattete, daß seitdem bis zur Gegenwart dem Schauspieler keine glänzendere und ergiebigere Aufgabe für die Kunst der dramatischen Darstellung geboten worden ist. Man wende hier nicht ein, daß es eine Verkleinerung des wahren „Dichters“ sei, wenn man ihm solche praktische Rücksichtnahmen auf persönliche Verhältnisse wie auf die Bedürfnisse szenischer Darstellung zumuten kann. Auch ein wahrhaft großer Dichter kann sich das gestatten, ohne seine dichterische Größe zu schädigen, und gerade Shakespeare hat auch bei den kühnsten Gebilden seiner dichterischen Phantasie oft genug die ihm zunächst liegenden Ver= hältnisse der Wirklichkeit mit in das Gebiet seiner poetischen Darstellung gezogen. Wie sein Geist in alle Tiefen und Höhen des Lebens drang und über die Grenzen desselben hinausschweifte, wie er mit seinem Haupte hinauf bis über die Sterne ragte, so stand er mit seinen Füßen dennoch fest auf dem Boden seiner Zeit und des ihn umgebenden Lebens. Und wenn er seine Dramen vor allem für das Theater und dessen Tagesbedarf schrieb, so wird er uns um so bewundernswürdiger als Dichter sein, wenn er auch die spekulative Seite seiner Tätigkeit in die Sphäre höchster dichterischer Meisterschaft zu erheben vermochte. Ja, auch besonders mit Bezug auf Hamlet werden wir die ihm verliehene dichterische Kraft um so mehr bewundern müssen, wenn er in dieser Tragödie gehemmter Tatkraft dennoch durch den Tiefsinn und die Überfülle geistigen Gehaltes ein Drama zu schaffen vermochte, das seit drei= hundert Jahren gleichmäßige Bewunderung fand und auch ferner finden wird. Wenn Shakespeare in der Dramatisierung des von ihm gewählten Stoffes das Hauptgewicht auf den seelischen Prozeß in der Person Hamlets legte, so begreifen wir auch aus diesem Gesichtspunkte, warum er hier, ganz abweichend von seinem Verfahren in allen seinen andern Tragödien, aus der ereignis= reichen Urgeschichte des Amleth, von den Heldentaten an, durch die sein Vater Horvendil zu Ruhm und Macht gelangte, bis zu seiner Ermordung durch den Bruder Fengo, nichts in seine Tragödie hinübernahm, so daß diese gewissermaßen nur den großen Schluß= akt der schon in der Vergangenheit liegenden Vorgänge bildet. Schon hierdurch schränkte er die dramatische Aktion erheblich ein, und es blieb ihm dafür um so mehr Raum für die subtilere psychologische Ausarbeitung, bei der er ganz besonders auf ein Moment im Wesen Hamlets das größte Gewicht legte: auf sein Ver= hältnis zu seiner Mutter. Von der Gеruthe in der dänischen Erzählung wissen wir nicht viel mehr, als daß sie nach der Ermordung Horvendils die Gemahlin Fengos wurde. Hierin aber fand Shake= speares Tiefblick den Punkt und das Motiv für sein ergreifendes Seelengemälde. Aber auch in diesem vom Dichter so tief erfaßten seelischen Prozeß werden wir ein mitwirkendes Moment für die stets gehemmte Tatkraft Hamlets erblicken müssen. In allen großen Tra= gödien des Dichters stürzt die Handlung in einer Zug um Zug schnell wachsenden Bewegung vorwärts (man denke hier namentlich an Romeo und Julie, Macbeth, Lear!) und dort liegt gerade in dieser Sturmesgewalt der fortschreitenden Handlung der gewaltige dramatische Zug. Im Gegensatze dazu sehen wir in dieser Ge= dankentragödie den ganzen dramatischen Apparat sich nur um den einen Punkt drehen, indem Hamlet, anstatt zu der ihm gebotenen Tat zu schreiten, immer wieder aufs neue zu bloßen Beobachtungen, grimmigen Vorsätzen, Selbstanklagen und Reflexionen kommt. Aus alledem erkennen wir, daß seine ganze Natur an einem allzu reichlichen Überschuß des Denkens krankt, der — wie er selbst in dem berühmten Monolog, wenn auch in anderm Sinne, es aus= spricht — den grimmen Vorsatz hemmt. Wenn A. W. Schlegel bemerkt hat: Man müsse erstaunen, „daß bei so versteckten Ab= sichten und einer in unerforschte Tiefen hinabgebauten Grundlage das Ganze sich auf den ersten Anblick äußerst volksmäßig darstellt," so ist die Tatsache zwar richtig, aber kaum erstaunlich, denn das Volkstümliche liegt gerade in dem die ganzen Tiefen der Mensch= lichkeit berührenden Wesen dieser Dichtung, gerade wie es im

„Fauſt" der Fall iſt. Das Tiefe und Außerordentliche wird, wenn auch nicht erforſcht und begriffen, ſo doch geahnt und empfunden, und die unmittelbare Wirkung iſt dann um ſo ſtärker. Der deutſche Dichter des „Fauſt" hatte, gegenüber den an der Hamlet-Tragödie gemachten Ausſtellungen, namentlich gegen die „Planloſigkeit" des Dichters, deſſen Abſicht darin gefunden: daß er „eine große Tat auf eine Seele gelegt, die der Tat nicht gewachſen war". Gewiß war hiermit ein richtiges Verſtändnis des Hauptcharakters angebahnt worden. Aber wir werden dennoch die Frage daran knüpfen müſſen: Warum war dieſer Hamlet der ihm auferlegten großen Tat nicht gewachſen? Nach der kurzen Skizzierung der Hauptmomente in der alten Erzählung iſt ſchon darauf hingewieſen worden, wie Shakeſpeare dazu kam, von dem barbariſchen Charakter des Amleth der däniſchen Sage immer mehr abzuweichen, indem er ihn mehr und mehr mit ſeinem, des Dichters eigenem Fühlen und Denken in Einklang zu bringen ſuchte. Indem hierdurch die Natur Hamlets ſich völlig verwandelte, iſt aus dem brutal tatkräftigen Helden des Saxo Grammaticus ein fein empfindender und geiſtig hochbegabter Menſch und tiefſinniger Denker geworden. Aber dabei blieb für dieſe ſo völlig umgewandelte Natur des Helden die ihm geſtellte Aufgabe dieſelbe, wie ſie für das ältere Vorbild war. Und in dieſem Zwieſpalt, in dieſem Widerſpruch des neueren Kulturmenſchen zu der barbariſchen Rückſichtsloſigkeit der ihm zugemuteten Tat liegt die eigentliche tragiſche Bedeutung des Shakeſpeareſchen Hamlet. Je edler, geiſtig reicher und durchgebildeter die Natur desjenigen war, auf den die ſchwere Aufgabe gewälzt wurde, um ſo empfindlicher und drückender mußte ihm die Laſt der vom Geſchick ihm zugewieſenen Aufgabe ſein, denn für eine ſolche Natur, wie ſie der Dichter in ſeinem Hamlet geſchildert hat, konnte es wohl nicht als ein gar ſo leicht zu vollbringendes Tagewerk betrachtet werden, den Mord des Vaters an dem Gatten ſeiner Mutter und an dieſer ſelbſt zu rächen. Das Grundmotiv in ſeinem eigentlichen Kern reicht ja bis auf die griechische Mythe zurück. Aber Orest, der einem anderen Zeitalter angehörte, handelte unter einem wesent= lich anderen Sittlichkeitsgebot. Shakespeare aber hat seinen Hamlet ganz ausdrücklich in die neue Zeit versetzt und trachtete dabei, die altnordische Sage, die überhaupt in ihren Gestalten so vieles aus der griechischen Mythe aufgenommen hat, einem durch= aus anderen Zeitalter adäquat zu motivieren und brachte dadurch den tragischen Zwiespalt in die Seele seines Hamlet. Der sitt= liche Gehalt des Wollens, der bei Shakespeare so stark hervortritt, mußte im Hamlet zu einem innern Konflikt führen, der dieser Gestalt einen geheimnisvollen Reiz verlieh, gleichzeitig aber auch für das Drama einen ästhetischen Fehler in sich schloß, der hier keineswegs bis zum letzten Ausgang der Tragödie durch den Zauber der poetischen Darstellung und durch die Fülle der Reflexion auf= gewogen werden konnte. Von dem Momente der Sendung Hamlets nach England verflüchtigt sich die Handlung mehr ins Weite, anstatt sich mehr auf den einen Punkt, auf den es ankommt, zu= sammenzuziehen. Der Dichter suchte hier dem Zwange, den ihm die Fabel auferlegte, einigermaßen dadurch sich zu entziehen, daß er in der sichtbaren Handlung die Vorgänge in England über= sprang und sie nachträglich von Hamlet erzählen läßt. Die da= durch entstehende Leere hat er zwar durch verschiedene Szenen auszufüllen gesucht, so durch die Auftritte der wahnsinnigen Ophelia, durch die Zwischenszene des Fortinbras, durch Monologe und gedankenreiche Zwiegespräche, bis endlich die Katastrophe eintritt, und jetzt für Hamlet selbst unvorbereitet, in einem Augenblicke ausbrechender Wut. Man ersieht aus allen diesen Zügen, daß ein Dichter wie Shakespeare bei alledem nicht ohne eine bestimmte Absicht verfahren konnte, wenn er auch erst allmälig, und beein= flußt durch manche äußerlich mitwirkende Umstände, dazu kam, so und nicht anders zu verfahren.

Shakespeares Zaubergewalt, allen seinen dramatischen Ge= schöpfen plastische Gestaltung und Lebensodem zu verleihen, steht

bei ihm im innigsten Zusammenhang mit seiner Art, nicht alles
von ihnen ausplaudern zu lassen, damit wir zu einer bis auf den
geringsten Skrupel mathematischen Auflösung kommen. Gerade
in den oft geheimnisvollen oder halb verdeckten Zügen und Verschleie-
rungen einzelner Partien liegt ja die tiefere Wirkung der Poesie,
die aber bei Shakespeare auch zugleich die dramatische Wahrheit
verstärkt. Er selbst will nicht, gleichsam als sein eigener Inter-
pret, das innerste Wesen seiner Charaktere bis zur Beseitigung
eines jeden Zweifels enthüllen; sondern er stellt seine Menschen
uns so vors Auge, wie sie auch im Leben uns zu sein scheinen,
auch mit jenen die innere Wirklichkeit oft verschleiernden oder
zweifelhaften Zügen, die ja im Leben auch den scharfblickenden
Psychologen stutzig machen können. So kommt es denn auch, daß
man bei ihm oft den Dichter vergißt und seine vor uns lebendig
werdenden Gestalten als wirkliche Persönlichkeiten nimmt, deren
innerstes Wesen man ganz erschöpfen möchte. Daher bei Shakespeare das grenzenlose Feld für den Erklärer, der dabei so häufig
in den Ausleger sich verwandelt. Ist doch in neuerer (nicht in
neuester) Zeit ein ganz namhafter deutscher Gelehrter in seinem
inquisitorischen Verfahren, als ob es sich nicht um eine dichterische
Schöpfung, sondern um einen Rechtsfall handele, dazu gelangt,
der Tragödie und dem zögernden Verhalten des Hamlet ein Motiv
unterzuschieben, das schon deshalb unmöglich ist, weil es den wahrhaft tragischen Konflikt in der Seele Hamlets zu einer krimina-
listischen Frage machen würde.[62]) Das Charakterbild des Hamlet
zeigt uns ganz deutlich und unwidersprechlich einen geistig hoch
veranlagten Menschen, der durch seinen ihn peinigenden Überschuß
an Denken an der Ausübung der Tat stets gehindert wird; einen
Grübler, der zwar alles Tun von seinem sittlichen Gesichtspunkt
aus betrachtet, dabei aber zu keinem Ausgleich zwischen seinem
Wollen und seinem Handeln kommt, bis er endlich selbst unter
der Last seiner reichen Gedankenwelt und unter den Schlägen der
brutalen Wirklichkeit zu Grunde geht.

Schon früher, bei einer anderen Gelegenheit, habe ich die Ansicht geäußert, daß Shakespeares Hamlet, — so seltsam oder gar absurd manchem ein solcher Vergleich erscheinen mag, — in gewissem Sinne etwas Verwandtes mit einer anderen großen dichterischen Schöpfung aus gleicher Zeit, mit dem herrlichen Don Quixote des Cervantes hat. Trotz der bestehenden großen Unterschiede zwischen der tragischen und der tragikomischen Gestalt liegt doch das Gemeinsame in einem Grundzug ihres Empfindens und Handelns, und zwar nicht allein in dem starken sie durchdringenden sittlichen und Rechtsgefühl, sondern auch in der Verkehrtheit ihres Handelns. Der Unterschied zwischen beiden — natürlich ganz abgesehen von alledem was dort das Komische und hier das Tragische macht — besteht vor allem darin: daß Don Quixote bei allem, was er als Unrecht erkennt, sogleich und ohne alles Bedenken seine Lanze einlegt und drauf losstürmt, während Hamlet stets durch Bedenken — des Gedankens Blässe — davon abgehalten wird. Wo er aber einmal zum Handeln kommt, verfährt er ganz und gar Don Quixotisch, und wie der ehrliche und tapfere Ritter von La Mancha sich berufen fühlt, überall für das verletzte Recht als Kämpfer einzutreten und das viele Unrecht in der Welt abzuschaffen, so ist auch Hamlet von dem Wahn beherrscht, daß er zur Welt gekommen sei, um die „aus den Fugen geratene" sittliche Ordnung wieder herzustellen. Daß der ebenso gute wie tapfere Ritter von La Mancha in seinem furchtlosen Draufgehen gegen alles wirkliche oder vermeintliche Unrecht stets so übel wegkommt, macht uns diese in ihrer Art unvergleichliche dichterische Schöpfung des tiefsinnigsten Humors trotz ihrer Komik ebenso rührend wie sympathisch. Auch aus dieser Vergleichung beider Gestalten wird es uns recht anschaulich, wie nahe in dieser Welt die Tragik und der Humor sich berühren.

Man hat in neuerer Zeit wiederholt darauf hingewiesen, daß Shakespeare in der letzten Periode seines Londoner Lebens zu einer bitteren, ja pessimistischen Lebensanschauung gekommen sei, und man hat gemeint, dafür Werke wie Timon von Athen, Troilus und Cressida oder König Lear als Beispiele anführen zu dürfen. Wie mir scheint, ist dies in keiner Weise begründet. Über seine auffallende Behandlung des trojanischen Krieges und über den Menschenfeind Timon wird noch später einiges zu sagen sein. Für König Lear aber, ebenso wie Othello, war das furchtbar Tragische schon in den Stoffen (die ja nicht seiner Erfindung angehören) so reichlich gegeben, daß ihnen von einem Dichter wie Shakespeare die bis in die äußersten Konsequenzen gesteigerte volle Wucht der Tragik zuteil werden mußte.

Ganz anders in dem noch der mittleren Periode seiner Dichtung angehörenden Hamlet. Gerade in dieser Tragödie hat er seiner von der Überlieferung abweichenden Darstellung einen so tief melancholischen Zug gegeben, wie er kaum in einer seiner andern Tragödien, mögen sie auch in den Ereignissen noch so furchtbar sein, so vorherrschend ist, und wir dürfen hiernach behaupten, daß die bittere und pessimistische Auffassung und Darstellung der Dinge gerade im Hamlet viel mehr als irgendwo zu einem Ausdruck kommt, der dieser ganzen Gedankentragödie ihren bestimmten Charakter verleiht. Ein Grund dafür läßt sich in den persönlichen Verhältnissen des Dichters nicht finden. Der große Wohlstand, zu dem er es gebracht hatte, würde allein ihn nicht befriedigt haben. Aber er war geliebt und geehrt von allen, die — sei es persönlich oder geistig — zu ihm in Beziehung standen; und in dem Werte seiner dichterischen Werke, wie in ihren Erfolgen, stand er auf der Höhe seines Ruhms. Es müßten also die außerhalb seiner ihn persönlich betreffenden Angelegenheiten liegenden Verhältnisse sein, die seine Gemütsverfassung so stark beeinflußten und ihn zu Betrachtungen und Erörterungen leiteten, die zum Teil auf das wirkliche Leben und seinen sittlichen Gehalt reflektierten, zum Teil aber in die unserer Erkenntnis verschlossene übersinnliche Welt mit ihren Rätseln hinausschweiften.

Was zunächst die politische Situation und ihren Einfluß auf

Shakespeares Hamlet betrifft, so soll hier zunächst an die geschichtlichen Momente der beiden Essex, des Vaters und des Sohnes, in ihren letzten Lebensjahren erinnert sein. Walter Devereux Graf von Essex, der Vater des uns aus seinem Verhältnis zur Königin bekannten Robert von Essex, hatte sich mit Lady Lettice Knollys vermählt. Als der Graf in den Jahren 1575—76 in Irland war, soll sich nun Leicester um die Liebe seiner in London zurückgebliebenen Gemahlin beworben haben. Ob dies richtig ist, mag dahingestellt bleiben. Tatsache aber ist es, daß Essex noch während seiner Anwesenheit in Irland starb, wie es hieß an der Ruhr; und obwohl seine Krankheit drei Wochen gedauert hatte, entstand dennoch das Gerücht, daß er vergiftet worden sei, und zwar wurde im Volke Graf Leicester als der Urheber des Verbrechens bezeichnet. Der Ruf dieses geschmeidigen und gewissenlosen Strebers war schlecht genug, um ein solches Gerücht aufkommen zu lassen, und dabei muß wohl seine Persönlichkeit etwas verführerisches für die Weiber gehabt haben; war doch auch seine Macht über die Königin so groß, daß er in wiederholten Fällen, in denen er ihren heftigsten Zorn erregt hatte, stets ihre Gnade wiederzugewinnen wußte. Da übrigens die im Volke geglaubte Vergiftung des Essex entschieden in Abrede gestellt worden ist, so wird damit auch die Beschuldigung des Leicester hinfällig. Tatsache aber ist es, daß er sehr bald nach des Essex Tode die Witwe heiratete, was natürlich mit Rücksicht auf die Königin heimlich geschehen mußte. Zehn Jahre später war Leicester von seinem unrühmlichen Kriegszug aus den Niederlanden zurückgekehrt, starb aber bald danach (1588).

Bei der hier kurz berichteten Vorgeschichte für die Tragödie des jungen Grafen Essex wolle man sich des Festes zu Kenilworth erinnern, das Leicester der Königin Elisabeth gab (S. 64—66). Wenn Shakespeare, der damals noch ein Knabe war, etwa zwanzig Jahre später im „Sommernachtstraum" die poetische Vision Oberons einflocht (von Cupidos Pfeil, der auf die „Vestalin im Westen thronend" gerichtet war), hatte er natürlich die Gerüchte von der

Vergiftungsgeschichte gänzlich ignoniert. Daß er aber unter dem weißen Blümchen, das statt der „königlichen Vestalin" von dem Pfeil Cupidos getroffen wurde,*) auf Lätitia Gräfin Essex (Lattice Knollys) anspielte, liegt wohl im Bereiche der Möglichkeit, ja Wahrscheinlichkeit, und durch die entzückende Poesie des Bildes wäre jede auf die bösen Gerüchte anwendbare Anspielung „im keuschen Strahl des Monds erloschen" gewesen.

Zwischen dem, ein Jahr nach dem Feste zu Kenilworth erfolgten Tode des Walter Devereux Grafen von Essex und dem tragischen Ende seines Sohnes Robert liegt ein Zeitraum von fünfundzwanzig Jahren. Nach Leicesters Tode waren sowohl Sir Walter Raleigh wie auch der jugendliche und schöne Essex die erklärten Günstlinge der Königin. Es ist aber auch schon auf die ernsten Mißhelligkeiten hingewiesen worden, die zwischen Essex und der in ihren despotischen Launen und ihrer maßlosen Eitelkeit immer widerwärtiger werdenden Königin vorgekommen waren, und daß Essex nach seiner Rückkehr aus Irland seine trotzige Eigenmächtigkeit mit längerer Haft zu büßen hatte. Bei der Königin sowohl wie bei Essex war die gegenseitige Erbitterung aufs höchste gestiegen und Essex wagte nunmehr den entscheidenden Schritt, es zu einem offenen Kampfe kommen zu lassen, für den er sich der Teilnahme mehrerer ihm befreundeter oder ergebener Helfer sicherte, wobei er auch nicht am wenigsten auf seine Beliebtheit beim Volke rechnete. Sein Unternehmen war unbesonnen, ja tollkühn. Indem er seine eigene Macht überschätzte, hatte er nicht den unerschütterlich loyalen Sinn derer bedacht, die als imposante Schutzwehr vor dem Thron der Herrscherin standen. Die Verschwörung, wie auch der unglückliche Verlauf für die Teilnehmer daran hatte einige Ähnlichkeit mit der vom Dichter

---

*) II. Akt, 1. Szene.
  Er fiel gen Westen auf ein zartes Blümchen,
  Sonst milchweiß, purpurn nun durch Amors Wunde,
  Und Mädchen nennen's „Lieb' im Müßiggang".

wenige Jahre zuvor so eindringlich geschilderten Empörung des Percy Heißsporn gegen Heinrich den Vierten, besonders auch durch das bei beiden heißblütigen Naturen zu große Selbstvertrauen, an dem dort Percy und hier Essex zugrunde gingen.

Es war am 8. Februar 1601, als die im Essex-Haus versammelten Verbündeten mit einer nur geringen Schar Bewaffneter nach der City aufbrachen, um die Königin und ihre Schutzwehr zu überrumpeln. Sie hatten gehofft, in den Straßen Londons viel Anhang aus dem Volke zu erhalten, indem sie die Nachricht verbreiteten, die Königin trachte Essex nach dem Leben. Aber auch dies wollte nicht verfangen, denn ein Angriff auf die Majestät der Königin, in der die Macht und der Glanz Englands repräsentiert war, schien dem Volke etwas Ungeheuerliches, und als es zum blutigen Zusammenstoß mit den gegen die Aufrührer ausgesandten Truppen kam, war der Kampf nach wenigem Blutvergießen schnell entschieden. Einige der dem Essex ergebenen Verschwörer fielen, andere wurden flüchtig und durch ihre Verfolger zu Gefangenen gemacht. Essex selbst fiel den Verteidigern der Königin in die Hände, und mit ihm auch Lord Southampton, den Essex leicht zur Teilnahme für sein Unternehmen gewonnen und ihn deshalb aus den Niederlanden zurückgerufen hatte.

Schon zehn Tage später wurden Essex und der Lord Southampton, nach nur kurzem Verhör, zum Tode verurteilt.[63] Das Ende des Essex ist bekannt, sein Haupt fiel auf dem Block unterm Henkerbeil. Southampton hatte bei einigen dem Throne Nahestehenden Mitleid erregt und Fürsprache bei der Königin gefunden und besonders auf Lord Cecils Verwenden wurde das auf Tod lautende Urteil aufgehoben und in lebenslängliche Gefängnisstrafe im Tower umgewandelt. Eine Begnadigung konnte dies im Sinne der Königin selbst nicht sein, denn diese genoß die Genugtuung, nicht nur Southampton, sondern auch sein unglückliches Weib ihren Haß um so länger fühlen zu lassen.

Mit dieser Verschwörung des Essex hängt eine noch nicht ganz aufgeklärte Episode zusammen, bei der auch das Theater eine Rolle spielen sollte.

Aus den Anklageakten gegen die gefangen genommenen Teil= nehmer an der Verschwörung geht nämlich hervor, daß einer der= selben, Sir Gilly Merrick, mit einem Schauspieler verhandelt hat, um durch denselben es zu veranlassen, daß am Vorabend des Aufstandes ein Schauspiel von der Abdankung Richards des Zweiten aufgeführt werde. Die Absicht dabei war, daß die Verschworenen selbst dadurch sich für das Unternehmen in Stimmung bringen oder auch die Zuschauer vorbereiten wollten. Aus den Akten geht ferner hervor, daß der betreffende Schauspieler, namens Philips, dagegen eingewendet habe: das Stück sei schon alt und würde deshalb wenig Publikum anziehen, worauf den Schauspielern ein Zuschuß von 40 Shilling als Entschädigung angeboten und auch angenommen wurde. Daß nun das bezeichnete Schauspiel von der Abdankung Richards II. die Shakespearesche Tragödie gewesen sei, ist aus verschiedenen Gründen nicht anzunehmen. Erstens konnte dies erst um 1596 auf die Bühne gekommene Stück nicht vier oder fünf Jahre später als schon veraltet betrachtet werden; ferner ist es kaum denkbar, daß gerade die Shakespearesche Truppe (des Lord Chamberlaine), die ja in besonderer Gunst bei Elisabeth stand, dazu sich würde verstanden haben. Ob es nun ein anderes, älteres Stück des gleichen Stoffes gegeben hat, ist nicht erwiesen, obwohl aus einem erst 1836 entdeckten Tagebuche hervorgehen soll, daß noch später, nämlich 1611, die Aufführung eines solchen stattgefunden hat. Die Shakespearesche Truppe und das Shakespearesche Stück können es aber aus noch anderen Gründen nicht gewesen sein, denn bekanntlich ist die dramatische Behandlung des Stoffes bei Shakespeare keineswegs eine solche, um damit die Gemüter zu gleicher Handlung zu entflammen. Der schlau berechnende Usurpator Heinrich Bolingbroke würde kaum als nachahmungswürdiges Beispiel dienen können, und vor allem wird nicht nur wiederholt von Richard selbst, sondern auch vom Herzog von York und am nachdrücklichsten vom Bischof von Carlisle auf die Heiligkeit und Unantastbarkeit des legitimen Herrschers hingewiesen, und die Abdankung desselben könnte eher Mitleid für ihn als Entrüstung und freudige Zustimmung erregen. Endlich ist doch auch noch sehr zu beachten, daß in der Shakespeareschen Tragödie gerade die große Parlamentsszene, in der der König zur Abdankung genötigt wird, während der Regierungszeit der Elisabeth weder gespielt noch gedruckt werden durfte, weshalb sie auch (wie früher schon berichtet ist) erst nach dem Tode der Königin eingefügt wurde.*)

Wenn auch manches in dieser Angelegenheit noch unverständlich bleibt, so geht doch aus allem hervor, daß das angeführte Schauspiel nicht die Shakespearesche Tragödie war und daß auch die Truppe, die es aufführte, nicht diejenige sein konnte, zu der Shakespeare gehörte. Es wird also vermutlich ein untergeordnetes Theater gewesen sein, mit dem der genannte Sir Gilly Merrick verhandelt hat, um ein älteres, dafür passendes Schauspiel aufzuführen, wobei es aber noch höchst seltsam erscheint, daß eine solche Truppe imstande war, die Aufführung eines solchen Stückes sofort — noch am Tage vor dem Aufstand — zu ermöglichen.

Von den mancherlei Deutungen, die Shakespeares Hamlet-Tragödie erfahren hat und von den verborgenen Absichten, die man darin erkennen wollte, ist nur jene Auslegung zu erörtern,

---

*) Bei alledem würde es viel wahrscheinlicher sein, wenn das fragliche Schauspiel nicht Shakespeares Richard II., sondern Marlowes Eduard II. gewesen wäre, das schon 1594 im ersten Druck erschienen war und zwar mit der großen, die Absetzung dieses Königs behandelnden Szene, die der gleichartigen Handlung des Shakespeareschen Stückes so auffallend ähnlich war. Wenn freilich auch hier der Vorgang wenig geeignet wäre, die Gemüter zum Aufruhr zu erregen, so ist doch bei Marlowe das Recht der Legitimität nicht so stark betont.

die auf die Person des Essex Bezug hat und wobei man auf die Vorgeschichte zurückgegangen ist, die den Tod seines Vaters und die damit zusammenhängenden Umstände betrifft. Danach würde des Hamlet Vater mit dem Vater des Essex identisch sein, die Königin Gertrud mit Lettice Knollys, der Gemahlin des Walter von Essex, und König Claudius mit dem Grafen Leicester, der nach einer verbreiteten, aber — wie schon erwähnt — ungerechtfertigten Annahme den Grafen Essex vergiftet haben sollte, um bald nach dessen Tode die Witwe zu heiraten. Wenn in diesen Umständen eine gewisse Analogie gefunden werden könnte, so ist doch ein Vergleich für den Hauptpunkt in der Tragödie: das von Hamlet übernommene Rachewerk an dem Mörder seines Vaters, durchaus hinfällig, denn die Zwistigkeiten des Essex mit der Königin Elisabeth und sein Aufstand gegen die Königin haben mit der Geschichte seines Vaters gar nichts zu schaffen, und Leicester war ja zu dieser Zeit seit etwa fünfzehn Jahren tot. Allerdings hat Shakespeare in seine von der altdänischen Sage so wesentlich abweichende dramatische Behandlung des Stoffes einen wichtigen Umstand hineingebracht, der in der Quelle nicht enthalten ist: die ihm vom Geiste seines Vaters gewordene Enthüllung seiner Vergiftung. Und dies Motiv steht in kausalem Zusammenhang damit, daß in der Tragödie die Ermordung von Hamlets Vater, nicht wie in der Erzählung des Saxo Grammaticus von vornherein ganz offenkundig war, sondern so lange Geheimnis blieb. Es ist ja durchaus nicht in Abrede zu stellen, daß Shakespeare sehr häufig wirkliche Geschehnisse aus dem Leben, auch solche, die an und für sich bedeutungslos waren, in seine Stücke eingewebt hatte, so weit als der poetische Stoff es gestattete. Was aber die an Shakespeares Drama hervorgehobenen Beziehungen zu tatsächlichen Vorgängen und den daran beteiligten Personen betrifft, so gibt es im Leben und in den der Geschichte angehörenden Tatsachen so viele Begebenheiten, die sich mehrfach auch in ihren Motiven wiederholt haben, daß schon daraus hervorgehen sollte, wie sehr bei gleichen in der Dichtung vorkommenden sich wiederholenden Beziehungen der bloße Zufall spielt. Hat doch schon vor beinahe einem halben Jahrhundert auch die Geschichte der Maria Stuart (die Ermordung Darnley's und ihre Verheiratung mit Bothwell) zur Quelle für Shakespeares Charaktere im Hamlet dienen müssen.*)

Was uns viel mehr als solche Anklänge und Vergleichungen zur Forschung anregen muß, das sind meines Erachtens die Umstände und Beweggründe, aus denen der Dichter so weit sich von dem ganzen Ton und Geist der sagenhaften Überlieferung entfernt hat, daß aus dem tatkräftigen, konsequent und brutal handelnden Amleth der Sage ein so merkwürdig gemischter und in sich selbst oft widerspruchsvoller Charakter wie der Hamlet Shakespeares entstehen konnte. Ich glaube, in meiner schon dargelegten Ansicht über die lange Zeit der Entstehung der Tragödie wenigstens zum Teile den Ursachen dieser Metamorphose näher gekommen zu sein. Es ist ja wohl auch anzunehmen, daß manche vereinzelte Einflüsse aus Shakespeares Zeit sich ihm dabei aufdrängten und unwillkürlich mitgewirkt haben.

Daß aber der 1601 hingerichtete Essex geradezu als das „Urbild des Hamlet" hingestellt worden ist, entspricht so wenig den bekannten Tatsachen, daß diese Ansicht kaum eingehend widerlegt zu werden braucht. Es genüge das eine: daß Essex jederzeit zu entschlossenem Handeln so leicht bewegt war, daß er sich sogar zu dem unsinnig tollkühnen Unternehmen gegen die Königin hinreißen ließ. Hingegen ist es sicher, daß die dichterische Benutzung einzelner Begebenheiten und Charaktere, die der Wirklichkeit angehören, für die lebensvolle Darstellung des Dramas demselben

---

*) Im Stuttgarter „Morgenblatt" hat schon 1860 Karl Silberschlag die Vergleichung bis in die einzelnen Teile, zwar mit Unterstützung durch einige willkürliche Annahmen, aber doch mit so viel Scharfsinn durchgeführt, daß einige genauere Angaben daraus im letzten Abschnitt dieses Buches manche Leser interessieren werden.[64]

von größtem Vorteil dienen kann und auch bei Shakespeare jederzeit seinen dramatischen Gestalten förderlich war, was auch namentlich bei seinen englischen Historien zu beachten ist. Freilich den
größten Einfluß in dieser Tragödie hat des Dichters eigenes,
persönliches Empfinden gehabt, und es ist davon gerade hier, wie
nirgends sonst bei ihm, so viel auf die dramatische Hauptgestalt
übergegangen, daß dieselbe durch solche in den Charakter und in
die vielen Reden des Hamlet hineingetragenen Züge die Geschlossenheit eines dramatischen Charakters erheblich eingebüßt
hat. In dieser allmählich entstandenen Verwandelung des ursprünglichen Hamlet-Motivs werden aber auch die mancherlei
Widersprüche in dem Handeln des tragischen Helden und die
daraus hervorgegangenen scheinbaren Rätsel oder zweifelhaften
Intentionen des Dichters ihre natürlichste Erklärung finden. Ich
will auf einzelne Momente, die zu so vielen einander wider-
sprechenden Untersuchungen Anlaß gegeben haben, hier nicht näher
eingehen, da ich auch hier keine kritische Analyse des Dramas
geben wollte. Es kam mir allein darauf an, im großen und
ganzen dem geistigen Prozesse nachzuspüren, aus dem diese Tragödie,
bei der der Dichter von seiner sonstigen Behandlung dramatischer
Stoffe so bedeutend abgewichen ist, entstehen konnte. Zu diesem
Zwecke ist noch über eine besonders auffällige Seite in dem Charakterbild des Hamlet einiges zu sagen.

Wenn Shakespeare in allen seinen Dramen uns durch einen
Gedankenreichtum fesselt, der auch bei der größten Mannigfaltigkeit seiner Charaktere zum Ausdruck kommt, so ist doch Hamlet
an geistreichen Reflexionen, tiefsinnig-philosophischen Betrachtungen,
die auch in jene unserer Erkenntnis verschlossenen Regionen hin-
überschweifen, so angefüllt, daß sie tatsächlich den wesentlichen
Inhalt dieser Tragödie ausmachen. Und hier muß man sich fragen:
Was sind es für Einflüsse gewesen, die gerade bei einem solchen
Stoffe seines Schauspiels ihn so ganz und gar beherrschten —?
ich meine bei einem Stoffe, bei dem es seiner Beschaffenheit nach,

wie bei irgend einem, um ein Unternehmen „voll Mark und Nach=
druck" sich handelte? Und allen darin sich drängenden Gedanken
liegt eine unsäglich trübe Stimmung zu Grunde — in den schmerz=
lichen Zweifeln menschlicher Ohnmacht über das Diesseits und
Jenseits, den quälenden Grübeleien über das Fragwürdige eines
anderen Daseins, wie den bittern Betrachtungen der Schädel und
der daran sich knüpfenden Philosophie des Stoffwechsels — aus
dem allen spricht eine Stimmung tiefster Seelenschmerzen. Dazu
die höhnende Verachtung gegen die meisten in seiner Umgebung,
die beißenden Scherze selbst gegen solche, die in ihrer Unbedeutend=
heit kaum für ihn da sein sollten. Bestimmte und klare Em=
pfindungen hat er nur in dem Hasse gegen den König, als den
Mörder seines Vaters, in der Liebe zu seiner schwachen Mutter
und in der innigen Freundschaft und Hochschätzung für Horatio.
Für alles, was dem Hofe näher steht, hat er nur höhnende Gering=
schätzung oder bittern Sarkasmus, wie gegen Polonius, gegen
Rosenkranz und Güldenstern und gegen die „Mücke" Osrik. Wie
kommt gerade Hamlet dazu, der eine so große und schwere Auf=
gabe auf sich lasten fühlt, der dabei mit den tiefsten, furchtbar
ernstesten Fragen unseres Daseins sich beschäftigt, dabei doch seine
Kritik an solchen Nichtigkeiten zu verschwenden? Wenn wir dies als
eine vom Dichter beabsichtigte Charakteristik seines Helden betrachten
sollten, so würden wir es an diesem Hamlet begreifen müssen, daß
ein so geschäftiger Beobachter und Beurteiler darüber selbst zur Aus=
führung der ihm übertragenen Aufgabe, die er ja doch als ein zu
vollziehendes gerechtes Gericht erkennt, nicht gelangen kann. Da
aber dies des Dichters Absicht nicht gewesen sein kann, so werden wir
die wiederholten so scharfen Angriffe gegen die für einen rechtlich
empfindenden und denkenden Menschen schwer zu ertragenden
mißlichen Zustände — „den Übermut der Ämter, des Mächtigen
Druck, des Rechtes Aufschub", die Bevorzugung Unwürdiger zum
Nachteil des schweigenden Verdienstes usw. — auf des Dichters
eigene Erfahrung, sei es durch persönliche Beobachtung, sei es

durch die Vermittelung anderer, zurückzuführen haben.*) Man weiß
ja, daß solche Klagen zu jeder Zeit laut wurden, daß sie zu jeder
Zeit berechtigt waren und sind, weil wir in einer unvollkommenen
Welt leben. Southampton war bei seiner so offenen und lebhaften
Natur zweifellos auch dem ihm befreundeten und von ihm verehrten
Dichter gegenüber nicht verschwiegen, und dieser mag nicht ohne
ernste Besorgnis dem Ausgang dieser so scharf zugespitzten Fehde
zwischen Essex und der Königin entgegengesehen haben. Noch
gewisser ist es, daß nach der erfolgten Katastrophe Shakespeare
in sehr ernster, ja schmerzvoller Gemütsverfassung war. Essex,
den er seines männlichen und ritterlichen Sinnes wegen schätzte,
enthauptet, und Southamton, der ihm Wohltäter und Freund war,
vielleicht fürs ganze Leben zum Gefängnis im Tower verurteilt!

Wenn man aber, wegen des Dichters Beziehungen zu beiden
Männern, Essex geradezu als das „Urbild des Hamlet" bezeichnet
hat, so fehlt denn doch allzuviel zur Begründung einer solchen An=
nahme. Als im vorigen Jahrhundert in einem vom Herzog von
Manchester herausgegebenen Werke über Hofverhältnisse (seit der
Zeit der Elisabeth) auch Briefe des Grafen Essex bekannt wurden,
hatte das Londoner Athenäum 1864 mehrere derselben mitgeteilt,
um auf die darin zum Ausdruck kommende Gemütsstimmung des
Grafen hinzuweisen, die der des Shakespeareschen Hamlet so auf=
fallend gleich sei. Im allgemeinen hat aber die darin sich aus=
sprechende Unzufriedenheit mit den Zeitverhältnissen nebst den
daran sich knüpfenden etwas trübsinnigen Bemerkungen schon des=
halb wenig auffallendes, weil ähnliche Äußerungen der Mißstimmung
zu jeder Zeit in Briefen gebildeter und denkender Menschen vor=
kommen können und auch jeder Zeit vorgekommen sind. Über=
raschend allerdings ist eine Bemerkung des Essex, weil sie fast
wörtlich, und jedenfalls dem Sinne nach, mit einer Äußerung des

---

*) Es sei hier bemerkt, daß in dem berühmten Monolog gerade die
oben angeführten so bestimmt ausgesprochenen Klagen sich in dem ersten
Drucke des Hamlet noch nicht finden, sondern erst in der zweiten Ausgabe.[65]

Shakespeareschen Hamlet übereinstimmt.[66]) Effex schreibt in dem einen Briefe an seine Schwester Lady Rich: Er würde sich durch ein Unglück nicht leicht niederschlagen lassen, „weil ich sehe, daß alle Schicksale schlimm oder gut sind, je nachdem man sie für das eine oder andere hält". Das ist nun in der Tat, mit nur wenig andern Worten, die Bemerkung des Hamlet (II. Akt, 2. Szene.): „Denn an sich ist nichts weder gut noch böse (bad), das Denken macht es erst dazu." Da es nun völlig ausgeschlossen ist, Shakespeare habe Kenntnis von des Effex Briefen an seine Schwester gehabt, so wäre doch sehr wohl anzunehmen, daß ein derartiges sentenziöses Wort, wie so manches andere, in Gesprächen zwischen beiden geäußert worden ist. Bei derartigen Übereinstimmungen wird man aber auch sich erinnern müssen, daß eine jede bestimmt zu charakterisierende Zeitepoche auch ihre geistigen Strömungen hat, in denen solche populär philosophische Anschauungen und bestimmt formulierte Gedanken innerhalb der gebildeten Kreise nicht vereinzelt vorkommen, wie es ja auch bei gewissen Redeformen der Fall ist, die für eine bestimmte Zeitdauer Bestand behalten. Gerade das Zeitalter Shakespeares, das nicht allein das Zeitalter der Elisabeth sondern auch Francis Bacons war, liefert in der geistigen Bewegung seiner Dichter und Denker dafür genug Beweise. Und Shakespeare bildete in seinen dichterischen Werken den reichsten Sammelpunkt für alles was von geistiger Bewegung jene Zeit erfüllte. Mit dieser seiner so erstaunlichen Aufnahmefähigkeit verband sich aber bei ihm noch das dichterische Genie und durch dieses die Fähigkeit, das in sich Aufgenommene in poetischer und dadurch um so eindrucksvollerer Umbildung zurückzustrahlen. Wenn diese ihm verliehene Gewalt in seinen tragischen wie heitern dramatischen Schöpfungen im allgemeinen einen solchen Zauber übt, so hat dies für die Hamlet-Tragödie noch eine besondere Bedeutung, indem er uns hier über den darin herrschenden Zwiespalt — zwischen Stoff und Ausführung — durch den dominierenden geistigen und poetischen Gehalt hinwegtäuscht. Wie zeigt sich diese dichterische Gewalt sogleich in der Eingangsszene der Tragödie; in dem nächtlichen Stimmungsbild auf der beim strengen Winterfrost im Mondlicht schimmernden Schloßterrasse von Helsingör, das Anrufen der Wachen, und dann das körperlose Geisterbild des toten Königs. Und wie gewaltig gesteigert wird dieser Eindruck noch in der folgenden nächtlichen Szene, in der ersten leidenschaftlich gestammelten Ansprache Hamlets an den Geist, einer Ansprache von so unsagbar ergreifender Mischung tiefster Rührung mit dem furchtbaren Schauder seiner ganzen Natur vor dem ewigen Rätsel unseres menschlichen Daseins, — mit Worten, die so schmerzvoll fragend und so gewaltig gegen die Pforten des Jenseits und der Ewigkeit rütteln!

Wie durch die ihm gewordene Offenbarung bei Hamlets so sensibler Natur sein Geist ins Schwanken kommt, so zittert diese Bewegung auch im Fortgang der Tragödie nach, — aber schmerzvoll gedämpft und herabgestimmt zu leidensvoller Schwermut. Es sind die Rätsel der uns umgebenden Schöpfung, der unergründlichen Bedeutung unsers ganzen Daseins und Zweckes, die den Grundton dieser Tragödie bilden, wenn auch des Dichters Geist wiederholt abschweift in die verstandesnüchternste Beurteilung der Wirklichkeitsverhältnisse.

In dieser Tragödie ringt des Dichters persönliches Empfinden mit der Kunst des Dramatikers. Und wenn beides auch zuweilen getrennt erscheint, so fließt es doch schließlich wieder zusammen in der trüben Erkenntnis menschlicher Ohnmacht. Denn das ganze Rätsel in dem unerforschlichen Etwas findet endlich keine andere Lösung als in des sterbenden Hamlet letzten Worten: der Rest ist Schweigen.

Zweifellos ist unter Shakespeares dramatischen Dichtungen die Tragödie Hamlet diejenige, aus der wir am meisten von des Dichters persönlichen Anschauungen und Meinungen vernehmen. Und dies ist meistens da der Fall, wo solche Äußerungen das Charakterbild des tragischen Helden nur begleiten, ohne ihm selbst notwendig anzugehören. Eben durch dieses Eindringen der Subjektivität des Dichters in das Bild seines dramatischen Helden fehlt diesem auch jene feste Geschlossenheit einer dramatischen Persönlichkeit, wie sie sonst an fast allen dramatischen Charakteren des Dichters zu bewundern ist.

Und auch hiermit stehen manche von den vielen Fragen und Zweifeln, die beim Hamlet sich uns aufdrängen, in gewissem Zusammenhang. So möchte ich hier nachträglich nur auf die eine Person des Dramas noch hinweisen, die — obgleich in der Handlung des Stückes nur eine nebensächliche Figur — dennoch vom Dichter höchst auffällig hervorgehoben ist. Ich meine Hamlets Studiengenossen und Vertrauten Horatio, und ich weise besonders auf die Worte hin, die der Prinz (im 3. Akt, 2. Szene) an ihn richtet, Worte so hohen Lobes voll, als wenn sie das Ideal eines Mannes charakterisieren sollten. Seitdem er Menschen in ihrem Werte habe unterscheiden können, sagt Hamlet, habe seine Seele ihn, Horatio, auserkoren.

— Denn du warst,
Als litt'st du nichts, indem du alles littest;
Ein Mann, der Stöß' und Gaben vom Geschick
Mit gleichem Dank genommen: und gesegnet,
Weß Blut und Urteil sich so gut vermischt,
Daß er zur Pfeife nicht Fortunen dient,
Den Ton zu spielen, den ihr Finger greift.
Gebt mir den Mann, den seine Leidenschaft
Nicht macht zum Sklaven, und ich will ihn hegen
Im Herzensgrund, ja in des Herzens Herzen,
Wie ich dich hege.

Hier muß man sich doch fragen: wer war denn dieser Horatio, der so hochgepriesen wird und dennoch in der Tragödie nicht viel mehr als ein Zuhörer ist? Sollten wir auch hier nach einer Be= ziehung zu einer vorhandenen und dem Dichter bekannten Persön= lichkeit suchen? Ich glaube nicht. An Shakespeares geliebten

Southampton ist natürlich nicht zu denken, denn abgesehen davon, daß die Worte nicht an einen Höhergestellten gerichtet sind, passen sie in keiner Weise auf Southamptons ganzes Wesen. Wohl aber passen sie ganz und gar auf Shakespeare selbst, auf seine klare und harmonische Natur, in der sich „Blut und Urteil so gut vermischten".

Vom Gesichtspunkte des technisch Dramaturgischen ist es ja ganz einleuchtend, daß der Dichter eine Person brauchte, zu der Hamlet über seine Beobachtungen und Empfindungen sich aus= sprechen kann. Weil ein solcher Vetrauter keine ganz unter= geordnete Natur sein durfte, so hat er sich das Bild eines Mannes konstruiert, der des vom Prinzen ihm geschenkten Ver= trauens auch würdig ist. Die knappen Grundzüge dafür mußte der Dichter unwillkürlich aus seinem eigenen Innern nehmen, und so entstand dies Musterbild eines Mannes, das wir im Horatio als ein solches freilich nur auf Hamlets Versicherung hin an= erkennen. Aber durch die in der Person dieses Horatio dem Prinzen gegebene Begleitschaft sehen wir in der Subjektivität des Dichters einen Teilungsprozeß vollzogen, der uns zu erkennen gibt, daß aus den Empfindungen und melancholischen Beobachtungen Hamlets nicht immer der Dichter spricht, wie überhaupt der ganze trübsinnige Grundton in dieser merkwürdigen Tragödie mit Shake= speares ureigenster Natur nichts gemein hat. In der so geklärten Natur dieses Dichters konnte eine schwermütige Stimmung auf die Dauer nicht bestehen. Des Dichters Stimmungen, so außer= ordentlich verschieden sie zum Ausdruck kommen, bestanden nur während der Arbeit an den dramatischen Gebilden, und er über= ließ sie diesen, sobald die schaffende Hand des Bildners sich von ihnen abwendete. Seine gesunde Natur, sein klarer und über= legener Geist bewahrten ihn davor, sich von den Verhältnissen beherrschen zu lassen. Wenn auch Winde und Wolken für einige Zeit die Sonne seines Gemütes zu verhüllen schienen, so konnte dies doch seine höhere Anschauung der Dinge nicht beeinflussen.

Sowie Tag und Nacht in stetem Wechsel gleich verteilt sind, so waren es für ihn auch die dunkeln und die sonnigen Seiten des Lebens und des ganzen menschlichen Daseins. Und da er in dem Einzelnen stets nur einen Teil des Ganzen sah, so konnte ihm bei solcher Betrachtung der Dinge auch von dem unermeßlichen Reichtum seines souveränen Humors und seines sonnigen Gemütes nichts verloren gehen.

Und wohl uns, daß es so war, denn in denselben Jahren, in denen seine zwei Tragödien „Julius Cäsar" und „Hamlet" auf die Bühne kamen, konnte auch ein Lustspiel voll heiterster Blütenpracht entstehen. Es war dies das höchste Muster unter seinen romantischen Komödien: „Twelfth night" oder „Was ihr wollt". Wenn seine dramatische Waldidylle „Wie es euch gefällt" durch Ben Jonsons zwar viel weniger poetische, aber robustere Art des Humors im Erfolg überflügelt werden konnte, so änderte sich das Verhältnis schon in den nächsten Stücken beider Dichter. Es ist schon davon die Rede gewesen, daß Ben Jonson seine beiden Komödien sonderbarerweise auf das Blackfriars-Theater gebracht hatte, das von dem Unternehmer für die Kapellenknaben der Königin gepachtet war. Ben Jonson hatte hiermit den Boden verlassen, auf dem er mit Erfolg als Rival Shakespeares, und zwar auf dessen eigenem Schauplatz, sich eingeführt hatte. Was ihn zu dem Wechsel seines Schauplatzes veranlaßte, ist zwar nicht mit Sicherheit zu sagen, aber doch zu vermuten. Wenn man die beiden im Blackfriars aufgeführten Komödien, Cynthia's revels und „Der Poetaster", liest, so kann man getrost annehmen, daß diese seltsame Vermischung unwirklicher aus der Antike konstruierter Figuren mit den verschiedenen Beziehungen auf die realen Ver-hältnisse und Personen der Gegenwart für das Globe-Theater nicht geeignet waren, und daß Ben Jonsons Übergang zum Blackfriars und den children of the chapel sowohl der Meinung Shakespeares wie auch der Mitinhaber des Globe-Theaters durchaus nicht zuwider war.

Von den Stücken Ben Jonsons wissen wir über ihre ersten Aufführungen durch ihn selbst die bestimmten Daten: „Cynthia's revels" kam 1600 und der „Poetaster" 1601 auf genanntem Theater zur Darstellung. Hatte Ben Jonson schon in der ersteren Komödie die von ihm selbst geschaffenen Personifizierungen bloßer Begriffe benutzt, um seinem Hange zur Polemik und zur Disputation über literarische und theatralische Fragen seiner Zeit nachzugehen, so war dies im „Poetaster" in noch höherem Maße der Fall, für dessen Personal eine reichliche Menge hervorragender klassischer Namen zusammengebracht ist, neben Cäsar Augustus und Mäcenas auch die Dichter Virgil, Horaz, Ovid und Aesop. Es liegt der Gedanke sehr nahe, daß Ben Jonson hier nicht nur mit den üblichen Einschaltungen lateinischer Sätze, sondern auch mit seiner Kenntnis der römischen Klassiker auf das Interesse und den Beifall der Königin Elisabeth gerechnet hatte, deren fragwürdigem Bildungseifer es wohl auch entsprechen mochte, wenn die Knaben der Kapelle dabei so vieles zu sprechen hatten, für das sie selbst kein Verständnis haben konnten.

Es sei hier übrigens beiläufig bemerkt, daß aus jenen Vorstellungen der Kapellenknaben einzelne namhafte Schauspieler hervorgingen, wie namentlich William Ostler, der späterhin mit allerhöchster Bewunderung genannt wurde, und der in beiden Stücken Ben Jonsons beschäftigt gewesene Nathanael Field, den wir später unter den Schauspielern der Shakespeareschen Truppe finden, bei der er die weiblichen Rollen dargestellt zu haben scheint.

Während die beiden Stücke Ben Jonsons ein mehr literarisches als dramatisches Interesse erregten, war im Globe-Theater Shakespeares schon erwähnte Komödie „Twelfth night" mit ganz anderem Erfolg zur Aufführung gekommen; das Lustspiel in seiner so glücklichen harmonischen Vereinigung poetischer Grazie und heiterster Laune zeigt uns hier den Dichter auch in der Komödie auf der Stufe höchster Vollkommenheit seiner dramatischen Kunst. Wenn er für dies Musterlustspiel als Titel nur den Kalendertag des

Dreikönigsabends wählte, dem dann noch das ebenso nichtssagende: oder „Was ihr wollt" hinzugefügt wurde, so stehen weder der eine noch der andere Titel zu dem Inhalt dieser Komödie in Beziehung. Wie bei As you like it, so kam es ihm hier nur darauf an, daß das Stück unter irgendwelcher Bezeichnung genannt werden könnte. Daß er in diesem Falle den Tag der heiligen drei Könige als Titel wählte, kann wohl nur so erklärt werden, daß das Stück vermutlich an diesem Tage (6. Januar) zum ersten Male aufgeführt wurde. Da in dem schon vor längerer Zeit von Collier gemachten Entdeckung des Tagebuchs eines Rechtsanwalts Manningham eine Aufführung dieses Lustspiels im Jahre 1602 besprochen ist, kann man es wenigstens als sehr wahrscheinlich annehmen, daß das Stück in dem genannten Jahre noch neu war.

Das Motiv der Irrungen und Verwechselungen — einesteils durch die Verkleidung des Mädchens in Männertracht und die Ähnlichkeit eines Geschwisterpaars, sowie die daraus entstehenden Herzensverwirrungen —, das alles gehört wiederum der romanischen Novellenliteratur an, und es ist in der mannigfaltigsten Weise von Montemajor, wie von Bandello und Cinthio behandelt worden. Die unmittelbare Quelle für Shakespeare scheint aber eine englische Bearbeitung jener Erzählungen gewesen zu sein, nämlich die Geschichte von „Apollonius und Silla" von Barnaby Rich, in dessen im Jahre 1581 erschienenen „Farewell to Military Profession". Was aber Shakespeare aus eigenem Geiste dazu getan, sowohl durch Veränderung und Vertiefung der Motive wie auch durch außerordentliche Bereicherung des Stoffinhaltes in der vielfach verschlungenen Handlung, ist so viel, daß man nicht nur für die unvergleichlich zartere Behandlung der eigentlichen Liebesangelegenheit, sondern auch für die Geschicklichkeit, mit der er die verschiedenen Teile der Handlung auch zu einer geistigen Einheitlichkeit gebracht hat, die vollste Bewunderung haben muß. Eine der wichtigsten Abweichungen von dem in den Erzählungen enthaltenen Hauptmotiv besteht darin, daß bei Shakespeare seine

Viola nicht aus Liebe zu einem Manne heimlich und in Ver=
kleidung ihre Vaterstadt verläßt, wie es bei Montemajor und den
anderen der Fall ist, sondern daß Viola erst, als sie in ihrer
Verkleidung im Dienste des Herzogs Orsino ist, von Liebe zu
ihm erfüllt wird. Durch diese Abweichung von dem ursprünglichen
Motiv gewann der Dichter für den Charakter seiner Viola eine
ganz neue Grundlage, auf der erst diese Mädchengestalt zu so
hohem Liebreiz sich entwickeln konnte. So glücklich wie hierin der
Dichter in der Umgestaltung des ihm überlieferten Fabelstoffes
war, so selbständig und schöpferisch zeigt er sich in den reichen
Zutaten, die er mit der Handlung verwebt hat, indem er diese
zwar komplizierter machte, ohne aber sie zu verwirren oder ihre
Klarheit zu schädigen.

Von den burlesken Figuren des Lustspiels, die dem poetischen
Teile der Handlung zur wirksamen Folie dienen, und für die
durchgehends der Prosadialog angewendet ist, nimmt der Haus=
hofmeister Malvolio einen so hervorragenden Platz ein, daß er
zu den humoristischen Meisterschöpfungen des Dichters zu zählen
ist; wie er auch von jeher an der großen Beliebtheit dieser Ko=
mödie seinen reichen Anteil gehabt hat. Daß dies auch schon in
jener Zeit der Fall war und daß die Komödie noch lange Zeit
ein Lieblingsstück des Londoner Publikums blieb, erfahren wir
auch aus einem erst mehrere Dezennien später erschienenen Gedicht
von Digges, in welchem Malvolio noch als eine beliebte Theater=
figur und mit Bezug auf die von ihm angelegten kreuzweise
gebundenen Kniegürtel als der cross-garter'd gull erwähnt ist.
Die derbe Posse, die mit ihm von den durchtriebenen Schelmen
gespielt wird, scheint des Dichters ganz selbständige Erfindung
gewesen zu sein.

Was die Verbindung der so mannigfachen Bestandteile der
Handlung anlangt, so nimmt dies Lustspiel auch in einer be=
sonderen Bedeutung einen hohen Platz unter den Komödien des
Dichters ein. In anderen seiner Lustspiele, ganz besonders in

der „Komödie der Irrungen", in „Viel Lärm um nichts" und „Wie es euch gefällt", sehen wir den vorhandenen ernsteren Teil der Handlung und die damit in Verbindung gebrachten Elemente des wirklichen Lustspiels in bestimmter Unterscheidung ihres Wesens nebeneinander bestehen. In „Was ihr wollt" hingegen ist neben der derb komischen Handlung auch die anmutig poetische Fabel so fein durchwebt von der heiteren Lebensanschauung des Dichters, wie nirgends sonst. Wie die zwei Hauptteile der Handlung einander ergänzen, sehen wir besonders in der eigenartigen Situation, in die die Gräfin Olivia geraten ist und in der wir auch eine Erklärung für ihren Charakter und ihre Handlungsweise finden. Denn es ist ganz verständlich, wie ihre große Empfindsamkeit, sowie auch ihre demonstrative und in solchem Sinne vom Dichter leicht ironisierte Trauer um den Bruder erst durch die Roheit ihres schlemmerischen und wüsten Oheims, des Junker Tobias, noch verstärkt worden ist. Dadurch wird ihr anderseits der lächerliche Malvolio, der wenigstens die Zartheit ihres Empfindens nicht verletzt, erträglicher, als er es anderen ist, und sie zeigt ihm gegenüber den schönen Charakterzug großer Duldsamkeit, während dem Haushofmeister bei seiner puritanischen Sittenstrenge, die bei ihm nur lächerlicher Dünkel ist, die Tugend der Toleranz so gänzlich fehlt, daß er in seiner Anmaßung und Beschränktheit auch gegen die sinnreichen Scherze des Narren, die Olivia so gutmütig sich gefallen läßt, sich entrüstet. Als einmal Malvolio im Auftrage der Gräfin Olivia und in durchaus berechtigter Weise die lärmenden Zechbrüder zur Mäßigung ermahnt und Junker Tobias darauf ihm zuruft: „Meinst du, weil du tugendhaft bist, soll es in der Welt keine Torten und keinen Wein mehr geben?" — hat der Dichter zweifellos auf den freudlosen Tugendeifer der puritanischen Sittenprediger angespielt. Dies trifft hier aber nur die eine Seite des verdrießlichen Sittenrichters und einen nebensächlichen Zug in dem Charakterbild Malvolios. Das böse Spiel, das mit ihm als einem eiteln und hochmütigen

Narren getrieben wird und das schließlich beinahe Mitleid mit ihm erregt — wie solches ja auch in dem weichen Gemüte Olivias zum Ausdruck kommt —, ist doch im wesentlichen gegen seine lächerliche Einbildung gerichtet. Dabei aber sind seine Überhebung und seine eingebildeten Tugenden solcher Art, daß niemandem davon etwas zugute kommt. Und er ist zu sehr von seiner Vollkommenheit überzeugt, zu sehr in sich selbst vernarrt, als daß er bei anderen Gutes zu suchen oder zu erkennen vermöchte. Nebenbei ist es für Shakespeares Ironie gegen den zu seiner Zeit getriebenen Sport mit wissenschaftlichen Fragen sehr bezeichnend, wenn der Narr in der angenommenen Maske eines Geistlichen den so schwer Gezüchtigten über die Lehren des Pythagoras examiniert.

Über Viola als die dominierende weibliche Gestalt der Komödie etwas zu sagen, ist überflüssig. Es genügt, daß auch in den verfänglichsten Situationen, in die sie versetzt wird, ihr Liebreiz — in der Mischung von Schalkheit und Herzenswärme, von mädchenhafter Zartheit und Klugheit — nicht einen Augenblick das Geringste einbüßt. Jede weitere kritische Ergänzung dieser dichterischen Schöpfung würde nur eine Störung des von ihr geübten Zaubers sein.

Wohl aber wären zur vollen Würdigung dieses Lustspiels über den Herzog Orsino noch einige Worte zu sagen. Orsino gehört zur Gattung der liebenswürdigen Phantasten. Wenn er aus seiner unerwiderten und doch so beharrlichen Leidenschaft für Olivia am Schlusse so plötzlich zu Viola übergeht, so ist diese Wandelung, die im Grunde gar keine ist, vom Dichter in der ganzen Charakterzeichnung dieses feinsinnigen Schwärmers reichlich vorbereitet und motiviert. Mit wieviel Überlegung Shakespeare solche Übergänge scheinbar absichtslos vorzubereiten wußte, erkennt man gerade in diesem Falle aufs deutlichste. Schon die erste Rede, mit der der Herzog Orsino das Stück eröffnet, ist bezeichnend für seinen Begriff vom Wesen der Liebe, der sich nicht nur in seiner Neigung für Musik ausspricht — „weil die Musik der Liebe Nahrung ist" —, sondern mehr noch in den Worten:

„die Liebe ist so voller Phantasie,
„daß sie allein schon hochphantastisch ist".*)

Es erinnert dies auch an die Worte, die der Dichter im „Sommernachtstraum" dem Theseus zuerteilt: daß in der Einbildungskraft Verliebte, Poeten und Verrückte etwas Gemeinsames haben. Bei Shakespeares Verfahren, in seinen Dramen neben den verworfensten und in den stärksten Farben gezeichneten Charakteren bei den liebenswerteren Naturen auch die kleinen menschlichen Schwächen so fein ironisierend und doch dabei mit so liebevoller Toleranz zu schildern, wie es hier in den Personen des Herzogs Orsino und der Olivia geschieht, kann man dem Dichter selbst viel mehr auf den Grund seiner Seele blicken, als durch Hervorheben einzelner Aussprüche seiner dramatischen Gestalten. In diesem vollendetsten seiner Lustspiele ist es die ganze Tonart, aus der wir auf das eigene Wesen des Dichters selbst schließen können. Gewiß offenbart sich Shakespeares Genie in dem Reichtum seiner dramatischen Charakterschilderungen, sowohl in den ergreifenden Seelengemälden seiner Tragödien, wie in dem vollsaftigen Humor seiner derb komischen Gestalten. Aber die Persönlichkeit des Dichters erkennen wir vor allem in dieser milden und warmherzigen Heiterkeit, mit der er aus den mancherlei Irrgängen des Lebens lächelnd uns auf die sonnigen Wege unsers Daseins leitet. Hier ist es seine eigene harmonische Natur, aus der sein überlegener und liebevoller Humor eine so reine und erquickende Wirkung übt.

---

*) — — — So full of shapes is fancy,
That it alone is high fantasticall.
Da das englische Wort fancy zugleich Liebe (inclination, fondness, love) bedeutet wie auch imagination, fantasy, so sind die Worte im Deutschen nur in dem Sinne wiederzugeben, in welchem sie dem phantasievollen und liebebedürftigen Herzog als Motto für seine Herzensgeschichte dienen können.

Wie er hierin allen seinen Vorgängern und frühen Zeitgenossen
weit überlegen ist, so steht auch neben ihm Ben Jonson in diesem
Punkte anßer allem Vergleich zu ihm, trotz seiner immerhin her=
vorragenden Begabung und geistigen Bedeutung; denn von einer
tieferen Berührung unseres mitempfindenden Herzens kann ihm
gegenüber niemals die Rede sein, und seiner heiteren Laune fehlt
die Anmut und Grazie einer wahrhaft poetischen Anschauung der
Dinge.

Ben Jonsons Übergang vom Globe= zum Blackfriars=Theater
war übrigens nur ein zeitweiser; schon 1603 hatte er mit seiner
Tragödie „Sejanus" sich wieder dem Theater Shakespeares zu=
gewendet, und wie in seinem ersten und erfolgreichsten Lustspiel
Shakespeare selber mitgewirkt hatte, so steht dieser auch beim
„Sejanus" wieder in der Reihe der Darsteller, neben Burbadge,
Heminge, Condell usw. Leider sind bei der Angabe der mit=
wirkenden Schauspieler in den älteren Drucken von Ben Jonsons
Stücken nicht auch die von ihnen gespielten Rollen bezeichnet;
bloße Vermutungen haben natürlich keinen Wert. Beim „Sejanus"
sind übrigens vor dem gedruckten Stücke nur acht darin beschäftigt
gewesene Schauspieler mit Namen genannt, während das Personen=
verzeichnis des Stückes nicht weniger als 38 Rollen aufweist.

In dasselbe Jahr, bis zu dem wir hier in der Geschichte
Shakespeares gelangt sind, fällt ein Ereignis, das für England
von hervorragender politischer Bedeutung war, und bei dem wir
hier, wenn auch nur für kurze Zeit, zu verweilen haben. Es ist
der am 26. März 1603 erfolgte Tod der Königin Elisabeth.
Obwohl sie noch nicht das siebzigste Lebensjahr erreicht hatte, war
sie doch schon in den letzten Jahren nicht nur körperlich hinfällig,
sondern auch ihr Geist war von Trübsinn tief darniedergedrückt,
gegen den der Wille der Herrscherin vergebens ankämpfte. Noch
am 2. Februar, schon auf dem Krankenlager und von seelischen
Schmerzen gepeinigt, hatte sie die Lord Chamberlaintruppe, die
Schauspieler des Globe=Theaters, nach ihrem Schlosse in Richmond

kommen laffen, um vielleicht dadurch auf andere Gedanken zu kommen. Aber das half ihr ebensowenig wie das Bewußtsein, in den fünfundvierzig Jahren ihrer Regierung die Macht und das Ansehen Englands gehoben und gefestigt zu haben. Als der Tod ihr nahte und die Knochenhand nach ihrem Szepter ausstreckte, empfand sie die Nichtigkeit irdischer Macht schmerzlicher und bitterer als der Geringsten oder der Größten einer in ihrer flüsternden Umgebung. Denn sie hatte ihre Macht in unumschränktester Weise geübt, und ihr waren niemals die Worte ihres größten Dichters in ihr kaltes Herz gedrungen: daß irb'sche Macht der göttlichen am nächsten sei,

„wenn Gnade bei dem Rechte wohnt".

Jetzt aber suchte sie vergebens die blutigen Häupter der Maria Stuart und des Essex von ihrem Sterbelager zu verscheuchen.

Da Elisabeth unvermählt starb, ging die Thronfolge von dem Hause der Tudors auf das der schottischen Stuarts über. Der Sohn der Maria Stuart, aus deren zweiter Ehe mit Lord Darnley, wurde zum König von England erwählt und von Elisabeth selbst noch bestätigt. Die dadurch vollzogene Vereinigung der Königreiche von Schottland und England war zwar von höchster politischer Bedeutung; aber Jakob I., der schon von seinem zwölften Jahre als König von Schottland figuriert hatte, war nicht der Mann, um die bestehenden Gegensätze, besonders verschärft durch die religiösen Verhältnisse, auszugleichen. Er war zwar im Anfang vorsichtig genug, um dem Mißtrauen der protestantischen Bevölkerung den Boden zu entziehen und hatte auch im allgemeinen durch verschiedene Handlungen sich Sympathien zu erringen gewußt. Da er jedoch in sich selbst keinen festen moralischen Halt fand, so wurde es ihm nicht leicht, seine in mehrfacher Hinsicht schwierige Lage — auch mit Rücksicht auf seine Abkunft von der hingerichteten Rivalin Elisabeths — nach allen Richtungen hin befriedigend zu gestalten. Bei alledem: auch er war König, und seine Vollkommenheiten durften deshalb nicht bezweifelt werden.

Dies wurde ihm denn auch von den vielen Poeten bestätigt, die ihn höchlichst priesen, nachdem sie noch kurz zuvor der Königin Elisabeth gleich einer Göttin gehuldigt hatten und es beklagen mußten, daß auch eine solche Göttin sterblich war.

Von mancher Seite wurde es Shakespeare verdacht, daß nach dem Tode der Königin nicht auch er zu ihrer Verherrlichung seine Feder in Tätigkeit gesetzt hatte. Man erwartete dies um so mehr, als Shakespeare — wie man meinte — mancherlei Gunst von der Königin erfahren habe, welche Meinung jedoch jeder tatsächlichen Begründung entbehrte. Der bekannte Theater=dichter Henry Chettle hatte sogar in einem selbstverfaßten Trauer=poem: „Englands Mourning Monument" an Shakespeare — wenn auch nicht mit Nennung seines Namens, so doch mit deutlichem Hinweis auf seine „Lucretia" — die Aufforderung gerichtet oder doch die bestimmte Erwartung ausgesprochen, daß er durch seine „silberzüngige Muse" Elisabeths ewigen Ruhm verkünden werde. Solche Huldigungen aber konnte Shakespeare getrost den berufs=mäßigen Schmeichlern überlassen und um so mehr, als er der lebenden Königin niemals geschmeichelt hatte, wie die meisten seiner dichtenden Genossen und wie in letzterer Zeit auch Ben Jonson. Daß Shakespeare in Elisabeth die Personifizierung der Staatshoheit respektierte, die ihm unverletzlich war, entsprach seinem nationalen Standpunkt als echter englischer Patriot, und er hegte für sie als Herrscherin auch diejenige Verehrung, die ihr zukam. Aber für ihre persönlichen Eigenschaften, für ihre wider=wärtige Eitelkeit, Härte und despotische Willkür konnte er weder Bewunderung noch Liebe haben. Auf ihren Tod aber hätten nur des Dichters bedeutende Worte gepaßt aus jener Tragödie, die sie nicht liebte, — die Worte aus König Richard dem Zweiten, als dieser seinen Untergang schon vor Augen hatte:

> — Denn in dem hohlen Zirkel,
> Der eines Königs sterblich Haupt umgibt,
> Hält seinen Hof der Tod; läßt ihn ein Weilchen

Den Herrscher spielen, droh'n, mit Blicken töten,
Flößt einen eiteln Selbstbetrug ihm ein,
Als wär' dies Fleisch, das unser Leben einschanzt,
Unüberwindlich Erz, — — und so gelaunt
Kommt er zuletzt und bohrt mit kleiner Nadel
Die Burgmau'r an, und — König, gute Nacht!

Es ist bekannt, daß auch König Jakob gleich seiner Vor=
gängerin den Künsten und gelehrten Dingen mit einem Eifer sich
zuwendete, der in Sport ausartete, und daß er darin noch weiter
ging als Elisabeth. Zunächst aber war es das Theater und
insbesondere das Globe=Theater, dem er bald nach seiner Thron=
besteigung sich sehr huldvoll zeigte, indem er der Lord Chamber=
lains=Truppe das Patent ausfertigen ließ, das sie in den höheren
Rang der „Königlichen“ Schauspieler (the Kings servants) erhob,
unter welchem Namen seitdem die Shakespearesche Truppe fort=
bestand.[67])

Mehr aber als durch eine solche äußerliche Ehrenbezeigung
wurde Shakespeare persönlich durch eine andere Handlung des
Königs mit innigster Freude erfüllt; denn schon am 10. April,
also kaum zwei Wochen nach dem Tode der Elisabeth, war Lord
Southampton auf Befehl des Königs Jakob in Freiheit gesetzt,
nachdem er seine Freundschaft für Essex als Teilnehmer an der
Verschwörung schon länger als zwei Jahre mit der Kerkerhaft im
Tower hatte büßen müssen. Da seine Befreiung bereits stattfand,
noch bevor der König seinen Einzug in London hielt, wurde
Southampton sogar dazu bestimmt, dem Könige auf seinem Wege
nach London entgegenzukommen und ihm bei seinem Einzug das
Schwert voranzutragen.*) Dies war nun freilich eine Rehabilitation,
die über die Bedeutung einer „Begnadigung“ weit hinausging und
die auch — im Hinblick auf die tote Königin — von einigen
der angesehensten Lords, namentlich Lord Robert Cecils, sehr

---

*) So wird von Gerald Massey nach Nicholls „Progress of James I.“
berichtet.

19*

mißfällig angesehen wurde. Aber eine Erklärung für diese so auffällige Bevorzugung war schon vorhanden; denn Southampton hatte durch seine Beteiligung an dem sinnlosen Aufstand aus Liebe zu Essex trotz anfänglichen Widerstrebens sich für diesen geopfert, und Essex selbst hatte bei seinem Unternehmen in nahen Be= ziehungen zu dem schottischen König Jakob gestanden.

Southampton wurde nach seiner Befreiung in alle seine Rechte und Besitztümer wieder eingesetzt, an den Hof gezogen und mit manchen neuen Auszeichnungen bedacht; so wurde er zum Ritter des Hosenbandordens und im Sommer desselben Jahres zum Kommandanten der Insel Wight ernannt. Die glückliche Wendung in dem Schicksal des von vielen geliebten, von allen Dichtern aber gefeierten Southampton gibt Anlaß, an dieser Stelle auch auf jene Gedichte Shakespeares zurückzukommen, die für das Freundschaftsverhältnis zwischen beiden das gewichtigste Zeugnis gibt, denn eines der Sonette aus der späteren Zeit scheint tatsächlich Bezug auf die Befreiung Southamptons zu nehmen.

Im allgemeinen haben freilich die Deutungen der ge= samten Sonette, die man nach den verschiedenen Gesichtspunkten der Ausleger beliebig in besondere Gruppen geteilt hat, die ganze sehr schwierige Sonettenfrage, anstatt sie befriedigend aufzuhellen, nur noch dunkler und verwirrter gemacht. Es ist hier nicht der Platz, auf alle die verschiedenen Auslegungen und die dafür herbeigezogenen Beziehungen auf einzelne Personen einzugehen, und es mögen deshalb hier nur die dabei in Frage kommenden Hauptgesichtspunkte in Kürze klargestellt sein.[68])

Der größere Teil der Sonette, nämlich die weit überwiegende Zahl derjenigen, die sich zweifellos auf den einen Freund — und das ist Lord Southampton — beziehen, werden in den Jahren 1592—1594 entstanden sein. Hiernach hatte sie der Dichter zu verschiedenen Zeiten und in verschiedenen Stimmungen noch vermehrt. Aber die ganze, nicht vom Dichter selbst ver= anstaltete gedruckte Ausgabe erschien erst 1609, während schon

elf Jahre früher, nämlich 1598, sie von Meres in seiner viel=
genannten Schrift mit Bewunderung genannt sind, jedoch mit der
Bemerkung, daß sie den vertrauten Freunden des Dichters be=
kannt seien, also in Abschriften in Umlauf waren. Der spätere
Herausgeber müßte also entweder viele Jahre daran gesammelt
haben, um endlich die große Zahl von 154 Sonetten zusammen=
zubringen, oder aber — und das ist mit größerer Gewißheit
anzunehmen — derjenige, an den die geheimnisvolle Widmung
gerichtet ist, hat sie alle in der vollständigen Zahl besessen, und
dem Herausgeber Thomas Thorpe die Veröffentlichung überlassen.
Schon diese Widmung — To the only begetter .... Mr. W. H. —
hat den Anlaß zu den schwierigsten Untersuchungen gegeben; sie
lautet: „Dem einzigen Erzeuger dieser folgenden Sonette, Mr. W. H.,
wünschend alles Glück und jene von unserem ewig lebenden Dichter
zuerkannte Unsterblichkeit der wohlwünschende Herausgeber T. T."
Schon daß der Titel des Buches, „Shakespeare's Sonnets",
Shakespeare als den Dichter nennt — mit dem Zusatz „niemals
zuvor gedruckt" — und daß von ihm in der Widmung an W. H.
als von einer dritten Person gesprochen wird, besagt deutlich, daß
mit dem Worte „Erzeuger" (begetter) ein anderer Begriff als
der des Fortpflanzers oder Aufbewahrers gemeint war, oder aber
desjenigen, durch den sie veranlaßt worden und dem sie deshalb
von dem Herausgeber gewidmet worden sind. Für diese An=
nahme würden aber die Buchstaben W. H. bestimmt gewesen sein,
die Meinung über die Person irrezuführen. Aber nicht nur diese
Widmung an W. H. hat den Anlaß zu den mancherlei Deutungen
gegeben, sondern auch der Inhalt der Sonette selbst ist bei einer
beträchtlichen Anzahl ein solcher, daß man sich nicht dazu verstehen
mochte, in ihnen des Dichters eigene Empfindungen zu erkennen.
Infolgedessen standen sich bisher zwei verschiedene Meinungen
gegenüber. Nach der einen würden alle Empfindungen und Be=
ziehungen in diesen Gedichten auf die Persönlichkeit Shakespeares
zurückzuführen sein; nach der anderen Auffassung wären alle

Sonette nur Gedankenspielereien, Fiktionen, denen keinerlei tat=
sächliche Verhältnisse des Dichters zugrunde lagen. In neuerer
Zeit ist man mehr und mehr zu der vermittelnden und wohl am
meisten berechtigten Auffassung gekommen, daß in den gesamten
Sonetten zwei Hauptgruppen zu unterscheiden wären: daß die
größere Zahl als persönliche des Dichters, der kleinere Teil aber
als sogenannte „dramatische" zu betrachten sind, das heißt als
solche, in denen er — ebenso wie in seinen dramatischen Ge=
stalten — die Empfindungen anderer eben nur als Dichter aus=
gesprochen habe. Wenn wir von den in dieser Beziehung allzu
weitgehenden Deutungen absehen, in denen namentlich Gerald
Massey (1872) das Erstaunlichste an Kombinationen und Deu=
tungen geleistet hat, so wird doch im allgemeinen diese Auffassung
auch dadurch unterstützt, daß die ganze Art der Sonettendichtung,
wie die englischen Dichter sie nach den italienischen Mustern erfaßt
und weiter ausgebildet hatten und mit der künstlichen Versform
auch einen erkünstelten Inhalt verbanden, als eine in gewissem
Sinne poetische Treibhauspflanze anzusehen war. Selbst in den
126 der Shakespeareschen Sonette, die an einen Freund gerichtet
sind und der ohne Zweifel Southampton war, zeigt sich dieses
objektiv dichterische Spielen mit den Gedanken, wie dies schon
zunächst in der ersten Gruppe jener siebzehn Sonette zu ersehen
ist, die den hochstehenden Freund in immer neuen Formen und
Gedankenwendungen zum Heiraten ermahnten. In allen andern
ebenfalls an Southampton gerichteten Sonetten finden wir sehr
Vieles, was aus seiner persönlichen Empfindung kommt und was
den uns bekannten Verhältnissen des Dichters entspricht — schmerz=
liche Betrachtungen über die Probleme dieses Lebens, über Ver=
gänglichkeit und Ewigkeit, wie über seinen eigenen mißachteten
Schauspielerstand dem so hochstehenden Freunde gegenüber. Da=
neben aber zeigen sich auch hier wieder alle jene nur der poetischen
Spielerei zuliebe erkünstelten Gedanken der üblichen Sonetten=
dichtung. Wenn Shakespeare in dem einen Sonett sagt (in der

Anordnung der Originalausgabe das 22.): er könne dem Spiegel noch nicht glauben, daß er alt sei, so bekennt er an einer anderen Stelle (62. Sonett): sein Spiegel zeige ihm sein von der Zeit zerrüttetes Gesicht (beaten and chopp'd with tann'd antiquity). Ähnliches findet sich auch bei anderen englischen Sonettendichtern. So bekennt Daniel, als er neunundzwanzig Jahre alt war, seine Tage seien dahin, und Barnfield spricht gar in seinem zwanzigsten Lebensjahre von seinen grauen Haaren. Ebenso finden wir es bei den Sonettendichtern häufig, daß sie selbst ihren poetischen Erzeugnissen einen hohen und dauernden Wert beilegen. Wie Shakespeare (im 18. Sonett) von seinem „eternal lines" spricht, so bezeichnete Daniel seine Verse als „dauernd Monument", und Drayton spricht von seinem „immortal song".

Ein Interesse können heute Shakespeares Sonette nur noch als Gegenstand des Studiums erregen, nicht aber des Genusses. Die Hochschätzung, die ihnen einst in den literarischen und Gelehrten= kreisen Londons zuteil wurde, können wir heute, nachdem längst ihre dichterische Bedeutung durch die gewaltige Größe des Drama= tikers Shakespeare tief in den Schatten gestellt ist, kaum noch würdigen. Die hier gegebene nur oberflächliche Charakteristik ihrer Eigenart und die wenigen Nachrichten über die Geschichte ihrer Entstehung waren aber zu einem Gesamtbilde des Dichters not= wendig, ganz besonders aber wegen ihrer persönlichen Bedeutung. Die verschiedenen Auslegungen, die dieselben erfahren haben, und bei denen namhafte Persönlichkeiten aus der Zeit des Dichters zu ihrer Erklärung herbeigeholt werden mußten, können keinen Anspruch auf historische Wahrheit haben und brauchten an dieser Stelle nicht erörtert zu werden, sei es zustimmend oder abweisend. Wenn aber auch in diesen Sonetten, deren Echtheit im ganzen niemals bezweifelt worden ist, sehr vieles noch dunkel bleibt, und wenn auch der Herausgeber, der genannte Thomas Thorpe, sowohl durch sein unkritisches Verfahren in der Anordnung wie auch durch die mysteriös gehaltene Widmung das Verständnis dafür in hohem

Grabe erschwert hat, so können wir ihm dennoch wenigstens dafür
dankbar sein, daß er die Sonette selbst vor dem völligen Untergang bewahrt hat; denn auch von den vielen Abschriften, die nach
den vorhandenen Zeugnissen unter den Freunden des Dichters
verbreitet waren, ist bisher kein einziges bekannt und wird auch
schwerlich jemals zum Vorschein kommen. Bei dem angedeuteten
Charakter dieser poetischen Spielart ist, wie schon bemerkt wurde,
das wirklich Persönliche von der rein poetischen Imagination nicht
immer zu unterscheiden. Aber das Wenige, was sie uns von den
zweifellos persönlichen Empfindungen des Dichters bieten, ist immerhin etwas, und ganz besonders bleiben sie ein dauerndes und un-
widerlegliches Zeugnis für das Freundschaftsverhältnis des Dichters
zu seinem hohen Gönner Southampton.

Da es mit ziemlicher Sicherheit anzunehmen ist, daß das
schon erwähnte 107. Sonett sich auf die Befreiung Southamptons
aus dem Tower bezieht, so möge es schließlich hier um dieser
Bedeutung willen mitgeteilt sein. Wenn auch die außerordentlichen
Schwierigkeiten einer Übersetzung gerade bei den Sonetten eine
durchaus treue Wiedergabe fast unmöglich machen, so wird doch
aus der für diese Dichtungsform charakteristischen Bildersprache
wenigstens der Gedankengang zu erkennen sein:

Nicht meine Furcht, nicht die Propheten alle,
Die träumend künftge Dinge gern ergründen,
Sie können nichts von meiner Liebe Falle —
Ob nah ihr Ende sei — nunmehr verkünden.

Des Monds Verfinsterung ist überstanden,*)
Der Augur höhnt, was selbst er prophezeit;

---

*) Diese wohl mit Recht auf Elisabeth gedeutete, aber besonders
schwierige Verszeile heißt im Englischen:
        The mortal moon has her eclipse endure'd.
Wie hier vom „sterblichen Mond", so spricht Shakespeare ein andermal (Antonius und Cleopatra III, 13) von der Verfinsterung des irdischen
Monds: Our terrene moon is now eclipsed.

Gewißheit ringt sich aus des Zweifels Banden
Der Ölzweig kündet Fried' für ewge Zeit.

Gestärkt vom Tau in dieser Tage Wonne
Erhebt mein Herz sich frisch aus Todesnot,
Mein Lied soll leben in der neuen Sonne,
Wenn Tod Vernichtung stummen Haufen droht.

Dies sei Dein Monument, wenn längst zerfallen
Tyrannenkronen, erzne Grabeshallen.

Es sind dies vielleicht die letzten Verse gewesen, die in den
Sonetten dem hohen Freunde gewidmet wurden. Von Southamptons
weiterm Lebenslauf wird an anderer Stelle noch berichtet werden.[69]
Die Unsterblichkeit, die ihm der Dichter im Fortleben seiner Verse
prophezeite, ist ihm zuteil geworden, — und mit Recht, denn es
ist kaum zu ermessen, wieviel wir der Begeisterung dieses edeln
und liebenswerten Aristokraten zu danken haben.

Drittes Buch.

Meisterschaft und Heimkehr.

———

Wenn wir Shakespeares dramatische Dichtungen in ihrer Ge=
samtheit überschauen, so werden wir nach der Zeitfolge
ihres Entstehens und in dem Wachsen ihres dichterischen Wertes
drei Hauptperioden unterscheiden können. Die erste derselben, mit
den noch unvollkommenen Werken seiner Anfängerschaft beginnend,
reicht bis zu den ersten und herrlichsten Werken der Schönheit
und des Jugendglanzes: Romeo und Julie, Sommernachtstraum
und Kaufmann von Venedig, welche Werke zugleich den Übergang
zu seiner zweiten Periode bilden: von der mit Richard II. be=
ginnenden Gruppe der englischen Königsdramen, die die glanzvolle
Lancaster=Tetralogie bildet, bis zur Vollendung des Hamlet. Die
erste und diese mittlere Periode zusammen füllen etwa den Zeit=
raum von 1589 bis 1602 aus und in der ganzen Dramenreihe
sehen wir ihn in wachsender Kraft bis zur Höhe seines Ruhmes
gelangen und damit zugleich auch zu seiner größten Popularität,
als den alles überragenden und auch in der allgemeinen Wert=
schätzung alles überstrahlenden Dichter der englischen Bühne.

Wenn auch die nun folgende dritte Periode noch zahlreiche
Dramen aufweist, die zu seinen höchsten Meisterwerken gehören
und bis heute noch als solche gelten, so konnten sie dennoch, was
ihren Erfolg betrifft, für jene Zeit seinen bereits feststehenden
Ruhm kaum noch erhöhen. Nicht etwa, daß die Anerkennung
seiner Meisterschaft in den Augen seines Publikums und im Urteil

der Kenner nachgelassen hätte; aber wie es nach so lange an=
dauerndem und erfolgreichen Schaffen zu gehen pflegt —: es war
eine Zeit gekommen, in der — wie wir aus manchen Umständen
schließen können — die lebhafte Strömung seiner bisherigen Erfolge
einen ruhigeren Gang angenommen hatte. Ein Rückgang in der
ihm gezollten Anerkennung würde für uns kaum zu begreifen sein,
wenn wir bei der noch folgenden Reihe von Werken an Coriolan,
Macbeth, Othello und König Lear denken. Aber er war eben
der fertige Meister, dessen Bedeutung und Anerkennung feststand,
und den man jetzt in solchem Sinne betrachtete. Für die größeren
Kreise des Publikums war auf die Zeit der neuen Spannungen
zwar nicht eine Ermüdung oder Gleichgültigkeit gefolgt; aber die
lebhafte Teilnahme, die dem siegreichen Eroberer der Bühne
sich zugewendet hatte, machte in dem befriedigenden Gefühl des
Besitzes seiner Größe sich weniger äußerlich bemerkbar.

Ein Merkzeichen dafür könnte uns vielleicht die Tatsache sein,
daß seit dem Jahre 1603 die Raubdrucke spekulativer Herausgeber
und Buchdrucker in ganz auffallender Weise nachgelassen, ja fast
ganz aufgehört hatten. Eine chronologische Aufstellung der von den
Shakespeareschen Stücken veranstalteten Einzeldrucke wird dies klar
machen. Betreffs der Jahreszahlen sei jedoch nochmals darauf
hingewiesen, daß die piratischen Drucke der Stücke immer erst ein
paar Jahre, manchmal sogar mehrere Jahre nach den ersten Auf=
führungen erschienen. Die uns erhalten gebliebenen alten Druck=
ausgaben waren:

1594: Titus Andronikus. — Der zweite Teil Heinrichs VI.
(in der Verstümmelung).
1595: Der dritte Teil Heinrichs VI. (The true tragedy).
1597: Richard III. — Romeo und Julie. — Richard II.
1598: Verlorene Liebesmüh. — Heinrich IV. 1. Teil.
1600: Sommernachtstraum. — Kaufmann von Venedig. —
Heinrich IV. 2. Teil. — Heinrich V. — Viel Lärm
um Nichts.

1602: Die luſtigen Weiber von Windſor.

1603: Hamlet (in der vollſtändigen Form 1604).

Alſo von dem Jahre der früheſten Drucke an gerechnet, würden in dem Zeitraum von zehn Jahren 15 Stücke in Einzeldrucken erſchienen ſein. Den Höhepunkt bildet, wie man ſieht, das Jahr 1600, in welchem nicht weniger als fünf Stücke dem Dichter durch die Druckausgaben geraubt wurden.

Weſentlich anders iſt das Reſultat der folgenden zehn Jahre, von 1603 bis etwa 1612, in welchem Zeitraum von den etwa zwölf noch zur Aufführung gekommenen neuen Stücken (abgeſehen von dem 1609 gedruckten, aber höchſt zweifelhaften „Perikles") nur zwei gedruckt worden ſind, nämlich

1608: König Lear (in zwei Ausgaben) und

1609: Troilus und Creſſida (ebenfalls in zwei nur wenig voneinander abweichenden Ausgaben).

Selbſt „Othello", der nachweislich in verſchiedenen Jahren aufgeführt wurde und ſicher zu den vielgegebenen Tragödien gehörte, iſt erſt 1622, alſo ſechs Jahre nach dem Tode des Dichters, im Einzeldruck erſchienen.

Das Auffallendſte in dem obigen Verzeichnis iſt die ſo weite Lücke zwiſchen 1603 und 1608. Ob dieſer auffallende Umſtand (ſelbſt wenn wir annehmen wollen, daß einzelne der älteren Drucke verloren gegangen ſind) auf eine geſunkene Teilnahme des bücherkaufenden Publikums gedeutet werden ſoll, oder ob von jenem Zeitpunkt den Dichtern ein geſetzlicher Schutz zuteil geworden iſt? Für die letztere Annahme fehlen Beweiſe; auch könnte ein ſolcher Schutz nur vorübergehend geweſen ſein, da doch 1608 und 1609 die oben verzeichneten Ausgaben zweier Stücke erſchienen, und da außerdem auch noch in ſpäterer Zeit von den Dichtern Klagen erhoben wurden über die Verſtümmelungen ihrer Werke durch ſolche Raubdrucke.

Daß aber in dieſer Zeit Shakeſpeares Popularität als Bühnendichter noch groß war, iſt dadurch erwieſen, daß eben in

diesen Jahren am meisten mit seinem Namen Mißbrauch ge=
trieben wurde. Wenn bis dahin von seinen im Druck erschienenen
Stücken die meisten in den ersten Auflagen noch ohne Namen des
Dichters erschienen, wurde jetzt in der frechsten Weise mit seinem
Namen auf das lesende Publikum spekuliert, indem man bei
zweifellos von ihm nicht verfaßten Stücken entweder seinen ganzen
Namen als Autor aufs Titelblatt setzte, oder durch die bloßen
Buchstaben W. S. das Publikum zu täuschen suchte.

Nur eines von diesen Stücken, die als untergeschoben zu
betrachten sind, oder gegen deren Echtheit mindestens starke Zweifel
bestehen, fällt noch in die frühere Zeit. Es ist die im Jahre 1595
gedruckte Tragödie Lokrin, mit der Bezeichnung: „overseen and
corrected by W. S." Dann aber folgen: „Sir John Oldcastle" mit
dem vollen Namen Shakespeares; 1605 „Der Londoner ver=
lorene Sohn" (The London prodigal), ebenfalls mit dem ganzen
Namen; 1607 „Die Puritanerin", mit der Angabe: written by
W. S."; 1608 „Das Trauerspiel in Yorkshire", ebenfalls mit dem
ganzen Namen; 1609 „Perikles", mit dem ganzen Namen William
Shakespeare, und endlich noch im Jahre 1613 „Lord Thomas
Cromwell" mit den Buchstaben W. S.[70])

Von diesen Stücken sind fast alle ganz entschieden als dreiste
Fälschungen anzusehen, und was die fragliche Echtheit des Perikles
betrifft, so ist auch bei diesem die Ansicht überwiegend, daß das
ganze Stück nicht von Shakespeare sein könne, während andere
es als eine frühe Jugendarbeit bezeichnen wollen, die er erst
später für das Globe=Theater etwas überarbeitet habe. Wenn
aber Shakespeare wirklich daran Anteil haben sollte, was man
wegen einzelner schöner Szenen zugestehen will, so weist doch die
ganze Form so entschieden auf eine viel frühere, und zwar vor=
shakespearesche Zeit hin, daß man im günstigsten Falle annehmen
kann, er habe — um dem Globe=Theater damit etwas fürs große
Publikum zu geben — das von einem unbekannten Autor her=
rührende Stück mit einigen Verbesserungen und Zutaten versehen;

denn daß es im Globetheater sehr oft und mit Beifall aufgeführt
worden ist, wird auf dem Titelblatt des Druckes von 1609 aus=
drücklich gesagt und zwar mit dem Zusatz „durch die Schauspieler
des Königs" (by his Maiesties servants) — also erst unter der
Regierung des Königs Jakob. Bei keinem der zweifellos echten
Stücke Shakespeares gehen die Meinungen auch über den dichte=
rischen Wert so auseinander, wie bei diesem höchst zweifelhaften
Werke, das doch die vertrauten Freunde des Dichters, Heminge
und Condell, nicht anerkannten, indem sie es in die Folioausgabe
nicht aufnahmen. Wenn später John Dryden im Vorwort zu
Davenants „Circe" den Perikles als die erste dramatische Arbeit
Shakespeares bezeichnete, in der Verszeile:

Shakespeare's owne Muse his Pericles first bore, —

so will das nichts beweisen; als Dryden dies schrieb (1677), war
schon die dritte Folioausgabe der Shakespeareschen Dramen
erschienen (1664), die durch alle die genannten zweifelhaften
(doubtfull) und unechten Stücke ergänzt wurde, und so wenig
Dryden in dieser Veröffentlichung eine Garantie für die Echtheit
irgend eines dieser Stücke erhalten konnte, ebenso wenig konnte
er über die Zeit der Entstehung des Perikles eine zuverlässige
Angabe machen. Auch er konnte, ebenso wie die Kritiker des
18. und 19. Jahrhunderts nur annehmen, daß es ein Jugend=
stück des Dichters sei. Daß es aber in so weit vorgeschrittener
Zeit bei dem größern Publikum sehr beliebt war, ist viel weniger
aus den vereinzelten guten Szenen zu erklären, sondern gerade
aus den ästhetischen Mängeln des Stückes, aus der bunten
Mannigfaltigkeit der höchst abenteuerlichen, aber an Abwechselung
reichen Handlung von mehr epischem als dramatischem Charakter,
was sich auch darin zeigt, daß der alte Dichter Gower, dessen
Erzählung des Apollonius von Tyrus in seiner „confessio amantes"
als die Quelle zu betrachten ist, auch dazu ausersehen ward, als
Argumentator das Stück nicht nur einzuleiten, sondern auch die

Lücken in der Handlung zwischen den Akten durch Erzählung der nicht darstellbaren Vorgänge zu ergänzen; und dabei wurden auch wiederholt die alten Pantomimen (dumb show's) nach dem Muster des „Gorboduc" eingeschaltet.

Auf ein paar Stellen möchte ich noch hinweisen, welche durch ihre sehr bestimmten Anklänge an Shakespearesche Dramen annehmen lassen, daß sie nicht dem ursprünglichen alten Stücke angehören, sondern erst in der späteren Bearbeitung hinzugefügt worden sind. Als Leonin von Dionysia den Auftrag erhält, Marina, die Tochter des Perikles zu töten, sagt er voll Mitleid:

Ich tu's, wiewohl sie ist ein gut Geschöpf, —

worauf Dionysia erwidert:

Wohl denn, so mögen sie die Götter haben.

Dem entspricht die Stelle in Shakespeares Richard III. (I. 2. Sz.) als in der Szene mit Anna diese von dem gemordeten Heinrich VI. sagt:

O, er war gütig, mild und tugendsam, —

worauf Gloster erwidert:

So taugt er, bei des Himmels Herrn zu wohnen.

Noch auffallender ist in der nachfolgenden Szene die Unterredung des Leonin mit der armen Marina durch die Übereinstimmung mit einer ähnlichen Szene in Shakespeares König Johann. Wie im Perikles die durch den Tod bedrohte Marina dem Leonin gegenüber voll kindlicher Unschuld alles versucht, ihn von seinem Anschlag gegen sie abzuhalten, wie sie ihm vorhält, daß sie nie was Böses getan usw., ist ganz übereinstimmend, wenn auch nicht im Wortlaut, mit der Szene im König Johann, als der Knabe Arthur den Hubert, der ihn blenden soll, durch seine rührenden Vorstellungen von dem grausamen Unternehmen abhält. Dennoch ist im Perikles die Ausführung dieser Szene so selbständig, daß man wohl dabei auf Shakespeares Autorschaft schließen könnte, was auch von der späteren Szene gilt, als Perikles in Marina sein eigenes Kind erkennt.

Von den andern vorhin genannten Stücken, als deren Verfaſſer Shakeſpeare bezeichnet wurde, hat das eine, „The Historie
of Sir John Oldcastle Lord Cobham", durch eine gewiſſe Beziehung
zu Shakeſpeares Heinrich IV. für uns Intereſſe. Es iſt ſchon
früher erwähnt worden, daß Shakeſpeares Sir John Falſtaff zuerſt den Namen Sir John Oldcaſtle hatte, daß der Dichter, der
dieſen Namen (und zwar nur den Namen, nicht aber den Charakter
dieſer Figur) aus einem älteren Schauſpiel übernommen hatte,
ohne daran zu denken, daß es zum Teil der Name des als
Märtyrer gefeierten Lord Cobham war; ein Verſehen, das er
dann nicht nur durch die Änderung des Namens wieder gut
machte, ſondern auch (wie ſchon S. 198 berichtet iſt) in dem
Epilog zum II. Teil Heinrichs IV. noch beſonders darauf hinwies.
Das Schauſpiel, daß nunmehr den hiſtoriſchen Sir John Oldcaſtle
Lord Cobham zum Helden hatte, ſcheint deshalb zwiſchen den
beiden Teilen Heinrichs IV. entſtanden zu ſein. Es wird nämlich
in dem Prolog dieſes Schauſpiels ausdrücklich darauf hingewieſen,
daß hier „kein bejahrter Sündenrat der Jugend, kein vielfräßiger
Schlemmer" auf die Bühne gebracht werde. Dies allein ſollte
wohl ſchon als Beweis genügen, daß dies Schauſpiel, ganz abgeſehen von ſeinem völligen Unwert, nicht vom Dichter Heinrichs IV.
herrühren konnte.

Von den zuverläſſig Shakeſpeareſchen Dramen ſcheint „Maß
für Maß" das erſte geweſen zu ſein, das unter der Regierung des
Königs Jakob aus des Dichters Feder gefloſſen war. Denn wenn
auch die in den Hofhaltungsrechnungen enthaltene Eintragung des
Tages (Ende Dezember 1603) als eine Fälſchung des Herausgebers der Accounts on the Revels of the Court bezeichnet worden
iſt, ſo wird dennoch das Schauſpiel, aus dem man zuweilen in
den Ausſprüchen noch Nachklänge der Hamlet-Stimmung vernimmt,
in dieſe Zeit und alſo in den Anfang der dritten Periode der
Shakeſpeareſchen Dichtungen zu ſetzen ſein.

Shakeſpeares unmittelbare Quelle war eine Erzählung von

Whetstone, der den Stoff einer italienischen Novelle von Giraldo Cinthio entnommen hatte.[71]) Obwohl Whetstone denselben Stoff bereits in einem Schauspiel (Promos und Cassandra) behandelt hatte und erst danach sich für die Form der Erzählung entschloß (vgl. S. 39), so war doch für Shakespeare die Erzählung ebenso nutzbar, als das sehr mangelhafte Schauspiel desselben Autors, da auch in der Erzählung die bedeutenden Verbesserungen der italienischen Novelle vorhanden sind, und Shakespeare hatte dabei um so mehr Freiheit, nach eigenem Ermessen den Stoff dramatisch zu gestalten, wobei er wieder den Schwerpunkt in die reichere Motivierung und Vertiefung der Charaktere legte. Wieder handelte es sich hier um einen Novellenstoff, der von dem Dramatiker die allersubtilste Behandlung forderte. Und um wie vieles gereifter zeigt sich hier der Dichter, wenn wir diese Isabelle in ihrer sittlichen Größe mit der Helena in „Ende gut, Alles gut" vergleichen. Schon in dem tiefen Erfassen dieser weiblichen Hauptgestalt des Dramas hatte Shakespeare das höchst Bedenkliche, das für uns der Stoff enthält, durch seinen hohen sittlichen Standpunkt überwunden. Zugleich aber hatte er den ethischen Schwerpunkt des Dramas den beiden männlichen Hauptgestalten zuerteilt: dem Herzog und dem Statthalter Angelo, in deren Gegenüberstellung der Dichter vor allem die Ethik seiner politischen Anschauung zum geistigen Mittelpunkte des Stückes machte. Mit welchem sicheren Bewußtsein er dies tat, können wir schon daraus erkennen, daß in der Novelle der regierende Fürst eigentlich nur zur Lösung des tragischen Konfliktes da ist, während Shakespeare ihn von vornherein so bedeutend hinstellte, daß er zur Hauptfigur des Stückes wird. Ihm gegenüber ist in Angelo weniger die Sündhaftigkeit des Fleisches betont, als vielmehr die Gefährlichkeit eines Menschen, dem mit einem Amte auch eine Macht verliehen ist, deren hohe Bedeutung er nicht erkennt, denn seine ganze Kunst des Regierens will er darin zeigen, daß er die gnadenlose Strenge des Gesetzes walten läßt. Sehr treffend ist dies im

Stück selbst von Claudio charakterisiert, als er durch die Macht des menschlichen Naturtriebs sich der Übertretung eines Gesetzes schuldig gemacht hat, das längst unbeachtet blieb, nun aber von Angelo in seinem neuen Amte mit grausamer Strenge gehandhabt wird. Claudio sagt darüber:

> Ob ihm vielleicht das öffentliche Wesen
> Ein Reitpferd dünkt für seinen Oberherrn,
> Der, neu im Sattel, gleich die Sporen einsetzt,
> Damit es fühle, daß er reiten kann;
> Ob seine Stellung diese Härte heischt,
> Ob dessen Trefflichkeit, der jetzt sie einnimmt,
> Ich schwanke noch, — genug, der neue Herrscher
> Weckt alle alten Strafregister auf,
> Die, gleich 'ner staub'gen Rüstung, an der Wand
> Gehangen, nie getragen; und um was zu gelten,
> Paßt er die schläfrige, vergeff'ne Satzung
> Mir an wie neu, — um was zu gelten!

Als aber dieser unbarmherzig strenge Angelo, als Vertreter des Herzogs, durch seinen eigenen Naturtrieb aus dem Geleise kommt, macht er sich nicht nur des abscheulichsten Mißbrauchs seines Amtes schuldig, sondern wird durch seine Schändlichkeit gegen Isabella auch noch zu der weiteren empörenden Grausamkeit gegen Claudio veranlaßt.

Wenn bei der Meisterschaft, mit der der Dichter die eigentliche Handlung, wie sie in den drei Hauptgestalten — Isabella, dem Herzog und Angelo — vertreten ist, dennoch der Gesamteindruck dieses Schauspiels kein ganz befriedigender ist, so liegt dies in erster Reihe an dem für unser Gefühl bedenklichen und höchst peinlichen Stoffe, denn so viel auch das Harte und Abstoßende durch zweckmäßige Veränderungen der ursprünglichen Novelle gemildert ist, sowohl durch Whetstone wie nach ihm durch Shakespeare, so war doch das Gefühlsverletzende in dem Hauptmotiv nicht auszutilgen, und auch die Lösung bleibt — namentlich in Anbetracht der entsetzlichen Verruchtheit dieses Angelo — unbefriedigend. Dazu aber kommt auch noch, daß Shakespeare die in zweiter Reihe der Handlung stehenden Personen mit einer Flüchtigkeit behandelt hat, wie es bei ihm sonst nicht der Fall ist. Er wollte — um des herbeizuführenden glücklichen Ausgangs willen — eine „Komödie" schaffen, aber der schwere Ernst, ja das Tragische des Konfliktes, ließ das nicht zu. Von den an der Handlung nur wenig beteiligten Personen ist Lucio ein ganz unklarer Charakter, wenn man auch erkennt, daß er ein Lump sein soll, etwa vom Schlage des Parolles; aber in seiner überflüssigen Beteiligung an den ernstesten Szenen wirkt er nur störend. Von den kleineren episodischen Figuren ist der alberne Constable Elbow, der niemals das sagt, was er eigentlich sagen will, eine sehr auffallende aber nur dürftige Wiederholung des köstlichen Constable Dogberry in „Viel Lärm um nichts", während die andern Episoden — Pompey, Troth usw. — überhaupt gar keine Individualiät haben.

Das Interessanteste in diesem Schauspiel bleibt für uns der daraus klar hervortretende ethisch-politische Gedanke des Dichters. Aus den inhaltvollen Gesprächen des Herzogs mit seinem würdigen Rate Escalus, mit Angelo und anderen ist zu erkennen, daß Shakespeare in diesem Herzog das Musterbild eines Herrschers sowohl in seinem menschlichen Empfinden wie in der überlegenen Weisheit seiner Einsicht und seines Handelns zeichnen wollte. Es ist darauf hingewiesen worden, wie dieser Fürst gleich im Anfange des Stückes zu Escalus seine Abneigung kundtut, seine Person zum Gegenstand der Huldigungen werden zu lassen. Er will deshalb im stillen reisen, —

> Denn lieb' ich gleich das Volk,
> So steh ich doch nicht gern vor ihm zur Schau.
> Wohl tut es recht, doch mir behagt es nicht,
> Sein lauter Ruf, sein stürmisch Lebehoch.

Man hat bemerken wollen, daß dies auf den König Jakob

zu deuten sei, weil dieser — im Gegensatz zu der auf Huldigungen
stets erpichten Elisabeth — ebenfalls eine Abneigung hatte, dem
Volk sich als Gegenstand seiner Huldigungen viel zu zeigen. Daß
Shakespeare dergleichen von ihm selbst beobachtete Verhältnisse
gern für seine dramatische Gestalten, wo es sich schickte, verwertet
hat, wissen wir aus mehreren anderen Fällen, und sein Publikum
wird solche Beziehungen auch stets aufgefaßt haben. Wenn aber
die oben angeführten Äußerungen seines Herzogs wirklich für
König Jakob paßten, so ist darum doch keineswegs das ganze
Charakterbild unter diesem Gesichtspunkte zu betrachten; denn in
dem Herzog seines Schauspiels hatte Shakespeare das Ideal eines
Herrschers hingestellt, als Vorbild für alle regierenden Fürsten,
wie sie sein sollten.*)

Eine der vollendetsten Tragödien Shakespeares und zwar
diejenige, die wahrscheinlich dem eben besprochenen Schauspiel
zunächst folgte, enthält ebenfalls eine gelegentliche Beziehung auf
König Jakob, aber es ist eine Beziehung weniger auf seine Person,
als auf die Vereinigung der beiden Königreiche Schottland und
England. Es betrifft dies die Tragödie „Macbeth". Zu Anfang
des vierten Aktes, als die Hexen dem aufs neue sie befragenden
Macbeth eine ganze Reihe der Könige erscheinen lassen, die ihm
folgen werden, erscheint auch der Geist des ermordeten Banquo
und nach ihm sieht Macbeth mehrere Könige, die zweifache Reichs-
äpfel (balls) und dreifache Szepter tragen, mit welcher Anspielung
zugleich auf die angebliche Abstammung König Jakobs von Banquo
hingewiesen werden sollte. Es mag ja wohl sein, daß Shakespeare
auch aus dieser Rücksichtnahme auf König Jakob den Charakter

---

*) Es möge hier beiläufig erwähnt sein, daß König Jakob schon in
dem ersten Jahre seiner Regierung seine Ansichten und Erfahrungen über
ethische Grundsätze, Erziehung und gutes Verhalten — als Mensch wie
als Fürst — in einem lateinisch geschriebenen Werke niedergelegt hat, das
für seinen ältesten Sohn (der aber nicht zur Regierung kam) bestimmt war
und auch bereits 1604 gedruckt wurde.

Banquos in besserem Lichte erscheinen läßt, insofern als er ihn nicht zum Mitschuldigen oder auch nur zum Mitwisser des Königs= mordes macht, wie es in der Geschichte angedeutet ist. Aber es ist dabei sehr beachtenswert, wie diese Abweichung von der geschicht= lichen Quelle auch für die Tragödie sehr vorteilhaft wurde, indem die ganze Wucht der Schuld auf die beiden Hauptgestalten, auf Macbeth und sein Weib, gelegt ist. Für diesen Zweck genügte es, daß Banquo nur Mitwisser und Mitempfänger der Hexen= prophezeiung war, in der auch seinen Nachkommen der schottische Thron zugesprochen ward.

Holinsheds Geschichte von Schottland ist gerade für diese Tragödie die ausgezeichnetste Quelle, die Shakespeare für eines seiner geschichtlichen Dramen gehabt hat, vor allem schon dadurch, daß hier die Klarheit und Gedrungenheit der historischen Vorlage ihm keinerlei Schwierigkeiten bereitete, die ihn zu Abweichungen, Verlegungen verschiedener Zeitpunkte und Ereignisse usw., nötigten. Aber das geschichtliche Bild, das ihm eine so besonders günstige Vorlage war, wurde von ihm mit solcher Tiefe des Blickes er= faßt, durch sein dichterisches Genie in eine so poetische Sphäre erhoben und dabei mit solcher Meisterschaft in der dramatischen Struktur gestaltet, daß Macbeth ohne Zweifel als das in jeder Beziehung vollendetste seiner tragischen Werke zu bezeichnen ist. Die großen Züge, in denen die geschichtlichen Ereignisse schon bei Holinshed eine stark dramatische Färbung hatten, wurden hier von Shakespeare getreu festgehalten; einzelne Szenen waren in seiner geschichtlichen Quelle schon fast dialogisch vorgebildet, was besonders von jener Szene gilt, in der Macduff, nachdem er Schottland heimlich verlassen, um in England Malcolm zur Rettung für sein Vaterland aufzurufen, von diesem aus Mißtrauen anfänglich durch seine Antworten getäuscht und zu tiefem Schmerz bewegt wird (Akt IV Sz. 3). Aber was wollen derlei Anlehnungen sagen gegen die dichterische Gewalt der Sprache, durch die überall die feste Zeichnung des Geschichtschreibers zu einem solchen Gemälde ausgestaltet worden ist. Und wie in seiner dichterischen Größe, so steht dies Drama auch in der szenischen Ökonomie der stofflichen Behandlung unvergleichlich da. Ich hatte bei den englischen Königsdramen darauf hingewiesen, wie sehr die zwei großen Hauptgruppen, die eine aus der Jugendzeit, die andere aus der Periode größerer Reife, voneinander sich in der Behandlung der geschichtlichen Zeiträume unterscheiden. Allen jenen englischen Historien gegenüber zeigt er im Macbeth wiederum eine andere Behandlungsweise. Auch in dieser Tragödie hat er den für ein einheitliches Drama verhältnismäßig langen Zeitraum von siebzehn Jahren zusammengedrängt. Aber zu solchem Bewußtsein läßt er hier den Hörer oder Leser gar nicht kommen, so bestimmt und logisch wird die Handlung Zug um Zug weitergetrieben, so straff und fest wächst das ganze Gebilde aus den Ursprungskeimen heraus, ohne daß die in riesigen Zügen und mit ehernem Schritte unaufhaltsam forttreibenden Ereignisse irgendwie durch Nebendinge gehemmt werden. Hier erscheint die dichterische Gewalt als die eines Zauberers und die dramatische Kunst des Konzentrierens der Handlung erreicht hier das Höchste, was jemals erreicht worden ist. Sehr treffend sagt Schlegel darüber: „Es ist, als ob die Hemmungen an dem Uhrwerke der Zeit abgenommen wären und nun die Räder unaufhaltsam abrollten." Allerdings sind es Ströme Blutes, welche die Handlung zu so schnellem Sturze forttreiben, aber wohl nie und nirgends, auch nicht in der Trilogie des Äschylos, ist das Furchtbare mit größerer Gewalt, mit gleich poetischer Kraft zur Darstellung gebracht worden wie hier, und der Dichter brauchte für die seelischen Martern der Schuldbeladenen nicht die Mitwirkung der Erinnyen, weil er alles in der Tiefe der Menschenbrust fand und alle darin verborgen liegenden Geheimnisse durch seinen Zauberspiegel offenbarte.

So plastisch, wie uns die starkknochigen Heldengestalten des Macbeth, Banquo usw. entgegentreten, so eindrucksvoll ist auch die Mitwirkung der nordischen Landschaft, und so harmonisch wirkt

in der Naturschilderung, für die Shakespeare stets nur wenige
Worte gebraucht, das Gespenstische der aus den Sümpfen und
Nebeln sich entwickelten Herengestalten. Wenn einzelne Erklärer
sich bewogen fanden, den Heren die im alten Volksglauben be=
stehende Wirklichkeit ihrer Erscheinungen abzusprechen, indem sie
bei Shakespeares Macbeth nur den Reflex der innern bösen
Triebe und Gedanken des Helden bilden sollen, so ist diese
Auffassung aus mehreren Gründen völlig unhaltbar; zunächst
schon dadurch, daß ja gleich bei ihrer ersten Begegnung mit ihm
nicht Macbeth allein, sondern auch Banquo sie sieht und mit
ihnen spricht, ferner durch die Tatsache, daß sie auch unter sich
in ihren Beratungen und ohne Macbeths Gegenwart uns vor=
geführt werden. Wenn Shakespeare wie in verschiedenen anderen
Fällen so auch hier den Volksglauben für seine poetischen Schilde=
rungen hat mitwirken lassen, so verwertete er auch hier die ihm
schon von der schottischen Chronik überlieferten Spukgestalten für
die Idee seiner Dichtung in einer Weise, daß er damit der
Schicksalsidee der griechischen Tragiker eine durchaus selbständige
Auffassung der inneren Freiheit des Menschen gegenüberstellen
konnte. Macbeths innere Freiheit ist durch keine äußere Gewalt
oder durch ein höheres Gebot beschränkt. Sein brennender Ehrgeiz,
in dem zugleich ein Überschuß seiner Tatkraft zu unheilvoller
Geltung kommt, ist der böse Keim, der durch die lügnerisch=
wahre Prophezeiung der Heren zu so schneller Entwicklung
gebracht wird, daß er dadurch, getrieben durch den dämonischen
Einfluß seines Weibes, in völlige Begriffsverwirrung gerät. Dies
tritt am klarsten hervor durch den Gegensatz, in den hier Macbeth
zu Banquo gestellt wird. Die Heren kennen diesen Unterschied,
denn sie antworten dem Banquo nur auf dessen ausdrückliches
Befragen, während sie von vornherein sich nur an Macbeth
wendeten. Daß aber in Macbeths naiver Heldennatur der böse
Trieb im Menschen keineswegs sogleich die Herrschaft über ihn
gewinnt, zeigt sich schon in dieser ersten Szene. Die Prophe=

zeiung bringt zwar sein Gemüt in Aufruhr, aber seine Reflexionen beendet er mit den Worten:

> Will denn das Schicksal mich zum König, gut,
> So möge mich das Schicksal krönen,
> Tu' ich auch selber nichts dazu.

Aber dieser ganz richtigen Erkenntnis des Helden stellt sich nunmehr mit ihrer schrecklichen Energie sein Weib entgegen. Des Helden böser Dämon in ihr ist vom Dichter so bestimmt und unverkennbar gezeichnet, daß es unbegreiflich erscheint, wie in neuerer Zeit — schon seit dem zuerst von L. Tieck gegebenen bösen Beispiel — bei einzelnen inquisitorischen Auslegern des Dichters eine andere Auffassung Platz greifen konnte.[72]) Man hat dabei eine gewisse Entschuldigung für sie darin finden wollen, daß all ihr Streben doch nur in ihrer Liebe zu ihm den Ursprung habe. Ein Dichter aber wie Shakespeare durfte — so sollte man meinen — ein solches Motiv nicht so gänzlich verhüllen. Ihre Liebe zu Macbeth ist das, was ein jedes Weib dem Mann gegenüber anstrebt, dem sie angehört: sie möchte ihn geehrt, ruhmvoll und groß sehen. Was aber ihm an Ruhm, Dank und Ehrenbezeigungen schon zuteil geworden, das genügt ihrem eigenen Ehrgeiz nicht; denn sie ist es, die nach dem königlichen Diadem trachtet, und sie sucht dies um den furchtbaren Preis zu erringen, daß sie ihn, den geehrten und gefeierten Gatten, zum verruchtesten Mörder macht. Daß schon vor jener Hexenbegegnung dies Weib mit ihrem krankhaften und unheilvollen Ehrgeiz den Mann gestachelt hat, um in ihm den Gedanken und den Trieb nach höherer Macht zu erregen, das zeigt sich schon darin, wie sie seine erste briefliche Mitteilung von der Hexenprophezeiung aufnimmt. Denn sie hat sofort nur den einen Gedanken: die Ermordung des Königs. Auch ihr Gemüt ist aufgeregt durch die ihr gemachte merkwürdige Mitteilung; aber ihr gilt für die Erreichung des Höchsten doch nur das Handeln des Mannes selbst. Und auch dann, als sie nach ihrem erften Anlauf fieht, wie fehr feine ganze Natur fich gegen den Mordgedanken fträubt und aufs gewaltigfte dadurch erfchüttert wird, — auch da, wo fie erkennen müßte, daß die ihm zugemutete Aufgabe nichts weniger als ein Liebesdienft ift, — auch da fährt fie mit erhöhter Kraft der Beredfamkeit fort, ihn zu der Tat zu drängen. Und fie tut dies mit allem Aufwand der Sophiftik; weil er auf jene Hexenprophezeiung kühne und freudige Hoffnungen baute, hält fie ihm in trügerifcher Weife vor, daß es feige von ihm fei, wenn er feinen Wünfchen nicht auch die Tat folgen laffen könne. Mit diefer nichtswürdigen und verkehrten Logik packt fie ihn wohlbewußt bei feiner fchwachen Seite, bei feinem Bewußtfein der Mannhaftigkeit und mit diefer fophiftifch trügerifchen Anftachelung weiß fie ihn feiner befferen Natur abwendig zu machen. Ehrgeiz, Hochmut und Herrfchfucht — das find die Triebfedern diefes Weibes, welches dafür mit entfetzlich ftählernen Nerven und mit einer unfeligen Energie des Geiftes begabt ift, durch die fie weit über die Grenzen ihrer weiblichen Natur hinausgedrängt wird. In ihren Reflexionen über ihn und die beabfichtigte Tat erkennt fie nichts als böfe an, was ihren Wünfchen zur Erfüllung dienen könnte. Er felbft hingegen fühlt vom erften Moment, da der Gedanke des Ver= brechens in ihm erweckt wird, das Entfetzliche der Handlung in feiner ganzen Schwere. Dies Bewußtfein und der dadurch herbei= geführte Kampf in feinem Innern fteigert fich, je mehr er durch ihre Vorftellungen wankend gemacht wird, und nachdem die Tat getan ift, zeigt fich fchon in dem furchtbaren Entfetzen, das ihn ergreift, welch einem bemitleidenswerten Zuftand diefer Mann für fein ganzes Leben verfallen ift, während fie noch kalt, feft und bei voller Überlegung bleibt.

Endlich aber haben die zunehmenden Symptome feiner inneren Zerftörung, die in der Vifion von des ermordeten Banquo Geift zum ftärkften Ausdruck kommen, auch begonnen, des Weibes harte Natur zu ergreifen. Während fie bei jenem Gaftmahl im Anblick seiner Zerstörung mit der äußersten Anstrengung ihrer Kräfte noch ihre Festigkeit zu bewahren weiß, ist sie dennoch innerlich schon der Zerstörung ihrer Natur verfallen. Aber nur in dem Zustande, der sie ihrer Herrschaft des Geistes und des Willens beraubt, nur im Schlafe unterliegt auch sie endlich ihren Gewissensmartern, und es ist einigermaßen genugtuend für uns, aus den Reden der Nachtwandelnden zu vernehmen, wie gerade sein zerrütteter Zustand es ist, was sie mit so tiefem Grauen erfüllt. Er hingegen zeigt sich in dem Fortschreiten auf der nun einmal betretenen blutigen Bahn auch ihr gegenüber als der selbständig handelnde Mann. Als einen vornehmen Zug seines Charakters müssen wirs erkennen, daß ihr gegenüber niemals ein Wort des Vorwurfs oder auch nur die Andeutung eines solchen über seine Lippen kommt. Es ist jetzt sein Mannesstolz, alles was geschehen ist und was noch geschehen soll, auf sich allein zu nehmen. Wenn man, um den Charakter der Lady Macbeth zu „retten“, das mildernde Motiv der „Liebe“ zu ihrem Gatten geltend gemacht hat, so ist dies Verhältnis gerade ein umgekehrtes. Seine Liebe zu ihr war es, die ihn ihrem Willen unterwarf, sein natürlicheres menschliches Empfinden und seine bessere Einsicht in Verwirrung brachte. Einen sehr bemerkenswerten Zug, der sowohl für seine Naivetät wie für seinen ritterlich mannhaften Sinn spricht, hat der Dichter ihm in jenem Zwiegespräche (Akt III Sz. 2) gegeben, das der erschütternden Gastmahlszene vorausgeht. Als er schon Vorbereitungen getroffen, sich Banquos zu entledigen durch seine und seines Sohnes Fleance Ermordung, erinnert er in jenem Gespräch an die sie quälende Sorge in den Worten: „Banquo lebt und Fleance“. Sie erwidert darauf nur ebenso kurz: „Doch schuf Natur sie nicht für ew'ge Dauer“. Mehr aber soll sie jetzt von ihm nicht erfahren; er deutet nur in einem prachtvoll düsteren Bilde an, daß bald eine entsetzliche Tat geschehen sein wird, und auf ihre weitere Frage sagt er ihr: sie solle durch Nichtwissen schuldlos bleiben (Be innocent of knowledge)

und fügt ein liebevolles Kosewort hinzu: „My dearest chuck".*)
Es ist jetzt sein Mannesstolz, allein und selbständig zu handeln,
— ohne ihre Mitschuld. Aber er weiß auch, daß sie ihm Beifall
zollen wird, und deshalb ist er auch in seinen weiteren Verbrechen
nicht er selbst allein. In der Tat ist es das Furchtbarste in
dieses Weibes Handeln, eine solche große Heldennatur so jammer=
voll zerstört zu haben. Es ist der Fluch der bösen Tat, es ist
die Blutschuld selbst, die ihn weiter treibt —

> Ich bin nun schon in Blut so weit gestiegen,
> Daß, wollt' ich damit enden, Rückkehr mir
> So schwierig wär', als durchzugehn.

Und so stürzt er mit der Last seiner Schuld, die im Falle
lawinenartig wächst, als ein vom Boden losgelöster mächtiger
Felsblock in gesteigerter Schnelligkeit dem Abgrund zu.

Der großartigen Gedrungenheit und Geschlossenheit dieser
Tragödie, die auch zugleich die kürzeste unter allen tragischen
Dichtungen Shakespeares ist,[73] entspricht auch die damit in Zu=
sammenhang stehende Einheitlichkeit der Handlung, in der
dies Werk ebenfalls allen anderen Tragödien Shakespeares über=
legen ist. Durch diesen Vorzug konnten die beiden Hauptgestalten
eine so erschöpfend ausgearbeitete Charakterisierung erhalten, denn
von den anderen Personen ragt nur Macduff hervor, der —
abgesehn von seinem Amt als Rächer — auch zugleich als der
entschlossene und glühende Patriot für sich selbst seine hervor=
ragende Bedeutung hat. Aber die ihm zufallende, auf englischem
Boden spielende Szene im 4. Akte ist es auch allein, durch die
wir vorübergehend von dem Schauplatz des königlichen Verbrecher=
paares entfernt werden. So konzentriert ist sonst die ganze
Handlung auch hinsichtlich der Örtlichkeit gehalten, wie in keiner

---

*) Das an solcher Stelle so befremdlich klingende Wort chuck (von
chicken) würde als Kosename in unserm Sprachgebrauch so viel bedeuten,
wie mein Hühnchen, Puttchen, Täubchen.

anderen Tragödie des Dichters, und dieser günstige Umstand kommt auch dem so eigenartigen und energisch ausgeprägten Stil des ganzen Dramas zu statten, in der Sprache wie in der Eindringlichkeit des landschaftlichen Kolorits, so daß die markigen Gestalten in der Nebelluft des Hochlandes über das menschliche Durchschnittsmaß hinauszuwachsen scheinen. Auf diesem Boden und unter diesen noch reckenhaften Gestalten des frühen Mittelalters wäre ein Geschöpf wie Richard III., der einem durch lange Bürgerkriege moralisch zerrütteten Geschlecht als giftspeiende Kröte von der Hölle zugesandt war, nicht denkbar. Und fast noch größer ist der Abstand von den Menschen im „Hamlet", wo der melancholische Prinz vor lauter Reflexionen nicht mehr zum Handeln kommt. Es ist sehr interessant, wie auch diejenigen drei Tragödien, deren Stoffe Shakespeare der nordischen Geschichte oder Mythe entnommen hat, gewisse unterscheidende Momente erkennen lassen, die charakteristisch für den Kulturstand einer bestimmten Zeitperiode sind. Im Hamlet hat allerdings der Dichter die Kulturzeit, der die Sage angehört, ihres ursprünglichen Charakters völlig entkleidet und Hamlet steht deshalb durch die Versetzung des Stoffes in eine weit vorgeschrittene Zeit erst in dritter Reihe. Anders steht es mit den beiden anderen nordischen Tragödien, mit König Lear und Macbeth. Ich hatte in der Charakteristik des Macbeth denselben als eine naive Heldennatur bezeichnet. So erscheint er uns im Erwägen oder Beobachten der Dinge in allen seinen Äußerungen, die an sich niemals geistreich oder tiefgehend sind, aber unmittelbar immer einer natürlichen und gesunden Anschauung entspringen. Als ein sehr bezeichnendes Beispiel dafür sei hier auf eine seiner Betrachtungen in der Bankettszene hingewiesen. Als der Geist Banquos, da er das erstemal ihn zu sehen glaubt, ihn mit so furchtbarem Entsetzen erfüllt hat und danach wieder verschwunden ist, spricht er sein Erstaunen über das von ihm Gesehene in der naiven und dabei doch den Kern der Sache treffenden Betrachtung aus:

Blut ward auch sonst, in alter Zeit, vergossen,
Eh menschliches Gesetz den Staat gesäubert. —

Damals geschah's, daß, war das Hirn heraus,
Der Mann auch starb, und damit gut.
Doch heutzutage stehn sie wieder auf,
Mit zwanzig Todeswunden in den Köpfen
Und drängen uns von unsern Stühlen: das ist
Doch seltsamer noch, als solch ein Mord.

In dieser so naiv klingenden Betrachtung hat der Dichter nicht die ihm so reichlich zu Gebot stehende kühne Bildersprache in eigentlichem Sinne angewendet, sondern er gibt der Anschauung seines Helden nur den ganz bezeichnenden Ausdruck für das, was wir in dem Wandel der Zeiten als die Symptome fortschreitender Kultur erkennen, jener Kultur, die nicht nur durch Satzungen „den Staat säubert", sondern auch in das Innere der Menschenbrust Eingang findet. Den Gegensatz aber zu dem, was hier das Erwachen und die Martern des Gewissens bedeutet, erkennen wir in dem letzten, aber dem mythischen Stoffe nach noch weiter in die Vergangenheit zurückgreifenden Drama vom „König Lear": Die Brutalität eines barbarischen Zeitalters, in dem die ungeheuerlichsten Dinge — die Schandtaten der Töchter gegen den eigenen Vater, des Bruders gegen den Bruder und wiederum des Sohnes gegen den Vater — so entsetzenerregend sie auch sind, weder durch Reue noch durch das Gewissen irgendwelche innere Sühne finden. Und endlich im Hamlet, in der vom Dichter eigenmächtig in die weit vorgerückte Kulturzeit verlegten Tragödie, in die Zeit seines eigenen Denkens, seiner persönlichen Erfahrungen und Beobachtungen: die Zeit, in der an die Stelle roher Gewalt und blutiger Taten vorsichtige Berechnung und heuchlerische Bosheit getreten ist, unter dem Schleier verfeinerter höfischer Sitten von innerer moralischer Fäulnis ergriffen, so daß auch ihr strengster Richter, der empfindsame und melancholische Prinz, nicht mehr die

Tatkraft findet, das auszuführen, wozu er entschlossen ist und was er selbst nicht nur als das Rechte, sondern auch als seine Pflicht erkennen muß.

Mit diesen Betrachtungen über die drei den geschichtlichen Überlieferungen aus der nordischen Vorzeit entnommenen Tragödien= stoffe soll keineswegs behauptet werden, der Dichter habe sie in solcher Tendenz geschrieben. Dies ist schon dadurch ausgeschlossen, daß sie nicht nach der chronologischen Folge der Ereignisse ent= standen sind. Aber es ist eben das unberechenbare Genie des Dichters, in allem durch das richtige Gefühl geleitet zu sein; es ist die Weisheit des schaffenden dichterischen Genius, die darin waltet.

Die Tragödie König Lear ist, wenn vielleicht nicht unmittel= bar, so doch sehr bald nach Macbeth entstanden. Der im Jahre 1608 davon erschienene Einzeldruck sagt auf dem Titelblatt, sie sei um Weihnachten „vor des Königs Majestät zu Whitehall" gespielt worden. Da aber dieser Druck schon 1607 unterm 26. November in die Buchhändlerregister eingetragen wurde mit dem Bemerken, daß das Stück bei Hofe „at Christmas last" aufgeführt worden sei, so muß diese Aufführung schon Ende Dezember 1606 stattgefunden haben.[74])

Shakespeare hat für dies Werk die Kühnheit gehabt, zwei aus ganz verschiedenen Quellen genommene Stoffe in eins zu verschmelzen, ein Verfahren, das bei ihm sonst nur in einzelnen Lustspielen (später allerdings auch im Cymbeline) angewendet wurde. Zur Haupthandlung, der Geschichte des Lear mit seinen drei Töchtern lieferte ihm wieder Holinsheds Chronik, und mit dieser mytischen Geschichte verband er die nicht minder tragische Geschichte von Gloster und seinen beiden Söhnen, wie sie von dem englischen Dichter Philipp Sidney in einem Kapitel seiner „Arcadia" berichtet wird. Die Geschichte des britischen Königs Leir ist ebensowenig historisch, wie die romanhafte Er= findung Sidneys. Shakespeares bedeutendste Abweichung von der

Darstellung des Holinshed liegt in den letzten Akten der Tragödie. Auch in der Chronik wurde Cordelia nach ihrer Verstoßung von einem Fürsten von Gallien, „dem jetzigen Frankreich", als Gattin heimgeführt. Nachdem Lear dann von beiden Töchtern mißhandelt und dem Elend überlassen war, begab auch er sich nach Gallien, um bei seiner verstoßenen Tochter Cordelia Schutz zu suchen. Infolgedessen war auch dort der Fürst von Gallien mit einem großen Heer nach England gezogen, um den König wieder in seine Rechte einzusetzen. Nach Wiedererlangung seines Thrones regierte Lear noch zwei Jahre und nach seinem Tode wurde Cordelia als Königin von Britannien auf den Thron erhoben.

Wichtiger aber als diese und andere Abweichungen des Dramatikers von Holinsheds Bericht ist seine schon erwähnte Ver=schmelzung der Gloster=Tragödie mit der Geschichte des König Lear, nachdem letztere bereits in einem älteren Schauspiel nach der Erzählung des Chronisten behandelt worden war. Aber diese Chronicall History „vom König Lear und seinen drei Töchtern" ist ein so überaus trockenes und hölzernes Machwerk, daß Shakespeare daraus nicht das Mindeste profitieren konnte. Indem dasselbe sich einfach auf die Dialogisierung des von Holinshed gegebenen Berichtes beschränkte, steht es noch himmelweit entfernt von der ungeheueren Tragik des allgemeinen Unterganges, den die Shakespearesche Tragödie besonders durch die Verbindung mit der Geschichte Glosters in so riesigen Zügen vorführt.

Diese Verschmelzung beider Geschichten war gewiß eine große Kühnheit Shakespeares, und zwar besonders deshalb, weil die von Sidney mitgeteilte Geschichte Glosters derjenigen des alten briti=schen Königs in den Hauptumständen ganz analog ist: zwei unglückliche Väter, von denen ein jeder sein bestes Kind verstoßen hat, der eine aus kindischem Starrsinn, der andere, weil er durch das trügerische Spiel seines andern Sohnes hintergangen ist. Es müßte daher wohl das Bedenken nahe liegen, ob nicht die eine tragische Geschichte durch die Parallele in der Wirkung geschwächt

werde. Das ist aber keineswegs der Fall, denn man wird durch
die dichterische Ausführung beider neben- und ineinanderlaufenden
Handlungen kaum gewahr, daß es eine Parallele ist; vielmehr
wird dadurch die Wucht der Tragik außerordentlich verstärkt.
Durch die Verdoppelung der erschütternden Vorgänge verliert
jede der beiden Handlungen den Charakter einer Familientragödie
und das Ganze erhält eine bedeutend erweiterte Perspektive. Und
eben dies ist hier zweifellos die bestimmte Absicht des Dichters
gewesen, der hiermit etwas wagte, was eben nur Shakespeare
wagen konnte. Durch dieses Verfahren tritt allerdings bei der
gedrängten Fülle der stets bewegten Handlung niemals eine Leere
ein; aber anderseits wird uns auch in den einander folgenden
erschütternden Szenen niemals ein Ruhepunkt gewährt, der die
fortgesetzt erregte Spannung einmal wohltuend unterbrechen könnte.
In beiden Teilen der Doppelhandlung ist die tragische Verschuldung
sowohl des Lear wie des Gloster gleich in der Expositionsszene
genügend gekennzeichnet. Beim König ist es nicht allein sein
Jähzorn, der ihn momentan als unzurechnungsfähig erscheinen
läßt. Denn den schlimmsten Verbündeten hat dies Temperament
in dem Eigenwillen des Herrschers. Nicht der kindisch launen-
hafte Greis allein ist es, der so schwer gestraft wird, sondern wir
sehen in dem überraschen Handeln des törichten Vaters auch zugleich die Herrscherlaune des Königs, der sein Ohr so sehr an
Schmeicheleien gewöhnt hat, daß er für die Vernunft und Wahrheit taub und unzugänglich wird. Dieser kindische Herrscherdünkel
geht so weit, daß er meint, es sei des Vaters und des Königs
Recht, auch der Schmeichelei zu gebieten. Und dieser Mann, in
dessen Verblendung sich schon der Keim zu seiner Geistesstörung
zeigt, so daß wenigstens einer der Vasallen, der ehrliche Kent,
ihm das Widersinnige seines Tuns mit scharfen Worten vorzuhalten wagt, wird vom Schicksal so furchtbar heimgesucht, daß
wir seine eigene Schuld bald vergessen können, um mit ihm zu
leiden. Ebenso ist auch Glosters Schuld gleich im Anfang der

Tragödie durch ein paar Striche, nur in wenigen Zeilen, gekenn=
zeichnet in der Art, wie er von seinem Bastardsohne spricht, den
er das büßen läßt, was er, der Vater, zu vertreten hat. Und
dieser wegen seiner Geburt um sein Recht verkürzte Bastard
Edmund, der die Energie der Schlechtigkeit besitzt, sich selbst an
dem Urheber seines Daseins zu rächen, wird dessen grausamster
Peiniger, auch darin, daß des alten Gloster einseitige Liebe zu
seinem guten Sohn Edgar in dessen unverschuldetem Elend ge=
züchtigt wird. Wir sehen also, daß hier wie dort die Verhältnisse
der Väter zu den Kindern es sind, die bei jeder der beiden
zusammenfließenden Handlungen den Ausgangspunkt für die ganze
Reihe der herzzerreißenden Situationen bilden. Und obwohl hier
nur die Bande des Blutes, der Familie in Frage stehen, so
fallen die Schläge des wütenden Geschickes mit solcher Wucht auf
Schuldige wie Unschuldige, als ob die ganze Menschheit davon
betroffen werde. Bei dieser erweiterten Perspektive erkennen wir
auch wieder Shakespeares Größe in der dramatischen Symbolik,
durch die in dieser Tragödie alles über die natürlichen Verhältnisse
hinauswächst. Das rächende Geschick scheint hier nicht mehr zu
strafen, sondern zu rasen, und für den schwachen Sterblichen sind
die Dimensionen wie die innerliche Gewalt der furchtbaren Vor=
gänge so außerordentlich, daß er vor ihnen wie vor etwas Über=
natürlichem erschrickt und in sich zusammenschaudernd den Blick
abwenden möchte. Nur die Götter von ihrem Wolkensitze — und
wir befinden uns ja in der heidnischen Zeit — könnten ruhige
Zuschauer solcher verheerenden Schicksalsstürme sein — der Mensch
ist zu schwach dafür, aber er wendet den Blick mit um so größerer
Bewunderung auf das Genie des Dichters. Wie derselbe mit
vollem Bewußtsein in dieser Tragödie alles ganz und gar auf die
vernichtende Gewalt eines tobenden Gewittersturmes hinlenkte,
sehen wir auch an dem Narren, der nur mühsam noch seinem
Berufe treu bleiben kann, weil auch er in die Tragik der Ereignisse
mit hineingezogen wird und mit den Leidenden leidet; denn weder

der beißend lehrhafte noch der empfindsame und menschlich fühlende Narr kann sich schließlich mehr in diesem Aufruhr der Natur erhalten. Wenn die schöpferische Phantasie, wie sie vom Theseus im Sommernachtstraum als des Dichters „schönen Wahnsinn" bezeichnet wird, dort die entzückend heiterften Bilder einer über= sinnlichen Welt hervorgezaubert hat, so ist es dieselbe Macht der dichterischen Phantasie, die im König Lear das Herz stocken macht und uns mit bebendem Entsetzen ergreift. Eine Szene wie die im 3. Akte der Tragödie, in der der wahnsinnige Lear, der toll sich stellende Edgar und der gefühlvolle Narr ein Terzett bilden, bei welchem dem Hörer selbst um seinen Verstand bangen muß, steht wiederum einzig in der Weltliteratur da. Und hier sind es keine Phantome, sondern es sind wirkliche Menschen, die wir reden hören und leiden sehen. Der Wahnsinn Lears ist ja schon mehrfach, von seinen ersten Symptomen durch alle Stadien fort= schreitender Entwicklung, vom psychiatrischen Gesichtspunkte aus zum Gegenstand der eingehendsten wissenschaftlichen Untersuchungen gemacht und mit Bewunderung in der Wahrheit seiner Darstellung bestätigt worden. Aber der unbefangene Zuschauer oder Leser erhält auch hier nur den mächtigen Eindruck des dichterischen Gemäldes, weil der Wahnsinn Lears stets in den dramatischen Situationen den stärksten Flug nimmt. Mag es für die Nerven unseres Geschlechtes zu viel sein, was uns hier der Dichter an= zuschauen zumutet —: wer aber könnte die Szenen, in denen der von seinen Kindern verstoßene wahnsinnige Greis mit den Stürmen um die Wette heult, der unschuldig verfolgte Edgar sein Leben unter der Maske der Tollheit und des Elends schützt, um endlich der Führer seines grausam geblendeten Vaters zu werden, und endlich Lear, sein verstoßenes Kind, tot in den Armen haltend, um dasselbe weint, wie um sein totes Vögelchen — wer könnte Zeuge dieser Szenen sein und stünde nicht vor dem Zorn des mächtigen Dichters erschüttert, wie vor dem Walten einer strafenden Gottheit!

Und dennoch — trotz eines solchen überwältigenden Eindrucks dieser Lear-Tragödie — ist es keineswegs nötig oder begründet, aus der darin zu solcher Höhe und Gewalt gesteigerten Tragik auf eine persönliche Stimmung Shakespeares zu schließen. Das Verhältnis seiner dichterischen Schöpfungen zu seinen persönlichen Stimmungen ist schon früher nach der Tragödie Hamlet erörtert worden, und es wird auch hier wieder daran zu erinnern sein, daß wir es stets und vor allem mit dem „Dichter" zu tun haben, mit dem Dichter, der stets Herr seiner dichterischen Kraft war und der in erster Reihe für das Theater schrieb, dem er an= gehörte sowohl als Schauspieler wie als Mitunternehmer.

Daß auch jetzt noch sein Publikum die stärksten Erschütterungen liebte, auch wenn solche für unser heutiges Empfinden über das Maß des zu Ertragenden hinausgehen, dafür spricht unter anderm die Thatsache, daß auch so übertragische Schreckenstragödien, wie es Titus Andronikus und Jeronymo waren, noch bis zu dieser Zeit sich erhalten hatten und als berühmte Theaterstücke galten. Es sei dafür hier beiläufig auf ein an sich durchaus wertloses, aber für die literarischen und Theaterverhältnisse der Zeit sehr beachtenswertes dramatisches Produkt hingewiesen, das erst 1606 im Druck erschien, aber um einige Jahre älter war. Es ist dies eine seltsame, nur aus verschiedenen Dialogen bestehende Komödie „Die Rückkehr vom Parnassus", von Cambridger Stu= denten gedichtet und aufgeführt. Unter den Personen dieser lite= rarischen Komödie, auf die später zurückzukommen ist,[75]) erscheinen auch die Schauspieler Burbadge und Kempe die sich von zwei Musen= söhnen zur Prüfung ihres Talentes etwas vordeklamieren lassen. Der eine von ihnen spricht den wie es scheint besonders populär gewesenen Monolog des Hieronymo, beginnend mit den Worten:

Who calls Hieronymo from his naked bed.

Dem andern, er heißt Philomuses, wird aufgegeben, den ersten Monolog Richards III. zu rezitieren:

Now is the winter of our discontent etc.

Schon bei einer anderen Gelegenheit war die noch in viel späterer Zeit von Ben Jonson gemachte Bemerkung angeführt worden: daß es immer noch Leute gebe, die den Titus Andronikus und die „spanische Tragödie" (Jeronimo) für die besten Stücke hielten und damit bewiesen, daß sie in ihrem Geschmack seit fünfundzwanzig oder dreißig Jahren nicht fortgeschritten seien. Damit ist aber auch zugleich gesagt, daß jene Ansicht keine allgemeine war, und in der jetzigen, so schnell vorgeschrittenen Zeit der Meisterschaft Shakespeares wird man natürlich den sehr großen Unterschied in dem dichterischen Werte eines Macbeth oder Lear jenen älteren Stücken gegenüber gewürdigt haben. Aus den sehr starken Mitteln, die Shakespeare im Lear anwendete, die Gemüter zu erschüttern, braucht auch nicht geschlossen zu werden, daß dies mit Berechnung auf die Neigungen der großen Menge des Publikums geschah. Aber er wurzelte, wie gesagt, in dem fruchtbaren Boden des Theaters; die Wechselwirkungen zwischen Darstellern und Publikum, wie die ganze Bühnenatmosphäre waren es doch vor allem, wodurch seine dramatischen Dichtungen die starke Triebkraft erhielten. Wenn man aus der letzten Gruppe seiner tragischen Schöpfungen, von Macbeth bis zu Othello (dazwischen liegen auch noch Timon sowie Troilus und Cressida) den düstern und herben Charakter dieser Stücke aus persönlichen Stimmungen des Dichters ableiten will, so unterschätzt man eben das, was er als Dichter war und was diesem allein gehört, womit ja keineswegs ausgeschlossen ist, daß wir vielfach von dem Dichter auch auf den Menschen Shakespeare schließen können.

Von einer ganzen Anzahl seiner Schauspiele aus der letzten Periode seines Wirkens haben wir über die Aufführungen mancherlei Nachrichten in dem Tagebuche eines Dr. Forman erhalten. Diese Aufzeichnungen stammen aber nur aus den Jahren 1610 und 1611, auch sind einzelne darin beschriebene Stücke nachweislich schon mehrere Jahre früher auf die Bühne gekommen, und wir haben deshalb bei der Mehrzahl der in diesem Zeitraum

entſtandenen Stücke über das Jahr ihres erſten Erſcheinens keine
Sicherheit, indem es nicht immer anzunehmen iſt, daß die Schilde=
rungen Dr. Formans ſich auf die erſten Aufführungen beziehen.
Als ſehr wahrſcheinlich können wir annehmen, daß in den
Jahren 1606—1608 die beiden Römertragödien Antonius und
Cleopatra und Coriolan entſtanden ſind. Obwohl Einzeldrucke
von beiden Stücken nicht bekannt ſind, ſo iſt dennoch das erſtere
unter der Bezeichnung „Ein Buch, genannt Antonius und
Cleopatra“ im Mai 1608 in die Buchhändlerregiſter eingetragen
worden. Ob es aber erſchienen iſt, wiſſen wir nicht; auch von
einer Aufführung haben wir keine Kunde und wir kennen es, wie
viele andere Stücke, nur aus der Folioausgabe von 1623. Es
iſt ſehr begreiflich, daß es den Dichter des „Julius Cäſar“ an=
reizen mußte, die Geſchichte des Marc Anton, der darin ſo
glänzend hervortritt, in einem ſich anſchließenden Drama bis zu
Ende zu führen, und ganz beſonders mußte Marc Antons Ver=
hältnis zu Cleopatra, das Shakeſpeare im Plutarch (in der
Northſchen Überſetzung) ſo eingehend geſchildert vorfand, für den
großen Kenner der Menſchenherzen eine ſehr verlockende Aufgabe
ſein. Hier aber ſcheiterte der Dichter an den außerordentlichen
Schwierigkeiten, die einer Dramatiſierung der komplizierten ge=
ſchichtlichen Vorgänge entgegenſtanden. Auch in dieſem Drama
handelte es ſich um den unheilvollen Einfluß eines Weibes auf
die Tatkraft eines hervorragenden Mannes. Aber die beſtimmenden
Triebfedern bei dem Weibe ſind hier weſentlich andere, als im Mac=
beth, und in ihren Wirkungen liegt das Gleichartige nur in der
Zerſtörung des männlichen Charakters. Was dieſen pſychologiſchen
Mittelpunkt des Dramas betrifft, ſo hätte er gerade einem Dichter
wie Shakeſpeare den ergiebigſten Stoff für ſein Genie darbieten
müſſen. Gewiß hat er auch hier aus den Tiefen der Menſchen=
natur eine Menge koſtbarer Perlen ans Licht gebracht, aber ſie
kommen nicht zu einer vollen und einheitlichen Erſcheinung. Wie
bei der Cäſar=Tragödie in der Behandlung der geſchichtlichen

Vorgänge, so ist Shakespeare auch hier der Darstellung des Plutarch aufs getreuste gefolgt und zwar bis auf alle von dem Geschicht= schreiber ins einzelne gehenden charakteristischen Züge. Aber der Reichtum und die Mannigfaltigkeit der Ereignisse wurden hier der dramatischen Form nachteilig, indem die vielfältig einander kreuzenden geschichtlichen Begebenheiten verwirrend in das Bild der beiden Hauptgestalten sich drängen und das Interesse für dieselben schwächen. Im „Cäsar" bildete die große politische Situation in ihrer Klarheit und Verständlichkeit auch den natür= lichen Boden für die inneren seelischen Kämpfe. Vor allem war im Brutus der politische Konflikt auch zugleich der sittliche und wurde so zum tragischen Kernpunkte des Dramas. Ganz anders in dieser Tragödie, wo die Umstrickungen einer männlichen und heldenhaften Natur durch die verführerischen Künste eines zugleich ränkevollen wie leidenschaftlichen Weibes nur einen äußerlichen Zusammenhang mit den geschichtlichen Tatsachen haben, aber dennoch, um des Zusammenhangs willen, von diesen nicht los= zulösen waren. Es ist sehr bemerkenswert, wie Shakespeare bei der dramatischen Gestaltung von Novellenstoffen diese ganz will= kürlich umgestaltete, sowohl aus Rücksicht auf das Dramatische wie auch aus seinem tiefern ethischen Empfinden oder zugunsten psychologischer Begründung. Hingegen zeigt er in der Behandlung geschichtlicher Stoffe den vollsten Respekt vor der historischen Wahrheit. Das gilt namentlich von den drei Tragödien, die er auf Plutarchs Geschichtsbilder gründete. Ja, in der Benutzung der Lebensbeschreibung des Marc Anton hat er die Abhängigkeit von seiner Quelle strenger beobachtet, als es für die Dramati= sierung des reichen Stoffes ersprießlich war; denn er hat hier auch Nebendinge, anekdotische Züge, in denen ja Plutarch sehr mitteilsam war, mit aufgenommen, und er hat damit die ohnedies durch die Unruhe in dem fortwährenden Wechsel des Schauplatzes — der im dritten Akte allein fünfzehnmal verändert wird — auch die nötige Klarheit in dem Zusammenhang der Vorgänge schwer

beeinträchtigt. Eine solche Fülle stets wechselnder, kleiner und großer
Vorgänge mußte für den Gesamteindruck um so nachteiliger sein,
als die Handlung sich über einen allzu breiten Raum ausdehnt.
Im Julius Cäsar ist die Perspektive viel größer, hier ist es
die Fläche. Dies ist wohl als die wesentlichste Ursache dafür
anzusehen, daß eine Dichtung voll so großer Schönheiten, so
vieler imposanter und feiner Züge dennoch für die theatralische
Darstellung sich stets als unwirksam erwiesen hat. Wer den Reiz
dieser Dichtung mittelst der Lektüre auf sich wirken läßt, ist sehr
geneigt, den Genuß, der ihm durch den Glanz der Sprache, die
Tiefe der Gedanken und durch die Schärfe der Charakteristik zuteil wird, auch für die szenische Darstellung vorauszusetzen; in
dieser aber wird auch eine ununterbrochene Kette von dichterischen
Schönheiten in der Totalität wirkungslos bleiben, wenn in der
Gliederung des stofflichen Inhalts die richtigen Verhältnisse fehlen.
Der Charakter des Marc Anton enspricht zwar im allgemeinen
dem Bilde, das Plutarch von ihm gegeben hat, aber die mancherlei
feinen Züge, die der Dichter diesem Bilde hinzugefügt hat, sind
ganz geeignet, diese Heldengestalt uns sympathischer zu machen,
wie es für den Helden einer Tragödie erforderlich war. Hier
zeigte Shakespeare seine ganze bewundernswürdige Meisterschaft,
in der Mischung so mannigfaltiger Töne uns das Bild einer
vollen menschlichen Persönlichkeit zu geben. Das schnell Entzünd-
liche seiner Natur, grimmiger Trotz und imperatorischer Hochmut,
bei schnell gefaßten Entschlüssen wieder Wankelmut und gegen
sich selbst gerichtete Bitterkeit, — dies alles, schon begründet aus
seinem Mangel eines inneren sittlichen Haltes, erscheint hier in
der Tragödie vornehmlich als das Resultat der ihm verderblichen
Leidenschaft für Cleopatra. Besonders fühlbar ist dies auch in
den Momenten, wo die Spuren seiner besseren Natur aus der
Zerstörung — wie die aus rauchenden Trümmern noch hervor-
brechenden Flammen — sich zeigen. Gerade in seiner ihn ganz
erfüllenden Erbitterung gegen die Falschheit des Weibes will er,

daß wenigstens von anderen ihm nichts verschwiegen oder aus Schonung verschleiert werde. Als er einmal eine Botschaft erhalten soll, die geeignet ist, ihn zu erbittern und zu beschämen, und als der Überbringer derselben dabei stockt, sagt Antonius:

> Sprich dreist, verfeinre nicht des Volkes Zunge,
> — — — Nur Unkraut tragen wir,
> Wenn uns kein Wind durchschüttelt, und uns schelten
> Heißt nur uns jäten, um zu reinigen.

Und ein andermal:

> Wer mir die Wahrheit sagt, und spräch' er Tod,
> Ich hört' ihn an, als wenn er schmeichle.

Aber rücksichtslos zeigt er sich auch da, wo er sich noch als Herrscher fühlt und wo er, gereizt, den Anwandelungen zu tyrannischer Grausamkeit nachgibt. So in der Szene, da er den Abgesandten des Octavius Cäsar peitschen läßt, weil dieser mit seinen Lippen der Hand der Cleopatra zu nahe kam. Diese Szenen, nachdem er durch das verräterische Verhalten der Cleopatra aufs äußerste gebracht ist, — in diesem Wechsel bitteren Hohns, soldatischer Mannhaftigkeit, bald zum völligen Bruch entschlossen, dann wieder, die eigene Ohnmacht fühlend, von tiefer Scham erfüllt, — diese Folge von Szenen gibt allein schon ein eindrucksvolles Bild der zerstörten Heldengröße, von überzeugender Wahrheit. Auch dem Charakter der Cleopatra hat Shakespeare, so viel ihm auch für diese Gestalt von Plutarch vorgezeichnet war, dennoch Züge verliehen, die aus der Tiefe der weiblichen Natur ans Licht gefördert sind, und die auch dem Charakterbild des Mark Anton zur Vervollständigung dienen. Das Widerspruchsvolle ihres Wesens ist es gerade, viel mehr als ihre persönlichen Reize, was den dämonischen und zerstörenden Zauber dieses Weibes ausmacht. Das fortwährend wechselweise Hingebende und wieder Abstoßende, um immer aufs neue zu reizen, berauschende Sinnlichkeit und raffinierteste Koketterie, — alles wird wechselnd von ihr angewandt, um sich den vollen Besitz dieses Mannes zu sichern.

Aber der Heroismus, mit dem sie nach seinem Ende sich selbst den Tod gibt, verleiht ihr dennoch einen Zug von wirklich tragischer Größe.

Wenn bei alledem der Gesamteindruck dieses Dramas aus den angeführten Gründen kein voller und einheitlicher sein kann, so stieg der Dichter in der dritten seiner römischen Tragödien — im „Coriolan" — wiederum zu solcher Höhe der Vollkommenheit empor, daß er damit in mancher Hinsicht auch seinen „Julius Cäsar" noch überragt. Auch „Coriolan" ist uns nur in der Folioausgabe der Werke überliefert worden. Wenn für eine genaue Zeitbestimmung seiner Entstehung auch sonstige positive Anhaltpunkte fehlen, so kann man nur die sogenannten „inneren Gründe" dafür geltend machen, daß es der Zeit seiner höchsten Meisterschaft angehören muß. Und dafür spricht vor allem ein Argument, das auf den innersten Kern seiner dichterischen Größe hinweist: Es ist die Tiefe und die bis in die feinsten Züge ausgearbeitete Charakteristik der so mächtig und so klar aus dem personenreichen Ganzen sich hervorhebenden Hauptgestalt des Helden der Tragödie. In dieser Gestalt des Cajus Marcius war dem Dichter ein Mittelpunkt gegeben, für den er innerhalb der politischen Aktion durch die Persönlichkeit des Helden auch unser volles menschliches Interesse in Anspruch zu nehmen und an ihn zu fesseln wußte.

Wie im „Julius Cäsar" es sich um den Widerstreit der republikanischen Grundsätze gegen das überlegene Herrschergenie Cäsars handelt, so sehen wir in dem zeitlich weit zurückliegenden „Coriolan" auf dem Boden der Republik das Ringen der demokratischen mit der aristokratischen, der tribunischen mit der konsularischen Gewalt mit aller Schärfe, Klarheit und Eindringlichkeit vorgeführt. Aber auf diesem politischen Boden der Tragödie ist es doch die lebensvolle und dadurch in ihrem innersten Wesen so ganz verständliche Persönlichkeit des Cajus Marcius, durch die auch die hervorragendsten unter den anderen Gestalten des Dramas, Volumnia, Menenius Agrippa, Tullus Aufidius, ihre volle Beleuchtung erhalten, um wiederum auf den Helden selbst zu reflektieren. Daneben sind die Tribunen, wie es bei Shakespeare in der knappen und drastischen Schilderung solcher Nebenfiguren üblich ist, mit so starken Farben gekennzeichnet, daß durch sie die Gegensätze der politischen Parteiinteressen in aller Deutlichkeit zur Erscheinung kommen: Auf der einen Seite — der des Volkes — Unbeständigkeit, kleinlicher Neid und niedrige Gesinnung, auf Seiten der Patrizier — vor allem durch Coriolan selbst vertreten — Stolz und Starrsinn, einseitiges Pochen auf die Verdienste um den Staat. Auch in der Charakterisierung des Cajus Marcius hat der Dichter, so sehr er auch für diese Vollblutgestalt unsere Teilnahme zu erregen weiß (und nicht zum mindesten durch den in seiner Schilderung so glänzend hervortretenden Humor des Dichters), sich dennoch nicht verleiten lassen, auf Kosten der Wahrheit seinen Charakter zu verschönen. Für diejenigen, welche in Shakespeare eine vorwiegend aristokratische Geistesrichtung erkennen wollen, und nicht ohne Grund, wird stets Coriolan als Argument dienen. Dennoch steht auch in diesem Punkte der Dichter auf höherer Warte, als auf der Zinne der Partei. Seine Verachtung der gedankenlosen und tyrannischen Masse hat er auch hier unzweideutig kundgegeben, und wenn er einerseits die Tribunen, in dem oft beißenden Spott, entschieden mit Geringschätzung behandelt, so hat er dennoch von den Flecken im Charakter des Coriolan nichts zu bemänteln versucht, wenn auch seine Fehler durch seine größeren persönlichen Tugenden aufgewogen erscheinen. Und das ist das Recht des Dramatikers, der für seinen Helden unsere Teilnahme erwecken will. Anderseits ist aber des Helden schwere Schuld, daß er nach seiner Verbannung mit den Feinden Roms sich verbündet, um sein eigenes Vaterland zu bekriegen, von Shakespeare in ihrer ganzen Größe und als die Ursache seines eigenen Unterganges noch stärker hervorgehoben, als es in der geschichtlichen Überlieferung der Fall ist. Dasselbe gilt auch schon von seinem Verhalten in den seiner Verbannung vorausgehenden Auftritten, wenn auch hier zugleich durch die

Erbärmlichkeit der Volksmasse und durch die unwürdigen Ränke der Tribunen der bis zum äußersten gereizte Mannesstolz des Helden unsere Teilnahme für ihn steigert, die ihm auch da noch verbleibt, wo wir ihn verurteilen müssen. Ja, selbst den Mangel eines starken Vaterlandsgefühls seines Helden hat der Dichter schon vorher, noch ehe er ihn zu dem Rachewerk gegen Rom schreiten läßt, in einzelnen Zügen angedeutet. Aus diesem Reichtum von Farbentönen, die Shakespeare für ein solches Charaktergemälde hat, ja selbst aus den scheinbar widerstrebenden Zügen gewinnen wir doch immer den lebendigen Eindruck einer unser Interesse fesselnden Persönlichkeit. Und wieder ist es hier neben der persönlichen Tapferkeit auch diejenige Eigenschaft, durch die Shakespeare unsere Sympathie für seine Helden zu erringen weiß, und die auch beim Cajus Marcius ohne jede Einschränkung in allen Situationen erhalten bleibt: das ist die unbedingte Wahrhaftigkeit seines ganzen Wesens, im Ausdruck seiner Empfindungen wie in seinem Handeln. Echt und wahrhaft wie seine unterwürfige Liebe zur Mutter und seine Zärtlichkeit zu Weib und Kind, ist auch sein Haß und seine Mißachtung alles anmaßenden Scheinwesens und alles Prunkens mit Verdiensten. Er sagt es bei jeder Gelegenheit seinen Gegnern ins Gesicht, was er von ihnen hält. Selbst da, wo er nur durch ein mäßigendes Zurückhalten seiner innersten Gefühle von ihnen etwas zu erlangen wünscht, nicht aus eigenem Antrieb, sondern um der Mutter und der Freunde willen, kann er kein falsches Wort, nicht einmal eine harmlose Zweideutigkeit über seine Lippen bringen. Und ebenso zeigt sich seine reine Wahrhaftigkeit in dem Unmut gegen alles Geschwätz bei den Lobpreisungen seiner Verdienste und in dem stolz bescheidenen Zurückweisen der ihm zugedachten Belohnungen. Aber streng wie in der Erfüllung seiner Pflichten als Krieger, ist er es auch in seinen Forderungen gegen andere. Bei seiner überströmenden Manneskraft und seinem berechtigten Mannesstolz werden seine Tugenden, um deretwillen wir ihn lieben, zu Mängeln

in seiner Natur durch die Einseitigkeit in der Auffassung der
Verhältnisse. Ein fein ausgearbeitetes Gegenstück dazu ist Menenius
Agrippa, der „lustige Patrizier", der die Masse ebenso sehr ver=
achtet und in seinem Herzen mehr noch Aristokrat ist als Cajus
Marcius, aber nicht von so sprödem Stoffe. Er läßt sich herab,
auch mit dem „großen Unverstand" zu verhandeln, um ihn zu
gewinnen. Wo Coriolan das Volk schmäht oder höhnt, da be=
gnügt sich Menenius, es mit heiterem Spott zu behandeln, mit
dem Humor der geistigen Überlegenheit, der dem Coriolan ver=
sagt ist.

Auch die Frauen in dieser Tragödie bilden für das Cha=
rakterbild des Helden eine schöne Ergänzung. Sein Weib Virgilia
ist von zartem Stoff, schweigsam und häuslich und von mildester
Weiblichkeit, wie er ganz Mann. Die Gegensätze in beider
Naturen haben dennoch in ihrer Vereinigung etwas durchaus Har=
monisches. Ganz anders ist das Verhältnis des Cajus Marcius
zu seiner Mutter Volumnia. Die Herbheit, die in dem Sohne
nur nach einer Richtung so stark hervortritt, finden wir in dem
Charakter der Mutter in viel stärkerem Maße. Wie echt und
wahr Cajus Marcius in seiner Ursprünglichkeit ist, tritt besonders
eindringlich in dem Gegensatz hervor, den in dieser Beziehung
Volumnia bildet, mit ihrer politischen Klugheit, ihrer Selbst=
beherrschung und Verleugnung ihres Wesens, wo es gilt, einen
Vorteil über die Gegner zu erlangen. Die Schroffheit und rück=
sichtslose Mannhaftigkeit des Sohnes wird einzig durch die Liebe
zu seiner Mutter bewältigt. Bei Volumnia hingegen überwiegt
der Stolz auf ihren großen Sohn ihre Liebe zu ihm. Das
natürlich Menschliche tritt bei ihr zurück, da sie sich seiner er=
haltenen Wunden freut, und da sie ihn im Kampfe gegen seine
bessere Natur zur Demütigung nötigt. In ihr überwiegt die
politische Klugheit, in ihm der mannhafte Stolz in der Wahr=
haftigkeit, und wo er damit sich selbst sein Verderben bereitet,
lieben wir ihn darum nur um so mehr. Anders bei Volumnia;

sie weiß die Regungen ihres Blutes der Herrschaft ihres Verstandes zu unterwerfen, aber sie zeigt auch in der erhabenen Szene, da sie ihn mit aller Kraft der Überredung um die Schonung Roms bittet, daß sie den Begriff Vaterland höher stellt als er, der aber auch hier ganz menschlich empfindet, indem ihn nur der eine Gedanke ganz und gar erfüllt: Rache gegen das undankbare Rom. Kein anderes Gefühl als dieses will er in seine Brust sich einschleichen lassen; weder Bande der Freundschaft, noch des Blutes sollen ihn in diesem Entschlusse wankend machen. Den ältesten und liebevollsten Freund schickt er aus dem Lager der Volsker kalt zurück, als habe er ihn nie gekannt, und als das Erscheinen seiner Mutter seine ganze Natur aufs mächtigste erschüttert, zwingt er sich dennoch zur fühllosen Standhaftigkeit, wie er es in den großen Worten kündet:

Ich tu', als wär' der Mensch sein eigner Schöpfer
Und kennte keinen Ursprung.

Und dennoch — hieran bricht seine Kraft des Willens nach schwerem Kampf zusammen. Aber Volumnia erreicht dies nicht dadurch, daß sie in ihrer großartigen Beredsamkeit bei ihm das Unnatürliche seines Unternehmens gegen Rom zum Bewußtsein gebracht hätte, sondern sein festester Wille ist überwunden durch die Liebe zur Mutter, wie zu Weib und Kind. Noch in der letzten Szene der Tragödie, als er in die Stadt der Feinde Roms zurückgekehrt, dem Senat der Volsker den Siegespreis (für die Verschonung Roms) zu Füßen legt, sagt er den Volskern ausdrücklich, er kehre zu ihnen zurück, so wenig angesteckt von Vaterlandsgefühlen, als da er ausgezogen war. Daß Shakespeare ihn dies, kurz vor seinem tragischen Ende, klar und bestimmt aussprechen läßt, ohne jede Beimischung von Sentimentalität, sagt uns deutlich genug, daß dies allein es ist, was ihm den Untergang bereitet; denn er fällt nicht durch seinen Stolz, nicht durch die Römer, sondern er fällt durch seine Schuld in dem Bündnis mit den Feinden Roms.

So bestimmt wie der Dichter — trotz seiner ersichtlichen Sympathie für die Persönlichkeit Coriolans — dies patriotisch-ethische Moment der Tragödie zum Ausdruck bringt, so zeigte er auch in der theatralisch-technischen Behandlung des Stoffes seine große Meisterschaft. Am mangelhaftesten ist in dieser Hinsicht der erste Akt mit der unvermeidlichen Unruhe in der langen Reihe von Volks- und Schlachtszenen. Erst mit der Rückkehr Coriolans aus dem Kriege beginnt die feste Gliederung des dramatischen Baues, und diese ist bis zu dem Schlußstein desselben, bis zu dem erschütternden Ende des Helden durch die Volsker, großartig und ohne Hemmung durchgeführt. Kaum in einem anderen seiner tragischen Werke hat Shakespeare es ermöglicht, wie hier, daß die dramatische Spannung nicht vor dem Ende des Dramas an Stärke einbüßt, sondern daß sie bis zur Schlußszene, ja man kann sagen bis zum letzten Worte, in voller Kraft und Eindringlichkeit erhalten bleibt. Nur „Macbeth" ist auch hierin von gleicher Vollendung, aber im Coriolan ist die hohe Meisterschaft in der dramatischen Komposition um so bewundernswerter, als die Bewältigung des historischen Stoffes hier größere Schwierigkeiten bot, die er hier ungeachtet der Treue im Festhalten an der geschichtlichen Überlieferung überwand.

Wenn wir in dieser dritten Periode der dichterischen Tätigkeit Shakespeares zu den tragischen Werken von solcher Riesengröße emporblicken, wie Macbeth, König Lear, Coriolan, denen in der Folge sich noch Othello anzuschließen hat, so wird es daneben bei Betrachtung zweier anderer dramatischer Schöpfungen, die da-zwischen liegen oder vielleicht auch unmittelbar sich angeschlossen haben, um vieles schwieriger sein, über die zu ihrer Beurteilung nötigen Voraussetzungen zu einer festen Überzeugung zu kommen. Ich meine die Tragödie Timon von Athen und die als Tra-gödie bezeichnete seltsame Dichtung Troilus und Cressida.

Was „Timon von Athen" betrifft, so sind die englischen Kritiker von jeher darüber einig gewesen, daß das Stück, so wie es uns vorliegt, nicht ganz von Shakespeare herrühren könne. Wenn die einen der Ansicht waren, daß man es hier mit einem durchaus verdorbenen Texte zu tun habe, indem das ursprünglich Shakespearesche Stück von anderen Händen so übel zugerichtet und verstümmelt worden sei, so haben andere sogar angenommen: Shakespeare sei hier — ebenso wie bei Perikles — nur der Bearbeiter eines vorhandenen älteren Stückes gewesen. Beiden Annahmen stehen aber doch große Bedenken entgegen. Was die erstere Erklärung betrifft, so würde dagegen die Frage aufzuwerfen sein, ob die Herausgeber der Folio (denn erst aus dieser kennen wir das Stück), also die liebevollen Freunde und Bewunderer des verstorbenen Dichters, einen derartig — wie angenommen wird — korrumpierten Text in ihre Ausgabe ohne Anstand würden aufgenommen haben? Gegen die andere Ansicht aber müßte der starke Zweifel sprechen: ob Shakespeare auf der Höhe seiner Meisterschaft mit der Überarbeitung eines vorhandenen und so mangelhaften Stückes (das überdies trotz seiner Bearbeitung so mangelhaft geblieben ist) sich würde befaßt haben. Kann man sonach keine der beiderlei Ansichten als durchaus befriedigende Erklärung gelten lassen, so würde nur noch eine andere Frage zu stellen und offen und ehrlich zu beantworten sein, — die Frage: ob es denn ganz undenkbar ist, daß ein großer Dichter — und zwar in der Zeit seiner höchsten Reife — neben seinen vollendetsten Kunstschöpfungen ein so verfehltes Werk wie diesen Timon habe schreiben können? Zugunsten einer solchen Annahme möchte ich zunächst auf den, wie mir scheint, zu wenig beachteten Umstand hinweisen, daß die großen Mängel des Stückes keineswegs allein in den darin bestehenden Lücken und auch nicht in den verschiedenen Partien zu erkennen sind, die seinem Stil widersprechen, — sondern daß ein Grundfehler des Stückes, und zwar der entscheidende, die dramatische Komposition des Ganzen betrifft. Und dieser wichtigste Grundfehler hängt meines Erachtens damit zusammen, daß der große Dichter sich hier im Stoffe vergriffen hat.

Timon, der Menschenfeind war ein aus dem klassischen Altertum überliefertes Thema, das in seiner Knappheit und Allgemeinheit eines gewissen populären Zuges nicht entbehrte und deshalb den Dichter wohl anreizen konnte, bei einer Dramatisierung des Stoffes mehr in die Tiefe seines Ursprungs zu dringen. Aber als tragische Gestalt war ein solcher Typus nicht zu verwenden. Ein Mensch, der — mag er noch so sehr mit edeln Eigenschaften aus= gestattet gewesen sein — durch unsinnige Verschwendung sein Haus mit einer Gesellschaft von Schmeichlern und Schmarotzern anfüllt, ist an sich schon kein gutes Motiv als Vorbedingung für einen tragischen Helden. Daß aber derselbe edle Verschwender, als er verarmt von den falschen Freunden und Schmeichlern verlassen wird, dafür die ganze Menschheit verantwortlich macht in seinem nicht nur ganz unmotivierten, sondern völlig sinnlosen Menschen= haß, kann uns unmöglich zu einem tragischen Mitgefühl für seine Person bewegen.

Ich glaube, das Unfertige und im dichterischen Werte so Ungleiche in dieser Tragödie mir so erklären zu dürfen: Shake= speare mag zu spät erkannt haben, daß dieser Timon zu einer wirklich tragischen Bedeutung nicht zu erheben sei, indem der Stoff selbst den Bedingungen einer Tragödie widerstrebt; und in dieser Erkenntnis mag er dann das Stück weiterhin nur flüchtig und ohne innere Anteilnahme zu Ende geführt haben. Aber wegen der großen Züge darin haben die Herausgeber der Folio nach dem Tode des Dichters es dennoch aufgenommen und um das Fehlende zu ergänzen, wohl auch mit einigen Zutaten versehen. Es soll hiermit keine Behauptung aufgestellt, sondern nur eine Hypothese dargeboten werden, die wenigstens ebenso viel Be= rechtigung hat, wie die anderen Erklärungen.

Wenn die englische Kritik für die Entstehungszeit des Timon die letzte Periode des Dichters annimmt, und wohl mit Recht, so haben manche Shakespeare=Ästhetiker geglaubt (wie ich schon kurz er= wähnte), auch hiermit die Annahme zu unterstützen, daß Shakespeare in der letzten Zeit seines Londoner Lebens von einer pessimistischen Stimmung beherrscht gewesen sei. Einer solchen ganz willkürlichen Annahme widerspricht aber schon die Tatsache, daß in mehreren Stücken, die mit Bestimmtheit zu den letzten zu zählen sind, wie Cymbeline, wie vor allem das Wintermärchen und endlich der Sturm, die tragischen Konflikte in so versöhnlicher Weise, zum Teil in so milder Heiterkeit gelöst sind, (was besonders beim Wintermärchen durch die Abweichung von der Quelle ins Gewicht fällt), daß hier von einer verbitterten Stimmung oder Lebensanschauung gar nicht die Rede sein kann.

Mit etwas mehr Grund, als beim „Timon", könnte man bei „Troilus und Cressida" auf eine solche Stimmung des Dichters schließen. Aber auch hier würde das Rätsel, das uns mit diesem seltsamsten seiner dramatischen Werke hinterblieben ist, durch eine solche einseitige Auffassung nicht zu lösen sein.

„Troilus und Cressida" gehört zu jenen wenigen Stücken aus diesem Zeitraum, von denen uns ein Einzeldruck überliefert worden ist, und zwar aus demselben Jahre in zwei Ausgaben; wobei ein besonderer Umstand es uns ermöglicht, gerade für dieses Stück das Jahr seiner ersten Aufführung mit Sicherheit festzustellen. Bei dem einen dieser Drucke von 1609 ist nämlich in dem Vorwort — der einzige Fall dieser Art — besonders hervorgehoben, daß „dies neue Stück" bisher noch nicht auf die Bühne gebracht sei; in der anderen Ausgabe aber, ebenfalls mit der Jahreszahl 1609, fehlt das Vorwort, wogegen der Titel den Zusatz erhalten hat: „wie es von des Königs Dienern im Globus aufgeführt worden." Da nun, abgesehen von diesen Veränderungen im Titel und Vorwort, beide Drucke im Satz völlig übereinstimmen, so zeigt es sich deutlich, daß die Aufführung 1609 stattgefunden hat, als das Stück mit dem Vorwort eben gedruckt war und daß man infolgedessen sogleich eine zweite Ausgabe mit den Veränderungen veranstaltete.[76])

Bei der sich uns aufdrängenden Frage: was den Dichter

wohl veranlaßt haben könnte, den Helden des Trojanischen Krieges, vor allem den Griechen (mit nur vereinzelten Ausnahmen) ihr heroisches Kostüm so grausam abzustreifen, muß man zunächst davon ausgehen, daß die Liebesgeschichte von Troilus und Cressida nur eine Episode in den großen Kämpfen ist, die mit den ent= scheidenden Ereignissen des Krieges selbst kaum etwas zu schaffen hat. Nicht Homer war für ihn die Quelle, sondern die mittel= alterlichen Dichtungen, die bereits die Fabel von Troilus und Cressida erfunden und diese, mit Aufopferung der großen Züge im Homer in den Vordergrund gestellt haben. Es hat keinen Zweck für Shakespeares Drama, die allmähliche Entstehung und verschiedenartige Behandlung der Liebesgeschichte hier zu erörtern. Für die Betrachtung des Stückes genügt es, daß Shakespeare die Anregung dazu jedenfalls aus Chaucers Erzählung „Troilus and Creseïde" (geschrieben um 1370) erhalten hat, und daß Chaucers Vorbild die schöne Dichtung Filostrato von Boccaccio war, die nicht viel früher, Mitte des 14. Jahrhunderts, erschienen ist. Wenn auch der altenglische Dichter sein italienisches Vorbild in dessen hochpoetischer Ausarbeitung des Stoffes nicht erreichen konnte, so hatte er doch anderseits lebhaftere Farbentöne in die bei aller Schönheit der poetischen Darstellung doch etwas eintönige Dichtung des Boccaccio gebracht. Was zum Beispiel die Cha= rakteristik des Pandarus betrifft, so ist bei Boccaccio davon noch nichts enthalten, indem dort der Vermittler ein treuer Freund des Troilus ist, und erst Chaucer hatte dieser Figur den Charakter des Kupplers gegeben, der dann von Shakespeare in so drastischer Weise weiter ausgearbeitet wurde. Da Cressida (Creseïde) bereits in den mittelalterlichen Alterationen der Homerschen Dichtung als das Bild der Treulosigkeit dargestellt ist (in mehr oder weniger starken Farben, und am mildesten, ja zartesten gerade bei Boccaccio), so lag für Shakespeare die Versuchung sehr nahe, sie in solchem Sinne zur Hauptfigur einer satirischen Komödie zu machen, woraus noch keineswegs zu folgern ist, daß der Dichter selbst in diesem

Punkte bittere Erfahrungen gemacht habe. Auch hier ist er eben nur der „Dichter", der freilich für die Charakterbilder der Cressida und des Pandarus einen solchen Reichtum brennender Farben auf seiner Palette fand, daß zunächst wohl unwillkürlich sein Pinsel auch auf die Homerschen Heldengestalten hinüberschweifte. Hierbei ist es auch nicht zu verkennen, daß des Dichters Sympathie sich dem Helden Hector zuwendete und daß er dadurch veranlaßt wurde, die unser menschliches Gefühl verletzende Schleifung der Leiche des gefallenen Helden in solcher Weise zu beleuchten, daß hierdurch aus dem gefeierten Helden Achill ein feiger, prahlerischer und nichtswürdiger Lump wurde. Eine Parodie Homers konnte ein Dichter wie Shakespeare nicht im Sinne haben. Wenn aber einesteils seine bestimmt zum Ausdruck gebrachte Sympathie für Hector ihn zu einer so bis zum äußersten getriebenen Verurteilung des Achill veranlaßte, so ist ferner auch sein Unmut unverkennbar und begreiflich, daß wegen eines Weiberrockes (Helena) ein solches Aufgebot teils wirklichen, teils fragwürdigen Heldentums verschwendet wurde. Dieser letzte Punkt stimmte auch ganz dazu, die mittelalterliche Fabel der Cressida zum Stoff einer satirischen Komödie zu wählen. Indem er aber zu solchem Zwecke die von Homer nur flüchtig vorgezeichnete, in den späteren Erzählungen aber nicht enthaltene Figur des Sklaven Thersites einfügte, kam er wohl zu einer scharf satirischen Komödie, mit der aber der für Hector noch mehr als für Troilus tragische Ausgang nicht in Einklang zu bringen war. Man ersieht es auch deutlich, wie er in diesem Gefühl die letzten Szenen so flüchtig behandelte, daß der Abschluß der Komödie als unfertig erscheint. Die Fülle von Geist und Witz, mit der dies Stück geradezu verschwenderisch ausgestattet ist, wird bei der Lektüre unser vollstes Interesse erregen, aber als Bühnenstück kann dies für den herben Zwiespalt, der in dem Ganzen herrscht, nicht entschädigen. Der schreiende Mißklang in dem mehr empörenden als tragischen Ende des Hector ist weder durch den schwungvoll schönen Nachruf des Troilus zu mildern, noch kann die häßliche Schlußrede des Pandarus den Ton der Komödie wiederherstellen.

Daß in dieser Zeit dem Dichter zwischen seinen Meisterwerken zwei von ihm erwählte dramatische Stoffe versagten, ist ja an sich keineswegs erstaunlich; die Folgerung, daß es mit seiner schöpferischen Kraft abwärts ging, würde schon durch die noch folgenden Werke hinfällig werden, und auch die Annahme mancher Kritiker, daß die Entstehung von Troilus und Cressida in der Zeit weiter zurückzusetzen sei, bis auf 1602, würde daran nichts ändern. Wohl aber könnte das so befremdliche in dem zuletzt besprochenen Stück uns veranlassen, den Blick wieder auf seine Persönlichkeit zurückzulenken und auf die jetzigen Beziehungen zu seinen Dichter-Kollegen. Denn Shakespeare war nicht der Mann, nur in der Abgeschlossenheit in seiner Stube zu Southwark die Anregungen zu seinen dichterischen Schöpfungen zu erwarten und seitab vom geselligen Verkehr sie in seinem Hirn auszubrüten.

Die meisten von den Dichtern, die in der ersten Periode ihn umgaben, waren nicht mehr, und von den neueren Theaterdichtern standen Thomas Dekker und sonstige minderwertige, ebenso wie Chettle, auf ganz anderem Boden, während von den jüngeren Thomas Heywood, Webster usw. erst mit einzelnen Arbeiten hervorgetreten waren. Die jüngsten aber, die aus Ben Jonsons Schule hervorgegangenen Dioskuren Beaumont und Fletscher, sollten erst viel später einer neuen Epoche des Theaters die Signatur geben.

Für die letzte Periode Shakespeares können deshalb nur seine Beziehungen zu Ben Jonson in Frage kommen. Diese aber sind noch nicht ganz aufgeklärt, oder vielmehr sie sind hauptsächlich dadurch verdunkelt worden, daß man von vornherein darauf versessen war, Ben Jonson nicht nur als einen Rivalen, sondern als gehässigen Gegner Shakespeares zu betrachten. Daß dies schon zu des Dichters Zeit der Fall war, dafür haben wir außer verschiedenen gelegentlichen Äußerungen zeitgenössischer Schriftsteller einen besonders interessanten Beleg in dem Stück „The return from Parnassus", das von Studenten in Cambridge verfaßt und von ihnen auch dort gespielt wurde. Eine Komödie kann man dies seltsame Literaturerzeugnis nicht nennen, denn es besteht nur aus Dialogen, in denen die hinter verschiedenen allegorischen Namensbezeichnungen verborgenen Personen über literarische und Theater-Fragen diskutieren. In einer Szene des zweiten Aktes werden verschiedene Dichter ober= flächlich besprochen, Spenser, Drayton und unter noch andern auch Marlowe, von dem es heißt: er wäre glücklich in seiner hoch= trabenden (buskin) Muse gewesen, aber unglücklich im Leben und in seinem Ende; das Genie käme vom Himmel, aber die Laster seien von der Hölle gesandt. Interessant für uns ist in dem sonst wertlosen Opus ein Gespräch der beiden darin auftretenden Schau= spieler Burbadge und Kempe. Da sagt letzterer unter anderm, einige der von der Universität gekommenen Stücke seien ganz gut, aber sie dufteten zu sehr nach Ovid und seinen Metamorphosen und es werde zu viel von Proserpina und Jupiter gesprochen. „Aber da ist unser Genosse Shakespeare, der sie alle nebst Ben Jonson auf den Sand gesetzt hat. O dieser Ben Jonson ist ein pestilenzischer Gesell. Mit seinem Horaz hat er den Dichtern eine Pille gegeben, aber unser Kollege (fellow) Shake= speare gab ihm dafür eine Purganz, die sein Ansehen sehr be= sudelt hat."

Es bezieht sich diese Stelle auf den scharfen Streit, den Jonson dadurch sich zugezogen hatte, daß er — wie schon früher erwähnt — die in Blackfriars spielenden Kapellenkinder zu seinen literarischen Fehden benutzte und dadurch auch die Schauspieler des Globe=Theaters sich zu Gegnern machte. (Man erinnere sich hierbei, wie Shakespeare im Hamlet diese Angelegenheit der Kinder= theater zur Sprache brachte.) Jonson hatte zunächst in der satirischen Komödie „Cynthia's Revels" sowohl seine literarischen Gegner, die Dichter Marston und Thomas Dekker lächerlich zu

machen gesucht, dabei aber auch die denselben befreundeten Schau=
spieler angegriffen. Marston und Dekker verbündeten sich darauf
gegen ihn zu einer ihn schonungslos verspottenden Komödie
„Satiromastix"; aber Jonson, der davon erfuhr, kam ihnen zu=
vor und schrieb eiligst seinen „Poetaster", bei dessen Aufführung
er — wie es scheint — die Lacher auf seiner Seite hatte. Dafür
brachten die Schauspieler den Dekker=Marstonschen „Satiromastix"
auf das Globe=Theater. Die angeführte Stelle in der Studenten=
komödie bezüglich des Horaz findet ihre Erklärung darin, daß
Jonson im „Poetaster" unter dem Namen des Horaz sich selber
eingeführt hatte. Ob nun die von den Cambridger Studenten
erwähnte „Purganz", die ihm Shakespeare verabfolgt haben soll,
sich auf die bekannte Dialogstelle im „Hamlet" über den Unfug der
Kindertheater bezog — denn an dem „Satiromastix" hatte er
nicht den mindesten Anteil —, kann nur vermutet werden. Wenn
dies aber anzunehmen ist, und wenn die Parnassus=Komödie, wie
behauptet wird, schon 1601 aufgeführt wurde, so wäre auch hieraus
zu folgern, daß „Hamlet" (in der erweiterten Gestalt) bereits
1601 zur Darstellung gekommen sein muß.

Aus allen diesen Vorgängen ist zu ersehen, daß der Anlaß
zu einer vorübergehenden Verstimmung zwischen Shakespeare und
Jonson nicht durch ihre Rivalität als Dichter gegeben war,
sondern durch die Verschiedenheit ihrer Anschauungen über den
Beruf des Theaters überhaupt. Shakespeare vertrat seine künstle=
rischen Grundsätze in dem Sinne, wie er sie betreffs dieser Theater=
frage im „Hamlet" dargelegt hatte, während Jonson durch seine
gereizte Eitelkeit sich verleiten ließ, das Theater für seine literarischen
Zänkereien zu mißbrauchen und dadurch die dramatische Kunst
herabzusetzen, zugleich aber auch den Geschmack des Publikums zu
mißleiten, weil ein großer Teil desselben an solchen persönlichen
Kämpfen Gefallen fand.

Seit jener großen Fehde, die einen so gehässigen persönlichen
Charakter angenommen hatte, war nunmehr eine Reihe von Jahren

vergangen. Wenn zwar Ben Jonson es für längere Zeit auch mit den Schauspielern (namentlich denen des Globus) verdorben hatte, so war doch zwischen ihm und Shakespeare bald ein gutes Verhältnis wieder hergestellt. Shakespeare war, bei seiner tiefen Abneigung, die er gegen alle literarischen Zänkereien hatte, auch in dieser Angelegenheit persönlich unberührt geblieben. Selbst einem so hitzigen Streiter wie Jonson hätte es auch schwer werden müssen, gegen ihn feindselig aufzutreten; und Shakespeare war in seiner Stellungnahme zu der Frage der Kindertheater, wenn er auch entschieden genug sich darüber aussprach, doch bei seiner ihm eigenen vornehmen Weise so streng sachlich geblieben, daß gegen seine Argumente kein Widerspruch möglich war. Um so leichter war es für Jonson, sich ihm persönlich wieder zu nähern, und Shakespeare, der auch ihm gegenüber seine überlegene Ruhe bewahrt hatte, brauchte kaum erst versöhnt zu werden, denn er war auch tolerant genug, über die Fehler seines Temperaments hinwegzusehen und einem bedeutenden Menschen seine Eigenart zu lassen. Da aber Jonson durch sein streitsüchtiges Wesen und sein großes Selbstbewußtsein sich viele Feinde gemacht hatte, so geschah es wohl zum Teil aus diesem Grunde, wenn man es liebte, Shakespeare gegen ihn auszuspielen, indem man beide durchaus als persönliche Gegner betrachten wollte, woran auch noch spätere Kritiker festhielten. Wie man sich noch bis in die neuere Zeit bemüht hat, in beider dramatischen Werken einzelne Stellen herauszufinden, die man auf ihre Gegnerschaft deutete, so hat man auch eine Stelle in dem Prolog zu „Troilus und Cressida" in solchem Sinne angeführt. Jonson hatte in seinem stark polemischen „Poetaster" sogleich den Prolog „gewaffnet" (in armour) erscheinen und ihn selbst darüber sich aussprechen lassen: er käme als gewaffneter Prolog, da es ein gefahrvolles Zeitalter sei usw. Mit Bezug darauf ließ dann auch Shakespeare seinen Prolog zu „Troilus und Cressida" sagen:

Hier komm' ich als gewaffneter Prolog, jedoch
Nicht im Vertraun auf meines Autors Feder usw.

Neben solchen, oft auch weniger harmlosen literarischen Plänke=leien ist in Jonsons Äußerungen aus späterer Zeit eine gegen Shakespeare gerichtete Spitze nur in den Anspielungen auf deſſen „Sturm“ und „Wintermärchen“ zuzugestehn, wo er von dem servant monster, den Tales, Tempests „und andern Possen“ spricht.[77]) Bei seiner Neigung zu Spötteleien fühlte er auch das Bedürfnis, seine eigene dramatische Richtung im Gegensatze zu dem Phan=tastischen und Übersinnlichen, durch gelegentliche Anspielungen zu rechtfertigen. Übrigens war er nach dem „Sejanus“ in seinen weiteren Stücken zunächst wieder auf dem Boden der bürgerlichen, und zwar realistisch=modernen Komödie geblieben. Indem er aber nach neuen Motiven und Charakteren suchte, gelangte er zuweilen zu ganz verschrobenen Erfindungen, die — aus nüchterner Ver=standesspekulation hervorgegangen — durch die Unnatur viel empfindlicher berühren, als es bei den Erzeugniſſen frei waltender, aber wirklich dichterischer Phantasie der Fall ist. Bezeichnend dafür ist seine Komödie „Epicoene“, ein aus dem Griechischen gemachter künstlicher Name, der hier so viel bedeuten soll, wie: Zweierlei=Geschlechts. Aber das ist hier nur vergleichungsweise zu verstehen, denn diese Epicoene ist ein junger Mann, der dazu bestimmt wird, sich als Mädchen auszugeben, um damit einen närrischen Onkel zu betrügen, der die Absicht hat, sich wieder zu verheiraten. Die ganze Intrigue ist gekünstelt und die Aus=führung unerquicklich. In anderen Komödien, in denen Jonson die Gebrechen, Laster und Narrheiten seiner Zeit an den Pranger stellen will, malt er mit so dickem Pinsel, daß hier kaum noch von Satire die Rede sein kann, weil den mit maßloser Über=treibung vorgeführten Charakteren das vermittelnde Element dich=terischer Darstellung fehlt. In einer seiner erst später verfaßten Komödien „Der Alchimist“ sind fast sämtliche Personen unglaub=lich freche Betrüger oder Einfaltspinsel. Den übertriebenen Cha=rakteren entsprechend ist auch die Sprache, trotz des mit großer Leichtigkeit geführten Dialogs, in einzelnen Szenen strotzend von den niedrigsten Schimpfwörtern, so daß man bei der Lektüre schließlich froh ist, von solcher Gesellschaft wieder befreit zu sein. Auch in diesem Punkte tritt uns der gewaltige Unterschied im Vergleich mit Shakespeares derb komischen oder niedrig gemeinen Personen entgegen, weil bei diesen doch immer der Dichter das Medium bleibt, durch das uns diese Gestalten lebenswahr und zugleich ergötzlich erscheinen.

Von solchen Vergleichungen absehend, bei denen ein jeder neben Shakespeare zu kurz kommt, ist Ben Jonson nicht nur die hervorragendste Erscheinung in der vorgeschrittenen Epoche Shakespeares, sondern sein Einfluß, den er auf die jüngeren Zeitgenossen — Massinger, Beaumont und Fletcher und andere — hatte, erstreckte sich auf die englische Literatur auch noch bis an das Ende des 17. Jahrhunderts. Viel Verstand, beweglichen Geist und scharfe Beobachtung erkennt man in den meisten seiner Werke; aber seine dichterische Begabung zeigt sich am gefälligsten in den sogenannten „Masques", kleine mit Gesang ausgestattete Prunkspiele, die er seit 1605 jedes Jahr für den Hof zu bestimmten Festtagen lieferte. Eine vollständige Würdigung des Dichters liegt nicht in dem Zwecke dieser Betrachtungen, indem hier nur die wesentlichen Momente in dem Verhältnis beider Dichter zueinander kurz hervorgehoben werden sollten.

Bei den namhaftesten unter den älteren englischen Kritikern ist Ben Jonsons Neid und feindselige Gesinnung gegen Shakespeare als eine ausgemachte Tatsache behandelt worden, und obgleich Ben Jonson auch einsichtsvolle Verteidiger gefunden hat, so sind doch die Beschuldigungen auch bei uns von den begeistertsten Shakespeare-Ästhetikern, namentlich von Tieck, übernommen und weiter verbreitet worden.[78] Wenn der Ursprung solcher Ungerechtigkeit in einer mißverständlichen und überflüssigen Parteinahme für Shakespeare zu erkennen ist, so müßte es doch gerade noch mehr zu dessen Verherrlichung beitragen, wenn man sieht, daß selbst für einen so sehr selbstbewußten und streitsüchtigen Charakter wie

Ben Jonson die Persönlichkeit Shakespeares unantastbar war. Gegenüber den mancherlei an sich sehr harmlosen Anspielungen, wie solche der ganzen Richtung seiner Feder entsprachen und die so eifrig als gehässig gedeutet worden sind, sollte doch wohl das, was er nach dem Tode Shakespeares über ihn mit ausdrücklicher Bestimmtheit sagte, mehr ins Gewicht fallen. Eine liebevollere und feurigere Huldigung hat wohl niemals ein Dichter dem anderen gezollt, wie Ben Jonson in den Versen, die er „dem Gedächtnisse des Autors, meines geliebten William Shakespeare" gleich einem prächtigen Monument an die Spitze der ersten voll= ständigen Ausgabe der dramatischen Werke Shakespeares setzte. Und wenn Jonson später nochmals erklärte: er habe ihn „geliebt", wie irgend einer, sowohl um seiner hohen dichterischen Gaben willen, wie auch wegen seines aufrichtigen und edlen Charakters, — so hat niemand ein Recht, an der Wahrhaftigkeit dieser Liebe und Verehrung zu zweifeln. Aus solchen wiederholten Äußerungen Jonsons geht aber auch hervor, daß zwischen beiden Männern ein freundschaftlicher Verkehr bestanden hat, und Ben Jonson war sich wohl bewußt, daß er diese Freundschaft vor allem Shakespeares liebevoller Nachsicht mit seinen Fehlern zu danken hatte.

Über den geselligen Verkehr beider sind manche anekdotische Züge bekannt geworden, die sich meist auf den berühmt gewordenen Klub in der Taverne zur „Mermaid" bezogen und von denen wohl manches erst später in Umlauf gesetzt wurde.*) Was aber die aus jener geistreichen Gesellschaft berichteten Witzgefechte betrifft, so wird es schon richtig sein, daß Shakespeare, in seinem Gegen=

---

*) Ein vielleicht auch erst in späterer Zeit entstandenes Bonmot Shakespeares, das den großen Lateiner Jonson ironisiert, ist so hübsch, das es wohl wert ist, mitgeteilt zu werden. Shakespeare hatte bei einer Gelegenheit Jonson ein Patengeschenk zu machen und als er darüber befragt wurde, habe er geantwortet: ich werde ihm messingene (latten) Löffel schenken und er mag sie sich selbst übersetzen. Der unübersetzbare Scherz liegt natürlich in dem Gleichklang von latten und latin.

saß zu Jonsons streitsüchtiger Natur und stachelichem Wesen den Vorteil seiner Überlegenheit in der heiteren Auffassung der Dinge für sich hatte und zuweilen seinen ihn herausfordernden Freund durch eine scherzhafte und feine Bemerkung zur Befriedigung aller auf den Sand setzte. Eine nur ganz allgemeine Schilderung des in der „Mermaid" herrschenden Geistes ist von einem der jüngsten Dichter jener Zeit, von Francis Beaumont, überliefert worden, und zwar in Versen, die er in einem offenen Brief an Jonson richtete und in denen es heißt:

Was sahn wir in der Mermaid nicht vollbringen?
Wir hörten Worte dort, so schnell und glänzend,
Als hätte jeder, der sie sprach, im Sinne,
Sein alles, was an Geiste er besaß,
In einen Scherz zu pfropfen, und hiernach
Des Lebens stumpfen Rest als Tor zu leben!
Genug des Witzes ward hier aufgebracht,
Die Stadt damit drei Tage zu verteid'gen.

Und gingen wir, so ließen wir zurück
So witzerfüllte Luft, daß sie genügen konnte,
Nach uns noch viele andre zu versorgen.

Als Begründer dieses Klubs in der Taverne zur Mermaid (in Breadstreet, Cheapside) ist der auch als Dichter bekannte Seeheld Sir Walter Raleigh bezeichnet worden. Ist diese Angabe richtig, so müßte die Gründung schon vor langer Zeit geschehen sein und die heiteren Genossen des Klubs hätten jetzt nur mit Trauer an den Gründer denken können, denn Raleigh saß schon seit 1603 als Gefangener im Tower. Bei Entdeckung einer Verschwörung gegen den König Jakob (im Interesse der Kronprätendentin Arabella Stuart) wurde auch Raleigh, den man der Teilnahme an jener Verschwörung beschuldigt hatte, verhaftet. Durch seinen Ehrgeiz, durch Verschwendung und manche Unbesonnenheit hatte Raleigh am Hofe König Jakobs sich Männer von großem Einfluß (als sein schlimmster Gegner wird der Herzog von Somerset bezeichnet) zu Feinden gemacht. Ohne daß man ihn des angeschuldigten Hochverrats überführen konnte, wurde er zum Tode verurteilt, blieb aber dennoch zwölf volle Jahre Gefangener. Essex und Raleigh, zwei der glänzendsten Erscheinungen zur Zeit der Elisabeth, hatten im Leben einander oft im Wege gestanden. Beide aber fanden zuletzt ihr Ende im Tower, dem schauerlichen Monument vergänglicher Größe und aller Eitelkeit eines ruhmvollen Lebens.[79])

In der letzten Reihe von Jahren hatte in Shakespeares Leben Freude und Leid gewechselt. Nachdem er die Befreiung Southamptons aus dem Tower mit hoher Freude hatte begrüßen können, war kurz danach die Verhaftung und Verurteilung Raleighs erfolgt, die in weiten Kreisen schmerzliche Teilnahme erregte. Wenn auch der Dichter diesem nicht so nahe stand, wie seinem geliebten Patron, so war er dennoch auch zu ihm in persönliche Beziehungen getreten. In Stratford war Shakespeares Vater bereits im Jahre 1601 gestorben, und jetzt — im Jahre 1608 — hatte er auch den Tod seiner Mutter zu beklagen, der er das von allen Lasten befreite Haus in der Henleystraße zu dauerndem Wohnsitz überlassen hatte. Noch im Jahre vorher hatte sie die Freude gehabt, daß Shakespeares älteste Tochter Susanne sich in Stratfort mit einem dort angesehenen Arzte Dr. Hall verheiratete. Hingegen in London hatte der Dichter seinen jüngsten Bruder, den erst achtundzwanzigjährigen Edmund, durch den Tod verloren. Nur aus der Eintragung seines Begräbnisses in Southwark ist uns die Kunde überliefert worden, daß auch dieser Bruder den Schauspielerberuf erwählt hatte.

Obwohl Shakespeare selbst als Schauspieler in diesen Jahren die Bühne nicht mehr betreten zu haben scheint, so war er doch als Dichter noch ohne Unterbrechung tätig geblieben. Von seinen bekanntesten Tragödien aus dieser letzten Periode ist noch diejenige zu nennen, die zu seinen populärsten und vollendetsten Schöpfungen zu zählen ist: Othello, oder der Mohr von Venedig. Eine Einzelausgabe davon ist erst mehrere Jahre nach seinem Tode erschienen (1622), doch wird man die erste Aufführung des Stückes mit ziemlicher Sicherheit in die Zeit von 1608—1610 zu setzen haben, und von einer Vorstellung im April 1610 ist uns in einem Reisebericht bestimmte Kunde gegeben.[80])

In jeder seiner großen romantischen Tragödien haben wir stets eine besondere Seite seines dichterischen Genies und seiner Kunst aufs neue zu bewundern. In Romeo und Julie war es die vollendete und verklärende Schönheit in der Schilderung einer Liebestragödie, im Hamlet der erstaunliche Reichtum tiefsinniger Betrachtungen, im Macbeth das Kolossale und Gedrungene in der vollendeten künstlerischen Komposition, im Lear die phantastische Größe der furchtbaren Tragik, — und so steht endlich „Othello" als ergreifendes Seelengemälde in solcher erschöpfenden Darlegung einzig da, allerdings, wie gleich hinzugefügt werden mag, in der erschütternden Wahrheit auch so martervoll, daß uns von den ersten Anzeichen des seelischen Kampfes bis zum tragischen Ende ein Gefühl tiefster und schmerzvollster Wehmut kaum verläßt. Man könnte dies als einen Einwand gegen das so peinvoll Tragische geltend machen, wenn — —, ja eben, wenn nicht Shakespeare auch hier wieder der Dichter wäre, der zur Bewunderung zwingt.

Für die Fabel des Stückes kann nur die Erzählung von Cinthio als die unmittelbare Quelle angesehen werden. Sie gehört zu den unter dem Gesamttitel „Hekatommithi" erschienenen Novellen und Shakespeare muß sie entweder direkt aus dem Italienischen oder aus einer französischen Übersetzung kennen gelernt haben. Die Erzählung von dem „Mohren" in Venedig gehört zu den besten des ganzen Novellenbuches und zeichnet sich sowohl durch den rührenden Inhalt, wie durch die vortreffliche Vortragsform der Geschichte ganz besonders aus. Bis auf die

von Shakespeare hinzugefügten Personen, unter denen Roderigo
die wichtigste ist, und bis auf manche Veränderungen in den Mo=
tiven und in der schließlichen Katastrophe, hat der Dichter die
Hauptumstände der erzählten Begebenheit wenig verändert, aber
die Veränderungen sind so wichtig, einmal als Motivierung für
den Charakter des Jago (der in der Novelle nur als „der
Fähndrich", ohne Namen, bezeichnet ist, und dann für die
Handlungsweise des Othello (der ebenfalls in der Novelle nur
„der Mohr" genannt wird), daß sie wieder sehr bezeichnend für
Shakespeares großen Kunstverstand sind. Was zunächst „den
Mohren" betrifft, so ist derselbe auch in der Novelle im all=
gemeinen ebenfalls als ein tapferer und achtungswerter Mann
geschildert. Während aber Shakespeare die vom Novellisten dafür
gegebenen nur knappen Andeutungen viel reicher ausstattete, um
die sonst unbegreifliche Liebe Desdemonas mehr zu motivieren,
hat er seine Handlungsweise besonders in der Schlußkatastrophe
völlig umgestaltet, und zwar zum großen Vorteil für Othellos
tragischen Charakter. Die Sorgfalt, mit der er in den Szenen
des ersten Aktes den Mohren — im Reden wie im Handeln —
als eine edle, männliche und reine Natur einführt, läßt seine be=
stimmte Absicht erkennen, nicht allein die so unnatürlich erscheinende
Liebe Desdemonas zu einem Schwarzen begreiflich zu machen,
sondern auch die ganze Wucht der furchtbaren Tragik in die
Seele Othellos zu legen. Und wie diese so sorgsam vorbereitende
Charakteristik Othellos ganz das Werk Shakespeares ist, so mußte
er zugunsten seines tragischen Helden in der Art des an Desdemona
verübten grausamen Rachewerkes von der Erzählung weit ab=
weichen. Denn in der Novelle wird die Tötung Desdemonas
nicht durch Othello selbst vollführt, sondern in seinem Auftrage
durch den „Fähndrich", der die Ahnungslose durch die wieder=
holten Schläge eines mit Sand gefüllten Strumpfes tötet, wonach
sie von beiden in ihr Bett gelegt und die über demselben befind=
liche Balkendecke des Zimmers herabgerissen wird, damit es so

erscheine, als sei sie durch die herabgestürzte Zimmerdecke getötet worden. Das konnte der Dichter nicht brauchen, weder für die theatralische Darstellung, noch für den Charakter seines Othello. Man denke hierbei nur an dessen rührend schmerzvollen Monolog vor der Ausführung der Tat! — Und in voller Übereinstimmung damit ist auch das Verhalten Othellos nach der Tat ganz ab= weichend von seiner Quelle. Denn bei Cinthio bekennt sich der Mohr keineswegs als der Mörder, sondern durch die wohlberechnete Täuschung bleibt der Urheber des Verbrechens lange Zeit un= entdeckt und die Mordtat kommt erst viel später durch den Fähndrich an den Tag, wonach Othello die Folterqualen erleidet, ohne ein Geständnis zu machen. Shakespeare aber hat die Martern der Folter in Othellos eigene Brust gelegt und besonders hierdurch unser tragisches Mitgefühl verstärkt.

Es ist aber auch eine im höchsten Maße mißverständliche Abweichung von dem Sinne der Tragödie, wenn im Volksmund der Othello Shakespeares als Prototyp für die Leidenschaft der Eifersucht gilt. Die vom Dichter seinem Charakterbild gegebenen Züge widersprechen einer solchen Vorstellung aufs bestimmteste, und wie ganz anders ist Shakespeare verfahren, wo er die Leiden= schaft der Eifersucht als eine psychische Krankheit schildern wollte, wie er es beim Leontes im Wintermärchen mit so starken Farben getan hat! Bei dem armen Othello kann nicht einmal von einer Anlage zur Eifersucht die Rede sein, was sowohl Desdemonas Versicherungen wie sein eigenes Verhalten in den ersten Akten dartun; und nur der ausdauerndsten und raffiniertesten Bosheit, begünstigt durch zufällige Umstände, konnte es nach vielen Mühen gelingen, die feste Zuversicht Othellos zu Desdemonas Liebe und Treue zu erschüttern. Aber auch dann, als dies dem Jago durch seine erheuchelte Biederkeit und Freundschaft gelungen ist, will Othello nichts von Eifersucht wissen, und jenes Stadium der Eifersucht, das ihren Hauptinhalt ausmacht, das Stadium des Argwohns und des Zweifelns, wird von ihm mit einem

gewaltigen Satze übersprungen. Als er gegen das von Jago ihm
eingeträufelte Gift sich noch wehrt, ruft er: „Beweise will ich,
und hab' ich die, fahr' hin mit eins dann Lieb' und Eifersucht!" —
Aber für den vulkanischen Ausbruch seiner Wut kommt zu der
Erkenntnis, betrogen worden zu sein, noch ein anderes Moment,
das der Dichter wiederholt und stark betont hat: Der Unterschied
der Rasse. Wie der naive Naturmensch in seiner kindlichen
Gläubigkeit einer Kulturbestie gegenüber, wie Jago, diesem unterliegt,
so kommt dafür nunmehr die ursprüngliche Stammeswildheit zum
Ausdruck. Durch Charakter und Fähigkeiten war Othello aus
der niederen Stellung, die ihm seine Nationalität und verachtete
Rasse anwies, emporgehoben worden. Aber gerade das Aus-
nahmsweise seiner erhöhten Stellung erfüllte ihn mit grüblerischem
Ernst, der sich auch vollkommen darin ausdrückt, wie er sein
Glück in dem Besitze Desdemonas auffaßt, indem er einmal zu
sich selber von ihr sagt: „Wenn ich dich nicht mehr liebe, so
kehrt das Chaos wieder mir zurück." Aber nicht ein Augenblick
des Zweifelns an der Reinheit und Dauerbarkeit ihrer Liebe kommt
ihm in den Sinn, und gerade auf sein offenes und ehrliches
Gemüt wußte Jago ganz richtig zu spekulieren. Den Abstand
der Rasse hat Shakespeare ja auch in der Erzählung Cinthios
vorgefunden, in der Othello immer nur als „der Mohr" bezeichnet
ist. Aber bei dem Novellisten gab dieser Umstand nur den Anlaß,
die zum Ausbruch kommende Wildheit und Grausamkeit der Rasse
darzulegen, zugleich aber auch ein Beispiel dafür zu geben, daß
Schwarz und Weiß nicht zusammen passe. So sagt auch bei
Cinthio einmal Disdemona (so ist in der Novelle der Name):
„Ich fürchte sehr, daß ich jungen Mädchen noch zur Warnung
dienen muß, sich nicht wider den Willen der Eltern zu verheiraten,
und daß die Italienerinnen von mir lernen sollen, sich nicht mit
einem Manne zu verbinden, den Natur, Himmel und Lebensweise
uns völlig entfremdet." In solcher lehrhaften Weise spricht sich
Shakespeare in seinen dramatischen Charakteren niemals aus,

sondern er überläßt es uns, in den tiefen Grund seiner Seelengemälde zu blicken. Wir erkennen deshalb auch bei Desdemona, daß — bei aller Zartheit, Reinheit und Güte, wie sie der Dichter hinstellt — ihre Leidenschaft für den Mohren doch aus einer Verirrung der Natur hervorgegangen ist, wie es auch Brabantio bestimmt ausspricht, und daß sie dieser unnatürlichen Verbindung als bemitleidenswertes Opfer fällt. Anders steht es mit Othello, dem eigentlichen und wahrhaft tragischen Helden des erschütternden Dramas. Aus dem Verhalten Beider in den Expositionsszenen und besonders in den Verhandlungen vor dem Senat ersehen wir, daß nicht er es war, der sie durch Verführungskünste gewonnen hat, sondern daß sie es war, die ihm ihre Liebe entgegenbrachte. Aber so wie er es empfindet, daß diese Liebe zu ihm allen anderen etwas unbegreifliches ist und sein muß, so weiß er selbst es auch, daß seine von der Republik ihm gewordenen Ehren und seine Standeserhöhung ihm trotz seiner Farbe und Rasse zuteil geworden sind, daß seine Farbe an sich eine verachtete ist und daß Neid und böser Wille diesen Makel seiner Geburt stets auf seiner Stirne lesen. Schon in der ersten Unterredung zwischen Jago und Rodrigo — in der meisterhaften Exposition — vernehmen wir wiederholt die dahinzielenden Redensarten. Rodrigo nennt ihn den „Dicklippigen", Jago äußert sich in seiner gehässigen und gemeinen Weise dem Brabantio gegenüber noch kräftiger und Brabantio ist außer sich über diese Verirrung der Natur, daß sein Kind, das alle edlen Freier in Venedig von sich wies, an eines solchen Wesens schwarze (sooty) Brust sich werfen könne, die Furcht erweckt, nicht Liebe.*) Othello kann die Beleidigungen

---

*) Daß man bei allen solchen Zeugnissen schon vor langer Zeit mit der Behauptung hat kommen können: Othello sei eigentlich nicht als Schwarzer, sondern als Maure darzustellen, indem früher die Mauren sehr häufig als Mohren bezeichnet worden seien, gehört auch zu den ganz unmotivierten Auslegungen allzu eifriger Interpreten. Die Verwechselung in den Bezeichnungen von Mauren und Mohren ist an sich richtig. Für

Brabantios, auf der Straße und vor dem Senat, ruhig hinnehmen,
denn daß Desdemona ihn liebt, die Seine ist, hebt ihn über alle
Widerwärtigkeiten und Beschimpfungen hinweg. Aber er hört
es doch, hört es wiederholt, wie die Gesinnung der Leute sich
gegen ihn äußert. Und Jago selbst, in der furchtbaren Szene,
da er des unglücklichen Opfers trotz dessen verzweifelten Sträubens
schon fast gewiß ist, gebraucht auch da noch das Mittel, den Abstand seiner Rasse gegen Desdemonas Landsgenossen ihm in Erinnerung zu bringen und seinem Vertrauen zu Desdemona die
letzten Stöße zu versetzen, um sich endlich sagen zu können: Jetzt
wird er diese Hölle nicht mehr los. Wenn der Charakter Othellos
in seiner so ausführlichen und klaren Darlegung keinen Zweifeln
und Schwierigkeiten für das Verständnis begegnen kann, so verhält sich dies anders bei der zweiten Hauptfigur der Tragödie:
bei Jago, für dessen so ungeheuerlich ruchloses Verhalten man
häufig die Motive nicht ganz ausreichend hat finden wollen. Sehr
auffallend ist dabei, daß Shakespeare das von der Novelle
gegebene Hauptmotiv hat fallen lassen, denn in der italienischen
Erzählung ist der „Fähndrich" in Desdemona verliebt und von
ihr zurückgewiesen worden, und deshalb ist sein Rachewerk ebenso
gegen sie, wie gegen den Mohren gerichtet. Daß der Dichter
von einem so bequemen Motiv keinen Gebrauch hat machen wollen,
sagt uns deutlich, daß Shakespeare die Motive für ein so furchtbares Bubenstück aus anderen Charaktereigenschaften seines Jago
hat herleiten wollen. Es ist nun zunächst bemerkenswert, daß
Jago über die Motive zu seiner Schurkerei fortwährend räsonniert,
als suche er nach immer neuen und stichhaltigeren Gründen. Zuerst gibt er gegen Rodrigo als Grund an, daß er von dem
General nicht die seinen Verdiensten angemessene Beförderung
erhalten habe und daraus entspringt auch sein Haß gegen den

---

uns kommt es doch aber ganz allein darauf an, daß der Dichter sich
Othello als Schwarzen, als Mohren gedacht und ausdrücklich so dargestellt hat.

bevorzugten Cassio. Dann redet er sich gewaltsam ein, er müsse wegen seines Weibes dem Othello eins versetzen. Er meint selbst, der Verdacht sei vielleicht grundlos, aber er wolle daran glauben, daß es so ist. Othello ist ihm zuwider, weil dieser als Schwarzer zu so hoher Stellung gekommen, dann auch weil er trotz seiner vielen Protektionen gegen Cassio zurückgesetzt ist und außerdem haßt er sowohl den Cassio wegen seiner hübschen Persönlichkeit und den Othello, weil der verwünschte Mohr in den Besitz eines so reizenden Geschöpfes wie Desdemona gelangen konnte. Kurz, die Hauptquelle seiner Bosheit ist bei ihm der Neid, der niedrig gemeine Neid gegen glücklicher Gestellte. Wir erkennen aber außerdem noch aus seiner großen Redefertigkeit und aus dem Reichtum der Lebensregeln, die er dem Rodrigo vorträgt: er ist ein Mensch von der Sorte jener, die sich selbst für sehr klug halten und auf ihre praktische Lebensweisheit sich viel einbilden. So sagt er mit Selbstgefälligkeit zu Rodrigo: „Seit ich einen Unterschied machen konnte zwischen Wohltat und Beleidigung, habe ich noch keinen Mann gefunden, der's verstand, sich selbst zu lieben." Als kaltherziger Egoist ist er ein Lebenskluger von der nichtswürdigsten Sorte, und da er bei seiner eingebildeten geistigen Überlegenheit nicht die Stellung einnimmt, die ihm seiner Meinung nach gebührt, reizt es ihn, seinen spekulierenden Verstand wenigstens zum Schaden anderer geltend zu machen, und er hat die Genugtuung, für das Gelingen seines Schurkenstreiches sich selber Beifall zu zollen, wie er dies ein paarmal in seinen Monologen ausspricht, denn er sieht darin den Triumph seiner überlegenen Klugheit.

Man ersieht aus alledem: es ist ein sehr kompliziertes Gewebe verschiedenartiger Fäden, aus denen der Dichter dies Charakterbild geschaffen hat, indem er aus vielen Zügen, die er an gemeinen Menschennaturen beabachtete, das Bild dieses Jago konstruierte; und alle diese Charakterzüge sind solche, die keineswegs als seltene Ausnahmen in der Menge zu betrachten sind, — nur, daß ihre inneren Triebe und die von ihnen ausgehenden Handlungen oder auch nur halb ausgeführten Versuche nicht zu so furchtbaren Resultaten führen.

Keine Tragödie Shakespeares hinterläßt wie diese einen so tieftraurigen Eindruck. Der Triumph so kaltblütiger Büberei, so leidenschaftsloser Berechnung über die Naivetät und Treuherzigkeit, wodurch sowohl Othello wie Desdemona zugrunde gehen, hat etwas Niederbeugendes, es ist eine herzzerreißende Tragik, die grausam alles Mildernde ausschließt, aber auch dies gehört zu der Vollständigkeit einer Welt von Erscheinungen, die dieser dichterische Geist umfaßte.

Es ist bereits angedeutet worden, daß Shakespeares Jago ein kunstvoll konstruierter Charakter ist, ein Produkt des beob- achtenden und kritischen Verstandes, wenn auch alle einzelnen Züge in diesem mit besonderer Sorgfalt ausgeführten Charakter- bild der tiefen Menschenkenntnis des Dichters entsprechen. Da- neben erscheint Othello als ein so staunenswertes Meisterwerk des dichterischen Genies, daß man sich fragen muß: wie war es und wie ist es möglich, daß ein Dichter so aus der Tiefe einer Menschenseele, für deren Ergründung ihm das Leben kein Beispiel geben konnte, alle darin kämpfenden Regungen bis auf das leise Zucken der feinsten Fibern zu enthüllen vermochte? Und dies bei einem Menschen, dessen Rasse dem Dichter etwas Fremdes sein mußte, das für die Beobachtung und nachschaffende Kunst un- erreichbar war?

Hierauf wird keine andere Antwort zu geben sein, als: Das ist das unenthüllbare Geheimnis des Genies, und alle die aus dem ästhetischen in das psychologische Gebiet hinübergreifenden Untersuchungen werden hier unvermögend sein, in den geistigen Prozeß einzudringen. Aber wir haben auch eine andere Frage aufzuwerfen, die durch die erste bedingt ist, die Frage: Wie kommen wir dazu, die Wahrheit in solchen Shakespeareschen Charakteren anzuerkennen, wo auch wir keinen Maßstab für die wirkliche Wahrheit der dichterischen Darstellung haben —? weder für den Seelenzustand eines Mohren, noch für die Halluzinationen eines schuldbeladenen Macbeth, oder auch für den, wie von Psychiatern anerkannt worden ist, in den Entwicklungsmomenten und fortschreitenden Stadien so wahr geschilderten Wahnsinn des Lear, oder der Wahnvorstellungen der Ophelia —?

Das aber ist eben die Macht des dichterischen Genies, daß es nicht allein die für uns erkennbare Wahrheit in den Schilderungen menschlicher Charaktere, ihrer Triebe, Leidenschaften und Gemüts= bewegungen zeigt, sondern daß die dichterische Darstellung auch in den unserm Erkenntnisvermögen fernliegenden Gebilden doch den Eindruck der Wahrheit macht und damit sich unseres Mit= empfindens bemächtigt. Und sowie es das Ziel und die Kunst des wirklichen „Dichters" ist, in der poetischen Umschreibung der Wirklichkeit uns das dichterische Gleichnis als die Wahrheit selbst erscheinen zu lassen, so sehen wir hierin Shakespeare auf einer Höhe, zu der wir ihm nur mit unserem Empfinden folgen können. Seine poetische Intuition ist auch mit dem Blick des Hellsehens begabt, der das erschaut, wonach wir suchen und streben. Die „Philosophie des Unbewußten" hat keinen größeren Repräsentanten, als Shakespeare, und doch kommt bei diesem seinem Erkenntnis= vermögen auch stets der wirkliche und wahrhafte „Dichter" zu seinem vollen Recht, weil bei ihm Anschauung, Empfindung und Sprache eins ist.

Wer es nicht begreifen kann oder will, daß ein Schau= spieler, bei seiner Herkunft und dem Lebensgange in seiner Jugend, zu einer so umfassenden Weltkenntnis gelangen konnte,*) der vergißt die Unberechenbarkeit eines so außerordentlichen Genies

---

*) Dies ist ja der Ausgangspunkt in den Argumenten derjenigen, die seit fünfzig Jahren die ebenso dreiste wie alberne Behauptung verfechten wollten, daß Shakespeare nicht der Verfasser der nachweislich von ihm herrührenden Dramen sein könne. Mehr braucht hier über diesen wider= wärtigen literarischen Unfug, der bereits der Lächerlichkeit verfallen ist, nicht gesagt zu werden.

oder er will es nicht wissen, daß eine solche Begabung nicht vom Katheder aus verliehen werden kann. Das dichterische Genie Shakespeares ist aber ein so unerhörtes, daß seine ganze Erscheinung als ein Wunder zu betrachten ist und bei dessen Beurteilung es ganz gleichgültig ist, ob er ein Mann der Wissenschaft, ein Aristokrat, ein Kaufmann, Handwerker oder — Schauspieler war. Und hätten wir die Wahl unter allen diesen Ständen, so würde uns gerade der Schauspieler am wenigsten unbegreiflich sein. Das Theater ist (und war es in früheren Zeiten viel mehr als heute) für jeden, der in diese Atmosphäre tritt, eine Zauberwelt, die als solche auf jeden, dem eine leicht erregbare Phantasie gegeben ist, eine magische Anziehung ausübt und berauschend wirkt. Alle seine Werke, die er nur für die theatralische Darstellung schrieb, sind aus dieser Bühnenatmosphäre hervorgegangen, und seine plastische Gestaltungskraft, seine Macht der Individualisierung in der lebensvollen Anschaulichkeit aller Vorgänge und Gestalten wurde daher befruchtend gefördert durch seine völlige Vertrautheit mit der Bühne, der er selbst angehörte.

„Othello" war jedenfalls das letzte von Shakespeares hochtragischen Meisterwerken. Aus derselben Zeit rühren aber noch zwei seiner dramatischen Dichtungen her, die zwar nicht auf der Höhe jener Tragödie stehen, wohl aber in der poetischen Behandlung der hochromantischen Stoffe ihren Reiz haben. Es sind dies „Cymbelin" und das „Wintermärchen".

„Cymbelin" ist zwar in der ersten Folio auch den Tragödien eingereiht, entspricht aber trotz der sehr ernsten Handlung und der ans Tragische streifenden Konflikte nicht dem damals herrschenden Begriffe der Tragödie, da die schließliche Lösung eine versöhnende ist. Der Kern der außerordentlich komplizierten Handlung ist das alte Thema von der verleumdeten Unschuld, und dieser dramatische Mittelpunkt des Stückes entspricht in den

Hauptzügen einer der Erzählungen des Boccaccio.*) Shakespeare hatte aber nicht nur die Erzählung Boccaccios so mannig-
fach verändert, daß sie in seiner Umwandlung nur in dem zur
Verleumbung gegebenen Anlaß und in der Art, wie der Betrug
des Jachimo ausgeführt wird, mit der Novelle übereinstimmt,
sondern er hatte für diesen Teil der Handlung — indem er Jmogen
(bei Boccaccio Ginevra) zur Tochter eines altbritischen Königs
Cymbelin machte — die den geschichtlichen Hintergrund bildenden
Ereignisse der Chronik des Holinshed entnommen. Ob er für
die romantischen Zutaten — die Verbannung des Belario, der
Raub der beiden jugendlichen Prinzen, die böse Königin usw. —
eine andere Quelle benutzt hat, ist nicht zu erweisen. Und es ist
dies insofern gleichgültig, als er in dieser Zusammenfügung der
zwei verschiedenen Handlungsfäden nicht so glücklich war wie beim
König Lear. Durch die Mannigfaltigkeit der Handlungen und
der Motive sind die Vorgänge so verwickelt geworden, daß die
Klarheit des Ganzen darunter leidet. Hierin ist denn auch der
Hauptgrund zu erkennen, daß ein an poetischen Schönheiten so
reiches Werk der szenischen Darstellung widerstrebt, was wiederholte damit gemachte Versuche erwiesen haben. Es ist dies um
so mehr zu bedauern, als der Dichter in dem weiblichen Haupt-
charakter der Jmogen ein Bild von so hohem Reize geschaffen
hat, daß sie unter den vollkommenften weiblichen Charakteren des
Dichters vielleicht den höchsten Preis verdient. Wo sie steht und
spricht, da übt die keusche Anmut und der Liebreiz ihres Wesens
einen Zauber einziger Art. Aber diese Jmogen mit ihrer Unschuld
war nicht nur in einem Dornengeflecht der Bosheit gefangen, sie
ist auch aus dem reichen Gewebe, mit dem der Dichter aus den

---

*) Es ist im Decameron die neunte Geschichte des zweiten Tages,
die aber Shakespeare vielleicht aus einer Bearbeitung derselben in den
unter dem Titel „Westwart for smelts" 1603 erschienenen Erzählungen
kennen gelernt hat.

verschiedenen Fäden der Handlung sie umschlungen hat, nicht ganz zu befreien. Das Ganze drückt auf ihre zarte Gestalt.

In bezug auf die klarere szenische Komposition war der Dichter glücklicher mit dem andern, noch mehr auf das Gebiet des Märchenhaften hinübergreifenden romantischen Drama, das ebenfalls zu seinen letzten dichterischen Schöpfungen gehört, mit dem „Wintermärchen" (The Winters Tale). Dasselbe ist uns ebenfalls nur in der Folioausgabe überliefert worden, wo es in dem Abschnitt der „Komödien" als letzte steht. Hier hat Shakespeare den Stoff der hübschen Erzählung eines seiner früheren Zeitgenossen, des einst ihm feindseligen Robert Greene, entnommen. Die Erzählung war zuerst 1588 unter dem Titel „Pandosto, oder: der Triumph der Zeit" erschienen, und war unter dem später veränderten Titel „Dorastus und Faunia" zu großer Verbreitung und Beliebtheit gekommen.

Aus Shakespeares besonderer Art der Behandlung dieses ihm überlieferten Stoffes ist es recht deutlich zu ersehen, mit welch sicherm Blick er hierbei den Unterschied in den Bedingungen für eine nur erzählte Begebenheit und für die Umgestaltung derselben zu einem Drama erkannte. In der Erzählung von Dorastus und Faunia war es ein Leichtes, den langen Zeitraum, der zwischen der Aussetzung des Kindes der Hermione (bei Greene Bellaria) und ihrer Entwicklung zur Jungfrau in Kürze zu berichten und dann die Handlung zur Lösung des tragischen Konfliktes (die aber bei Greene keine befriedigende ist) weiter zu führen. Da dies Mittel des Erzählens dem Dramatiker verwehrt ist, mußte dieser sich zu einer Teilung des Stoffes in zwei ungleiche Hälften entschließen und den Hörern es überlassen, den dazwischen liegenden Zeitraum von sechzehn Jahren sich ergänzend zu denken. Um dies aber seinem Publikum deutlich zu machen, ließ er „die Zeit" als Chorus auftreten (im Shakespeareschen Texte heißt es vor Beginn des vierten Aktes: „Enter Time, the Chorus"), um die beiden Teile der Handlung damit zu überbrücken.

Bei einem „Märchen" ist gegen ein solches Hilfsmittel kaum etwas einzuwenden, und der Dichter läßt deshalb in der von der „Zeit" gehaltenen Ansprache ausdrücklich von dem „Märchen" reden. Wenn aber der Zeit die Macht und der Beruf verliehen ist, Wunden zu heilen, so war das bloße Vergessen des Geschehenen, das der Dichter der Erzählung in Anspruch nimmt, für Shakespeares dramatischen Zweck nicht genügend, und schon hierdurch wurde er bestimmt, abgesehen von seiner sonstigen reicheren Ausarbeitung des Stoffes, tief einschneidende Veränderungen mit den Vorgängen selbst zu machen. Denn in der Erzählung von Greene ist von dem Geschehenen nichts wieder gutzumachen, da dort die schmählich mißhandelte Bellaria (Hermione) wirklich stirbt. Infolgedessen konnte dann auch der König durch das spätere Wiederfinden seines Kindes und durch die Versöhnung mit dem von ihm so sehr verkannten und schwer beleidigten königlichen Gast eine Beruhigung seiner ihn marternden Reue nicht erlangen, und es ist deshalb ganz folgerichtig, wenn in der Erzählung der König Pandosto (bei Shakespeare Leontes) nach erfolgter glücklicher Vereinigung der beiderseitigen Kinder aus Gram über das früher Geschehene — wozu noch der Umstand kommt, das er sich in seine eigene Tochter Faunia (Perdita) verliebt — sich das Leben nimmt. Shakespeare wollte aber, im Gegensatze zu seiner sonstigen Behandlung wirklich tragischer Stoffe, alles zum guten wenden und läßt deshalb die totgeglaubte Hermione zum Leben wieder auferstehen. Wenn er dabei einen ganz ähnlichen Fall in einer seiner früheren Komödien (die Wiedererweckung der verleumdeten und totgeglaubten Hero in „Viel Lärm um nichts") wiederholte, so ist hier doch der gleiche Fall zwar noch unwahrscheinlicher, aber doch in poetischerer Ausführung behandelt. Eine mehr äußerliche Veränderung seiner Vorlage besteht darin, daß er die beiden Länder Böhmen und Sizilien und ihre Herrscher miteinander vertauscht hat. Denn bei Greene spielt die Handlung, die bei Shakespeare die drei ersten Akte ausfüllt, nicht in Sizilien, sondern in Böhmen. Vermutlich leitete ihn dabei die Absicht, die Tollheit des Leontes einigermaßen durch das nationale, südlichere Temperament zu motivieren. Daß aber die böhmische Küste auch in Greenes Erzählung vorkommt, ist schon früher (S. 89) bemerkt worden. Bei dem ganzen Charakter des Stückes ist es ebenso gleichgültig, daß Shakespeare die Kulturverhältnisse verschiedener Epochen durch= einandergeworfen hat, fast so wie im „Sommernachtstraum"; wenn er im dritten Akte das Orakel von Delphi sprechen läßt, im vierten aber in Böhmen das Fest der Schafschur nach dem Brauche seines Landes und seiner Zeit feiert, und wenn er den jungen Schäfer in Böhmen seine Berechnungen über den Ertrag der Wolle nach des Dichters eigenen in Stratford gemachten Erfahrungen machen läßt, so sind dies alles äußerliche Dinge, die mit dem poetischen Werte der Dichtung nichts zu schaffen haben. Wich= tiger ist die Tatsache, daß Shakespeare in diesem, einem seiner allerletzten Stücke (es ist sehr wahrscheinlich erst 1611 aufgeführt) das Tragische der Erzählung entweder ganz beseitigte oder doch so gemildert hat, daß das heitere Schäferspiel in der zweiten Hälfte des Stückes gegen die Herbheit der drei ersten Akte einen höchst wohltuenden Gegensatz bildet. Wenn er im dritten Akte es sogar vermieden hat, bei der Nachricht vom plötzlichen Tode der Hermione wenigstens eine vorbereitende Andeutung ihres späteren Wiedererscheinens zu geben, so hatte er dabei vielleicht die Ab= sicht, nicht zu auffällig an den gleichen Fall der Hero (in „Viel Lärm um nichts") zu erinnern. Eine derartige Überraschung des Publikums kann aber ebenfalls nur durch den Märchencharakter des Stückes zu rechtfertigen sein. Ja selbst die rasende Eifersucht des Leontes, die übrigens in Greenes Erzählung viel ausführlicher in ihren Ursachen dargelegt ist, kann in ihrer bis an die Parodie grenzenden Übertreibung (bei der es auch vielleicht die Absicht des Dichters war, den Gegensatz zu dem wahrhaft tragischen „Othello" stark hervorzuheben) nur durch den märchenhaften Ton des Ganzen als gerechtfertigt erscheinen. Noch entschiedener zeigt sich diese Freiheit, die dem Märchen zusteht, darin: daß die totgesagte Hermione volle sechzehn Jahre im Verborgenen bleiben konnte und erst dann zum Vorschein kommt, als alles sich zum Guten gewendet hat und nur sie noch fehlt, um die allgemeine Befriedigung durch ihr Erscheinen vollständig zu machen. Es ist kein Märchen durch die Mitwirkung übersinnlicher Mächte oder wunderbarer Zauberkünste — wie im „Sommernachtstraum" und im „Sturm" —, sondern das Märchenhafte liegt in den rein menschlichen Handlungen selbst und in den gefälligen Launen des Geschickes.

Von Shakespeares Dramen aus dieser letzten Zeit sind nur noch zwei zu erwähnen, die — wenn sie auch an dichterischem Werte sehr ungleich sind — doch in theatergeschichtlicher Hinsicht nebeneinander stehen, insofern es fraglich ist, welches von beiden Stücken das letzte gewesen sei, das Shakespeare überhaupt geschrieben hat. Es handelt sich um die englische Historie „Heinrich der Achte" und um die Märchenkomödie „Der Sturm". Das letztere fällt jedenfalls in die Zeit, als Shakespeare bereits den Entschluß gefaßt und auch schon Vorbereitungen dazu getroffen hatte, um mit gleichzeitigem Abschluß seiner Tätigkeit für die Bühne London zu verlassen und nach seinem Heimatort Stratford sich zurückzuziehen. Daß aber „Heinrich der Achte" erst im Sommer 1613 im Globetheater aufgeführt wurde, ist dadurch festgestellt, daß während der Vorstellung dieses Stückes am 29. Juni 1613 das Theater abbrannte. Und daß das Stück neu war, wird ebenfalls in den Berichten über den Brand des Theaters gesagt. In einem Briefe des Sir Henry Wotton über diesen Brand wird das Stück ausdrücklich als neu bezeichnet und zwar mit dem Titel: „Alles ist wahr" („a new play, called all is true") und mit dem Hinzufügen, daß das Stück „einige Hauptereignisse aus der Regierung Heinrichs VIII." enthalte. Daß bei der ersten Aufführung des Stückes der Titel „Alles ist wahr" gewesen sein kann, wird trotz der Geschmacklosigkeit durch den (sicher nicht von Shakespeare herrührenden) Prolog wahrscheinlich gemacht, in welchem auf die historische Wahrheit der Begebenheiten an mehreren Stellen hingewiesen ist. In dem erwähnten Briefe ist mit einer deutlichen Ironie bezüglich der Aufführung von dem ganz ungewöhnlichen Aufwand in der Ausstattung die Rede und von der Pracht, die auf das vom Könige im Hause des Kardinals Wolsey veranstaltete Maskenfest verwendet wurde, wobei durch das Abfeuern von Kanonen der Brand herbeigeführt war.[81]

Übrigens ist in diesem Briefe des Sir Henry Wotton das Stück ganz zutreffend damit charakterisiert, daß es „einige Hauptereignisse aus der Regierung Heinrichs VIII." enthalte, denn ein Drama ist es in der Tat nicht und man kann es nur schwer sich erklären, daß ein Dichter wie Shakespeare sich diesen König zum Mittelpunkte eines solchen Stückes erwählen konnte. Für die politischen Ereignisse ist der Chronist Holinshed in einer Weise benutzt, daß sich eine selbständige dichterische Umbildung fast nirgends bemerkbar macht. Nur einige der größeren Szenen sind in wirklich dichterischer Weise ausgearbeitet, was besonders von denen der unglücklichen Königin Katharina gilt, die in der Tiefe der Empfindung und dem Adel ihres Verhaltens — ohne jede Beimischung herkömmlicher Sentimentalität — alle anderen Teile des Stückes weit überragen. Neben diesen und den späteren Szenen Wolsey's ist das meiste mit so grobem Pinsel und so flüchtig ausgeführt, besonders in den Auftritten der dem Kardinal feindseligen Lords, daß danach die großen Szenen von Wolsey's Sturz im dritten Akte durch ihre sorgfältige Ausführung auffallend abstechen. Daß aber auch ein Dichter wie Shakespeare mit einem König wie dieser Heinrich nichts anzufangen wußte, wäre begreiflich. Verschönt konnte er unmöglich werden; daß er durch seine persönlichen widrigen Eigenschaften die Ursache zu dem Bruche mit Rom wurde und daß infolgedessen durch seine Thronerbin der Sieg des Protestantismus befestigt wurde, kann gerade ihm

dies nicht zum Ruhme angerechnet werden, weshalb auch in der
Schlußszene bei der Kindtaufe aller Glanz auf das Bild der
Zukunft fällt, in der Prophezeiung der einstigen Größe dieser
noch in den Windeln liegenden Herrscherin. Es sei hier beiläufig
bemerkt, daß bereits in einem ältern Schauspiel eine ganz ähn=
liche Prophezeiung sich findet, mit welcher der noch lebenden Königin
gehuldigt wurde. Es geschieht dies in dem früher besprochenen
Greeneschen Stücke vom „Bruder Baco und Bungay", wo in der
letzten Szene ihr dereinstiges weltbeglückendes Erscheinen durch
den gelehrten Mönch Baco verkündet wird, in einer prophetischen
Rede, die in der Schmeichelei kaum zu überbieten war. Die gleiche
Prophezeiung in Heinrich VIII. ist nur schwülstiger und länger
und gibt außerdem gebührender Weise dem regierenden Herrscher
auch sein Teil. Wenn dieser pomphafte und innerlich hohle Theater=
coup schwerlich Shakespeare zugeschrieben werden kann, so ist es
ganz undenkbar, daß der alberne und zu dem Stücke gar nicht
passende Prolog, wie auch der gleich fade Epilog überhaupt von
einem nennenswerten Dichter herrührt.

Da wegen der vielen auffallenden Mängel dieses zusammen=
gestoppelten Stückes die englische Kritik sich nicht dazu verstehen
mochte, das Ganze Shakespeare zuzumuten, so hat man nach andern
Autoren gesucht, die dazu beigetragen haben könnten. Wenn man
sowohl Fletcher wie auch Massinger als Mitarbeiter vermutet hat,
so sind das alles nur Vermutungen, die durch nichts begründet sind.
Da aber das Ganze unmöglich von Shakespeare sein kann, und
demungeachtet das Stück als das seinige in der Folioausgabe Auf=
nahme gefunden hat, so muß jedenfalls angenommen werden, daß
er einen nicht geringen Anteil daran hatte. Was aber von ihm
herrührt, das wird ihm durch Überredung seitens seiner Kollegen
abgenötigt worden sein. Burbadge, der jetzt der eigentliche Leiter
des Globetheaters war, brauchte vor allem Einnahmen, und da
Shakespeare London verließ, wollte Burbadge sich wenigstens des
Dichters fernere Tätigkeit für das Theater sichern und suchte

ihn besonders zu einem historischen Schauspiel zu bewegen, dessen
Stoff der Gegenwart noch nahe lag. Ob Burbadge gerade für
diesen Stoff von anderer Seite, vielleicht aus den Kreisen der
das Theater begünstigenden Aristokratie, angeregt worden, ob dann
Shakespeare noch in London einzelne Szenen dafür entworfen
hatte, mag dahingestellt bleiben. Jedenfalls war Shakespeare in
London nicht mehr zur Ausführung des Ganzen gekommen und
er konnte auch von Stratford aus auf wiederholtes Drängen
nur noch einzelne Bruchstücke senden. So mag es gekommen sein,
daß Burbadge zur Vollendung des Ganzen noch die Hilfe anderer
dem Theater nahestehenden Autoren in Anspruch nahm. Da das
Ganze namentlich durch die auf die Königin Elisabeth bezügliche
Huldigung den Charakter eines festlichen Gelegenheitsstückes an=
genommen hatte, für das auch in der Ausstattung möglichst viel
Pomp aufgeboten werden sollte, so wäre es nicht unwahrscheinlich,
daß Burbadge im Sinne hatte, dasselbe zur Feier der Verlobung
oder Vermählung der Prinzessin Elisabeth mit dem Pfalzgrafen
Friedrich auf das Globetheater zu bringen. Da es aber zu der
bestimmten Zeit nicht fertig wurde, so mag es dann als eine
nachträgliche Festvorstellung und eben deshalb mit so großem
Prunk ausgestattet worden sein.

So kann es zugegeben werden, daß dieser „Heinrich der Achte"
als ein Shakespearesches Stück das letzte war, das zur Aufführung
kam. Aber es war sicher nicht dasjenige, das er selbst als sein
letztes betrachtet wissen wollte, denn dieses besitzen wir glücklicher=
weise in einem Werke, in dem sein dichterischer Genius sich in
voller Reinheit zeigt, — denn sein wirklicher Schwanensang ist
„Der Sturm".

Bevor wir aber diese Märchenkomödie, die zu seinen tief=
sinnigsten dichterischen Schöpfungen gehört, in dieser ihrer Be=
deutung näher betrachten, wird die naheliegende Frage zu beant=
worten sein: was den Dichter veranlaßt haben konnte, damit seine
Tätigkeit für das Theater abzuschließen und den so fruchtbaren

Boden für seine so vielen glänzenden Erfolge zu verlassen. Viel ist darüber freilich nicht zu sagen. Im allgemeinen waren die Verhältnisse, soweit dieselben seine persönlichen Interessen berührten, für ihn nicht ungünstiger geworden. König Jakob hatte nachweislich das Globetheater fortdauernd in noch höherem Maße bevorzugt, als seine Vorgängerin; denn die Vorstellungen, die der König in Whitehall von der Truppe des Globus geben ließ, fanden so häufig statt wie nie zuvor; für einzelne Jahre hat man mehr als ein Dutzend solcher Vorstellungen verzeichnen können. Die von manchen ausgesprochene Meinung, Shakespeare habe es empfunden, durch die Erfolge anderer Dramatiker in den Hintergrund getreten zu sein, nicht nur durch Ben Jonson, Massinger und andere, sondern auch durch die beiden Verbündeten Beaumont und Fletcher, obgleich diese in ihren gemeinschaftlichen Arbeiten und in ihrer großen Fruchtbarkeit den Höhepunkt noch nicht erreicht hatten.[82]) Rivalitätsneid und eitle Ruhmsucht waren aber der Natur Shakespeares gänzlich fremd und bei seinen eigenen Dramen lag ihm das fernere Gedeihen des Theaters, für das er wirkte, mehr am Herzen, als sein Dichterruhm, sei es für die Gegenwart oder gar für die Zukunft; hatte er selbst doch nicht die mindeste Sorge dafür getragen.

Wohl aber würde man es begreifen, wenn er nach einigen Erfahrungen, die er in der letzten Zeit an seinen eigenen dichterischen Schöpfungen gemacht hatte, mißtrauisch gegen sich selbst geworden wäre. Denn die mancherlei Fehlgriffe, die er in den letzten Jahren getan, entsprangen bei ihm nicht nur aus der Wahl und der Behandlung der gewählten Stoffe, wie im Timon, in Troilus und Cressida, zum Teil auch schon in Maß für Maß; auch bei Werken, auf die er in der Ausarbeitung die höchste Sorgfalt verwendet hatte, wie bei Antonius und Cleopatra und bei Cymbelin, wollte trotz ihres dichterischen Gehaltes in Bezug auf die technisch theatralische Form die Kunst des Dramatikers seinem Willen nicht mehr gehorchen. Es mögen auch Symptome wankender körperlicher Gesundheit in ihm die Erkenntnis oder die Sorge erregt haben, daß nach so langem und rastlosem Schaffen eine Erschöpfung der Kräfte eingetreten sei. Bei seinem klaren Blick für alle menschlichen Naturen war er auch gegenüber seiner eigenen Person von jeglicher Selbsttäuschung fern.

Da ihm als Anteilhaber am Globus ein bestimmter Teil von dem Gesamtgewinn des Theaters zustand, so hatte er mit dem Aufgeben seiner ganzen Tätigkeit auf einen erheblichen Teil seines Einkommens verzichtet, nachdem er schon seit langer Zeit auch dem Berufe als Schauspieler entsagt hatte. Daß Shakespeare Anteilhaber (sharer) des Globus gewesen sei, ist zwar ehedem bestritten worden, aber mit Recht ist solchem Widerspruch entgegengehalten worden, daß in verschiedenen Dokumenten, bei denen es sich um Bezahlungen der Truppe für die Vorstellungen am Hofe handelte, und worin stets nur wenige Schauspieler genannt sind, unter diesen Shakespeare meist obenan stand, neben Burbadge, Condell, Heminge, Lowin. Solche geschäftlichen Dokumente konnten sich selbstverständlich nur auf die Direktoren beziehen, von denen die mitwirkenden Schauspieler ihren bestimmten Anteil — je nach ihrer Bedeutung — von den Tageseinnahmen erhielten. In allen Fragen solcher Art werden wir natürlich stets von den Ermittelungen der englischen Forschung abhängig sein und bleiben. Daß Shakespeare gegen Ende des 16. Jahrhunderts als wohlhabender Mann gelten konnte, ist seinerzeit hier berichtet worden. Seit dem Bestehen des „Globus" hatten sich seine Einkünfte — als Theaterdichter, Schauspieler und sharer — noch erhöht. Sein damaliges jährliches Einkommen wird auf 150 Pfund (= 3000 Mark) berechnet, wobei aber zu beachten ist, daß dies nach dem damaligen Wert des Geldes auf das achtfache geschätzt wird. Ob dies Verhältnis genau zutreffend ist, mag dahingestellt sein, und der Abstand zwischen damals und heute wird nicht in allen Dingen ein gleich großer gewesen sein. Glaubwürdig erscheint aber solche Angabe durch die nach unserem heutigen Geldeswert geringen Summen, die bei Ankäufen von Häusern, Äckern, Getreide, wie auch bei Pachtungen gezahlt wurden. Daß Shakespeare seine Einkünfte gut zu verwalten verstand, ist schon früher hervorgehoben worden. Es soll hier aber nicht durch Anführung aller Einzelheiten, wie sie uns durch die englische Forschung überliefert worden sind, auch der kundige und praktische Geschäftsmann allzu eingehend neben dem Dichter hervorgehoben werden. Zu erwähnen ist aber, daß Shakespeare bevor er London ganz verließ, noch im Jahre 1612 ein Haus in dem Stadtteil Blackfriars gekauft hatte. Dasselbe soll nicht weit von dem nach jenem Stadtteil genannten Blackfriars-Theater gelegen haben. Der Dichter zahlte für dies Haus 140 Pfund, worüber sowohl der Kaufvertrag wie eine darauf bezügliche Pfand-verschreibung, beides mit seiner Namensunterschrift, erhalten ge-blieben sind. (Vergl. im Anhang die Anmerkung 11.) Es ist nicht anzunehmen, daß er dies Haus selbst noch bewohnt hat, aber es geht aus dieser Erwerbung doch hervor, daß er seine fortdauernden Beziehungen zu London auch von Stratford aus erhalten wollte.

Für die Zeit der Entstehung des „Sturm" kann das Jahr 1611 angenommen werden. Unter einer ganzen Reihe von Stücken, die am Hofe bei den Vermählungsfeierlichkeiten der Prinzessin Elisabeth mit dem Pfalzgrafen Friedrich im Februar 1613 aufgeführt wurden, ist auch der „Sturm" genannt und es ist natürlich, daß dies alles Stücke waren, die schon dem Theater angehörten und sich bewährt hatten. Früher aber als 1610 kann es nicht geschrieben sein, weil der Dichter die bestimmt erkennbare Anregung dazu aus einem interessanten Reisebericht, der im ge-nannten Jahre erschien, erhalten hatte. Dieser Bericht von Silvestre Jourdan bezog sich auf die Schicksale einer im Jahre 1609 nach Virginia ausgesandten und aus neun Schiffen bestehenden Expedition, die unter der Führung des Admirals Somers ausgesandt wurde. Durch einen gewaltigen Sturm wurden die Schiffe auseinander-

getrieben und zerstreut und das Admiralsschiff wurde nach einer
der Bermudas-Inseln getrieben, wo es zwischen hohe Felsen
geriet, von denen es nicht wieder loskam. Wohl aber konnte die
Mannschaft mit großen Mühen vom Schiffe aus auf die Insel
gelangen, auf die alle Vorräte gebracht wurden. Die Bermudas
waren wegen der dort herrschenden Stürme und Unwetter gefürchtet
und hatten durch die Wildheit der Natur schon zu manchen fabel-
haften Berichten Anlaß gegeben, weshalb sie auch Teufelsinseln
genannt wurden. Die von dem Sturm dorthin Verschlagenen
fanden nun aber zu ihrem Erstaunen dort ein so schönes Land,
mildes Klima und fruchtbaren Boden, daß sie volle neun Monate
dort aufs beste leben konnten. Außer dieser Reisebeschreibung,
die dem Dichter wohl zunächst die Anregung zu seiner Komödie
gegeben hatte, benutzte er noch manche andere vielfach verbreitete
Berichte von Zauberern, wunderbaren Menschen in fremden Welt-
teilen, und Dämonen, zu denen auch der wiederholt im „Sturm"
genannte Geist „Setebos" gehörte. Wenn er damit aber nur
den lokalen Boden für sein Märchen gefunden hatte, so war es
schwieriger, für die Handlung selbst, mit Einschluß der schon in
der Vergangenheit liegenden Schicksale des Prospero (als Herzog
von Mailand) eine bestimmte Quelle nachzuweisen. Daß aber
eine solche bestanden hat, ist uns merkwürdigerweise durch ein
vorhandenes altes deutsches Schauspiel zur Gewißheit geworden.
Es ist dies die „Comödia von der schönen Sidea" von Jakob
Ayrer, einem späten Nachfolger des Hans Sachs. Ayrer hat
alle seine Schauspiele „auf die neue englische Manier" geschrieben
und hat jedenfalls die in Deutschland reisenden „englischen Komödianten" entweder in Nürnberg oder in Bamberg spielen sehen.
Da er aber bereits 1605 in Nürnberg gestorben ist und da seine
dramatischen Werke erst 1618 (also zwei Jahre nach dem Tode
Shakespeares) unter dem Gesamttitel „Opus theatricum" im Druck
erschienen sind, so war er in diesem Falle zuverlässig der Vorgänger des englischen Dichters. Da ferner seine „Schöne Sidea"

hauptsächlich in dem ersteren Teil der Handlung mit jenen Begebenheiten übereinstimmt, die in Shakespeares „Sturm" im Anfange des Stückes von Prospero nur erzählt werden, so wäre es wohl anzunehmen, daß die englischen Komödianten das Ayrersche Stück in Deutschland haben aufführen sehen und daß sie bei ihrer Rückkehr nach England dem Dichter einen Bericht darüber gegeben haben. Eine auffallende Übereinstimmung mit einem Motiv im „Sturm" besteht in dem späteren Verlauf des Ayrerschen Stückes darin, daß auch bei Ayrer*) der „Fürst Ludolf in Littau" (Prospero) den in seine Gewalt geratenen Sohn seines Feindes schwere Dienste verrichten und auch Holz tragen läßt. Aber von dem beginnenden Liebeseinverständnis der Sidea (Miranda) mit Engelbrecht (Ferdinand) und beider Flucht findet sich keine Spur mehr von Übereinstimmung beider Stücke, und da auch die früheren Akte des Ayrerschen Stückes nur in den einfachen Grundlinien mit der Erzählung Prosperos Ähnlichkeit haben, eine gemeinschaftliche Quelle für beide Dichter aber nicht bekannt ist, so darf man sagen, daß von einer „Quelle" im gebräuchlichen Sinne hier kaum die Rede sein kann, indem er die erhaltenen auf eine dramatische Handlung hinweisenden Anregungen nur als die schon in der Vergangenheit liegenden Ausgangspunkte der Handlung benutzte, um aus eigenem schöpferischen Geiste diese ebenso poesievolle wie in ihrer symbolischen Bedeutung tiefsinnige Märchenkomödie zu schaffen. In ganz bestimmter Absicht (wie später dargelegt werden soll) hat er hier sich der größten Einfachheit befleißigt, indem er sich auf die Schilderung einer Situation beschränkte, die nur die freundliche Lösung eines schon außerhalb der Handlung liegenden dramatischen Konfliktes ist. Im Gegensatz zu dem jugendlicheren „Sommernachtstraum" bildet die heitere Lebensanschauung des Dichters die

---

*) Eingehendere Mitteilungen über Ayrer findet man in meiner „Geschichte der Shakespeareschen Dramen in Deutschland", 1870, wie auch in meinen 1882 erschienenen „Lehr- und Wanderjahren des deutschen Schauspiels".

Basis für die Handlung des Stückes. Im „Sturm" hingegen
ist es der Ernst des Lebens, der jedoch durch das Märchenhafte
der Handlung eine milde und versöhnliche Auflösung findet. In
beiden Komödien hat Shakespeare in der Behandlung des Wunderbaren aus den traditionellen Vorstellungen des Volksaberglaubens
geschaffen. In dem Jugendwerk ist die übersinnliche Elfenwelt
nur der Reflex poetischer und heiterer Lebenserscheinungen, und
die Sterblichen ahnen nichts von dem Spuk, der mit ihnen
getrieben wird. Im „Sturm" hingegen ist es ein Sterblicher
selbst, ein Weiser, der die Zauberkräfte der Natur und die feindseligen Dämonen sich unterworfen hat, um mit seiner Kunst
lohnende und strafende Zwecke zu verfolgen. Aber inmitten der
Zauberwelt und der dem Prospero dienenden Geister steht sein
eigenes Kind Miranda als ein wirkliches menschliches Wesen, das
nur dadurch uns wie ein Zauberbild erscheint, daß wir in ihr die
unberührte Reinheit und Keuschheit der ursprünglichen Natur
erkennen. Aus diesem Gedanken heraus ein wirklich lebendes,
sinnliches Wesen zu schaffen, das in jedem Wort, in jedem
Empfindungslaut, ohne es zu wollen, und eben deshalb sich als
das uns zeigt, was sie sein soll: als die zu einer körperlichen Erscheinung gewordene unbedingte Wahrheit und Schönheit der un-
berührten Natur, — das vermochte kein Zauberstab, wohl aber
der Geist des Dichters, der im Besitze dieser geheimnisvollen
Zauberkraft war, wie kein anderer.

Und neben diesem reinsten und holdesten Wesen, der Wirklichkeit zwei Geschöpfe der dichterischen Phantasie, wie der freundliche und zarte Luftgeist Ariel und der niedrig gemeine und
widrige Erdenwurm Caliban, zwei dichterische Gebilde, die durch
ihre Gegensätzlichkeit ihre volle Bedeutung erhalten.

Wir werden auch bei diesen beiden ureigenen Schöpfungen
des Dichters uns dessen erinnern, was er im Sommernachtstraum,
nachdem die traumhaften Erlebnisse zerflossen sind und die Wirklichkeit wiederkehrt, Hippolyta sagen läßt: daß in den so seltsamen

Begebenheiten auch ein Sinn liege, dem der Dichter eine feste Gestalt gegeben hat. So ist es auch hier; aber man braucht daraus nicht zu folgern, daß das Symbolische in den Gestalten des Caliban und des Ariel in allen Punkten so logisch ist, wie das Natürliche und Begreifliche. Als ein Volksdichter im aller= höchsten Sinne nahm Shakespeare die aus dem Aberglauben und der Volksphantasie geborenen Gestalten auf und gab ihnen nur insoweit einen tieferen Sinn, als es zu den Zwecken seiner dich= terischen Gebilde stimmte, während dabei in diesen Gestalten das Volksmäßige als solches erhalten bleiben mußte. Daher bei ihm die wunderbare Mischung des Naiven mit dem geistig Er= wogenen und künstlerisch Dargestellten.

Mehr als beim Ariel ist dies hier der Fall beim Caliban, zu welcher Figur der Dichter durch die mancherlei abenteuerlichen Vorstellungen und Beschreibungen von den in fernen und noch un= bekannten Ländern vorkommenden wunderbaren Menschen oder men= schenähnlichen Geschöpfen angeregt war. Wo aber Shakespeare solche Gebilde des Aberglaubens gebraucht hat, da erhob er sie zwar in ein höheres Gebiet der Betrachtung, ohne aber das Eindrucksvolle ihres volkstümlichen Ursprungs im mindesten zu schwächen. So ist dieser Fischmensch Caliban entstanden, der von der abscheulichen Hexe Sycorax auf der Insel geboren ward, und der in der phantastisch=grotesken Mischung des Menschlichen mit dem Tieri= schen alles Niedrige, Gemeine und Häßliche veranschaulicht, was sich in entarteten Menschennaturen zeigt und die in der Schlech= tigkeit und Gemeinheit ihrer Ursprungsnatur auch unverbesserlich sind. So ist Caliban geartet, bei dem niemals eine gute Regung zu erkennen ist, bei dem weder wohlmeinende Belehrung noch alle Mittel menschlicher Güte in seiner Natur etwas zu ändern ver= mögen, und der allein der Zauberkunst Prosperos unterworfen ist, weil dieser die Macht hat, ihn körperlich zu peinigen.

Und diesem gegenüber sehen wir in dem guten und lieblichen Luftgeist Ariel als vollkommenes Gegenstück ein körperloses

Wesen, dem nur des Dichters Kunst für unser Auge Gestalt zu geben vermochte, und den Prospero sich zum dienstbaren Geist gemacht hat, um die Bösen zu strafen und die Verirrten durch harte Prüfungen zur besseren Einsicht zu bringen und zum Guten zu bekehren. Da Ariel nicht wie Caliban eine körperliche Erscheinung ist, so bleibt er für alle Personen — außer für Prospero — unsichtbar; dieser sagt es ihm einmal selbst: „Du, der nur Luft ist", — ein unkörperliches Etwas und dabei dennoch wieder ein Geschöpf, das seine empfindlichen Schicksale hat. Wir erfahren diese aus Prospero's erster Unterredung mit ihm: daß Ariel durch verruchte Zauberkunst der bösartigen Hexe Sycorax in den Spalt einer Fichte zu unsäglichen Qualen eingeschlossen ward, aus welcher martervollen Lage, erst nach vielen Jahren, ihn Prospero durch seine größere Kunst befreite und ihn danach für seine höheren Zwecke zu seinen Diensten brauchte, die Ariel aus Dankbarkeit willig tut, wenn er auch zuweilen zu murren oder rührend zu bitten wagt, daß Prospero die ihm nach Verlauf einiger Jahre zugesicherte Freiheit wiedergeben möge. Und dies ist der Punkt, wo das Fabelwesen im Ariel für uns zurücktritt gegen seine symbolische Bedeutung für die Person des Dichters: als dessen dienstbarer, fleißiger und williger Geist, der seinen Geboten schon so lange gehorchte, bis er die vom Meister ihm zu einer bestimmten Frist verheißene Freiheit erlangt. Man wird diese Bedeutung — den Abschied des Dichters von der Zauberwelt der Bühne — namentlich in den Schlußszenen des Stückes in voller Deutlichkeit erkennen.

Neben den vier Hauptgestalten — Prospero und Miranda, Caliban und Ariel — haben die andern Personen — der gute alte Gonzalo, Ferdinand, Alonso usw. — keinen weiteren Anteil an der Symbolik des Ganzen, als daß sie für die Veranschaulichung der Vorgänge dem Dichter nötig waren. Wegen ihrer dramatischen Unbedeutendheit hat Shakespeare den etwas dürftigen Gesprächsszenen durch die komischen Episoden des Säufers Stephano und des Narren Trinculo einige Abwechselung verliehen. Die Zwischenszenen der beiden im Verein mit Caliban geben denn auch ein Trio echter Clownskomik, die schließlich darin gipfelt, daß das halb viehische Ungeheuer Caliban zu einer bemerkens= werten Einsicht kommt in dem Geständnis: „Welch ein dreifacher Esel war ich, den Trunkenbold für einen Gott zu halten und diesem dummen Narr'n zu huldigen!"

Dem poetischen Reize des jugendlichen Sommernachtstraum, in seiner vielgestaltigen, heiteren und stets bewegten Handlung kann in dieser Beziehung der Sturm nicht gleichgestellt werden, auch nicht in der Kunst der dramatischen Komposition, bei der Shakespeare sich selbst auf die größte Einfachheit beschränkt hat. Da er aber gerade in dieser Beziehung sich am Schlusse seiner Laufbahn wieder von einer ganz neuen Seite zeigt, tritt es auch überzeugend hervor, daß er dies Werk, auch was die dramatische Technik betrifft, so und nicht anders in ganz besonderer Tendenz hat schreiben wollen.

Man erinnere sich, wie schon seit länger als dreißig Jahren die Anhänger der Klassiker und der aus dem antiken Drama geschöpften strengen „Regeln" wiederholt der Ungebundenheit der die Bühne beherrschenden Romantiker sich entgegenstellten. Wenn nun auch diese Theoretiker selbst nichts schaffen konnten, um ihren Grundsätzen zum Siege zu verhelfen, so blieb doch die Frage als solche immer noch diskutierbar, und sie wurde es um so mehr, als eine frische Kraft und auch ein schöpferisches Talent wie Ben Jonson sein Wissen und auch sein Können daran setzte, mit neuen Mitteln den Romantikern den Boden streitig zu machen.

So wenig Shakespeare darum sich kümmerte, so mochte es ihn doch wohl reizen, seinen Genius auch einmal in das Joch der „Regeln" zu spannen, und weil er alles konnte, so konnte er auch dies, obwohl er einen Stoff dafür wählte, der seiner hoch= phantastischen Natur nach einer solchen Einzwängung zu wider= streben schien. Man beachte in der dramatischen Komposition dieses Stückes, wie er darin zunächst in der Einschränkung der sichtbaren Aktion so verfuhr, wie die Verfechter der klassischen Regeln schon vor länger als dreißig Jahren den dramatischen Dichtern geraten hatten: sie möchten in der Darstellung der Ereignisse „nicht ab ovo" beginnen, sondern sie könnten durch Erzählen von schon geschehenen Vorgängen die Handlung selbst vereinfachen. Und so geschieht es bei Shakespeare, ganz abweichend von seinem sonstigen Verfahren, in dem ersten Gespräch des Prospero mit Miranda. Aber das nicht allein; er ist auch den von Aristoteles gegebenen Regeln der drei Einheiten — von Handlung, Zeit und Ort — aufs getreueste gefolgt; denn auch der Ort bleibt immer derselbe, es ist — abgesehen von dem Vorspiel des untergehenden Schiffes — immer dieselbe Insel, auf der alles weitere sich abspielt. Daß ihn aber dabei eine ganz bestimmte Tendenz — gegenüber den Verfechtern der aristotelischen Regeln — leitete, tritt in voller Bestimmtheit in der von ihm selbst betonten Beobachtung der Zeiteinheit hervor, indem er in dem kurzen letzten Akte dreimal darauf hinweisen läßt, daß alle die wunderbaren Begebenheiten sich innerhalb „drei Stunden" ereignet hätten. Zuerst geschieht es in dieser letzten Szene durch Alonso, als er aus dem Zauberbanne befreit ist und von sich und seinen Gefährten spricht, „die vor drei Stunden an diesem Strand gescheitert sind"; dann als Alonso seinen Sohn Ferdinand wiedergefunden hat und ihn über Miranda befragt, sagt er:

Wer ist das Mädchen da, mit dem du spieltest?
Drei Stunden kaum kann die Bekanntschaft alt sein.

Und endlich, als der Bootsmann herbeigekommen ist, spricht er von „unserm Schiff",

das vor drei Stunden wir gescheitert sahn.

Es ist wohl ganz zweifellos, daß mit diesem dreimaligen Betonen des kurzen Zeitverlaufs der Dichter seine bestimmte Absicht ganz ausdrücklich zu erkennen geben wollte.

Daß er aber mit dieser neuen Probe seiner Kunst zugleich auch Abschied nehmen wollte von der Zauberwelt der Bühne, ist mehr symbolisch — wie schon kurz angedeutet wurde — in dem Verhältnis des Prospero zu seinem ihm dienenden Geiste Ariel und in den Abschiedsworten des Prospero dargelegt. Wie dieser ihm schon im ersten Akte die Freiheit in Aussicht stellte, sobald das, was ihm noch obliegt, getan sein wird, so kommt er im letzten Akte noch mehrmals auf diese Trennung von Ariel zurück, am bedeutungsvollsten in den Worten:

Mein Liebling Ariel! Ja, du wirst mir fehlen,
Doch du sollst Freiheit haben.

Und wenn das letzte, das noch übrig bleibt, geschehen ist, will Prospero seinen Zauberstab zerbrechen,

Und tiefer als das Senkblei je geforscht,
Will ich mein Buch vergraben.

Dann zieh ich in mein Mailand, wo mein letzter
Gedanke soll das Grab sein.

Aber noch in seinen letzten Reden läßt er Ariel dafür sorgen, daß den Heimkehrenden stille See und günstiger Wind zuteil werde —

Mein Herzens-Ariel,
Dies liegt dir ob, — dann in die Elemente!

Wie in vielen seiner Stücke Shakespeare seine Liebe zur Musik bekundet hat, sei es durch den Mund seiner dramatischen Gebilde („Kaufmann von Venedig", „Was ihr wollt"), sei es dadurch, daß er ihre Mitwirkung bei vielen Szenen in Anspruch genommen hat, so ist auch in seinem letzten Werke der Musik eine besondere Bedeutung dadurch gegeben, daß er die Luft auf dieser phantastischen Insel ganz mit Tönen erfüllt hat, mit Melodien und wunderbaren Klängen, die nicht von menschlichen Geschöpfen herrühren, sondern in der Natur selbst ihren Ursprung zu haben scheinen. Und da Prospero die geheimnisvollen Kräfte der Natur beherrscht, verwendet er sie, um sowohl schreckhafte wie liebliche Wirkungen hervor=

zubringen, und so weiß er auch die verwirrten Sinne der von ihm Verzauberten durch „himmlische Musik" wieder zu entzaubern.

Und nach dieser letzten „himmlischen Musik", die er ertönen ließ, hat er den unermüdlich schaffenden Geist, der so lange allen seinen Geboten gehorchte, freigesprochen. Der Zauberstab ist tief versenkt, der Zaubermantel abgeworfen, und nachdem er dadurch sich selbst seiner Macht entäußert hat, will er zurück in seine stille Heimat, verläßt er die Insel, auf der er so lange Herrscher war, denn seine, des Dichters, Insel war — der Globus. Als Shake-speare einmal in jenem Drama, das seinen Liebling unter den Königen verherrlichen sollte, in dem ersten Chorus, auf den beschränkten Raum der Bühne deutet, fragt er: „Faßt diese Hahnengrube wohl die Ebnen Frankreichs?" — Mehr als dies — sie umfaßte eine Welt, — eine Welt in ihrer Wirklichkeit, wie in ihren uns umgebenden Geheimnissen, die wir nur sehnend empfinden, in deren Tiefe aber selbst das Senkblei Prosperos nicht zu dringen vermag.

———————

Der Zeitpunkt, in welchem Shakespeare mit dem Abschluß seiner dichterischen Tätigkeit seinen festen und dauernden Wohnsitz in Stratford genommen hatte, kann ziemlich genau bestimmt werden: Wenn aus seinen letzten Schauspielen und ihren Aufführungen geschlossen werden konnte, daß er spätestens 1612 London ver-lassen haben wird, so ist dies nach neueren Ermittelungen wahr-scheinlich schon ein Jahr früher geschehen, da in einer von Strat-forder Bürgern im September 1611 gemachten Eingabe, die eine gemeinnützige Angelegenheit betrifft, auch sein Name verzeichnet ist. Dabei ist aber außerdem zu berücksichtigen, daß die Veränderung seines Wohnsitzes keineswegs plötzlich sich vollzogen hat, indem er ganz besonders in den letzten Jahren stets längere Zeit in Stratford war und auch durch neue Erwerbungen sich für den dauernden Aufenthalt vorbereitet hatte. Schon seit seinem An-kauf des Hauses New place und den damit vorgenommenen

Umbauten und Erweiterungen zählte er in seiner Vaterstadt zu den Männern von Ansehen und von Einfluß und sein Rat wie auch seine Geldmittel wurden sowohl von Privatpersonen, wie auch in städtischen und gemeinnützigen Angelegenheiten wiederholt in Anspruch genommen.

Die Ursache für seinen Entschluß, von dem Londoner Leben sich zurückzuziehen, ist wohl hauptsächlich in jener Sehnsucht nach Ruhe zu erkennen, die nach so reichem, ununterbrochenem Schaffen und den damit verbundenen Erregungen natürlich erscheint. Wenn wir annehmen, daß seine ersten Erfolge als Dramatiker in das Jahr 1590 oder 1591 fielen, so würde er die von ihm herrührenden sechsunddreißig Schauspiele (so viele sind es auch in der dafür maßgebenden Folioausgabe) in dem kurzen Zeitraum von zwanzig Jahren geschrieben haben. Wenn er auch in der letzten Zeit einzelne Fehlgriffe getan, so hatten doch gerade die beiden Stücke, die zu seinen allerletzten gehören, das „Wintermärchen" und der „Sturm", ganz außerordentlichen Erfolg gehabt. Und dies mag auch dazu beigetragen haben, daß Ben Jonson, trotz seiner Liebe zu ihm, seinen Verdruß über den Beifall, den man diesen Märchengestalten und „drolleries" spendete, nicht unterdrücken konnte.

Daß Shakespeares innere Anteilnahme an der dramatischen Kunst schwächer geworden sei, ist hiernach nicht anzunehmen. Aber die ihn umgebenden Verhältnisse waren andere geworden. Sowie der Politik unter König Jakob der große Zug fehlte, der England unter Elisabeths Regierung zu so großem Ansehen gebracht hatte, so stach auch die Kleinlichkeit der vom Könige mehr oder weniger beeinflußten Verhältnisse gegen den Glanz der elisabethanischen Zeit ungünstig ab. Daß dies auch für die Theaterverhältnisse nachteilig war, kann man bei König Jakobs großer Vorliebe für die dramatische Kunst kaum behaupten. Aber der Aufschwung, den das Theater unter Elisabeth und besonders in der Epoche Shakespeares genommen hatte, war vielleicht ein zu schneller und mächtiger gewesen, als daß nicht eine gewisse Ermüdung danach hätte eintreten sollen. Ein wirklicher Rückgang machte sich aber doch erst nach Shakespeare bemerkbar, denn unter allen seinen Nachfolgern war keiner, der auf die Phantasie eine solche Macht übte. Auch die Kompagnieschaft von Beaumont und Fletcher, deren Stücke meist im Globus und Blackfriars-Theater gegeben wurden, konnte dafür keinen Ersatz bieten, trotz der außerordentlichen Fruchtbarkeit beider, so daß Ben Jonson schon 1623 in dem großen, zur Verherrlichung Shakespeares geschriebenen Gedicht von dem Verfall der Bühne sprechen konnte und wünschte, Shakespeare möchte wiederkehren, um sie aufzurichten.

Was aber bei Shakespeares dichterischer Phantasie und bei seinem unerhörten Empfindungsreichtum in vorwiegend dramatischer Weise wirkt, das ist das symbolische Element. Die Allegorie war für ihn nicht vorhanden, die Allegorie, die vor seiner Zeit so lange die dramatischen Wirkungen beeinträchtigt hatte, zeigt nur scheinbar eine Persönlichkeit, die aber in Wahrheit keine ist. Die Symbolik hingegen wirkt unmittelbar auf die Empfindung und deshalb bedarf sie zum Verständnis keiner weitern Vermittelung. Die Symbolik ist das innerste Wesen aller dramatischen Kunst, auch darin, daß sie uns durch das Zusammendrängen nicht nur von Zeiten und Begebenheiten täuscht, sondern auch in den dargestellten Charakteren ihre Wirkung in hohem Grade verstärkt. Indem Shakespeare durch die Konzentrierung seiner Darstellung uns von den Persönlichkeiten gleichsam nur den starken Extrakt der Wirklichkeit gibt, wirkt er um so stärker auf die dramatische Plastik seiner Gestalten. Durch die Gewalt seiner eindrucksvollen Bildersprache, die ja der Kern der dichterischen Sprache überhaupt ist, weiß er oft durch einen einzigen Satz eine Situation oder den ganzen Empfindungsgehalt eines Charakters eindringlich und anschaulich zu machen. In der Anwendung des bildlichen Ausdrucks ist schon seiner Natur nach die Übertreibung, d. h. der über das Gewöhnliche hinaus gesteigerte sprachliche

Ausdruck, geboten, weil diese Steigerung stets das Mittel für die Stärke und Eindringlichkeit der dichterischen Sprache ist. Wenn dies in der dramatischen Dichtung vorzugsweise für die Schilde= rung tragischer Charaktere, ihrer Leidenschaften und Emp= findungen gilt, so tritt in den Komödien dieses vielseitigsten aller Dichter dies Element mehr in den Hintergrund gegen seine humorvolle Anschauung der Dinge wie sie sind, eine Anschauung, die ihre Basis in seiner Menschenkenntnis hat, zugleich aber auch in der realistischen Darstellung immer die Überlegenheit und den weiten Blick des wirklichen Dichters erkennen läßt.

Es ist schon früher hier, gelegentlich des „Kaufmann von Venedig", darauf hingewiesen, wie Shakespeare durch seine Kunst der Menschendarstellung es vermocht hat, uns auch über das Un= wahrscheinliche oder Unglaubwürdige von Vorgängen hinwegzu= täuschen. Die Vorgänge selbst sind für ihn nur das von ihm gewählte Gefäß oder der Boden, aus welchem er seine wahren Menschennaturen hervorgehen läßt bis zu greifbarer Deutlichkeit. Auch das Unwahrscheinliche in anderen Vorgängen, selbst das Un= glaubliche in märchenhaften Dichtungen wird zur Wahrheit durch das dichterische Genie. Während von den Komödien des geist= reichen Ben Jonson, der alles Unwirkliche nicht gelten lassen wollte, längst nicht eine einzige mehr lebensfähig ist, wirken Shakespeares Komödien mit ihren unwahrscheinlichen Vorgängen (wie „Was ihr wollt", der „Kaufmann von Venedig" usw.) noch heute ebenso wie vor dreihundert Jahren. Und dasselbe gilt von seinen Schöpfungen frei waltender Phantasie, wie der „Som= mernachtstraum" und der „Sturm"; und auch in den Tragödien sind uns seine Geistererscheinungen (im „Hamlet" und „Cäsar") durch die dichterische Gewalt in das Gebiet der Wirklichkeit ver= setzt, indem sie sich unserer Einbildungskraft bemächtigen.

Was diese Frage der Wahrscheinlichkeit oder der historischen Wahrheit von Vorgängen in der dichterischen Behandlung betrifft, so möge hier daran erinnert werden, was unser großer Schiller ebenso schön wie treffend darüber in seinem Gedichte „An die Freunde" sagt, in dessen Schlußversen:

> Größres mag sich anderswo begeben,
> Als bei uns, in unserm kleinen Leben,
> Neues hat die Sonne nie gesehn.
> Sehn wir doch das Große aller Zeiten
> Auf den Brettern, die die Welt bedeuten,
> Sinnvoll, still an uns vorübergehn.
> Alles wiederholt sich nur im Leben,
> Ewig jung ist nur die Phantasie,
> Was sich nie und nirgends hat begeben,
> Das allein veraltet nie.

Schon des Dichters erster Biograph Nicolas Rowe (1709), der noch manches aus lebendig gebliebenen Traditionen schöpfen konnte, und dessen Nachforschungen sorgfältig erwogen sind, hatte von Shakespeare berichtet, daß er in Stratford seine letzten Lebens= jahre in behaglicher Zurückgezogenheit verbracht habe. Seine älteste Tochter Susanne und der mit ihr seit 1607 verheiratete Dr. Hall scheinen im innigsten Verkehr mit ihm geblieben zu sein. Wahrscheinlich wohnten sie auch in seinem Besitztum New place. Von des Dichters Frau weiß man auch aus dieser Zeit nichts; sie war aber bis zu ihrem Tode in dem Hause der Henley= straße geblieben. Seine jüngere Tochter Judith (geb. 1585) heiratete erst im Jahre 1616 im Februar (also nur ein paar Monate vor dem Tode des Dichters) einen Weinhändler Thomas Quiney, mit dessen Vater Shakespeare befreundet gewesen sein soll. Von manchen seiner Stratforder Bekannten erfahren wir die Namen aus seinem Testament durch die darin verzeichneten Andenken, die er aus seinem Besitztum ihnen vermacht hat. Susanne Hall ist nach den sehr genauen Bestimmungen in diesem Testament als die Haupterbin anzusehen.[83])

Shakespeare hatte durch besondere Schicksalsfügungen das

Leben frühzeitig begonnen und Erfahrungen gemacht, die auch auf das Tempo seiner Laufbahn einwirkten. So war er auch früher als andere zum Manne gereift, um schon auf dem Höhepunkte seiner Lebenszeit zu der Erkenntnis der ganzen Nichtigkeit unseres Daseins zu gelangen. Ob Prosperos Worte, mit denen er von seinem Zauberreich sich verabschiedete: in dem stillen Herzogtum, zu dem er zurückkehrt, werde „sein dritter Gedanke das Grab sein", — ob diese Worte auch für Shakespeare eine vorahnende Bedeutung hatten? Als er seinem Sehnen nach Ruhe folgte und sich gänzlich nach Stratford zurückzog, war er erst 48 Jahre alt. Und schon nach vier Jahren war er dort, umgeben von den Seinen, nach nur kurzer Krankheit verstorben. Wir wissen nicht, an welcher Krankheit und wir brauchen es auch nicht zu wissen; so wenig wie wir von dem geheimnisvollen Wesen wissen, das bei seiner Geburt ihn zur Größe weihte, so wenig brauchen wir den Todesengel genauer zu kennen, der ihn hinwegführte.

Eine Grabschrift für ihn, die in wenig Worten von seiner Bedeutung Kunde geben sollte, mochte schwer sein. Aber die zwei lateinischen Zeilen, die unter der Büste seines Monumentes in der Kirche von Stratford auf schwarzer Marmortafel stehen, deuten doch auf seine Größe in angemessener und edler Form hin:

An Weisheit einen Nestor, an Geist einen Sokrates,
an Kunst einen Virgil
Deckt die Erde, betrauert das Volk, besitzt der Olymp.*)

In den darauf folgenden sechs englischen Verszeilen wird der Wanderer ermahnt, an diesem Monument zu verweilen, um zu lesen, wen der „neidische Tod" in diese Gruft gebracht hat:

---

*) Der lateinische Wortlaut der Inschrift ist:
Iudicio Pylium, Genio Socratem, Arte Maronem
Terra tegit, Populus maeret, Olympus habet.
Daß hierin Nestor nur nach seiner Herkunft Pylos genannt ist, geschah wohl nur wegen des Rhythmus und besseren Klanges. Für Virgilius ist sein zweiter Name Maro gewählt.

Shakespeare, mit dem die Natur auch starb, und deffen Name dies Monument mehr schmückt, als aller Prunk. Unter diesen Versen steht: Anno Domini 1616 Aetatis 53, Die 23 Ap. — Sonach würde sein Todestag mit dem angenommenen Tage seiner Geburt zusammenfallen. Das Monument ist (jedenfalls sehr bald nach seinem Tode) an der nördlichen Wand des Chors des Kirche errichtet. Zwischen zwei korinthischen Säulen befindet sich in einer Nische das plastische Brustbild des Dichters (Halbfigur), in der rechten Hand eine Feder haltend, die Linke auf einem Kissen ruhend, auf dem ein Blatt Papier liegt.

Die an derselben Seite auf dem Fußboden liegende Stein= platte, die sein Grab anzeigt, hat ebenfalls vier Verszeilen, die eine Ermahnung enthalten:

Um Jesu willen, Freund, laß du
Den hier verborgnen Staub in Ruh;
Gesegnet, wer verschont den Stein,
Verflucht, wer störet mein Gebein.

Daß, wie aus ganz unzuverläffiger Quelle verlautet, der Dichter selbst diese Verse für sich bestimmt habe, ist gänzlich unglaubwürdig. Vermutlich hat sein Schwiegersohn Dr. Hall, der auch sein Testa= mentsvollstrecker war, für die Schonung dieser Stätte in solcher Weise Sorge tragen wollen. Das Grab soll deshalb 17 Fuß tief unter dem Fußboden der Kirche liegen und ist in der Tat niemals berührt worden. In der Nähe des Grabsteins zeigt eine andere Steinplatte auch die Ruhestätte seines erst sieben Jahre später verstorbenen Weibes an (vgl. im Anhang die Anm. 16). So hatte sie hierdurch außer ihrem, in dem Testamente bezeich= neten „zweitbesten Bett" auch das erstbeste und zugleich letzte erhalten.

So anerkennenswert es auch ist, daß die Liebe der Ange= hörigen des Dichters für eine solche Grabstätte, wie sie ihm in der Kirche zu Stratford bereitet ward, gesorgt hatte, so wurde ihm doch ein schöneres Monument zuteil in der sieben Jahre nach seinem Tode erschienenen Gesamtausgabe seiner dramatischen Werke; und es mögen deshalb einige Mitteilungen darüber sein hier gegebenes Lebensbild abschließen.

Nach dem Tode des Dichters war von seinen zahlreichen Stücken nur noch „Othello" in einem Einzeldruck erschienen, und zwar erst 1622. Aber im folgenden Jahre war endlich von seinen Freunden und Kollegen am Globustheater die Herstellung einer Gesamtausgabe vollendet worden, und die Herausgeber Heminge und Condell haben damit sich jedenfalls ein unschätzbares Verdienst erworben. Von den 36 Schauspielen des Dichters, die dieser Folioband enthält, ist die Hälfte — und darin sehr viele von den allerbedeutendsten — zum ersten Male gedruckt und damit der ganzen gebildeten Welt bekanntgegeben worden. Was die andere Hälfte anlangt, so hat seit etwa 150 Jahren die englische Textkritik — in allen seitdem erschienenen kritischen Ausgaben — durch Vergleichungen mit den früher erschienenen Quartos den Text der Folio vielfach emendiert, und man hat in manchen Fällen den Textstellen der Quartos den Vorzug gegeben. Bei einem solchen Verfahren werden — abgesehen von den mancherlei nachweislichen Textverderbungen — die beschlossenen Korrekturen im allgemeinen nicht nur von der kritischen Fähigkeit der einzelnen Herausgeber, sondern oft auch von dem persönlichen Geschmack derselben abhängig sein; auch werden manche Dunkelheiten in der Sprache, mögen dieselben durch Textverderbung entstanden oder auf die Ausdrucksweise des Dichters selbst zurückzuführen sein, trotz sorgfältigster Forschung ferner fortbestehen. Unter allen Umständen wird die erste Folioausgabe stets das berechtigte Fundament für alle Ausgaben bleiben, um so mehr, da den Herausgebern nach ihrer Angabe die Handschriften des Dichters vorlagen, wenn dies auch nicht bei allen Stücken der Fall gewesen sein kann.[84]

Die beiden Männer, Heminge und Condell, haben aber nicht nur durch die Herausgabe der Werke selbst sich in hohem Maße

Genée, Shakespeare.   25

verdient gemacht, sie haben auch durch manche wertvolle Zugaben Anspruch auf Dank erworben. Von den verschiedenen Gedichten zum Ruhme ihres geliebten William darf das an der Spitze stehende Gedicht von Ben Jonson das größte Interesse erregen. Die nachfolgende deutsche Übertragung desselben ist von Boden= stedt; da aber der Übersetzer bei einer dichterischen Wiedergabe sich oft im Ausdruck des Gedankens große Freiheiten gestatten muß, ist hier solchen Stellen, bei denen es auf den Wortlaut des Originals ankommt, in den Fußnoten der englische Text beigefügt.

Dem Gedächtnisse des Autors, meines geliebten William Shakespeare,
und dessen, was er uns hinterließ.

Nicht daß Dein Name uns erwecke Neid,
Mein Shakespeare, preis' ich Deine Herrlichkeit,
Denn wie man Dich auch rühmen mag und preisen:
Zu hohen Ruhm kann keiner Dir erweisen!
Das ist so wahr, wie alle Welt es spricht.*)
Doch mit der großen Menge geh' ich nicht,
Die, dumm und urteilslos, im besten Fall
Nichts beut als andrer Stimmen Widerhall —
Auch nicht mit blinder Liebe, die nur tappt
Im Dunkeln und die Wahrheit gern verkappt.
Auch nicht mit Heuchlern, die nur scheinbar loben
Und heimlich gerne stürzten, was erhoben,
Es wäre das, als rühmt ein Kuppler sehr
Uns eine Frau — was könnt ihr schaden mehr?
Allein Du stehst so hoch, daß Dir nicht Not
Das Schmeicheln tut, Dich Bosheit nicht bedroht.
Du Seele unsrer Zeit,**) kamst, sie zu schmücken
Als unsrer Bühne Wunder und Entzücken!
Steh auf, mein Shakespeare! Ich will Dich nicht sehn
Bei Chaucers oder Spencers Gruft, nicht flehn

---

*) Der Wortlaut ist hier: „Dies ist die allgemeine Stimme" (all mens suffrage).

**) Wörtlich: Seele des Zeitalters (soule of the age).

Zu Beaumont, daß er trete Raum Dir ab;
Du bist ein Monument auch ohne Grab,
Und lebst, so lange Deine Werke leben
Und unser Geist, Dir Lob und Preis zu geben;
Drum halt' ich Dich getrennt von diesen Meistern,
Wohl großen, aber Dir nicht gleichen Geistern.
Könnt' ich im Urteil Deinen Wert erreichen,
Würd' ich mit andern Dichtern Dich vergleichen
Und zeigen, wie Du Lily oder Kyd
Weit überholst, selbst Marlow's mächt'gen Schritt.
Und wußtest Du auch wenig nur Latein,*)
Noch wen'ger Griechisch, ist doch Größe Dein,
Davor sich selbst der Donnrer Äschylus,
Euripides, Sophokles beugen muß,
Gleichwie Pacuvius, Accius, Seneca;
O wären sie, Dich zu bewundern, da!
Sie aus der Gruft möcht' ich heraufbeschwören,
Deines Kothurns erhabnen Schritt zu hören,**)
Voll Stolz war Rom, voll Übermut Athen,
Sie haben Deinesgleichen nicht gesehn.
Triumph, mein England, Du nennst ihn Dein eigen,
Dem sich Europas Bühnen alle neigen.
Nicht nur für unsre Zeit lebt er: für immer!***)
Noch standen in der Jugend Morgenschimmer
Die Musen, als er wie Apollo kam
Und unser Ohr und Herz gefangen nahm.
Stolz war auf seinen schaffenden Verstand
Selbst die Natur, trug freudig sein Gewand,
So reich gesponnen und so fein gewoben,

---

*) And though thou hadst swall Latine and less Greeke,
   From thence to honour thee I would not seek
   For names usm.
**) Deinen Kothurn-Schritt (thy Buskin tread) die Bühne erschüttern
zu hören.
***) Er war nicht eines Zeitalters, sondern für alle Zeiten" (He was
not of an age, but for all times).

Daß sie seitdem nichts andres mehr will loben.
Selbst Aristophanes, so scharf und spitzig,
Terenz so zierlich, Plautus, der so witzig,
Mißfallen jetzt, veraltet und verbannt,
Als wären sie nicht der Natur verwandt.
Doch darf ich der Natur nicht alles geben,
Auch Deine Kunst, Shakespeare, muß ich erheben;
Denn ist auch Stoff des Dichters die Natur,
Wird Stoff zum Kunstwerk durch die Form doch nur.
Denn wer will schaffen lebensvolle Zeilen
Wie Du, der muß viel schmieden, hämmern, feilen,
Muß an der Musen Ambos stehn wie Du,
Die Formen bildend und sich selbst dazu.
Vielleicht bleibt doch der Lorbeer ihm verloren!
Ein Dichter wird gebildet, wie geboren.
Du bist's! Sieh, wie des Vaters Angesicht
Fortlebt in seinen Kindern, also spricht
Sich Deines Geists erhabne Abkunft ganz
In Deinen Versen aus, voll Kunst und Glanz.*)
In jedem schwingst Du einen Speer zum Streit**)
Ins Antlitz prahlender Unwissenheit.
O, sähn wir Dich aufs neue, süßer Schwan
Vom Avon,***) ziehn auf Deiner stolzen Bahn!
Sähn wir, der so Elisabeth erfreute
Und Jakob, Deinen hohen Flug noch heute
Am Themsestrand! Doch nein, Du wardst erhoben
Zum Himmel schon, strahlst als ein Sternbild oben!
Strahl fort, Du Stern der Dichter, strahl hernieder,
Erhebe die gesunkne Bühne wieder,
Die trauernd wie die Nacht bärg' ihr Gesicht,
Blieb ihr nicht Deiner Werke ew'ges Licht.

                                    Ben Jonson.

————————

*) In his well torned and true filed lines.
**) Hier macht Jonson nicht das Wortspiel „to shake a speare“,
sondern sagt: to shake a lance.
***) Sweet swan of Avon.

Von den anderen drei Gedichten, die noch folgen, möge hier nur das eine noch, von Digges, zum Schlusse wiedergegeben sein, weil die prophetischen Worte darin zur Wahrheit geworden sind:

Dem Gedächtnisse des Dahingeschiedenen,
Master W. Shakespeare.

Nun, Shakespeare, endlich reicht der Freunde Schar
Der Welt die Werke Deines Geistes dar,
Durch die Dein Name überlebt Dein Grab!
Dein Stratford-Monument, es sink' hinab,
Dies Buch jedoch hält Dich in frischem Leben,
Künft'gen Geschlechtern noch Dich hinzugeben,
Wenn Stein und Kupfer schwand, und wenn von allen
Den neuen Dichtern keiner will gefallen;
Was nicht von Shakespeare kommt, es ist verloren,
Vergebne Müh! Doch immer neugeboren
Und wieder auferstehn wirst Du der Welt
Mit jedem Vers, den dieses Buch enthält.
Und wie Ovid von seinem konnt' berichten,
So wird auch Deines keine Zeit vernichten.
Nicht Fäulnis und nicht Feuer. Und auch Du
Wirst tot nicht sein in Deiner Grabesruh,
Bis unsre Bühne einst — o eitler Wahn! —
Zu neuen Wundern sich hat aufgetan,
Und schöner noch die Leidenschaft einst malt,
Als Julien sie und Romeo'n umstrahlt;
Bis man noch höhern Schwung der Rede krönt,
Als sie aus Deinen Römerszenen tönt;
Bis an Gefühl und Geistesfeuer man
Eins Deiner Werke überbieten kann! —
So lange, Shakespeare, bist Du nicht gestorben,
Und nicht Dein Lorbeer, den Du Dir erworben!

Aber auch ein größerer Dichter hatte noch neun Jahre später Shakespeare mit Worten höchster Begeisterung besungen. Es war der hochgefeierte Dichter des „verlorenen Paradies", John Milton, deſſen „Epitaph auf William Shakeſpeare" neben den vorigen und noch anderen Gedichten die zweite Shakeſpeare=Folio (1634) ſchmückte und das eines der früheſten Gedichte war, die Milton durch den Druck veröffentlichte.*) Der dichteriſche Gedanke darin iſt für uns nicht neu, denn es handelt ſich um das ſeitdem genugſam variierte Thema, daß die Werke des Dichters das ſchönſte und dauerndſte Monument für ihn ſind, und es ſchließt mit den Worten:

> Um ſolch ein herrlich Denkmal zu erwerben,
> Wie Dich verewigt, möchten Kön'ge ſterben!

Da es bei derartigen poetiſchen Huldigungen ſtets nur darauf ankommt, durch den aufs höchſte geſteigerten Ausdruck der poetiſchen Sprache dem Zwecke einer Huldigung zu dienen, ſo können und ſollen Gedichte dieſer Gattung niemals die Bedeutung einer kritiſchen Würdigung haben. Dies gilt auch von dem mitgeteilten Gedichte Ben Jonſons, das aber für uns einen Wert ſchon dadurch hat, daß es uns den Eindruck Shakeſpeares auf ſeine Zeit erkennen läßt.

Da bei einem umfaſſenden Urteil über einen ſolchen Dichter immer auch die zeitliche Entfernung ins Gewicht fällt, ſo iſt es für das Maß und den Wert ſeiner Würdigung um ſo entſchei=dender, daß die Anerkennung, die dem Dichter ſchon von ſeinen Zeitgenoſſen unmittelbar zuteil wurde, ſowohl für ſeine tragiſchen wie humoriſtiſchen Schöpfungen, keine erheblichen Abweichungen von unſerer heutigen Anſchauung erkennen läßt, wenn auch die ganze Größe einer ſolchen Erſcheinung naturgemäß von einem entfernten Standpunkt noch ſicherer und überzeugender hervortritt. Wenn er auch damals ſchon ebenſo geliebt wie bewundert wurde, ſo können wir heute, da ſeine Perſönlichkeit keinen unmittelbaren Anteil an unſerer Liebe mehr haben kann, doch die Wurzeln ſeiner überwältigenden Erſcheinung aus ſeinen Werken erkennen.

---

*) Auch in Miltons „Poeticall works" iſt das Gedicht bezeichnet als: „An Epithaph on the admirable dramatic Poet William Shakespeare."

Sowie sein Sittlichkeitsgebot frei von jedem Lehrzwang und jeder Tyrannei der Satzung ist, weil es in seiner eigenen Brust lebendig wirkte, so ist auch sein religiöses Empfinden keinem dogmatischen Zwange unterworfen, — so weit entfernt er dabei doch von demonstrativer Freigeisterei war; und so — können wir hinzufügen — ist auch seine dramatische Kunst frei vom Zwange des „Methodischen" und dogmatischer Lehrbegriffe geblieben. Niemals wohl ist eine dichterische Größe aus so reinem Grund der Seele erstanden und zu immer wachsender Herrlichkeit getrieben und befruchtet worden.

So kann man es verstehen, daß — inmitten so vieler widerstreitenden Elemente und feindseliger Reibungen in seiner Zeit — Shakespeares Persönlichkeit, in der Offenheit, Duldsamkeit und milden Heiterkeit seines Wesens alle fesselte und bezauberte, die ihn kannten. Wir haben dafür zahlreiche Belege in den Äußerungen seiner Zeitgenossen, in denen er meist als der angenehme, der geliebte oder der gentle Shakespeare erwähnt ist. Und möge er in seinen persönlichen Eigenschaften auch viele seinesgleichen gehabt haben, so können wir doch, nach allem was wir von seinem Charakter und Verhalten wissen, von ihm sagen: er war als Mensch auch wert, ein solcher Dichter zu sein.

Nahezu dreihundert Jahre sind vergangen, seit Shakespeare seine dichterische Tätigkeit abschloß; und erst seit kaum der Hälfte dieser Zeit ist er in Deutschland eingeführt worden, um bald durch die Begeisterung, die er zunächst in den poetischen Köpfen der Kraftgenies, des jugendlichen Goethe und seines literarischen Kreises, entzündete, ein mächtiger Förderer unserer nationalen Dichtung in ihrem ersten kräftigen Aufblühen zu werden. Fast gleichzeitig mit den ersten energischen Hinweisen Lessings auf den bei uns fast unbekannten Shakespeare war Wielands erster Versuch einer Übersetzung erschienen, die freilich noch sehr weit entfernt war, die Größe des Dichters erkennen zu lassen, die aber dennoch das Verdienst hatte, zur Bekanntschaft mit ihm anzuregen und den

folgenden Übersetzungen die Bahn zu brechen. Aus der Shake=
speare=Begeisterung des Straßburger Kreises ging Goethes
Götz von Berlichingen hervor, und gerade dies sollte das wirklich
deutschnationale Drama des Dichters bleiben. Herders Ab=
handlung „Shakespeare" in der von Goethe und Moeser heraus=
gegebenen Schrift „Von deutscher Art und Kunst" war nicht nur
das umfassendste, was bis dahin über Shakespeare geschrieben war,
sondern es gehörte in der Tiefe der Auffassung und in dem hin=
reißenden Feuer des Vortrags auch zum bedeutendsten. So viel
aber auch in der Folgezeit über Shakespeare geschrieben wurde,
so waren es doch die noch vor Ablauf des Jahrhunderts erschie=
nenen poetischen Übertragungen A. W. Schlegels, die mehr als
alles für die Verbreitung nicht nur der Kenntnis, sondern auch
des Verständnisses getan haben.[85])

Höchst merkwürdig ist es, wie Herder in der erwähnten
Abhandlung die Befürchtung aussprach, daß Shakespeare, dieser
„große Schöpfer von Geschichte und Weltseele", immer mehr ver=
alten werde. Herder betrachtete die Verstümmelungen, in denen
seit der Wiedererweckung Shakespeares in England die Stücke für
die Bühne (auch durch Garrick) zubereitet wurden, als ein Zeichen
des Niederganges, und pries sich glücklich, noch in der Zeit zu
leben, „wo ich ihn begreifen konnte".

Es ist anders gekommen, als Herder befürchtete, denn was
er für das Ende hielt, war bei uns erst der Anfang und
Goethes „Shakespeare und kein Ende" wird recht behalten.

Anhang.

Bibliographische und sachliche
Anmerkungen und Ergänzungen.

Zu dem Titelbild

William Shakespeare, nach der Zeichnung von Ad. Menzel.

———

Das in Heliogravüre verkleinert wiedergegebene Shakespeare-Bildnis von Adolf Menzel wurde von dem großen Künstler bereits im Jahre 1850 für den von Friedr. Unzelmann meisterhaft ausgeführten Holzschnitt gezeichnet. Das Bildnis ist zwar eine freie Schöpfung Menzels, doch hatte ihm als Grundlage ein Stich gedient, der von dem bekannten, in der Kirche zu Stratford dem Dichter nach seinem Tode errichteten Grabdenkmal nur die Kopfpartie wiedergibt.

Unter allen Porträts des Dichters aus früher Zeit sind es nur zwei, die Anspruch auf historische Echtheit als Originalschöpfungen haben. Das eine ist — oder war bis vor kurzem — die sehr schlechte Kupferradierung von Droeshout, die der ersten Folioausgabe der Shakespeareschen Dramen (1623) beigegeben war. Erst vor einigen Jahren ist in England glücklicherweise das Originalbildnis dazu aufgefunden worden, das zwar in den allgemeinen Formen des Kopfes dem Droeshoutschen Bilde entspricht, zugleich aber auch erkennen läßt, wie der ungeschickte Stecher durch Härte der Zeichnung und stümperhaft ausgeführte Radierung den Kopf des Originals verunstaltet hat. Dies in Öl auf Holz gemalte Bildnis ist mit der Jahreszahl 1609 bezeichnet, würde sonach aus der Zeit stammen, in der Shakespeare, bevor er sich nach seinem Heimatort zurückzog, noch in London lebte.

Das verbreitetste von den ältern Shakespearebildnissen ist das sogenannte Chandos-Porträt, das in allen Nachbildungen als das eigentliche Shakespearebild gegolten hat. Aber gerade dieses Bildnis ist das in seinem Ursprung am wenigsten beglaubigte. Nach den Angaben in dem Katalog der Londoner National-Portrait-Gallery zu Kensington, wo dies sogenannte Chandos-Porträt seit mehreren

Jahrzehnten sich befindet, wäre es ursprünglich im Besitze eines Schau=
spielers John Taylor gewesen. Unter den Schauspielern aber, die in
der ersten Shakespeare=Folio=Ausgabe von 1623 als Shakespeares
Kollegen verzeichnet sind, steht nur ein Joseph Taylor. Ob also
die offizielle Angabe in dem Vornamen ein Versehen ist, möge dahin=
gestellt bleiben. Der Katalog sagt ferner: das Bild sei von jenem
John Taylor oder von Richard Burbadge gemalt gewesen. Also
auch dieses „oder" ist schon eine sehr unsichere Grundlage. Von jenem
John oder Joseph Taylor sei das Bild testamentarisch dem jüngeren
Schauspieler William Davenant vermacht worden, und nach dessen
Tode ist es von dem Schauspieler Betterton gekauft worden. Von
diesem kam es noch in andere Hände, bis es endlich 1848 in den
Besitz des Lord Ellesmere, späteren Herzogs von Chandos, kam, nach
dessen Namen es dann seine Bezeichnung behalten hat, obwohl es seit
1856 sich in der National=Portrait=Gallery befindet, der es der Herzog
zum Geschenk gemacht hatte.

Man könnte es fast bedauern, daß der Ursprung und die Echt=
heit dieses Bildes nicht mit voller Sicherheit nachzuweisen ist, da es
nicht nur das traditionell gewordene eigentliche Shakespearebild ist,
sondern auch, weil es der Vorstellung, die man sich unwillkürlich von
einem großen Dichter macht, wenigstens in keiner verletzenden Weise
widerspricht, wie dies bei dem Stiche in der Folioausgabe der Fall ist.

Haben wir aber nunmehr in dem Droeshoutschen Original ein
zuverlässig echtes und in den charakteristischen Hauptzügen des Kopfes
auch ein auf Lebenswahrheit Anspruch machendes Bildnis des Dichters,
so können wir ein Gleiches — mit Vorbehalt — der Büste zugestehen,
die dem Dichter in der Kirche Holy Trinity zu Stratford neben seinem
Grabstein (an der nördlichen Wand) errichtet wurde. Daß dies
Monument, eine von korinthischen Säulen begrenzte Nische, die das
plastische Bildnis in Halbfigur enthält, schon bald nach seinem Tode
entstand, wird dadurch bestätigt, daß schon in der ersten Folio von 1623
darauf hingewiesen wird, indem es daselbst in einem Gedicht von
L. Digges heißt: daß seine Geisteswerke ewig dauern würden, auch
wenn die Zeit den Stein seines Grabmonumentes zu Stratford zerstört
haben werde. Die Verfertigung dieser Büste wird einem Gerard
Johnson zugeschrieben. Von einem holländischen Maler Cornelius

Janjen rührt auch ein angebliches Shakespeare=Porträt her. Dasjelbe widerspricht aber allen anderen Traditionen so sehr, daß wir es ruhig aus der Reihe der zu erörternden Shakespeare=Bildnisse streichen können. Ebenso können wir den sogenannten Felton=Kopf übergehen, wie auch das im Jahre 1860 in Stratford entdeckte Porträt, das sehr wahr= scheinlich erst nach der vorhandenen Büste gemalt wurde.

Was die für uns wichtigere Stratford=Büste betrifft, so ist sie mehr eine handwerksmäßige, als wirklich künstlerische Arbeit. Wenn es als richtig angenommen werden soll, daß der Verfertiger eine Totenmaske des Dichters dazu benutzt hat, so würde die Vermutung naheliegen, daß er die im Tode eingesunkenen Gesichtsformen in das volle Lebensbild übertragen wollte und daß er in diesem Bestreben etwas zu weit gegangen ist; denn dieser Kopf zeigt uns eine Persön= lichkeit von behäbiger Fülle, mit halb geöffnetem Munde und von heiterem Ausdruck. Es möge hier beiläufig bemerkt sein, daß durch gelehrte Pedanterie vor mehr als hundert Jahren gegen dies Werk ein schlimmer Streich verübt worden war. Das ganze Bildwerk nämlich war ursprünglich farbig, sowohl der ganze Oberkörper, wie Gesicht, Haare usw. Weil man diese Geschmacksrichtung später nicht anerkennen mochte, wurde gegen Ende des 18. Jahrhunderts auf An= regung des bekannten und verdienstlichen Shakespeare=Philologen Malone das ganze Kolorit durch Übermalung mit weißer Gipsfarbe beseitigt. Erst in der zweiten Hälfte des vorigen Jahrhunderts hat man diese Ungeschicklichkeit wieder gutzumachen gesucht und nach sorgfältiger Beseitigung des weißen Überzugs die ursprünglichen Farben so ziem= lich wieder herstellen können.

Wenn nun auch vielleicht für den Kopf des Stratford=Monumentes die erwähnte Benutzung einer Totenmaske des Dichters nur auf Ver= mutung beruht haben mag, so ist in neuerer Zeit, d. h. vor länger als fünfzig Jahren, dennoch eine angebliche Totenmaske des Dichters wirklich zum Vorschein gekommen und zwar in Deutschland. Dieselbe soll — nach sehr unverbürgten Nachrichten — noch unter Jakob I. in England von einem deutschen Edelmann, der ein großer Bewunderer Shakespeares war, erworben worden sein, und zwar von dem Ver= fertiger der Stratford=Büste. Im Besitze jenes unbekannten ersten Erwerbers soll sie in dessen Familie auf mehrere Geschlechter sich vererbt haben, bis sie zuletzt in den Besitz eines Grafen von Kesselstadt gekommen war, der 1843 in Mainz starb. Bis auf diese letztere Tatsache ist die ganze Vorgeschichte nur als eine Hypothese anzunehmen, denn erst hiernach fängt die wirkliche Geschichte an. Die wertvolle Sammlung von Kunstschätzen jenes Grafen von Kesselstadt war nach dessen Tode zur Auktion gekommen. In dieser hatte der Maler Ludwig Becker ein kleines Ölbild erworben, das augenscheinlich Shakespeare auf dem Totenbette darstellen sollte, aber aus viel späterer Zeit stammte und als völlig wertlos bezeichnet wurde. Becker aber forschte unermüdlich nach dem Verbleib der Totenmaske, die für jenes Bild benutzt sein konnte, bis er eine solche endlich im Jahre 1847 bei einem Antiquitätenhändler auffand und kaufte. Nach dem Tode Beckers kam die Gipsmaske in den Besitz seines Bruders Dr. Becker, der in Darmstadt längere Zeit Sekretär der Prinzessin Alice war. Nachdem zuerst Herman Grimm 1866 in der periodischen Schrift „Über Kunst und Künstler" darüber Mitteilung gemacht und auch verschiedene photographische Aufnahmen davon veröffentlicht hatte, konnte ich die Gipsmaske selbst im Jahre 1872 in Darmstadt mir genau ansehen. Dieselbe läßt einen sehr edlen Kopf von reinen Zügen erkennen und würde hiernach wohl der Vorstellung entsprechen, die man sich von einem solchen Dichter macht. In dem Gips sind noch einzelne Haare, vom Bart wie von den Augenlidern, haften geblieben, und auf der Rückseite ist die Jahreszahl 1616 eingegraben. Dies alles aber ist natürlich nicht ausreichend für die Überzeugung, daß es Shakespeares Totenmaske sei, und so wird die Angelegenheit noch eine offene Frage bleiben, bis vielleicht einmal bestimmtere Nachweise, als die vorhandenen sind, für die Echtheit der Totenmaske gefunden werden.

Was die drei ältesten Bildnisse Shakespeares betrifft, so stimmen sie, trotz erheblicher Verschiedenheit im Gesamteindruck, doch in mehreren Zügen überein; es sind dies: die sehr hohe, bis auf den Scheitel freie Stirn, der leichte Bart auf Kinn und Oberlippe (der nur auf der Büste eine festere Form erhalten hat), die in schönem Bogen hochgeschwungenen Augenbrauen und die breiten Augenlider.

Adolf Menzel hatte, wie schon gesagt, bei seiner Zeichnung die Stratford-Büste, oder vielmehr einen englischen Stich derselben, als die für ihn maßgebende Vorlage erwählt. Mit seinem Scharfblick und sicherm Gefühl hatte er erkannt, daß aus diesen toten Formen einer unkünstlerischen Arbeit das Bild des Dichters zum Leben erweckt werden müsse und könne. Und das hat Menzel vollbracht. Mit seinem die Größe des Dichters nachempfindenden Geist hat er das tote Vorbild mit Geist und Leben erfüllt und uns damit ein Shake= speare=Bildnis geschaffen, das den Dichter vergegenwärtigen kann, den Dichter, der hier wirklich lebt und an den wir glauben. Ich wenigstens glaube an diesen Shakespeare Menzels ebenso wie an seinen Friedrich den Großen.

Dies war es, was schon vor Jahren den Wunsch in mir erregte, mit diesem Menzelschen Shakespeare mein Buch zu schmücken. Da ich seit länger als fünfzig Jahren mit Menzel persönlich bekannt war, ging ich — es war vor drei Jahren am 27. April 1902 — zu ihm, um über meine Absicht mit ihm zu sprechen. Es war mir sehr er= freulich, daß die Sache sein Interesse erregte, ja, als ich ihm mein Bedauern aussprach, daß für das Buchformat der sehr große Holz= schnitt erheblich verkleinert werden müsse, war ich überrascht, als er mir sagte: „Eine Verkleinerung ist für das Bild vielleicht ganz gut, — ich habe nichts dagegen."

In seiner Auffassung des Dichters hat Menzel, wie er mir be= stätigte, ihn ihm Gärtchen seines Wohnhauses in Stratford dar= stellen wollen, und zwar in seiner letzten Lebenszeit, in der Shakespeare fast jedes Jahr, wann die Theater in London geschlossen waren, sich mit der Ausarbeitung seiner Pläne zu neuen Stücken beschäftigte.

Da auf meine schriftliche Anfrage an den Besitzer des Unzel= mannschen Holzstocks, Freiherrn Franz v. Lipperheide, die Genehmi= gung zur Reproduktion mir mit dankenswerter Bereitwilligkeit erteilt wurde, hoffe ich, daß bei der so gelungenen Heliogravüre das Bild auch in dieser Verkleinerung den Lesern willkommen sein wird.

Zum erſten Buch.

1) S. 2. Mysteries and Miracle plays. Von den umfaſſendſten Sammlungen und Werken über die engliſchen geiſtlichen Spiele alter Zeit mögen hier nur genannt ſein:

a) „A Dissertation on the Pageants or dramatic Mysteries, anciently performed at Coventry, by the trading companies of that city, chiefly with reference to the Vehicle, Characters and dresses of the actors. Compiled in a great degree, from sources hitherto unexplored. To which are added the Pageant of the Shearmen and Taylors company" etc. By Thomas Sharp. Coventry, Mercidew and son. 1825.

Die Verzeichniſſe der Ausgaben, welche Sharp aus den Rechnungs= büchern der Korporationen mitteilt, beginnen 1451 und reichen bis 1579. Nach den verzeichneten Ausgaben für Koſtüme uſw. trug nicht nur der Teufel eine Geſichtsmaske, ſondern auch Herodes, indem es einmal im Jahre 1477 heißt: „bezahlt für die Malerei zum Geſicht des Herodes." Wir erfahren ferner daraus, daß die players auch für die „Probe" bezahlt wurden; ferner iſt einmal eingetragen: für das Frühſtück am Spieltage (for the masters breakfast on the play day), wie auch für supper und drinking. Einmal heißt es auch: „drink for the players between the play times." Bei den Bezahlungen für Muſik ſind angeführt: Two Drums or trumpets, one flute, one pair of Bagpipes (Sackpfeife) und außerdem „Musicians in the Pageant generally."

b) Ludus Coventriae. Collection of Mysteries, formerly represented at Coventry on the Feast of Corpus Christi. Edited by James Orchard Halliwell." London, Shakespeare Society 1841. — Die Coventry plays ſind in einer Handſchrift erhalten, deren erſter Teil im Jahre 1468 ge= ſchrieben iſt. Die „grauen Mönche" zu Coventry ſpielten hauptſächlich am Tage Corpus Chriſti. Die Texte verraten am meiſten den mönchiſchen Urſprung nach Inhalt und Form. In der poetiſchen Sprache iſt es ſehr eigentümlich, daß bei faſt allen Stücken der Sammlung die Verſe in Strophen geteilt ſind, was beſonders da ſich ſehr ſeltſam ausnimmt, wo

im Wechſeldialog eine zuſammengehörende Strophe auf verſchiedene Per=
ſonen in den Verſen verteilt iſt.

c) Von Thomas Wright: „Early Mysteries ... of the 12. and
13. centuries.“ London 1838. Von demſelben: The Chester plays; a
collection of Mysteries .... für die Shakespeare Society herausgegeben
London 1843 und 1847.

Die Chester plays werden, nach der Pfingſtzeit, in der ſie aufgeführt
wurden, auch Chester-Whitsun-plays genannt. Die weit überwiegende Zahl
der erhalten gebliebenen Stücke dieſer Gattung gehört den drei großen
Kollektionen an, die als die Chester plays, die Towneley plays und die
Coventry plays bezeichnet ſind. Jede dieſer Sammlungen umfaßt einen
jener großen Zyklen, die innerhalb eines beſtimmten Landgebietes ſich ein=
gebürgert hatten. Die Kollektion der Towneleyſpiele, die ihren Namen
von der Familie erhielten, in deren Beſitz die Handſchriften waren, wurden
in der Umgegend von Wakefield aufgeführt.

Sehr viele dieſer bibliſchen plays haben den religiöſen Charakter
gänzlich verloren, indem ſie weniger den Zweck der Erbauung, als der
Beluſtigung durch oft ſehr derbe Poſſen haben; oder ſie werden der großen
Menge durch grob realiſtiſche Darſtellung verſtändlich gemacht. Im Beth=
lehemiſchen Kindermord tritt erſt ein Bote auf, der alle die Länder herzählt,
die unter der Herrſchaft des Herodes ſtehen. Dieſer ſelbſt tritt dann auf
und gebietet Ruhe, mit der Drohung, daß er alle, die die Vorſtellung durch
Lärmen ſtören, ſo klein wie Topffleiſch machen werde. Nachdem er ſpäter
den Befehl zur Ermordung der Kinder gegeben und gleich danach die
Botſchaft von dem günſtigen Anfang der Schlächterei erhalten hat, ſchließt
er das Spiel ſehr ſonderbar mit den Worten:

> But adieu to the Devil,
> I can no more french.

Während mehrere der bibliſchen Stoffe nur zu den gröbſten Poſſen
benutzt ſind, was beſonders in der Anbetung der Hirten der Fall iſt, ent=
halten andere Stücke längere Partien in alliterierenden Verſen. Die popu=
lärſten der altteſtamentariſchen Stoffe ſind in allen drei Sammlungen ent=
halten; dazu gehört die Geſchichte von Kain und Abel und die Geſchichte
Noahs. In dem letztern Mirakelſpiel beſteht einer der Späße in den großen
Schwierigkeiten, die es Noah macht, ſein ſtörriſches Weib in die Arche zu
bringen. — Bemerkenswert iſt es ferner, daß Kain ſchon etwas von dem
Humor der Böſewichter hat, wie wir es in den Tragödien der Shake=
ſpeareſchen Zeit kennen.

2) S. 13. Von John Bales „Verheißungen Gottes" lautet der vollständige englische Titel:

„A Tragedy or Enterlude, manyfesting the chefe promysses of God unto Man in all ages of the olde law from the fall of Adam to the Incarnacyon of the Lord Jesus Christ. Compyled by John Bale. 1538.

3) S. 15. Von den als Enterludes bezeichneten Moralitäten hat, ebenso wie das genannte Interlude „Lusty Juventus", auch das new and mery Enterlude, ralled the Triall of Treasure,*) auf dem Titelblatt die Namen der Personen verzeichnet, und zwar in der Verteilung der Rollen auf fünf Darsteller:

The names of the plaiers.

First. Sturdines, Contentation, Visitation, Time.

The second. Lust, Sapience, Consolation.

The thirde. the Preface, Iust, Pleasure, Greedy gutte.

The forth. Elation, Trust, a woman, an Treasure a woman.

The fifth. Inclination, the Vice.

Das Büchlein hat auf dem Titelblatt die Jahreszahl 1567; auf der Rückseite des Titelblattes und ebenso auf der letzten Seite des Buches ist ein Holzschnitt: Lucretia, mit der rechten Hand ein Schwert sich in den Busen stechend. Das andere genannte Interlude hat keine Jahreszahl, doch wird der Druck noch etwas älter sein.

Aus der sehr großen Zahl der älteren Moralities möge hier noch als eines der berühmtesten „The castle of Perseverance" genannt sein, das ebenfalls mit einem großen Aufgebot von Personifizierungen abstrakter Begriffe eine ähnliche Idee behandelt wie Everyman.

4) S. 16. Ralph Roister Doister. Ein alter Druck dieses Lustspiels ist erst im Anfang des 18. Jahrhunderts aufgefunden worden. Derselbe trägt zwar keine Jahreszahl, doch haben wir ein zuverlässiges Zeugnis dafür, daß die Komödie schon 1550 vorhanden sein mußte. In einer 1551 erschienenen Schrift wird nämlich „aus einem Interlude von Nic. Udall" als Beweis für die Wichtigkeit einer richtigen Interpunktion eine witzige Probe angeführt, die eben diesem Stücke angehört. Es ist in der Szene des dritten Aktes, als Merrygreek der Dame Custance den Brief Ralphs vorliest. Dies Motiv der veränderten Interpunktion ist später auch von

---

*) Beide Interludes sind in black letters (gotischer Schrift) gedruckt und gebe ich die obige Probe von dem Titelblatt nach einem in der Kasseler Landesbibliothek befindlichen Exemplar in der gotischen Schrift des Originaldruckes.

Shakeſpeares Vorgänger und Zeitgenoſſen Marlowe in ſeinem „Eduard II."
angewendet worden, aber in tragiſchem Sinne, indem durch dieſe willkür=
liche Veränderung die Ermordung des Königs herbeigeführt wird.

5) S. 33. Das Schauſpiel von König Cambyſes ſcheint um 1570 auf=
geführt zu ſein. Der alte Druck ohne Jahreszahl hat folgenden Titel:

A lamentable tragedy mixed full of pleasant mirth, conteyning the
life of Cambises King of Persia, from the beginning of his kingdom
unto his death, his one good deed of execution, after that many wicked
deeds and tirannous murders, committed by and through him and last of
all his odious death by God's justice appounted in such order as followed.
By Thomas Preston.

6) S. 34. John Still, der Verfaſſer der Poſſe „Gammer Gurton's
needle", geb. 1543, war Gelehrter und wurde 1582 Vizekanzler der Uni=
verſität Cambridge und Biſchof von Bath. Sein Stück „Gammer Gurton's
needle" iſt eine Jugendarbeit und wurde ſchon 1566 in Cambridge auf=
geführt, aber erſt 1577 in London gedruckt unter dem vollſtändigen Titel:
„A right pithy, pleasant and merry Comedy intytuled Gammer Gurton's
Needle, played on the stage not long ago in Christes College in Cambridge. Made by Mr. S., master of arts."

In neuerer Zeit wurde es wieder gedruckt in Hawkins Origin of the
English Drama und in Dodsley's Collection of old plays.

7) S. 37 Anm. Daß das „Theatre" in Shoreditch nur nach ſeiner
eigentlichen Beſtimmung, alſo ſchlechtweg als „das Theater" benannt wurde,
läßt wohl ſchließen, daß dies das erſte Theater in London war. Im
übrigen weichen die in neuerer Zeit publizierten Ermittelungen über die
früheſten Theater (namentlich von Ordiſh: „Early London Theaters", 1894)
von den älteren Angaben — ſeit Malone bis zu Collier — ſehr weſent=
lich ab. Während früher das vielgenannte Blackfriars=Theater allgemein
als das erſte (1576 errichtete) Theater bezeichnet wurde, iſt neuerdings die
Entſtehung deſſelben in viel ſpätere Zeit verlegt. Daß aber die für ſeine
Entſtehung angegebene Jahreszahl 1596 entſchieden unrichtig iſt, geht aus
mehreren früheren Erwähnungen dieſes Theaters hervor. Als entſcheidend
führe ich hier nur an, daß Lillys Komödie „Campaspe", die wohl ſchon
1580 oder 1581 aufgeführt und 1584 gedruckt wurde, zwei Prologe und
zwei Epiloge hat, von denen der eine Pro= und Epilog für den Hof („at
the court") beſtimmt war, der andere aber, wie es ausdrücklich in dem
1584 gedruckten Buche heißt: „at the Blackfriars".

8) S. 38. The right excellent and famous Historye of Promos and
Cassandra: Divided into commical Discourses. In the first part is

26*

showne: The unsufferable abuse of a lewde Magistrate; the vertuous Behaviours of a chaste La'dye; the uncontrowled Lewdenes of a favoured Curtisan; and the undeserved Estimation of a pernicious Parasyte. In the second Part is discoursed: The perfect Magnanimitye of a noble Kinge, in checking Vice and favouringe Vertue: Wherin is showne: The Ruyne and Overthrowe of dishonest Practises, with the Advancement of upright Dealing. The Works of George Whetstones Gent. Formae nulla Fides.

Das Vorwort, unterzeichnet George Whetstone, ist 1578 datiert, und Name und Jahreszahl werden nochmals am Schlusse des Buches wiederholt.

⁹) S. 44. John Lillys epochemachendes Buch „Euphues" erschien 1580 in London unter dem Titel:

Euphues. The Anatomy of Wyt. Very pleasant for all Gentlemen to reade, and most necessary tō remember: Wherin are contained the delights that Wyt followeth in his youth by the pleasountnesse of Love, and the happynesse he reapeth in age by the perfectnesse of Wisedome. — By John Lilly. Master of Arte. Oxon. — Imprinted at London for Gabriell Cawood, dwelling in Paules Churchyarde.

¹⁰) S. 59. Über die Lage von Stratford am Avon, namentlich auch in bezug auf die Entfernungen der in diesem Abschnitte erwähnten Orte, wird gegenüberstehendes Spezialkärtchen ein anschauliches Bild geben, indem auch die vielen großen Parks (bis zu dem ganz nördlich gelegenen Kenilworth) darauf verzeichnet sind. Westlich von Stratford, nur eine Viertelstunde davon entfernt, liegt das Dorf Shottery, woher Anna Hathaway, Shakespeares Weib, stammte; weiter nordwestlich davon Wilmcote, der Wohnsitz der Ardens; eine Stunde nördlich von Stratford liegt Snitterfield, woher Shakespeares Vater stammte, und eine Stunde östlich von Stratford sieht man den Park des Friedensrichters Sir Thomas Lucy und seinen Wohnsitz Charlecote; in nördlicher Richtung auf dem halben Wege nach Kenilworth liegt die Hauptstadt der Grafschaft Warwick, mit dem Warwick-Castle und dem großen Park.

¹¹) S. 60. Die Schreibweise des Namens Shakespeare. Bekanntlich war die Orthographie bei Eigennamen in früheren Jahrhunderten eine sehr willkürliche. So war auch die Schreibweise des Namens Shakespeare, vom 15. Jahrhundert bis zu des Dichters Zeit, höchst mannigfaltig, weil man in der Schrift sich nur nach dem Klange des Wortes richtete. So geschah es auch in früheren Erwähnungen des Namens Shakespeare, der vor der Zeit des Dichters besonders in der Grafschaft ziemlich verbreitet war. Einmal heißt es: Shakspere, ein andermal Shackspeare,

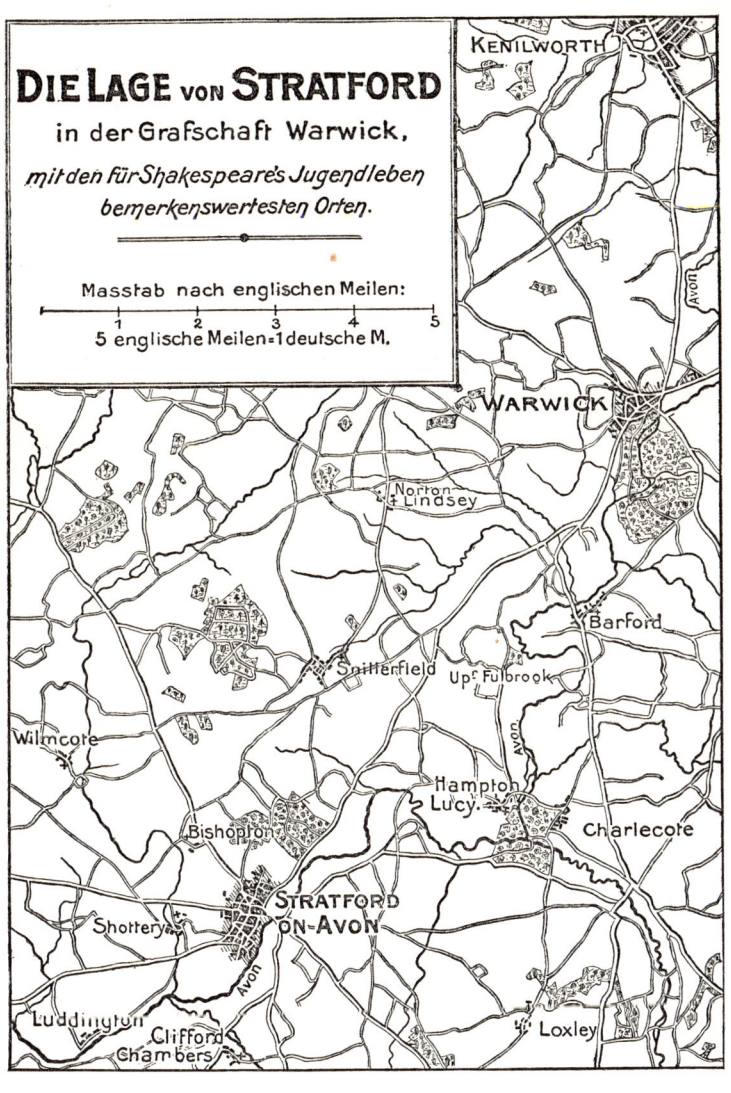

DIE LAGE VON STRATFORD
in der Grafschaft Warwick,
mit den für Shakespeare's Jugendleben
bemerkenswertesten Orten.

Masstab nach englischen Meilen:
5 englische Meilen = 1 deutsche M.

dann wieder Schackspeyre oder gar Shagspere, Sharspeare und Chacspere. Für uns kommen hierbei nur zwei Fragen in Betracht: Wie schrieb der Dichter selbst seinen Namen? und: Wie war bei seinen Zeitgenossen die allgemeine Schreibweise? Von ihm selbst haben wir ja leider nichts Schriftliches weiter, als einige seiner Namensunterschriften. Zwei derselben stehen unter zwei verschiedenen Dokumenten, die einen Hausverkauf in London zu Blackfriars (1612) betreffen und die in genauer Kopie (a und b) also aussehen:

a.   b.

Das erste Dokument ist vom 10. März 1612 datiert und befindet sich in der Guildhall zu London; das andere, denselben Gegenstand betreffend und vom folgenden Tage datiert, ist im British Museum aufbewahrt.

Die drei folgenden Unterschriften (c, d, e) befinden sich auf den drei Blättern seines im Jahre 1616 (den 25. März) aufgesetzten Testamentes, das — mit vielen anderen historischen Testamenten — sich in einem Gewölbe des Sommerset-Hauses (im Probate Court) befindet.*)

Daß Shakespeare, worauf neuerdings hingewiesen worden ist, sich beim Schreiben noch der alten gotischen Buchstaben bedient hat, nicht aber der damals schnell und fast allgemein in Gebrauch gekommenen lateinischen Schrift, ersieht man auch noch aus diesen Namensunterschriften, in denen bei der letzten Unterschrift seines Testaments das vor dem Namen stehende „by me" ebenfalls in deutschen Buchstaben geschrieben ist.

Die Namenszüge auf dem ersten der drei Blätter (c) sind, wohl infolge früherer Vernachlässigung der Blätter, durch die Zeit so sehr angegriffen,

c.

_____

*) Bei meinem Besuche in London im Frühjahr 1880 hatte ich an der bezeichneten Stätte die vorhandenen Faksimiles mit dem Original sorgfältig vergleichen und teilweise verbessern können.

d.

e.

daß der Name Shaffpere kaum noch zu erkennen iſt. Aus allen Unter=
ſchriften geht aber allerdings zweifellos hervor, daß der Dichter die erſte
Silbe des Namens kurz — alſo Shak — ſchrieb. Wenn wir dennoch bei
der allgemein üblichen Orthographie bleiben, ſo geſchieht es, weil der Name
ſo und niemals anders in die Literatur eingeführt worden iſt, indem auch alle
ſeine Zeitgenoſſen ihn ſo ſchrieben; die Schreibweiſe ſeines Namens war
ſo nicht nur auf den älteſten Drucken ſeiner Schauſpiele und nach ſeinem
Tode in der erſten Folioausgabe der dramatiſchen Werke, ſondern auch in
den von ihm ſelbſt veranlaßten Ausgaben der beiden epiſchen Dichtungen
„Venus und Adonis“ und „Lucretia“, deren beide Widmungen von ihm
„William Shakeſpeare“ unterzeichnet ſind.

12) S. 63. Da John Shakeſpeare in der Henleyſtraße zwei Häuſer
beſeſſen hatte, die erſt ſpäter miteinander verbunden wurden, iſt die Geburts=
ſtätte zweifelhaft. Doch ſprechen manche Wahrſcheinlichkeitsgründe dafür, daß
von den beiden Häuſern das weſtlich gelegene als des Dichters Geburts=
haus gelten darf. Beide Häuſer kamen erſt in ſpäter Zeit an die Nach=

Shakeſpeares Geburtshaus in der früheren Verfaſſung
nach einem alten Holzſchnitt.

kommen von Shakespeares Schwester Johanna Hart, und erst in der Mitte des vorigen Jahrhunderts sind sie durch öffentliche Subskription erworben und dann der Stratforder Stadtverwaltung überlassen worden. Da bei gründlicher Renovierung derselben beide nahe aneinander grenzenden Häuser zu einen Wohnhaus vereinigt wurden, könnte die Bestimmung der Geburts= stätte sich nur noch auf das fragliche Zimmer beziehen.

13) S. 63. In den folgenden Jahren wurden dem Vater noch zwei Söhne geboren: Richard und Eduard, von denen der letztere, dem Beispiele Williams folgend, auch Schauspieler wurde, aber bereits 1607 starb.

14) S. 67. Schon 1578 verpfändete John Shakespeare das seiner Frau gehörige Grundstück Asbies an seinen Schwager Lambert, und im folgenden Jahre hatte er und seine Frau das Besitztum für 40 Pfund ganz abgetreten. Es ist sehr auffallend, wie schnell in den folgenden Jahren John Shakespeare in seinen Vermögensverhältnissen herunter= gekommen war, so daß 1586 — wie Halliwell=Phillipps dokumentarisch nachgewiesen hat — nicht einmal ein gegen ihn erlassener Pfändungsbefehl wegen Mangel an Besitztum ausgeführt werden konnte.

15) S. 67. Als in Shakespeares Wintermärchen (4. Akt, 3. Szene) der junge Schäfer (the clown) kommt und seine Berechnung über den Ertrag der Wolle macht, sagt er: Laßt doch sehen, immer elf Hammel machen einen Stein (tod, ein Gewicht Wolle), jeder Stein giebt acht Pfund und etliche Shilling; Fünfzehnhundert geschoren, — was bringt die Wolle?

16) S. 67. Über das Alter Anna Hathaways in der Zeit ihrer Ver= heiratung mit Shakespeare ist uns sichere Kunde durch die in den Kirchen= registern enthaltene Eintragung ihres erst 1623 erfolgten Todes gegeben, wobei bemerkt ist, daß sie 67 Jahre alt geworden sei. Ihr Grabstein in der Kirche von Stratford hat die Inschrift:
„Heere lyeth interried the bodye of Anne, Wife of Mr. William Shakespeare, who depted this life the 6th day of August, 1623, beeing of the adge of 67 years."

17) S. 68. Shakespeares Verheiratung. Über die Eheschließung ist in den Stratforder Kirchenbüchern nichts eingetragen, obwohl Shottery zur Pfarre Stratford gehörte. Dagegen ist ein Dokument entdeckt worden, was einiges Licht auf die Umstände wirft, unter denen die Heirat statt= fand. Zwei husbandmen namens Sandells und Richardson verbürgten sich darin mit Zusicherung einer Geldbuße, daß durch die Verbindung zwischen William Shakespeare und Anna Hathaway das Gesetz nicht verletzt würde,

sei es durch Blutsverwandtschaft, sei es durch Ansprüche anderer. Unter dieser Voraussetzung sollte die Heirat nach einmaligem Aufgebot statt= finden. Das Dokument ist vom 28. November 1582 datiert, und nach sechs Monaten — im Mai 1583 — wurde dem Dichter seine erste, am 26. Mai in Stratford getaufte Tochter Susanne geboren.

18) S. 70. Zu den mancherlei Erfindungen, mit denen die simple Wilddiebstahlsgeschichte im Laufe der Zeiten bereichert worden ist, gehört auch die Erzählung: Shakespeare habe aus Rache gegen den Friedensrichter ein Spottgedicht auf ihn gemacht und verbreitet, und dieses habe den Angegriffenen so sehr erbittert, daß er Shakespeare in jeder Weise verfolgte und zuletzt genötigt habe, Stratford zu verlassen. Jenes Spottgedicht, das man ihm zuschreibt, ist aber ganz zweifellos eine Fälschung. Abgesehen davon, daß es mehr grob als witzig ist, läßt sich auch sehr leicht erkennen, daß der Verfasser erst durch die Shakespearesche Komödie und durch das oben angeführte Wortspiel mit luces und louses zu der Erfindung veran= laßt wurde.

Außer jenen mit ziemlicher Gewißheit als Fälschung anzunehmenden Versen ist aber auch noch auf ein anderes Gedicht hingewiesen worden, aus dem hervorgehen soll, daß die Gattin des Sir Thomas Lucy darin in den Verdacht gebracht war, sie habe für den Verlust seines Wildes ihm selber Hörner aufgesetzt. In J. Hunters „New Illustrations of the Life, Studies and Writings of Shakespeare" (1845) ist infolgedessen die sehr lange Grabschrift mitgeteilt worden, die der im Jahre 1595 verstorbenen Lady Joyce Lucy von ihrem Gemahl Sir Thomas Lucy in der Kirche zu Charlecote gesetzt worden ist, und in der die außerordentlichen Tugenden der Dame so wortreich und in so überschwenglicher Weise hervorgehoben sind, daß man sie als eine Verteidigung gegen die in Umlauf gebrachten Verleumdungen verstehen will. — Ob jene Verleumdungen wirklich bestanden haben, kann uns gleichgültig sein; daß aber die angeblichen Verse nicht von Shakespeare herrühren können, ist zweifellos, und erst um 1690 will sie ein Professor aus Cambridge bei einem Besuche Stratfords dort von einem alten Weibe haben singen hören! Also mehr als 100 Jahr nach der angeblichen Entstehung! — Nach mehrfach wiederholten Angaben wäre Shakespeare infolge jener ihm zugeschriebenen Verspottungen vom Friedens= richter so hartnäckig verfolgt worden, daß er aus diesem Grunde Strat= ford verlassen habe. Wir wissen aber, daß ihn auch andere Gründe zu diesem Schritt bestimmten.

19) S. 72. Auch in der „Zähmung der Keiferin" und zwar in dem Vorspiel der Komödie kündigen die ankommenden Schauspieler sich ebenfalls

draußen erst durch Trompeten an. Nachdem der Lord sie hat eintreten lassen und sie wegen des aufzuführenden Stückes unterwiesen hat, befiehlt er seinem Diener:

Geh Bursche, führ sie in die Speisekammer (buttery),
Da reiche jedem freundlichen Willkommen
Und spare nichts, was nur mein Haus vermag.

Man sieht hieraus, wie der Dichter auch seine armseligeren Standes= genossen gut behandelt wissen wollte. Bekanntlich gibt Hamlet eine ähn= liche Anweisung für die gute Behandlung der Schauspieler.

20) S. 74. Der Annahme englischer Kritiker, Shakespeare müsse in den ersten Jahren seines Londoner Aufenthaltes als Hilfsarbeiter bei einem Rechtsanwalt angestellt gewesen sein, ist bisher nicht ernstlich wider= sprochen worden. Wenn man aber diese Annahme aus der in seinen Schau= spielen mehrfach bewiesenen genauen Kenntnis der Rechtsverhältnisse folgert, so unterschätzt man auch hierbei die einem so außerordentlichen Genie ver= liehene leichte Aufnahmefähigkeit seines Geistes für die ihn umgebenden Verhältnisse. Sollte aber Shakespeare wirklich eine Zeitlang auf jenem Gebiete praktisch tätig gewesen sein, so wäre noch eher anzunehmen, daß dies bereits in Stratford gewesen sei, wo sein Vater zur Rettung seines schwindenden Besitzes wiederholt veranlaßt war, bei einem Anwalt Beistand zu suchen. Wenn es sonach wohl möglich ist, daß William hierbei sich mancherlei Kenntnisse über die Rechtsangelegenheiten erworben hat, so kann doch auch eine solche Annahme nur als Hypothese gelten.

21) S. 75. Über die Schulverhältnisse in jener Zeit, insbesondere auch über den Unterricht in der Stratforder Grammar-school, haben wir in einem erst unlängst erschienenen Buche von H. R. D. Anders: „Shake- speares books. A dissertation on Shakespeares reading and the immediat sources of his works" (Berlin 1904, Georg Reimer) manche sehr wertvolle und interessante Aufschlüsse erhalten. Als sehr auffallende Tatsache wird darin berichtet, daß in der Stratforder Schule schon im ersten Schuljahr nach einer lateinischen Grammatik von William Lily der Unterricht im Lateinischen begann. Der Verfasser weist nach, daß einzelne Zitate aus dieser Grammatik sich in zwei Shakespeareschen Stücken finden. Im zweiten Schuljahr lasen die Schüler eine kleine lateinische Anthologie mit Sentenzen Fabeln und Gesprächen. Im dritten Schuljahr wurden Cato's Maximen und Äsop's Fabeln gelesen, im vierten und fünften Ovid, Cicero, Virgil und Terenz, und im sechsten Horaz, Plautus, Senecas Tragödien und weiteres von Cicero. Man ersieht also hieraus, daß auch Shakespeare, der vermut= lich sechs oder sieben Jahre die Schule besuchte (wahrscheinlich zwischen 1571

und 1578), ſchon eine recht gute Grundlage für ſein ſpäter ſelbſtändig fort=
geſetztes Studium des Lateiniſchen gehabt hat. Daß er von Ovid nicht
nur die ſo verbreitete engliſche Überſetzung von Golding kannte, ſondern
auch mit dem lateiniſchen Original ſich bekannt machte, wird ebenfalls aus
einzelnen Beiſpielen gefolgert.

22) S. 82. Die „Spaniſche Tragödie" von Th. Kyd.

Von dieſem epochemachenden Muſterſtück der Blut= und Rachetragö=
dien, „The spanish tragedy", hatte man lange Zeit eine Ausgabe desſelben
vom Jahre 1599 als den älteſten bekannten Druck des Schauſpiels bezeichnen
müſſen, obwohl es feſtſtand, daß es um mindeſtens ein Dutzend Jahre älter
ſein müſſe, und daß ältere Druckausgaben verloren gegangen ſeien. Nicht
nur, daß der Theaterunternehmer Henslowe in ſeinem „Diary" ſeit 1591
eine ſehr große Anzahl von Aufführungen verzeichnet hatte, ſondern auch
in den Buchhändler=Regiſtern (der „Stationers-Company" von London) findet
ſich aus dem Jahre 1592 eine Eintragung der für den Druck beſtimmten
„Spanish Tragedy". Von den älteren Drucken iſt in neuerer Zeit wenigſtens
einer aus dem Jahre 1594 bekannt geworden, der auf dem Titel auch auf
einen früheren fehlerhaften Druck hinweiſt. Der Titel dieſer Ausgabe
lautet:

„The Spanish Tragedie, containing the lamentable end of Don Horatio,
and Bel-imperia: with the pittifull death of old Hieronimo. — Newly corrected and amended of such grosse faults as passed in the first impression.

London, printed by Abell Jeffes, and are to be sold by Edward
White. 1594."

Ein anderer Druck ohne Jahreszahl, aber für denſelben Verleger,
Edward White, ſtimmt mit jenem im weſentlichen überein; ebenſo die er=
wähnte, unter gleichem Titel erſchienene Ausgabe von 1599. — Endlich
hatte Shakeſpeares jüngerer Zeitgenoſſe Ben Jonſon auf Veranlaſſung
des genannten Henslowe das Stück 1601 mit mehreren bedeutenden Ände=
rungen und Zuſätzen verſehen, in welcher Geſtalt es dann 1602 erſchien
und noch zahlreiche neue Auflagen zur Folge hatte.

Um dem Leſer von der Ausdrucksweiſe des Dichters eine kleine Probe
zu geben, möge hier von dem ſchon (S. 81—82) erzählten Schluß der Tra=
gödie der Originaltext mitgeteilt ſein. Bevor Hieronimo ſich die Zunge
abbeißt, ſchließt er ſeine letzte Rede:

First take my tongue, and afterward my heart!
(He bites out his tongue.)

King.

O monstrous resolution of a wretch!
See, viceroy, he has bitten forth his tongue.
Rather than reveal what we requir'd.

Castile.

Yet can he write.

King.

And if in this he satisfy us not,
We will devise th'extremest kind of death
That ever was invented for a wretch.

(He [b. h. Hieronimo] makes signs for a knife to mend his pen.)

Castile.

O, he would have a knife to mend his pen.

Viceroy.

Here, and advice thee, that thou write the troth.
Looke to my brother! save Hieronimo.

(He [wie oben Hieronimo] with the knife stabs the duke and himself.)

Nach noch zwei Reden des Königs und des Bizekönigs schließt die Handlung; dann treten der Geist und die Rache wieder auf und beraten die Höllenstrafen, die die Schuldigen treffen sollen.

Das Jahr der ersten Aufführungen dieses Stückes läßt sich zwar nicht mit voller Sicherheit nennen; aber nach einer Bemerkung, die Ben Jonson im Vorwort zu seiner im Jahre 1614 erschienenen Komödie „Bartholomew fair" macht, würde es etwa in der Zeit von 1584—1585 auf der Bühne erschienen sein. Wie lange dasselbe noch beim Publikum beliebt war, geht aus mehreren Erwähnungen desselben hervor. Der Monolog des Hieronimo, als er durch den Hilferuf der Belimperia auf den Schauplatz des an Horatio verübten Mordes gerufen wird (der Monolog beginnt mit den seltsamen Worten: Who calls Hieronymo from his naked bed —?) wird sogar in der Studenten-Komödie „The return from parnassus" als Probestück für dramatische Deklamation benutzt.

In neuerer Zeit ist von der Spanish tragedy eine höchst genaue textkritische Ausgabe von Prof. J. Schick (in München) mit Bezeichnung aller Varianten in den verschiedenen Drucken erschienen (Berlin, E. Felber, 1901). Aus den sorgfältigen Untersuchungen erhalten wir auch einen Einblick in die Verleger- und Buchdruckerverhältnisse jener Zeit.

Eine deutsche Übersetzung des Stückes lieferte Richard Koppel in „Altenglisches Theater". Leipzig, Bibliograph. Institut.

23) S. 95. Die Eröffnung des „Juden von Malta" durch eine Anſprache des Macchiavell iſt mehr eine Introduktion, als ein Prolog, beſonders da dieſer ſeltſamen Eröffnung zwei Prologe vorausgehen, erſt ein „Prologue spoken at court", dann ein anderer Prolog „to the Stage, at cock-pit". Erſt hiernach beginnt das Stück mit der Bemerkung: „Enter Macchiavell". Eine metriſche Verdeutſchung dieſer aus 35 jambiſchen Versz̄eilen beſtehenden, an das Publikum gerichteten Rede würde den eigentlichen Sinn der ſchwülſtigen Phraſen nicht verſtändlicher machen können, denn die Verbindung der Macchiavelliſtiſchen Politik mit der Handlung der Tragödie wird auch durch dieſe einleitende Erläuterung nicht gerechtfertigt. Macchiavell beginnt damit: Die Welt denke zwar, er ſei tot, aber er komme jetzt, da der Herzog von Guiſe nun tot (and now the Guise is dead) von Frankreich her, um dies Land (England) zu ſehen. Sein Name ſei wohl manchen verhaßt, aber wer ihn liebe, der ſchütze ihn auch vor böſen Zungen, und wenn man auch öffentlich ſich gegen ſeine Bücher ereifert, ſo lieſt man ſie doch. Religion ſei ihm nur kindiſches Spiel und die einzige Sünde, die er kenne, ſei Unwiſſenheit. Mancher ſchwatze wohl, er habe an Kronen Recht, welch ein Recht hatte aber Cäſar an ſeiner Herrſchaft. — Nach noch einer ganzen Reihe derartiger, teils trivialer, teils unlogiſcher Ausſprüche unterbricht er ſich endlich: er ſei nicht nach Britannien gekommen, um Reden zu halten, ſondern nur um des Juden Trauerſpiel vorzuführen, jenes Juden, der lächelnd ſieht, wie ſeine Säcke von Gold ſtrotzen, das er nur durch ſeine (Macchiavells) Hilfe erworben habe. Er bitte daher nur das eine: man möge ihn nach ſeinem Verdienſt behandeln und nicht deshalb ſchlechter mit ihm verfahren, weil er ihm huldige (because he favours me.) Der erſt 1633 erfolgten Druckausgabe des Stückes (eine frühere kennt man nicht) geht eine Dedikation von Thomas Heywood voraus, aus der wir erfahren, daß die Rolle des Juden Barrabas von Edward Alleyn geſpielt wurde, der meiſt der Lord-Admirals-Truppe angehörte und nächſt Burbadge der berühmteſte Schauſpieler jener Epoche war. Verſchiedene Äußerungen in der Literatur der Zeitgenoſſen beziehen ſich auf die große künſtliche Naſe, mit der Alleyn den Juden ſpielte, wie er überhaupt die Figur in möglichſt grotesker Häßlichkeit darſtellte, was ja übrigens zu der Karrikatur des dichteriſchen Gebildes ganz gut ſtimmte.

24) S. 100. Die Titelſeite des von mir im Jahre 1876 in Kaſſel aufgefundenen älteſten und bis dahin gänzlich unbekannt geweſenen Druckes von Marlowes Tragödie Eduard der Zweite hat folgenden Wortlaut: The troublesome raigne and lamentable death af Edward the

second, King of England; with the tragical fall of proud Mortimer: As it was sundrie times publiquely acted in the honourable citie of London, by the right honourable the Earle of Pembroke his servants. — Written by Chri. Marlow Gent. — Imprinted at London for William Jones, dwelling near Holbourne, conduit at the signe of the Gunne. 1594.

25) S. 107. Auch die dramatischen Werke Marlowes wurden fast sämtlich erst mehrere Jahre nach den ersten Bühnenaufführungen gedruckt, einzelne davon sogar erst viele Jahre nach dem Tode des Dichters. Das nachfolgende Verzeichnis gibt sie deshalb nicht nach den Jahreszahlen ihres Druckes, sondern in der vermutlichen Reihenfolge ihres Entstehens, und zwar nach der Ausgabe von Alexander Dyce: „The works of Christopher Marlowe." London 1850.

1. Tamburlaine the Great .... Divided in two tragicall discourses, as they where sundry times shewed upon Stage in the Citie of London. By the right honourable the Admiral his servants . . . . . 1590.

2. The Massacre at Paris: with the death of the Duke of Guise. As it was played by the right honourable the Lord Amiral his servants. — Der Druck ohne Jahreszahl ist jedenfalls erst lange nach dem Tode Marlowes erschienen. Henslowe in seinem Tagebuch hat ein Stück unter dem Titel „The Tragedy of the Guyes" im Januar 1593 eingetragen und bei Henslowes Verstümmelung aller Namen ist anzunehmen, daß „the Guyes" den Herzog von Guise bedeutet. Aber Dyce, der den Druck für äußerst inkorrekt hält, nimmt mit Bestimmtheit an, daß diese Tragödie schon bald nach der Ermordung König Heinrichs III. (1589), mit dessen Tod die Tragödie auch schließt, geschrieben wurde. Nachdem der König in der letzten Szene durch den vergifteten Dolch des Jaques Clement erstochen ist, stirbt er mit den Worten: man möge in seinem Namen die Königin von England grüßen und ihr sagen: Heinrich sei als ihr getreuer Freund gestorben.

3. Vom Juden von Malta kennt man, wie schon gesagt, nur den sehr späten Druck vom Jahre 1633, unter dem Titel:
The famous Tragedy of the Rich Jew of Malte. As it was played before the King and Queene in his Maiesties Theatre at White Hall, by Her Maiesties Servants at the Cock pit. Written by Christopher Marloe (sic) London 1633.

4. The tragicall History of D. Faustus. As it hathe bene acted by the Right Honorable the Earls of Nottingham his servants. . . . 1604.

5. Edward the Second. Vgl. in der Anmerkung 24 zu S. 100 den Titel des ersten Druckes, den Dyce noch nicht kannte und deshalb nur den bis dahin bekannten späteren Druck von 1598 anführt.

Dido, Queene of Carthage. Played by the children of her Maiesties Chapell. Written by Chr. Marlowe and Thomas Nash. (Vgl. S. 145.)

Das große Epos „Hero and Leander" war von Marlowe un= vollendet hinterlaſſen und wurde erſt 1598, von George Chapman ver= vollſtändigt, herausgegeben. Es iſt durchgehends in fünffüßigen Reim= paaren und in ſechs Hauptabſchnitte geteilt, die als Sestiads bezeichnet ſind, und denen Chapman kurze gereimte Argumente hinzufügte. Die ſeit 1598 erſchienenen ſieben Ausgaben haben ſämtlich die Bezeichnung: Begun by Christopher Marloe (sic) and finished by George Chapman.

26) S. 110. Titus Andronikus. Bis zum Jahre 1904 hat man als älteſte engliſche Ausgabe des Stückes nur den Druck von 1600 gekannt. Daß es aber etwa zehn Jahre früher auf die Bühne gekommen ſein muß, iſt mit Sicherheit nicht nur durch die innere Beſchaffenheit des Stückes an= zunehmen, ſondern es ſprechen dafür auch noch andere Gründe. In die Buchhändlerregiſter iſt ſchon 1593 ein Stück dieſes Titel eingetragen worden unterm Datum des 6. Februar und mit dem Buchhändlernamen Danter: „Entered for his copye under handes of bothe the wardens a book en- tituled: A Noble Roman-History of Titus Andronicus." Doch ſchien jener Druck bis jetzt verſchollen, bis er erſt Anfangs 1905 entdeckt worden iſt. Daß es aber auch ſchon früher als 1593 aufgeführt ſein mußte, bezeugt auch erwähnte Bemerkung von Ben Jonſon zu einer 1614 geſchriebenen Komödie „Bartolomew fair" wo er ſagt: derjenige, der noch heute behaupte, daß Jeronimo (die ſpaniſche Tragödie) und Andronicus die beſten Stücke ſeien, der bewieſe damit, daß er in den letzten fünfundzwanzig bis dreißig Jahren in ſeinem Urteil ſtehen geblieben ſei. Hiernach würde alſo Titus Andronicus ſpäteſtens 1590 auf die Bühne gekommen ſein und die ſpaniſche Tragödie noch früher. Der nunmehr bekannt gewordene, vom Jahre 1594 datierte Druck der Shakeſpeareſchen Tragödie hat ſich in Schweden im Beſitze einer Familie vorgefunden, deren Vorfahr mütter= licherſeits aus Schottland eingewandert war. Die Titelſeite dieſes älteſten Druckes ſtimmt mit dem Drucke von 1600 ziemlich genau überein, nur daß den genannten Patronen der Schauſpielertruppen ſpäter noch die Diener des Lord Chamberlaine hinzugefügt ſind. Auch inhaltlich beſtehen zwiſchen beiden Ausgaben nur geringe Abweichungen. Da dieſer aufgefundene alte Druck von 1594 der erſte iſt, den wir überhaupt von den authentiſch Shake= ſpeareſchen Stücken haben, wird eine genaue Reproduktion der Titelſeite von Intereſſe ſein. Das nachſtehende Fakſimile iſt nach einer Photographie hergeſtellt, die ich der Güte des Univerſitäts=Bibliothekars Ljunggreen in Lund zu danken habe. Auch in typographiſcher Hinſicht gibt dieſe Titelſeite

THE
MOST LA
mentable Romaine
Tragedie of Titus Andronicus:

As it was Plaide by the Right Ho-
nourable the Earle of *Darbie*, Earle of *Pembrocke*,
and Earle of *Suſſex* their Seruants.

LONDON,
Printed by Iohn Danter, and are
to be ſold by *Edward White* & *Thomas Millingzen*,
at the little North doore of Paules at the
ſigne of the Gunne.
1594.

gleich im Anfang: the most lamentable ein Beispiel von der typographischen Geschmacklosigkeit.

27) S. 113. Über die Anwendung der Stenographie in damaliger Zeit gibt die Schrift „Shakespeare und die Anfänge der Stenographie" von C. Dewiſcheit (Berlin 1897) manche intereſſante Aufſchlüſſe. Der Verfaſſer erklärt darin ſämtliche vor der Folioausgabe von 1623 erſchienene Einzeldrucke der Stücke, und zwar ohne einzige Ausnahme, als Raubdrucke, die größtenteils aus ſtenographiſchen Nachſchriften zuſammengeſetzt ſind.

Für die Unrechtmäßigkeit dieser Drucke spricht u. a. auch der Umstand, daß verschiedene Auflagen eines Stückes auch bei verschiedenen Verlegern gedruckt wurden. Noch im Jahre 1630 klagte der Schriftsteller und drama= tische Dichter Thomas Heywood in der Vorrede zu einem seiner Werke: Er habe aus seinen Stücken nur aus ihren Bühnenaufführungen Gewinn gezogen, niemals aus dem Drucke derselben. „Dennoch sind einige meiner Arbeiten (ohne mein Wissen und Zutun) in die Hände von Druckern ge= raten und von diesen so verunstaltet und mangelhaft gedruckt (denn sie sind hauptsächlich nach dem Gehör wieder gegeben), daß ich sie nicht als meine Werke anzuerkennen vermag."

Derselbe Thomas Heywood spricht auch 1623 in dem Prolog zu einem seiner bekanntesten Stücke von den Zuschauern, die sich im Theater drängten und einige von ihnen das Stück gleich stenographisch aufnahmen:

that some by stenography drew
The plot, put it in print (scarce one word true) etc.

28) S. 117 Anm. Zu König Heinrich dem Sechsten, II. u. III.

Die alten Quart=Ausgaben der beiden Stücke, die den Shake= speareschen Text sehr lückenhaft und vielfach korrumpiert wieder= gegeben haben, erschienen 1594 und 1595 unter den folgenden Titeln:

(2. Teil.) The First part of the Contention betwixt the two famous houses of Yorke and Lancaster, with the death of the good Duke Humphrey: and the banishement and death of the Duke of Suffolke, and the Tragicall end of the proud Cardinall of Winchester with the notable Rebellion of Jacke Cade: And the Duke of Yorkes first claime unto the Crowne. London Printed by Thomas Creed, for Thomas Millington, and are to be sold at his shop under Saint Peters Church in Cornwall. 1594.

Eine zweite Ausgabe erschien 1600 unter demselben Titel mit der veränderten Druckangabe: by Valentine Simmes.

(3. Teil.) The True Tragedie of Richard Duke of Yorke, and the Dead of good King Henry the sixt: with the whole contention betweene the two houses, Lancaster and Yorke, as it has sundrie times acted by the Right Honourable the Earl of Pembrooke his servantes by P. S. for Thomas Millington and are to be sold at his shoppe under Saint Peters Church in Cornwall. 1595.

Erst im Jahre 1619 erschienen dann beide Stücke zusammen, mit Shakespeares Namen, und unter dem gemeinsamen Titel:

Genée, Shakespeare. 27

The whole Contention betweene the two Famous Houses, Lancaster and Yorke. With the Tragicall ends of the good Duke Humphrey, Richard Duke of Yorke, and King Henry the sixt. Divided in two Parts, and newly corrected and enlarged. Written by William Shakespeare, Gent. Printed at London for T. P.

Was über die beiden erften Ausgaben, die den zweiten und dritten Teil von Shakespeares Heinrich VI. in arger Verunftaltung wiedergeben, auf S. 117 in Kürze gefagt ift, foll hier ausführlicher begründet werden, um es unwiderleglich nachzuweifen, daß dies nur Raubdrucke des Shakefpearefchen Textes fein können.

In beiden Stücken ift die Szenenfolge mit dem Shakefpeare- fchen Text der Folioausgabe übereinftimmend und die Verftümmelungen betreffen nur die vielen Auslaffungen im Dialog und Verderbungen einzelner Stellen, wie fie durch eine flüchtige Nachfchrift entftanden find. Bezeichnend ift auch, daß in der erften Szene die Worte des Königs nach Verlefung des Vertrags aus Verfehen ebenfalls (wie der Vertrag felbft) als Profa wiedergegeben find, obwohl diefe mit dem Wortlaut der Verfe übereinftimmt. In Szene 3 ift die Epifode mit dem Fallenlaffen des Fächers der Königin und mit der der Herzogin von Glofter gegebenen Ohrfeige ein wenig weiter hinausgerückt, alfo wahrfcheinlich erft fpäter in das Manufkript gebracht, aber ebenfalls verftümmelt. In dem richtigen Texte der Folio heißt es hier:

"(Die Königin läßt ihren Fächer fallen.)
Königin. Reicht mir den Fächer! Herzchen, wie? ihr könnt nicht?
(Sie gibt der Herzogin eine Ohrfeige.)"

In dem korrumpierten Texte von 1594 heißt es:
"Die Königin läßt ihren Handfchuh fallen und gibt der Herzogin eine Ohrfeige. (!)
Königin. Den Handfchuh gib. Wie, Schatz, könnt ihr nicht fehn?
(Sie fchlägt fie.)"

Der Nachfchreiber ift hier augenfcheinlich von der Ohrfeige fo überrafcht gewefen, daß er die Aufforderung erft nachher bringt; dann aber läßt er die Herzogin noch einmal fchlagen. Ferner: in der erften Szene des dritten Aktes, welche viele Auslaffungen hat, ift auch der fo wichtige Monolog Yorks eine der am meiften korrumpierten Partien. Ich gebe die erfte Hälfte desfelben hier zur Vergleichung und füge gleich den Anfang der nächstfolgenden Szene beim Kardinal (nach dem Text der „First Contention") hinzu, um zu zeigen, wie in jenen alten Ausgaben das Szenische behandelt wurde.

York. Nun, York, befinn dich und erhebe dich,
Nimm mit die Zeit, da sie so schön sich bietet,
Geringes nur du wirst es nicht erreichen,
Ich brauche Männer und ihr gebt sie mir,*)
Nun während ich in Irland bin beschäftigt,
Hab ich betört 'nen hartköpfigen Kenter
John Cade von Ashford
usw.

Man wird hier bei einer Vergleichung mit dem echten Shake-spearesthen Text, der statt der obigen sieben Verse (bis zu derselben Stelle) siebenundzwanzig enthält, aus dem Unvermittelten der Gedanken leicht erkennen, wie der Nachschreiber nur vereinzelte Sätze abgefangen hat. Am Schlusse des Monologs heißt es weiter:

„York ab,
dann wird der Vorhang gezogen, man sieht Herzog Humphrey in seinem Bette, und zwei Männer an seinem Lager, die ihn in seinem Bett erwürgen.
Dann kommt der eintretende Herzog von Suffolk zu ihnen.
Suffolk. Wie nun? habt ihr ihn aus der Welt geschafft?
Einer. So ist's, Mylord, seid sicher, er ist tot."
usw.

Ganz deutlich erkennbar ist ferner die Textverderbung in der ersten Szene des John Cade. Im authentischen Texte heißt es:
„Cade. Mein Vater war ein Mortimer —
Richard (beiseit). Er war eine ehrliche Haut und ein tüchtiger Maurer.
Cade. Meine Mutter war eine Plantagenet —
Richard (beiseit). Ich hab sie gut gekannt; sie war eine Hebamme.
Cade. Meine Frau stammt aus dem Hause der Lacies —
Richard (beiseit). Sie war 'ne Haufiererstochter und hat manche Treffen (laces) verkauft."

Diese Stelle lautet nun in dem verderbten Texte:
„Cade. Mein Vater war ein Mortimer —

---

*) Auch die Interpunktion des alten Textes ist hier beibehalten.

Richard. Er war ein ehrlicher Mann und ein tüchtiger Maurer.
Cade. Meine Mutter stammt von den Braces —
Richard. Sie war 'ne Hausiererstochter und verkaufte manche
Treffen (laces)."

Hier ist dem Nachschreiber, abgesehn von dem Zusammenschmelzen
der Mutter mit der Frau, nur das Wortspiel und der Reim auf
laces im Kopf geblieben, aber statt Lacies verstand er Braces. So
vieles auch in allen den Szenen des Volksaufstands vom Wortlaute
Shakespeares abweicht, so ist doch der Geist des Ganzen, auch in
diesen so charakteristischen Szenen, genau derselbe.

In dem zweiten Stück der alten Ausgaben, der „True Tragedie
etc." (Heinrich VI., 3. Teil) ist der Text des Originals im ganzen
getreuer wiedergegeben. Das Beachtenswerteste von allem aber ist:
daß die bedeutendsten und wertvollsten Partien in Heinrich VI., dritter
Teil, hier vollständig und im Wortlaut vorhanden sind. Das ist der
Fall mit der Szene, in der der gefangene York gemartert wird, und
in den meisten Dialogstellen Richards von Gloster. Nur in dem ersten
seiner prachtvollen Monologe fehlt mehr als die Hälfte, indem dieser
Monolog, der im richtigen Text über siebenzig Verse hat, hier auf
dreißig zusammengeschrumpft ist. Zum Vergleiche möge dieser Monolog
in dem verunstalteten Texte hier folgen:

Ja Eduard hält die Weiber wohl in Ehren;
Wär' er doch aufgezehrt, Mark, Bein und alles,
Damit kein Sproß aus seinen Lenden folge,
Zu hindern mir der Hoffnung gold'ne Zeit,
Denn noch bedeut' ich nichts in dieser Welt.
Da ist erst Eduard, Clarence noch und Heinrich,
Und dessen Sohn, und alle diese wünschen
Nachkommen sich, eh' ich mich selbst kann pflanzen.
Ein schlimmer Vorbedacht für meinen Zweck.
          (Hier fehlen dreizehn Verse.)
Was bietet sonst für Freuden denn die Welt?
Ich will mich freundlich kleiden und mich selbst
Einschläfern in 'ner holden Dame Schoß,
Bezaubern sie mit Worten und mit Blicken.
Ich Scheusal, solcherlei Gedanken hegen.
Schwur Liebe mich doch ab im Mutterleib.

Und daß ich nicht auf ihrem Boden wandle,
Beſtach ſie die gebrechliche Natur,
Den neid'ſchen Berg auf meinen Rücken türmend,
Wo Häßlichkeit, den Körper höhnend, ſitzt,
Den Arm wie dürres Reiſig auszutrocknen,
Die Beine von ungleichem Maß zu formen,
        (Fehlen drei Verſe.)
Und bin ich wohl ein Mann zum Lieben?
Eh könnt' ich zwanzig Kronen wohl erlangen.
        (Fehlen ſiebenzehn Verſe.)
Doch kann ich lächeln und im Lächeln morden,
Kann rufen Wohl! zu dem was mich beleidigt.
        (Fehlen ſieben Verſe.)
Kann dem Chamäleon noch Farben leihn,
In mehr Geſtalten noch als Proteus wandeln.
Und will ſelbſt Catilina übermeiſtern.
Und kann ich das, und keine Kron' erringen?
Ha! Zehnmal höh'r will ich herab ſie zwingen!

Man ſollte meinen, daß auch hier eine Vergleichung mit dem vollſtändigen Shakeſpeareſchen Texte nicht den mindeſten Zweifel mehr beſtehen laſſen kann, daß wir's hier nur mit einer inkorrekten und vor allem ſehr unvollſtändigen Wiedergabe des echten Textes zu tun haben. Wäre es wohl denkbar, daß ein Dichter ſein Vorbild in ſolcher Weiſe benutzte? Sehen wir nicht vielmehr ganz deutlich, wie der Herausgeber hier wie überall nur die aufgefangenen Sätze wiedergab, und alle Zwiſchenteile, die erſt die naturgemäße Entwickelung der Gedanken bilden, bei der Flüchtigkeit des Nachſchreibens überging? Am deutlichſten zeigt ſich dies Verfahren bei der erſten Lücke von dreizehn Zeilen in dem oben angeführten Monolog des Gloſter, wo der Aufwerfung der Frage „Was bietet ſonſt" uſw. erſt die ganze Reihe von Sätzen vorausgehen muß: „Geſetzt es giebt kein Königreich für Richard" uſw.

Ganz verunſtaltet ſind die Szenen von Gloſters Ermordung wie beim Tode des Kardinals Wincheſter. Die Szene auf dem Schlachtfelde, welche die Schrecken des Bürgerkriegs gewiſſermaßen paraboliſch darſtellt, iſt mehr gekürzt als geändert. Der rührende Monolog des Königs, der die Szene eröffnet, iſt von vierundfünfzig Verſen auf

dreizehn zusammengeschrumpft. Danach erscheint der Sohn mit seinem
erschlagenen Vater; darauf kommt gleich, ohne die Zwischenbetrachtung
des Königs, der Vater mit der Leiche seines Sohnes. Wo aber auch
immer in den beiden alten Drucken der Text kürzer ist und in einzel=
nen Wörtern und Ausdrücken abweicht, bleibt doch die Szenenfolge
genau dieselbe wie in den beiden Teilen Heinrichs VI. Auch für die
charakteristischen Äußerungen Richards, nachdem er und Eduard den
Tod ihres Vaters erfahren haben, ist die Vergleichung (Akt 1, Szene 2)
wichtig. In dem Shakespeareschen Stücke heißt es, als Warwick das
Nähere berichten will:

> Eduard. O sprich nicht mehr! Ich hörte schon zu viel.
> Richard. Sag' wie er starb, denn ich will alles hören.

Die Stelle lautet in der „True Tragedy":

> Eduard. O sprich nicht mehr, ich kann nichts weiter hören.
> Richard. Sag' den Bericht, denn ich will alles hören.

Nach der Gefangennahme der Margarethe, und nachdem der
Prinz Eduard von den Yorks getötet ist, und Richard sich des ge=
fangenen Königs erinnert, heißt es bei Shakespeare nur:

> Richard. The Tower, the Tower! (Exit.)

Daraus ist in der „True Tragedy" gemacht:

> Richard. The tower man, the tower: I'll root them out! (Exit.)

Neben diesen und vielen andern in die Augen springenden Ver=
stümmelungen des richtigen Textes sprechen aber auch diejenigen
Szenen, die mit dem ersten Texte der Folio genau übereinstimmen,
gegen die Annahme eines von Shakespeare nur bearbeiteten Vorbildes.
Es sind dies, wie schon erwähnt, die meisten Partien, in denen der
spätere Richard III. bereits hervorragend entwickelt ist, so daß hier
die Arbeit zweier verschiedener Autoren unmöglich angenommen
werden kann. So ist im 5. Akte des dritten Teils die ganze Szene
zwischen Richard und dem Könige Heinrich, des letztern Ermordung
und der daran sich schließende Monolog Richards Vers für Vers, ja
in der überwiegenden Mehrzahl der Verse Wort für Wort, mit dem
Texte der True Tragedy übereinstimmend.

Man ersieht aus alledem, daß bei den verschiedenen Aufführungen
es auch verschiedene Nachschreiber waren, deren einzelne Beuteteile für
die Ausgabe zusammengestoppelt wurden.

Wie bei allen dieſen für eine Verſtümmelung der Shakeſpeare=
ſchen Stücke unwiderleglich ſprechenden Merkzeichen ernſte Kritiker zu
der Annahme kommen konnten, daß in jenen lückenhaften und lieder=
lichen Ausgaben uns die Arbeiten eines andern Verfaſſers vorliegen,
die dann von Shakeſpeare benutzt worden ſeien, würde unbegreiflich
ſein, wenn man nicht wüßte, wie ſehr eine gewiſſe vorgefaßte Meinung
befangen macht und das Urteil trübt. Nachdem erſt Malone jene
falſche Behauptung, Shakeſpeares „Vorbilder" für ſeine Hiſtorien be=
treffend, aufgeſtellt hat, ſind ihm ſowohl engliſche wie deutſche Kri=
tiker darin gefolgt; die einen wollten ſogar Robert Greene als den
Verfaſſer jener Stücke aufſtellen, trotzdem derſelbe in ſeinem bekannten
Angriff gegen Shakeſpeare, um ihn herabzuſetzen, eine Verszeile aus
deſſen Heinrich VI. („Du Tigerherz in Weiberhaut gehüllt!") paro=
dierend gegen ihn anwendete.

Obwohl in neuerer Zeit die Kritik ſich mehr und mehr zu der
richtigen Anſicht geneigt hat (auch Alexander Schmidt, in der revi=
dierten Schlegel=Tieckſchen Ausgabe, 2. Bd., hat die Frage mit rich=
tigem Verſtändnis erörtert), ſo werden doch meine in den angeführten
Textſtellen gegebenen Nachweiſe um ſo weniger überflüſſig ſein, als die
Anſichten darüber noch keineswegs ganz geklärt ſind. Hat doch ſelbſt
einer der neueſten engliſchen Biographen des Dichters, Sidney Lee,
in ſeinem durch reichhaltige Darlegung des kritiſchen Materials höchſt
verdienſtlichen „Life of William Shakespeare" die durch nichts be=
gründete Anſicht ausgeſprochen, daß Marlowe an der Bearbeitung
von „the first part of the Contention" und „the true tragedy"
beteiligt geweſen ſei.

29) S. 118. Zu König Richard dem Dritten. Der Titel der erſten
Quart=Ausgabe lautet:
The Tragedy of King Richard the third. Containing his treacherous
plots against the Brother Clarence: the pittiefull murther of his innocent
nephewes: his tirannicall usurpation: with the whole course of his detested
life and most deserved death. As it hath beene lately acted by the
Right Honourable the Lord Chamberlaine his servants. At London printed by Valentine Sims, for Andrew Wise, Dwelling in Paules Church yard,
at the Sign of the Angell. 1597.
Bis zum Jahre 1622, alſo vor der Folio, erſchien das Stück in noch

fünf Quartausgaben: 1598, 1602, 1605, 1612 und 1622. Die zweite Aus=
gabe (1598) nennt bereits den Namen William Shakespeare und von der
dritten Ausgabe an ist vor dem Namen noch eingeschaltet: „new augmented by".

Über das Verhältnis dieser Tragödie zu den geschichtlichen Quellen
ist im Texte schon das Nötige gesagt worden. Ein Stück, das 1594 unter
dem Titel „The true tragedie of Richard III." erschien, zeigt durchaus
keinerlei Vergleichspunkte für die Shakesparesche Tragödie.

Nach der Versicherung von Clarc und Wright (Cambridge Edition) ist
es kaum bei einem anderen Stücke so schwierig wie bei diesem, über die
größere Zuverlässigkeit der ersten Quarto oder der Folioausgabe zu ent=
scheiden.   Denn die erste Quarto enthält Partien, die in der Folio fehlen
und die doch wesentlich für das Verständnis sind; während umgekehrt auch
die Folio Stellen von entschiedener Wichtigkeit hat, die in der Quarto
fehlen.   Im allgemeinen aber halten die englischen Herausgeber den Text
der Folio für den authentischen, indem sie annehmen, daß derselbe nach
einem Manuskript gedruckt ist, in dem die Änderungen vom Dichter selbst
herrührten.   Trotzdem sind von den kritischen Herausgebern einzelne wichtig
scheinende Partien aus den Quartos in den Text mit aufgenommen.

^{30}) S. 122.   Die beiden Edelleute von Verona.   Der Portugiese
Jorge de Montemayor war frühzeitig nach Spanien gekommen, wo er
um die Mitte des 16. Jahrhunderts sein Hauptwerk, den Schäferroman
„Diana" (in sieben Büchern) schrieb.   Der Dichter starb 1562 und der
Roman hatte durch seine große Popularität andere Autoren zu Fortsetzungen
veranlaßt.   Der Roman Diana ist sehr umfangreich und in den erzählten
Ereignissen sehr verwickelt.   Die Geschichte der Felismena und des jungen
Edelmannes Don Felix bildet in dem Ganzen nur eine Episode, die zuerst
von Felismena erzählt und dann fortgesetzt wird.   Der Kern der von ihr
erzählten eigenen Leidensgeschichte bildet den Stoff zu den beiden Veronesern.
Felismena erzählt, wie sie sich in den jungen Edelmann Don Felix ver=
liebte.   Dieser erwiderte zwar die Liebe, wurde aber von seinem Vater,
der dahinter kam, an den Hof geschickt, um so von seiner Geliebten ent=
fernt zu werden.   Nach seiner Abreise aber folgte ihm Felismena in der
Verkleidung eines Pagen, aber bald, nachdem sie die Stadt erreicht hatte,
um Don Felix zu treffen, mußte sie die traurige Entdeckung machen, daß
dieser unterdessen sein Herz anderweitig verschenkt hatte. Ohne die Geliebte
in ihrer Verkleidung zu erkennen, nahm er sie in seine Dienste und brauchte
sie zur Beförderung eines Briefwechsels mit seiner neuen Geliebten. Diese
faßt nun eine heftige Leidenschaft für den vermeintlichen Boten (Felismena),

wird aber von dieſem natürlich mit Zurückhaltung und Kälte behandelt. (Hier fällt die Handlung, wie man ſieht, mit der Geſchichte der Viola in „Was ihr wollt“ zuſammen, die aber vor Montemayor ſchon von den italieniſchen Novelliſten behandelt war.) Die Angebetete des Don Felix geſteht dieſem endlich ihre Liebe zu ſeinem Boten und aus Gram, von dieſem zurückgewieſen zu ſein, — ſtirbt ſie, infolgedeſſen Felix ſogleich das Land verläßt, worauf Felismena aufs neue ihm folgt, um den Undankbaren wiederzugewinnen. Dies ſind nur die Grundzüge für den erſten Teil der Handlung in der Shakeſpeareſchen Komödie. In dieſer iſt zu der Untreue des Proteus auch noch deſſen ſchändlicher Verrat an ſeinem Freunde gefügt und dadurch eine befriedigende Löſung des Knotens noch mehr erſchwert, die denn auch bei der fortgeſetzten Schurkerei des Proteus nur höchſt gefühlsverletzend wirken kann. Da Montemayors „Diana“, der erſte der großen Schäferromane, erſt 1598 in engliſcher Überſetzung (von Bartholomew Jonge) erſchien, iſt es wahrſcheinlich, daß Shakeſpeare ein älteres Stück, das wir nicht kennen, das aber unter dem Titel „Felix and Philomela“ im Jahre 1584 aufgeführt ſein ſoll, benutzt hat.

[31]) S. 124. Ende gut, Alles gut (All's well that ends well) iſt uns, ebenſo wie die Komödie der two Gentlemen of Verona, erſt in der nach dem Tode des Dichters 1623 erſchienenen Folioausgabe ſeiner Werke überliefert worden. Francis Meres, in ſeiner 1598 erſchienenen Schrift „Palladis Tamia. Wit's treasury“, hatte unter den von ihm namhaft gemachten dramatiſchen Werken Shakeſpeares nächſt der Komödie „Love's labours lost“ auch eine andere unter dem Titel „Love's labours won“ angeführt. Da unter ſolcher Bezeichnung ein Shakeſpeareſches Stück nicht bekannt iſt, hat man angenommen, daß dies der frühere Titel von „Ende gut, Alles gut“ geweſen ſei, und es ſtimmt dies allerdings zu den außerordentlichen Mühen, durch die die weibliche Hauptfigur Helena endlich zum Ziele ihrer Wünſche kommt.

Die Geſchichte, die dieſer Komödie zugrunde liegt, hat Shakeſpeare jedenfalls aus Painters „Pallace of Pleasure“ kennen gelernt, da dies aber eine ziemlich getreue Überſetzung der Erzählung Boccaccios von Giletta von Narbonne (Dekameron, 9. Geſchichte des dritten Tages) iſt, ſo darf Boccaccio als die eigentliche, wenn auch indirekte, Quelle des Dichters betrachtet werden. Trotz der großen Verbreitung des Dekamerone mögen hier wenigſtens in aller Kürze die Hauptmomente der Geſchichte hervorgehoben ſein, ſoweit ſie mit dem Stücke Shakeſpeares im allgemeinen übereinſtimmen: Giletta iſt die Tochter eines berühmten Arztes Gerard von Narbonne, der auch den kränklichen Grafen von Rouſſillon behandelt. Dieſer Graf hatte einen einzigen kleinen Sohn, namens Beltram, mit dem andere Kinder gleichen Alters, darunter auch Giletta, zugleich erzogen wurden. Bei Giletta war dadurch eine heftige Neigung für Beltram entstanden, und als dieser nach dem Tode des alten Grafen nach Paris mußte, um dort am Hofe weiter ausgebildet zu werden, war Giletta darüber so untröstlich, daß sie nach einiger Zeit sich entschloß, ebenfalls nach Paris zu reisen, wozu ihr eine unheilbare Krankheit des Königs (eine Fistel), die sie — mit den Geheimnissen ihres in der Arzneikunde hochberühmten Vaters vertraut — zu heilen hoffte. Sie stellte sich dem Könige vor mit der Bitte, sich ihm zur Heilung anzuvertrauen. Da schon die berühmtesten Ärzte vergeblich sich bemüht hatten, den König von seinem Leiden zu befreien, schlug er anfänglich das Anerbieten des jungen Mädchens aus, wurde aber endlich durch ihre Beharrlichkeit überredet, es zu versuchen. Giletta war des Erfolges so sicher, daß sie gelobte, ihn in acht Tagen durch ihre Kräuter geheilt zu haben, sollte dies aber nicht geschehen, so wolle sie den Tod dafür erleiden. Falls aber ihr die Heilung gelänge, dessen sie sicher war, so wollte sie zum Lohn nichts weiter, als daß der König ihr denjenigen seiner Edelleute zum Manne gebe, den sie wünsche. Nachdem die Heilung gelungen war, verlangte sie den jungen Grafen Beltram von Roussillon zum Manne. Obwohl dieser anfänglich heftig widerstrebte, mußte er sich endlich dem Befehl des Königs fügen. Die Vermählungszeremonien erfolgten in Gegenwart des Königs, aber Beltram hatte sich unter einem Vorwand einen Urlaub auserbeten und verließ das ihm angetraute Mädchen, ohne sie weiter zu sehen, um in Florenz sich an einem Kriege zu beteiligen. Als alle weiteren Versuche Gilettas, ihn wiederzugewinnen, fruchtlos blieben, indem der Graf sie kalt zurückstieß, schritt sie endlich zu einer List. Der Graf hatte einem ihrer Vermittler die Botschaft aufgetragen: er würde zu ihr nicht eher zurückkehren, als bis sie seinen Ring an ihrem Finger trage und ein mit ihm erzeugtes Kind ihm vorweisen könne. Darauf baute sie ihren Plan. Unter dem Vorwande, daß sie nicht länger durch ihre Gegenwart den Grafen Beltram veranlassen wolle, seinem Besitztum Roussillon fern zu bleiben, erklärte sie, sie werde in der Trauer um ihren sie verschmähenden Gemahl eine lange Pilgerschaft antreten. So verließ sie in ihrer Pilgertracht Roussillon und kam nach Florenz, wo sie Beltram noch anwesend wußte. In einem kleinen Gasthaus, wo sie eingekehrt war, erfuhr sie durch einen Zufall, daß der Graf von Roussillon sehr eifrig um die Gunst eines sehr schönen Edelfräuleins sich bewerbe, die mit ihrer Mutter dort lebe und, obwohl sie arm sei, die wiederholten Anträge und Versuchungen des Grafen zurückgewiesen habe. Giletta suchte die Mutter des Edelfräuleins auf, gab sich ihr als die rechtmäßige Gattin des Grafen zu erkennen, und wußte ſie durch reiche Geſchenke zu veranlaſſen, daß ſie den Grafen wiſſen ließ, ihre Tochter werde ihm ganz zu Willen ſein, wenn er ihr den Beweis wirklicher Liebe dadurch gebe, daß er ihr zuvor den koſtbaren Ring, den er am Finger trage, ſende. Als dies geſchehen war, wurde ihm die geheime Zuſammenkunft in einem dunkeln Gemach geſtattet, wo der Graf die Erfüllung ſeiner Wünſche fand, ohne zu ahnen, daß an die Stelle des von ihm begehrten Edelfräuleins ſeine eigene, von ihm zurückgeſtoßene Gemahlin getreten war. Die alte Edeldame verließ danach, reich beſchenkt, mit ihrer Tochter ſogleich Florenz, um dieſe vor weiteren Nachſtellungen des Grafen ſicher zu ſtellen. Graf Beltram kehrte deshalb nach einiger Zeit zurück nach Rouſſillon, um ſein Beſitztum dort anzutreten, und bald danach konnte auch Giletta dorthin zurückkehren, um ihm ſeinen Ring und außerdem zwei Knäblein als ſeine Kinder vorzuſtellen.

32) S. 126. Zur Komödie der Irrungen. Eine engliſche Überſetzung von Plautus Menächmen erſchien im Druck erſt 1595 unter dem Titel: A pleasant and fine conceited Comedie, taken out of the most excellent wittie Poet Plautus. Chosen purposely from out the rest, as least harmefull, and yet most delightfull. Written in English, by W. W. — London 1595.

Als den mit den Buchſtaben W. W. angedeuteten Überſetzer bezeichnet man in England William Wager. Es war vorher keine Überſetzung eines Plautiniſchen Stückes erſchienen. Die Überſetzung der Menächmi hat ordentliche Akt- und Szenenteilung, iſt in Proſa und folgt genau dem Original. Die beiden Zwillingsbrüder ſind bezeichnet als: Menächmus the traveller und Menaechmus the citiser. Das Stück ſchließt wie das lateiniſche Original mit der Plautiniſchen Aufforderung an die Zuſchauer: Thus, Gentlemen, we take our leaves, and if we have pleased, we require a Plaudite.

33) S. 127. Das im Jahre 1587 zu Greenwich vor der Königin aufgeführte Stück „The misfortunes of Arthur" von Thomas Hughes hatte mehrere Mitarbeiter aus der Society von Grays Jnn, die ſich in die Prologe, Epiloge, Chöre uſw. teilten.

Der engliſche Roman Morte Arthur, oder auch: History or Boke of Arthur hat ſeinen abenteuerlichen Stoff zum Teil dem franzöſiſchen Roman Lancelot du Lac entnommen, andernteils iſt er mit der Geſchichte des Schottiſchen Merlin wie des Triſtan vermiſcht und wurde in England bereits 1485 von dem erſten engliſchen Buchdrucker Caxton gedruckt. Nicht nur Arioſt hat Züge daraus für ſeinen raſenden Roland entnommen, ſondern auch Spenſer hat ihn in ſeiner Faery Queene teilweiſe benutzt.

Unter den an dem Schauſpiel „The misfortunes of Artur" beteiligt gewesenen Mitgliedern aus Grays Jnn, für die Chöre, Prologe, Epiloge und dumb shows (die pantomimisch oder stummen Zwischenspiele) wird auch der damals achtundzwanzigjährige Francis Bacon genannt. Betreffs seiner dramatischen Tätigkeit hatte es aber mit seinem damaligen „stummen Spiel" sein Bewenden. Jn dem Schauspiel selbst sind die verschiedenen Legenden von dem mythischen König Arthur zu einem wilden Durcheinander abenteuerlicher und greuelvoller Handlungen vermischt, in denen des Königs Gemahlin Ginevra und sein aus blutschänderischem Verhältnis erzeugter Sohn Mordred die Hauptrollen spielen.

34) S. 128. Zur Zähmung der Keiferin. Der Ursprung der Erziehungsmethode, die der Ehemann mit seinem bösen Weibe anstellt, ist schon in einer der Geschichten aus dem Conde Lucanor des portugiesischen Prinzen Don Juan Manuel (Mitte des 14. Jahrhunderts) enthalten, und die Mittel, die dort der Mann anwendet, sind noch stärker, als bei Shakespeare und seinem Vorgänger. Die Jdee, die dem Vorspiel „Der betrunkene Kesselflicker" zugrunde liegt, ist ebenfalls sehr alt. Sie findet sich schon in einer der Geschichten von 1001 Nacht, ist dann in einzelnen französischen Erzählungen behandelt worden, sowie in Grimstones Admirable and memorable Histories wiederholt, aus denen sie vielleicht Shakespeares Vorgänger geschöpft hat, dessen Komödie unter folgendem Titel erst 1594 im Druck erschien:

A pleasant conceited Historie, called the Taming of a Shrew. As it was sundry times acted by the Right honourable the Earle of Pembroke his servants. — 1594.

Trotz dieses so späten Druckes ist es zweifellos, daß Shakespeare das Stück kennen mußte, obwohl er aus dem Dialog absolut nichts übernommen hat. Ein auffälliger Umstand ist dabei zu beachten, daß das Vorspiel mit dem Kesselflicker Sly das alte Stück nicht nur einleitet, sondern daß die Personen darin während der ganzen Aufführung der „Taming", als Zuschauer beteiligt sind und auch noch nach Beendigung der eigentlichen Komödie auf der Szene bleiben. Während der Aufführung sprechen ein paarmal Sly und der Lord dazwischen. Sly läßt sich mehr zu trinken geben und schläft während der folgenden Szenen nochmals ein; danach werden ihm auf das Gebot des Lords im Schlafe die Kleider wieder gewechselt, und als nach Beendigung der Komödie Sly erwacht ist, hat er noch ein kurzes Gespräch mit dem Küfer, gegen den er sich beschwert, daß man ihn aus einem so schönen Traum aufgeweckt habe. Nun aber wisse er wenigstens, wie man eine Keiferin zu zähmen habe; er wolle jetzt zu seinem Weibe gehen, und wenn sie wieder mit ihm zankt, würde er schon mit ihr fertig werden. — Dieſe ganze Idee des Vorſpiels hat bekanntlich Shakeſpeare, wenigſtens nach dem uns überlieferten Druck in der Folio, ſchon nach der erſten Szene des eigentlichen Luſtſpiels wieder fallen laſſen. Zu den vielen Abweichungen in Shakeſpeares Komödie von der ältern „Taming" iſt zunächſt die bemerkenswerteſte, daß dort Ferando (bei Shake= ſpeare Petrucchio) bei ſeinem Auftritt Käte ſchon kennt, und daß er dem Baptiſta (im alten Stück Alfonſo) berichtet: ſein Vater habe ihm ſechs= tauſend Kronen zugeſagt, wenn es ihm gelange, ihren Trotz zu brechen und ſie zu gewinnen. Die verſchiedenen Stufen der Zähmungskur — ſo die Szenen mit dem Eſſen, mit dem Schneider uſw. — ſind zwar dem unge= fähren Inhalt nach auch in dem älteren Stück enthalten, aber nicht ſo ausgeführt und plumper. Nachdem dort Petrucchio ſie genötigt hat, die Sonne für den Mond zu erklären, hat Shakeſpeare eine epiſodiſche Szene mit einem Herzog, den Käte auf Befehl ihres Mannes als Dame an= reden muß, wegfallen laſſen, dafür aber ſind die Späße, die mit Vicentio getrieben werden, Shakeſpeares Zutat. Erſt in den letzten Szenen werden wir wieder mehr an Shakeſpeare erinnert, indem Ferando (Petrucchio) mit den beiden andern Neuvermählten (denn Kätes Vater hat dort drei Töchter) die Wette eingeht, welche von den drei jungen Frauen am gehorſamſten ſein würde, und dieſe Wette mit ſeiner gehorſamen Käte gewinnt. Auch Käte hat dort am Schluſſe eine moraliſierende Rede an die beiden andern Schweſtern zu halten, ohne aber daß ein Gedanke daraus von Shakeſpeare benutzt wäre. Nur am Schluſſe von Kätens Rede iſt dies der Fall. Dort nämlich beendet Käte ihre guten Lehren mit den Worten:

> And for a president I first begin,
> And lay my hand under my husbands feet —

und danach iſt in einer Anmerkung vorgeſchrieben, daß ſie in Wirklichkeit ihre Hand unter ihres Gatten Füße legt. Das iſt nun freilich ſchon mehr hündiſch, als weiblich.

Im übrigen ſind die Abweichungen Shakeſpeares von dem ältern Stücke ſo zahlreich und bedeutend, daß ſie hier nicht alle herzuzählen ſind.

35) S. 129. Die uns erhaltene Quart=Ausgabe der Komödie „Ver= lorene Liebesmüh" erſchien 1598, und zwar in einer ſpäteren Bear= beitung des Stückes, unter den Titel:

A Pleasant conceited Comedie, called, Loves labour's lost. As it was presented before her Highnes last Christmas. Newly corrected and augmented by W. Shakespere (sic). Imprinted at London by W. W. for Cutbert Burby. 1598.

Wie alle Quartos hat auch dieſer Druck des Stückes weder Akt=

noch Szenenteilung, und die erst in der Folio eingefügte Aktteilung ist so schlecht und unsicher, daß darin — wie auch in den spätern kritischen Ausgaben — der fünfte Akt allein länger ist, als die ersten drei Akte zusammen. Von einer Quelle für die dürftige Handlung dieser eigenartigen Komödie ist, wie schon gesagt, nichts bekannt. Dagegen ist es bemerkenswert, daß Shakespeare für einzelne Personen die Namen aus geschichtlichen Vorgängen in Frankreich benutzt hat, die gerade in jenen Jahren für längere Zeit in England das höchste Interesse erregten. Es war dies der seit 1589 herrschende Bürgerkrieg, in dem es sich um den wirklichen König von Navarra handelte. Von den Persönlichkeiten, die in jenen Parteikämpfen eine Rolle spielten, sind in dem Lustspiel die Namen Biron (der aber von Shakespeare in Birowne englisiert ist) und Dumain (nach dem Duc de maine) benutzt. Es sei hier ferner bemerkt, daß das Spiel von den neuen Helden auf der alten Tradition, die ihren Ursprung in einem altfranzösischen Ritterroman „Triumphe des neuf Preux" haben soll, beruht. Daß sie in dem Lustspiel als die „dreimal drei Helden" eingeführt werden, hat seinen Grund darin, daß es drei heidnische (Hektor, Alexander und Julius Cäsar), drei jüdische (Josua, David und Judas Makkabäus) und drei christliche (König Arthur, Karl der Große und Gottfried von Bouillon) waren. Von diesen allen hat aber Shakespeare in dem Possenspiel nur Alexander, Hektor und Judas Makkabäus erscheinen lassen, dafür aber noch Herkules und Pompejus eingeführt.

36) S. 134. Die viel genannte Schrift von Thomas Nash: „Pierce Pennyless his supplication to the Devil. Describing the over-spreading of Vice, and the suppression of Virtue" etc. ist wie der Verfasser selbst sagt, in den Jahren 1592—96 nicht weniger als sechsmal neu aufgelegt worden. Es ist, nächst Lodges Entgegnung auf Stephen Gossons „school of Abuse" die früheste Schrift zur Verteidigung des Theaters und der theatralischen Vorstellungen. Da heißt es mit Bezug auf das Schauspiel Heinrich VI: „Howe would it have joy'd brave Talbot (the terror of the French), to think that after he had lyne two hundred yeares in his tombe, he should triumph againe on the stage, and have his bones new embalmed with the tears of ten thousand spectators at least (at several times) who, in the tragedian that represents his person, imagine they behold him fresh bleeding?" (vergl. auch S. 116).

Und an einer anderen Stelle heißt es: man möge die Gegner des Theaters doch darauf hinweisen, welch eine rühmliche Sache es ist, „König Heinrich den Fünften auf der Bühne zu sehen, wie er den französischen König als seinen Gefangenen führt, und ihn wie auch den Dauphin zwingt,

ihm Treue zu geloben". — Was Naſhs Hinweis auf Talbot betrifft, ſo
ſpricht nichts gegen die Annahme, daß dies das Shakeſpeareſche Stück,
d. h. der erſte Teil der Trilogie war. Anders aber verhält es ſich mit dem
Hinweis auf Heinrich den Fünften, denn die von Naſh geſchilderte Szene
kommt weder in dem erſt ſpäter geſchriebenen Shakeſpeareſchen Stück vor,
noch in einem andern Schauſpiel „The famous victories of Henry the
Fifth", und wir müſſen deshalb annehmen, daß noch ein drittes (uns un=
bekanntes) Stück dieſen König zum Helden hatte. Auch hieraus erſieht
man, daß die dramatiſchen Autoren auf die patriotiſchen Gefühle des
Publikums immer ſicher rechnen konnten. Übrigens war Naſh als ſein
Pierce Pennyless erſchien, ſchon ein berühmter Autor, denn dieſer Schrift
waren ſchon mehrere Pamphlets, darunter die Anatomy of Absurdity, vor=
ausgegangen.

37) S. 138. In der von Chettle nach dem Tode Robert Greenes
herausgegebenen Schrift: „A Groatsworth of Wit bought with a Million
of Repentance" lautet die auszüglich deutſch angeführte Stelle im Original=
text, nachdem Greene die drei (Marlowe, Lodge und Peele), einen jeden
beſonders angeredet hat:

„Base-minded men, all three of you, if by my misery ye be not
warned: for unto none of you, like me, sought those burrs to cleave;
those puppets, I mean, that speak from our mouths, those antics garnish'd
in our colours. Is it not strange that I, tho whom they all have been
beholding, is it not like that you, to whom they all have been beholding,
shall, were ye in that case that I am now, be both of them at once for-
saken? Yes, trust them not; for there is an upstart crow beautified with
our feathers, that, with his tigers heart wrapp'd in a players hide,
supposes he is a well able to bombast out a blank-verse as the best of
you; and, being an absolute Johannes Fac-totum, is in his own conceit
the only Shake-scene in a country. O that I might intreat your rare
wits to be employed in more profitable courses, and let these apes imitate
your past excellence, and never more acquaint them with your admired
inventions .... etc."

38) S. 140—141. Obwohl Henry Chettle nicht zu den bedeutenderen
literariſchen Perſönlichkeiten zu zählen iſt, mögen doch aus ſeiner für
Shakeſpeare ſo wichtigen Rechtfertigung die auf den Dichter bezüglichen
Schlußſätze im Wortlaut des Originals gegeben werden. Nachdem er von
den beiden, die ſich beleidigt gefühlt, Marlowe nur kurz abfertigt, heißt es
weiter: ... „the other, whom at that time I did not so much spare, as
since I wish I had, for that, as I have moderated the heat of living

writers, and might have used my own discretion, the author being dead, that I did not, I am as sorry, as if the original fault had been my fault: because myself have seen his demeanour no less civil, than he excellent in the quality he professes; besides, divers of worship have reported his uprightness of dealing, wich argues his honesty and his facetious in writing, that approves his art."*)

Was die Erklärung Th. Nashs in der zweiten Auflage seines „Pierce Pennyless" betrifft (S. 141), so lautet die Stelle im Original (etwa in der Mitte des Vorworts):

„Other news I am advertised of, that a scald trivial lying pamphlet, cald Greens Groats-worth of Wit, is given out to be of my doing. God never have care of my soule, but utterly renounce me, if the least word or sillable in it proceedet from my pen, or if I any way privie to the writing or printing of it. I am growne at length to see into the vanity of the world more than ever I did, and now I condemne my self for nothing so much as playing the dolt in print ...."

39) S. 143. Die Stelle befindet sich in der Tragödie „Tamerlan" II. Teil. Als Tamerlan die gefangenen Könige von Trebison und von Soria („with bits in their mouth") vor seinen Triumphwagen hat spannen lassen, heißt es: „er hält in der Linken die Zügel, in der Rechten die Peitsche" und ruft:

Holla, ye pamper'd jades of Asia,
What, can ye draw but twenty miles a day,
And have so proud a chariot of your heels,
And such a coachman as great Tamburlaine!

Und in der Parodie Shakespeares für das lächerliche Großmaul Pistol lauten die Worte:

*) Im 51. Bande des Shakespeare-Jahrbuchs hat G. Sarrazin die Stelle in Chettles Schrift dahin gedeutet, daß die Worte keineswegs als eine Ehrenerklärung für Shakespeare anzusehen seien, sondern eher auf — Peele zu beziehen sind. Bei allem Respekt vor dem anerkannten Shakespeare-Philologen glaube ich doch, daß der Forschungseifer ihn hier auf einen Irrweg geführt hat. — Hingegen will ich hier nachträglich bemerken, daß Nashs Erklärung wohl weniger durch den gegen Shakespeare gerichteten Angriff veranlaßt war, sondern mehr durch die auf Marlowe bezügliche Stelle, sowie auch durch den Ton der ganzen Schrift des ihm sonst so befreundet gewesenen Greene.

That be good humours, indeed! Shall pack horses
And hollow pamper'd jades of Asia
Which cannot go but thirty mile a day
Compare with Caesars, and with Cannibals
And Trojan Greeke.

Es möge hier gleich ein auf S. 91, Zeile 3, enthaltenes Schreibver=
sehen, das durch Streichen einiger Zeilen entstanden ist, berichtigt werden.
Der Sultan „Bajazeth" (Bajesid) ist als „emperor of the Turks" bezeichnet.

40) S. 145 Anm. Die Katastrophe geschah zu Deptford (im südöst=
lichen Teile Londons, wo in das Totenregister der Pfarre St. Nicolas die
Eintragung zu lesen ist: „Christopher Marlow, slaine by ffrancis Archer,
the 1. of Juni 1593"; die Mitteilungen aber über den Vorgang befinden
sich in Beards Theatre of Gods Judgements, 1597. Im übrigen heißt es
dort von Marlowe: er habe zunächst als scholler die Universität Cam=
bridge besucht, sei dann Schauspielschreiber (play-maker) geworden und ein
niedrig gemeiner Dichter, habe Gott geleugnet und seinen Sohn Christus,
und nicht nur in Worten habe er die Dreieinigkeit gelästert, sondern auch
Bücher dagegen geschrieben, habe unsern Heiland beschimpft und Moses..
usw. Dann fährt der puritanische Eiferer fort: „Aber sehet nur, welch
einen Haken der Herr in die Nüstern dieses kläffenden Hundes gelegt hat!"
— worauf dann sein Ende, wie angeführt, erzählt wird.

Zum zweiten Buch.

41) S. 154. Gray's Inn ist eine von den alten Rechtsschulen (Inns
of court, Colleges of common law) in London, in denen die von der
Universität kommenden jungen Rechtsgelehrten sich hauptsächlich zum Advo=
katen (barrister of law) weiterbildeten. Die ältesten dieser Inns in London
sind Middle Temple und Inner Temple, die als ursprüngliches Ordensschloß
der Tempelritter 1346 an die Rechtsgelehrten übergingen. Nach ihnen
entstanden zunächst noch Grays Inn und Lincolns Inn, so benannt nach
den Grafen von Gray und von Lincoln, denen sie ehemals gehörten. Grays
Inn besteht ebenfalls schon seit 1371 als Rechtsschule. Die Studierenden
haben in diesen Inn's of court auch Wohnung und es bestanden darin auch
frei gewählte Verbindungen zu bestimmten Zwecken, wie u. a. auch für
dichterische und theatralische Zwecke. Aus Grays Inn ist einmal berichtet,

daß daſelbſt eine Vorſtellung der „Komödie der Irrungen" ſtattfand, wahr=
ſcheinlich durch die jungen Rechtsgelehrten ſelbſt, die daſelbſt auch Gascoignes
Überſetzung der „Jocaſte" darſtellten. Auch von theatraliſchen Aufführungen
im Inner Temple wird berichtet.

42) S. 158. Die epiſche Dichtung „Venus und Adonis", London
1593, imprinted by Richard Field, wurde im April deſſelben Jahres in
die Verlagsregiſter der Stationers company eingetragen, und ſchon im
nächſten Jahre erſchien eine zweite Auflage, der noch mehrere folgten.

Die Eintragung der zweiten Dichtung „Lucrece" 1594, ebenfalls
bei Richard Field gedruckt, geſchah im Mai deſſelben Jahres unter der
Bezeichnung: „The ravishment of Lucrece", während das Buch ſelbſt nur
den Namen „Lucrece" als Titel hat. Dieſer Dichtung iſt von Shakeſpeare
ein Argument in Proſa vorausgeſchickt, worin die hiſtoriſchen Tatſachen
klar und bündig dargelegt ſind.

Die Versform der Lucretia iſt die ſiebenzeilige Stanze, die Shake=
ſpeare von Samuel Daniels 1592 erſchienener Dichtung „Complaint of
Rosamund" übernommen hat. Dieſe ſehr anſprechende Form der ſieben=
zeiligen Strophe iſt dadurch erreicht, daß nach den vier erſten Verszeilen
eine fünfte folgt, die mit dem Reim der zweiten und vierten Zeile ſich
bindet, wonach dann erſt in den beiden letzten Zeilen das Reimpaar ſich
anſchließt.

43) S. 162. Zu „Romeo und Julie". Von den italieniſchen
Novelliſten, die die tragiſche Geſchichte zweier Liebenden berichten, war
der erſte Maſſuccio (1476), der aber die Begebenheiten noch nicht in
Verona, ſondern in Siena geſchehen läßt; auch heißen die beiden Liebenden
dort Mariotto und Gianozza, die heimlich durch einen Mönch vermählt
wurden. Da Mariotto jemand in einem Streite tötet, wird er verbannt.
Während er ſich in Aleſſandria befindet, ſoll Gianozza zur Ehe mit einem
anderen gezwungen werden. Es folgt danach die Geſchichte mit dem
Schlaftrunk, den Gianozza auf den Rat des Mönches nimmt, während ein
Bote nach Aleſſandria geſchickt wird, um Mariotto davon zu unterrichten.
Da aber der Bote unterwegs von Korſaren getötet wird, erhält Mariotto
nur die Nachricht vom Tode ſeiner Gattin. Nachdem er infolgedeſſen
heimlich ſich nach Siena zurückbegeben hat, wird er beim Öffnen der Gruft
ertappt und zum Tode verurteilt. Gianozza, ohne davon nach ihrem Er=
wachen etwas zu erfahren, eilte nach Aleſſandria, erfährt aber dort von
ſeiner Rückkehr nach Siena. Sie begibt ſich deshalb wieder dorthin zurück;
da ſie aber in Siena eintrifft, iſt Mariotto bereits hingerichtet, worauf
Gianozza durch den Schmerz getötet wird.

Diese ursprüngliche Geschichte ist dann erst von Luigi da Porto nach Verona verlegt und mehrfach verändert und erweitert worden. In seiner Novelle bilden bereits die Feindseligkeiten der Capuletti und Montecchi den geschichtlichen Hintergrund; die heimliche Verbindung des Romeo mit Julien durch den Mönch, Bruder Lorenzo, der Zweikampf, zu dem Romeo durch Tebaldo gezwungen wird, seine Verbannung und Entfernung nach Mantua, des Grafen Lodrone Heiratsantrag, Juliens Verzweiflung und die versuchte Rettung durch den Schlaftrunk usw. — das alles ist auch dort schon enthalten. Romeo nimmt in der Gruft Juliens Gift, wonach Julie erwacht und ihn über das unselige Mißverständnis aufklärt. Nach= dem Romeo durch das Gift gestorben ist, tötet sich Julie dadurch, daß sie den Atem anhält.

Diese 1535 im Druck erschienene Novelle Luigi da Porto's hatte dann zwanzig Jahre später der bekannteste der italienischen Novellisten Bandello sich angeeignet. In allem Wesentlichen stimmte er mit der Darstellung seines Vorgängers überein und die mancherlei Abweichungen und Zutaten betreffen meist nur nebensächliche Umstände, durch die die Geschichte selbst mehr ausgeschmückt werden sollte. Über zwei andere poetische Bearbeitungen des Stoffes, ein italienisches Epos und ein Drama La Hadriana, braucht hier weiter nichts gesagt zu werden, da sie keinerlei Bedeutung für die Shakespearesche Tragödie haben. Um so größer ist in dieser Hinsicht die Bedeutung des im Jahre 1562 erschienenen englischen Epos von Arthur Brooke:

The tragicall History of Romeus and Juliet, written first in Italian by Bandell, and now in English by Ar. Br.

Erst am Schlusse des Gedichtes ist mit dem Druckort London auch die Jahreszahl 1562 angegeben.

Zwischen dieser epischen Dichtung und der Shakespeareschen Tragödie liegt noch eine englische Übersetzung der Bandelloschen Novelle, der aber eine französische Bearbeitung der Erzählung Bandellos, von Pierre Boisteau, zugrunde lag. Die englische Übertragung derselben ist die 25. Novelle in Painters „Palace of Pleasure" 1567: The goodly Hystory of the true and constant Love betweene Rhomeo and Julietta, the one of whom died of Poyson, and the other of sorrow... usw. Sehr wahrscheinlich hatte Shake= speare die Geschichte zunächst in dieser englischen Übertragung nach Bandello kennen gelernt. Daß aber dann das Brookesche Gedicht seine Haupt= quelle wurde, ist aus mehreren genaueren Übereinstimmungen mit demselben zu erkennen. Dasselbe ist durchgehends in Reimpaaren geschrieben und zwar in regelmäßig wechselnden sechs= und siebenfüßigen Verszeilen, bei denen die Cäsur in der ersten Verszeile wie beim Alexandriner nach dem

dritten Versfuß eintritt, während die durch den Reimklang damit ver=
bundene folgende Zeile über dies Maß um einen Versfuß hinausgeht.

$$\smile - \smile - \smile - \mid \smile - \smile - \smile -$$
$$\smile - \smile - \smile - \mid \smile - \smile - \smile -$$

Solcher regelmäßig wechselnder langer Verszeilen hat das Gedicht, ohne
jede Markierung eines Abschnittes, nicht weniger als 3020. Bei den nach=
stehend gegebenen Proben in deutscher Übersetzung ist dies Versmaß genau
beibehalten.

Das Brookesche Gedicht beginnt mit einer Schilderung der Herrlich=
keiten Veronas und der Feindschaft, in welcher daselbst die beiden alten
Familien der „Capulets" und „Montagues" lebten. Einer der schönsten
Jünglinge Veronas, aus dem Hause der Montagues, entbrannte in heftiger
Liebe zu einer schönen Jungfrau; der Name Rosalindes ist im Gedicht noch
nicht genannt, doch Romeos ganzes Schmachten zu ihr, wie wirs im An=
fange der Tragödie erfahren, umständlich geschildert. Romeo, um vor
dieser unglücklichen Liebe sich zu retten, beschloß endlich, Verona zu ver=
lassen. Da kam das große Fest bei Capulet, und Romeo wurde durch den
Rat seiner Freunde bestimmt, dasselbe zu besuchen. Er wurde zwar als
ein Montague erkannt, doch beschlossen die Capulets, in Anbetracht seiner
Jugend und daß er ein einzelner Mann war, nicht feindselig gegen ihn zu
verfahren. Unter allen strahlenden Schönheiten des Festes erscheint eine
Jungfrau, bei deren Anblick Romeo seine frühere Liebe plötzlich vergißt;
und wie sein Blick von ihrer Schönheit gefesselt ist, so hat auch gleichzeitig
Julia ihr Herz dem Jünglinge ganz zugewandt. Während des Tanzes
gestaltete sich's, daß sie beide nebeneinander zu sitzen kamen, während an
der anderen Seite Juliens ein gewisser Mercutio saß, ein höchst geachteter
und beliebter Jüngling, der nur die Eigenheit hatte, daß seine Hände stets
kalt wie Eis waren. Mercutio nun ergriff die rechte Hand Juliens,
während Romeo sie bei der linken Hand nahm. Nachdem Julie „mit
zitternder Stimme und verschämter Miene" Romeo begrüßt und seine An=
kunft gesegnet, wird ein Gespräch zwischen ihnen geführt, das erst durch
die Beendigung des Fackeltanzes unterbrochen wird. Gleich darauf erfährt
Romeo, daß Julie eine Capulet ist und die Tochter des Gastgebers. Als
dann ebenfalls Julie durch die Amme erfahren hat, wer Romeo sei, bricht
sie anfänglich in bittere Klagen darüber aus, hat deshalb schlaflose Nächte,
kommt aber nach allen Erwägungen zu der Überzeugung, daß sie trotz der
Feindschaft der Häuser keinen anderen lieben könne als Romeo und schließt
endlich, sich selber tröstend mit der Hoffnung:

Vielleicht ist dieser Bund vom Schicksal uns beschieden,
Daß unsre Häuser er vereint zum lang gewünschten Frieden.

Es ist hier zu beachten, daß bei Shakespeare erst der Bruder Lorenzo diese Hoffnung auf das Bündnis setzt und daß er hierin, abweichend von Brooke, mit Bandello übereinstimmt.

Bei der großen Länge des Gedichtes würde es zu weit führen, in dem Fortgang desselben sowohl alle Abweichungen Shakespeares, wie auch die Übereinstimmungen in den einzelnen Teilen zu berichten. Von Interesse wird aber in Brookes Charakteristik der Amme die Wiedergabe einer längeren Stelle sein. Als sie auf Juliens Bitte zu Romeo gegangen ist und von diesem die Botschaft für Julie erhält, daß sie am nächsten Sonnabend beim Pater sich treffen sollen, um vermählt zu werden, ruft die Amme aus:

Herr Gott, was seid ihr doch verschmitzt, ihr jungen Leute,
Die Mutter macht ihr blind, daß euch die Tochter werd' zur Beute.
Im Schein der Heiligkeit ist es gar leicht vollbracht,
Die Mutter zu betrügen, die gar fern ist von Verdacht.
Wenn ihr nicht selber mir erstattet den Bericht,
Bei meiner Seel', so alt ich bin, ich glaubte es noch nicht.
Mit Julien laßt mich nun die weitern Mittel wählen;
Wohl findet sich für sie ein Grund, vom Haus sich wegzustehlen.
Ihr goldnes Haar hat sie schon lang nicht mehr gekämmt,
Und überließ in Träumen sich der Lust ganz ungehemmt.
Von euch nur ganz erfüllt ist das verliebte Kind,
Und denkt an Dinge jederzeit, die sehr zu tadeln sind.
Ich weiß, die Mutter sagt in keinem Falle Nein,
Verlaßt euch d'rauf, sie stellt gewiß sich Samstag pünktlich ein.
    D'rauf schwört sie ihm, wie sehr die Mutter ihr gewogen,
Und wie sie selber säugend hab' das Kindlein aufgezogen,
So schwatzt' sie fort: Wie lieb war sie, da sie noch klein;
Wie konnte doch der kleine Balg früh plappern schon und schrein.
Wie oft, auf meinem Schoß, hob ich ihr's Röckchen auf
Und klopft' den kleinen Hintern ihr und küßt' sie dann darauf.

Auch an manchen anderen Stellen ist die Übereinstimmung zwischen Shakespeare und Brooke (niemals aber in den Worten, sondern nur im Gedankengang) bemerkenswert. So in der Szene, da Romeo nach dem über ihn verhängten Urteilsspruch seiner Verbannung in der Zelle Lorenzos sich wie ein Unsinniger geberdet, sich zur Erde wirft usw., und deshalb von Lorenzo zurechtgewiesen wird. Bei Brooke sind hier Lorenzos Worte:

Bist du ein Mann, sagt er, dein Ansehn spricht dafür,
An deinem Schrein und Weinen seh' ich nur ein Weib in dir.

Vernunft, wie sie dem Mann geziemt, ist dir entschwunden,
Von Laune und von Leidenschaft ward ganz sie überwunden.

Die folgenden Begebnisse stimmen alle in den Hauptpunkten mit der
Shakespeareschen Tragödie überein; auch in einer sehr wichtigen Ab=
weichung Brookes von Bandellos Novelle im Grabgewölbe ist Shakespeare
mit richtigem Gefühl dem englischen Gedicht gefolgt, indem vor dem Er=
wachen Julias Romeo schon tot ist, während bei Bandello ihn Julia noch
am Leben findet und durch die Aufklärung des unseligen Irrtums sein
Leiden noch vergrößert.

Die erste noch sehr unvollständige und inkorrekte Quartausgabe von
Shakespeares Tragödie erschien 1597 unter folgendem Titel:

An Excellent conceited Tragedie of Romeo and Juliet. As it hath
been often (with great applause) plaid publiquely, By the Right Honourable
the L. of Hunsdon his Servants. London, printed by John Danter. 1597.

Erst zwei Jahre später erschien sodann die erheblich verbesserte Aus=
gabe mit folgender Titelseite:

The most excellent and lamentable Tragedie, of Romeo and Juliet.
Newly corrected, augmented and amendet: As it hath bene sundrie times
publiquely acted, by the right Honourable the Lord Chamberlaine his
Servants. London. Printed by Thomas Creede, for Cuthberd Burby, and
are to be sold at his shop near the Exchange. 1599.

Ein dritte Quarto, von 1609, hat im Titel nur die Veränderung,
daß es von „the Kings Maiesties servants" im Globus aufgeführt worden.

Eine vierte Quarto ohne Jahreszahl hat nach der Anführung des
Globe den Zusatz: Written by W. Shakespeare.

44) S. 169. Die erste Quartausgabe des „Sommernachtstraum"
erschien 1600 unter dem Titel:

A Midsummer nights dreame. As it has beene sundrie times publikely
acted, by the Right Honourable the Lord Chamberlain his servants. Written
by Williams Shakespeare. — Imprinted at London, for Thomas Fisher, and
are to be soulde at his shoppe, at the signe of the White Hart, in
Fleetestreet. 1600.

In demselben Jahre erschien eine zweite Ausgabe (augenscheinlich
nur ein Nachdruck) unter gleichem Titel, nur mit anderer Angabe des
Druckers: James Roberts.

Erzählungen von dem neckischen Kobold Robin Goodfellow sind
schon in einem 1584 erschienenen Buche „Discoveries of Witchcraft" erwähnt.
Nash, in seinem „Terrors of the Night", aus dem Jahre 1594, bemerkt
daß „die Robin Goodfellows, Elfen, Feen, Hobgoblins unseres Zeitalters"

die meisten ihrer lustigen Streiche in der Nacht taten, daß sie die Mädchen im Schlafe kneipen, weil sie das Haus nicht rein gekehrt, daß sie die Wanderer von ihren Wegen abbringen und dergleichen mehr. In des Komiker Tarlton schon früher erschienenen Schrift „News out of purgatory" wird ebenfalls von Robin Goodfellow (Puck) erzählt, daß er wegen seiner tollen und lustigen Streiche berühmt war. In dem Volksbuch: „Robin Goodfellow his mad pranks and merry jests" (von dem aber nur eine viel spätere Ausgabe bekannt ist) sind alle die im Volksmund lebenden und aus verschiedenen Quellen gesammelten Anekdoten vereinigt. Der Roman von Hüon von Bordeaux, in welchem Oberon (Auberon) erscheint, wurde 1579 ins Englische übersetzt.

Für die anderen Teile der Handlung im „Sommernachtstraum" hat man auch in Chaucers „The knights Tale" ein Vorbild finden wollen. Die Ähnlichkeit besteht aber nur darin, daß zwei Jünglinge zu einem Zweikampf schreiten und daß sie sich dafür bei der Maienandacht im Walde treffen. Alles andere in Chaucers Erzählung hat mit Shakespeares Komödie gar nichts gemein.

45) S. 173. Die beiden Strophen in Spensers Gedicht „Tears of the Muses", die man ganz widersinnigerweise auf Shakespeare bezogen hatte, haben im Originaltext den folgenden Wortlaut:

„And he, the man whom Nature self had made,
To mock herself, and Truth to imitate,
With kindly counter under mimic shade,
Our pleasant Willy, ah! is dead of late;
With whom all joy and jolly merriment
Is also deaded, and in dolour drent."

Hiernach folgen die erwähnten zwei anderen Strophen:

„Instead thereof, scoffing scurrility,
And scornfull Folly, with Contempt is crept,
Rolling in rhymes of shameless ribaudry,
Without regard or due decorum kept;
Each idle wit at will presume to make,
And doth the Learned's task upon him take."

„But that same gentle spirit, from whose pen
Large streams of honey and sweet nectar flow,
Scorning the boldness of such base-born men,
Which dare their follies forth so rashly throw,
Doth rather choose to sit in idle cell,
Than so himself to mockery to sell."

[46]) S. 175. Von Eduard Spensers großer Dichtung „The faery Queene" erschienen im Jahre 1590 die ersten drei Bücher mit der Widmung an die Königin Elisabeth:

To the most high, mightie, and magnificent Emperesse renowned for pietie, vertue, and all gracious government Elisabeth by the Grace of God Queene of England, Fraunce, and Ireland, and of Virginia, Defender of the Faith etc. Hermost humble servant Edmund Spenser doth in all humilitie dedicate, present, and consecrete these his labours to live with the Eternitie of Her fame.

Das ganze Werk, soweit dasselbe von Spenser vollendet werden konnte, besteht aus sechs Büchern, jedes Buch enthält drei Cantos und jeder dieser Gesänge eine unbestimmte Zahl neunzeiliger Strophen, in den meisten Gesängen ist die Zahl der Strophen zwischen 50 bis 70.

Die drei ersten Bücher (36 Cantos) sind Ende 1589 oder Anfang 1590 erschienen. Erst 1596 folgten drei weitere Bücher, danach aber blieb das Ganze unvollendet und in den späteren Ausgaben sind den sechs Büchern nur noch zwei einzelne Gesänge aus dem vorbereiteten siebenten Buche mitgeteilt. (Poeticall works, London 1842.) Die sechs vollständigen Bücher mit je 12 Cantos umfassen zusammen 3712 Strophen, wozu dann noch 113 Strophen aus dem unvollendeten siebenten Buche kommen. Spenser hatte für diese Dichtung, deren deutliches Vorbild ihm Ariosts Orlando furioso war, die neunzeilige Strophe eingeführt, indem er den Ottaven noch eine neunte Zeile hinzufügte, die mit der sechsten und achten Verszeile durch den Reim gebunden war. — Bei der bilderreichen Sprache und Vollkommenheit der Verse hatte er dennoch sein großes Vorbild nicht erreichen können, obwohl er alle von Ariost für die hyperromantischen Vorgänge, ritterliche Heldentaten, Kämpfe mit Drachen wie mit furchtbaren Zauberern, Wundertaten und dergleichen — reichlich verwendete. Was aber bei Ariost die Dichtung durch Kühnheit der schöpferischen Phantasie so glänzend macht, ist bei Spenser in den von ihm durchgehends angewendeten allegorischen Beziehungen gekünstelt und wirkt ermüdend.

[47]) S. 177. Vom „Kaufmann von Venedig" erschienen 1600 zwei Quartausgaben, die eine unter dem Titel:

The most excellent Historie of the Merchant of Venice. With the extreme crueltie of Shylocke the Jew towards the sayd Merchant, in cutting a iust pound of his flesh: And the obtayning of Portia, by the choyse of three chests. As it hath beene divers times acted by the Lord Chamberlaine his Servants. Written by William Shakespeare. At London, printed by J. R. for Thomas Heyes, and are to be sold in Paules Church-yard, at the signe of the Greene Dragon. 1600.

Die andere in dem nämlichen Jahre erschienene Ausgabe hat im Titel die Abweichung, daß es bei den drei Kästchen für chests heißt „caskets", und daß die Angabe von den Aufführungen durch des Lord Chamberlaines Diener fehlt. Die Druckangabe lautet: Printed by J. Roberts, 1600. — Welche von den beiden Quartos als die erste zu betrachten ist, konnte bisher nicht festgestellt werden.

Der Ursprung der Geschichte von der Verpfändung des Pfundes Fleisch ist im Morgenländischen zu vermuten; für Fiorentinos Darstellung ist aber als die Quelle die Geschichte zu betrachten, die die „Gesta romanorum" enthalten, die aber durch den italienischen Novellisten bereits sehr bedeutende Abweichungen erfahren hat; so wird auch erst von Fiorentino der Mann, von dem der Freund des Freiers das Geld borgt und dafür ein Pfund Fleisch aus seinem Leibe als Buße setzt, als ein Jude bezeichnet. Als der Verfalltag vorüber war, verweigerte der Jude die Annahme aller ihm gebotenen Summen, weil er — wie es bei Fiorentini ausdrücklich heißt, „nach dem Morde trachtete, um sich rühmen zu können, daß der größte Kaufmann der Christenheit durch ihn den Tod erlitten habe". Portias Verkleidung als Rechtsgelehrter, Antonios Rettung durch ihren Richterspruch und die ganze Neckerei mit dem Ringe ist bei Fiorentino enthalten, nur mit dem Unterschied, daß dort der junge Rechtsgelehrte (die Dame von Belmont) nicht im Auftrage des vom Senat befragten Dr. Bellario, sondern aus freiem Antrieb in Venedig erscheint und dort öffentlich bekanntmacht, wer eine Rechtssache zu schlichten habe, der solle sich an ihn wenden. Da Shakespeare für die Geschichte der Bewerbung um die Dame von Belmont die Erzählung Fiorentinos unmöglich brauchen konnte, so setzte er an die Stelle dieses Teils der Handlung die Geschichte mit den drei Kästchen, für welche ebenfalls die „Gesta Romanorum" die Anregung gaben. Während aber dort die Wahl eines von drei Kästchen, mit welcher eine vielgeprüfte Jungfrau die Hand eines Königssohns erwirbt, nur den Abschluß einer völlig anderen Geschichte bildet, die mit Shakespeares Stück gar nichts Gemeinsames hat, legte unser Dramatiker mit außerordentlicher Kunst dies Motiv gleich in den Anfang der Intrigue, führte statt des einen Freiers mehrere ein, und gab der Portia die hohe sittliche Bedeutung, durch die sie mit dem Grundgedanken in dem Handel des Shylock mit Antonio verbunden wird.

[48]) S. 184. Der erste Druck des älteren „König Johann" erschien 1591 unter dem folgenden Titel:
The Troublesome Raigne of John King of England, with the discoverie of King Richard Cordelious Base sonne (vulgarly named The Bastard Faulcon

bridge): also the death of King John at Swinstead Abbey. As it was (sundry times) publikely acted by the Queenes Maiesties Players, in the honourable Citie of London. Imprinted at London for Sampson Clarke, and are to be solde at his shop on the backside of the Royal Exchange. 1591. Ein späterer Druck erschien 1611 mit dem Zusatz: Written by W. Sh. und mit der Druckangabe: Imprinted at London by Valentine Simmes for John Helme. Eine dritte Ausgabe 1622 gab dann betrügerischerweise den ganzen Namen W. Shakespeare an. Der echte Shakespearesche „König Johann" erschien erst 1623 in der ersten Folioausgabe.

49) S. 187. Das Wappen (coat of arms), um dessen Verleihung des Dichters Vater, John Shakespeare, bereits im Jahre 1596 eingekommen war und das ihm auch schon damals zugestanden wurde, ist ihm erst drei Jahre später verliehen worden, hauptsächlich durch die Vermittelung William Shakespeares in London und durch seine Beziehungen zu Southampton und Essex. — In dem noch erhaltenen Entwurf des Verleihungs= schreibens befindet sich am Rand eine Skizze des Wappens und darüber die Worte: Non sanz droict.

50) S. 188. Die erste Quartausgabe der Tragödie „Richards des Zweiten" erschien 1597 unter folgendem Titel:

„The Tragedie of King Richard the second. As it hath beene publikely acted by the Right Honourable the Lorde Chamberlaine his servants. London, printed by Valentine Simmes for Andrew Wise and are to be sold at his shop in Paules church yard .... 1597.

In der zweiten Ausgabe von 1598 ist hinter den Worten „his servants" eingeschaltet: by William Shakespeare.

1608 erschien eine dritte Ausgabe in anderem Verlag und Druck und mit dem Zusatz: With new additions of the Parliament Scene, and the deposing of King Richard. As is hath been lately acted by the Kinges Maiesties servants at the Globe. Nach der Cambridge Edition bestehen die Zusätze aus 165 Verszeilen.

Eine gleiche Ausgabe erschien noch 1615.

51) S. 189. Für Shakespeares verschiedenartige Behandlung der geschichtlichen Zeiträume in den zwei Hauptgruppen der zusammen= hängenden acht englischen Königsdramen, von Richard II. bis zu Richard III. soll in nachfolgenden Daten bezüglich der in den Stücken

behandelten Ereignisse eine Übersicht gegeben werden. Die Stücke der jugendlicheren Periode des Dichters sind deshalb, obwohl die darin behandelten historischen Ereignisse der späteren Zeit angehören, in nur kurz angeführten Daten vorangestellt.

Erste Gruppe (Jugendperiode).

Heinrich VI. 1. Teil. 1422—1444. Vom Tod des Königs Heinrichs V. bis zum Frieden mit Frankreich und der Werbung Suffolks um die Hand der Margarete von Anjou für Heinrich VI.

Heinrich VI. 2. Teil. 1445—1455. Von Heinrichs VI. Vermählung mit Margarete bis zu dem Siege des Herzogs von York über die königlichen Truppen bei St. Albans.

(Hierzwischen eine Lücke von 5 Jahren.)

Heinrich VI. 3. Teil. 1460—1471. Von Yorks Anerkennung zum Thronerben bis zur Ermordung Heinrichs VI. im Tower.

(Zwischen diesem und dem nächsten Stücke wieder ein Zeitraum von fünf Jahren, in den der neue Krieg Eduards mit Frankreich fällt, die Verlobung seiner Tochter mit dem Dauphin, Margaretens Entlassung aus dem Tower und ihre Rückkehr nach Frankreich.)

Richard III. 1478—1485. Von der Verhaftung des Clarence, sein Tod im Tower usw. bis zur Schlacht bei Bosworths und Richards III. Tod.

Zweite Gruppe (Lancaster-Tetralogie).

Aus den vorstehend gegebenen Daten zu den vier zusammenhängenden Stücken ersieht man, daß dieselben geschichtlich einen Zeitraum von 63 Jahren umfassen. In der folgenden Gruppe aus der vorgeschrittenen Zeit des Dichters sind die Hauptereignisse der vier Stücke (von 1398—1420) den entsprechenden historischen Daten gegenübergestellt:

Die geschichtlichen Tatsachen.	Shakespeares Dramen.
1377. Richard II. (geb. 1366) besteigt den Thron.	
1398. Anklage auf Hochverrat gegen den Herzog von Gloster, Arundel u. a. Glosters Tod in Calais, durch Meuchelmord.	
1398. Der Herzog von Norfolk wird von Heinrich Hereford öffentlich angeklagt.	**Richard der Zweite.** Anfang: Heinrich von Hereford (Bolingbroke) klagt den Herzog von Norfolk an.
1399 (4. Juli). Der verbannte Heinrich von Hereford landet an	Rückkehr Heinrichs von Hereford nach England. Er zwingt Richard,

der englischen Küste. (29. Sept.) Richard entsagt dem Thron und wird nach Pomfret gebracht. Heinrich besteigt den Thron als König Heinrich IV.

1400. (14. Febr.). Tod Richards im Gefängnis.

1402. Krieg gegen Schottland und Owen Glendower. Sieg Heinrich Percys bei Holmedon (Homildon) den 14. Sept. Douglas ward gefangen und verlor dabei ein Auge.*)

1403. Aufstand Heinrich Percys gegen den König. Percys Tod in der Schlacht bei Shrewsbury (21. Juli).

1404. Zweiter Aufstand Glendowers, des Grafen Northumberland, des Erzbischofs von York usw. Des Erzbischofs Gefangennahme und Hinrichtung. Northumberlands Flucht nach Schottland.**)

1408. In nochmaligem Aufstand Northumberlands wird derselbe getötet.

1408. Verfolgung der Wicliffiten.

1413. Heinrich IV. Tod, den 20. März. (Heinrich war geb. 1366, 6. April.)

dem Thron zu entsagen, und nimmt von der Krone Besitz.

Tod Richards im Gefängnis.

Heinrich der Vierte, 1. Teil.

Heinrich Percys Sieg über die Schotten.

Percys Zwist mit dem König. Bündnis mit Glendower und Douglas. Percy wird bei Shrewsbury geschlagen und fällt.

Heinrich der Vierte, 2. Teil.

Northumberland flieht nach Schottland. Aufstand unter Führung des Erzbischofs von York. Gefangennahme der Häupter.

Heinrichs IV. Tod und Thronbesteigung des Prinzen von Wales als Heinrich V.

---

*) Douglas starb erst 1424 in Frankreich im Kampfe gegen den Herzog von Bedford.

**) Owen Glendower lebte bis 1415.

	Heinrichs V. Thronbesteigung.
1415.	Heinrich erklärt an Frankreich den Krieg.
„	Verschwörung des Herzogs von Cambridge, der als Hochverräter hingerichtet wird.
„	(17. August). Landung des englischen Heeres in der Normandie und Einnahme von Harfleur.
„	(25. Oktober). Sieg Heinrichs bei Azincourt (oder Agincourt). Friedensverhandlungen.
1418.	Heinrich landet zum zweiten Male bei Harfleur und erobert die Normandie.
1419.	Waffenstillstand zu Rouen, mit Philipp von Burgund.
1420.	Friede zu Troyes. Heinrich vermählt sich mit Katharina, der Tochter Karls VI., und wird zum Erben Frankreichs erklärt.
1421.	Fortsetzung des Krieges gegen den Dauphin.

Heinrich der Fünfte.

Frankreich fordert zum Krieg heraus.

Der Krieg gegen Frankreich wird beschlossen.

Die Verschwörer Lord Scroop, Th. Grey und Herzog von Cambridge werden zum Tode verurteilt.

Der König von Frankreich empfängt die Antwort Englands.

Harfleur von den Engländern genommen.

Sieg Heinrichs in der Schlacht bei Agincourt.

(Heinrichs Rückkehr nach England, die Friedensvermittelung durch Kaiser Sigismund und Heinrichs Wiedererscheinen in Frankreich werden nur im Prolog zum 5. Akt erwähnt.)

Friedensschluß zu Troyes in Frankreich. Heinrichs Verlobung mit Katharina.

---

52) S. 192. König Heinrich der Vierte, 1. und 2. Teil, erschienen zunächst in folgenden Ausgaben.

(Erster Teil.) The History of Henry the Fourth, With the battell of Shrewsbury, betweene the King and Lord Henry Percy, surnamed Henry Hotspur of the North. With the humorous conceits of Sir John Falstaffe. At London, printed by P. S. for Andrew Wise... 1598.

Die zweite Ausgabe erschien mit dem Namen W. Shakespeare und danach auch die folgenden Ausgaben von 1604, 1608, 1613, 1622.

(Zweiter Teil.) The second Part of Henric the Fourth, continuing to the Death, and Coronation of Henry the Fifth. With the Humours of Sir John Falstaffe, and Swaggering Pistoll. As it hath been sundrie Times publikely acted by the right honourable the Lord Chamberlaine his Servants. Written by William Shakespeare. — London, printed by V. S. for Andrew Wife and W. Aspley. 1600.

53) S. 196. Von König Heinrich dem Fünften erschien nur eine äußerst fehlerhafte und unvollständige Quart=Ausgabe:

The Chronicle History of Henry the fift, With his battell fought at Agin Court in France. Together with Auncient Pistoll. As it hath bene sundry times played by the Right honourable the Lord Chamberlaine his servants. London Printed by Thomas Creede, for Tho. Millington, and John Busby. And are to be sold at his house in Carter Lane, next the Pauls head. 1600.

Weitere Ausgaben folgten unter gleichem Titel 1602 und 1608; alle drei Ausgaben aber in derselben Verstümmelung dieses Stückes, von dem dann erst die Folio den rechtmäßigen Text gebracht hat.

Über das S. 196 kurz erwähnte Schauspiel, das unter dem Titel „The famous Victories of Henry the Fifth" ohne Autornamen und ohne Jahreszahl im Druck erschien, nur einige Bemerkungen. Obwohl auf dem Titelblatt gesagt ist, daß es von „the Kings Maiesties Servants" auf= geführt worden sei (also unter König Jakob, was wahrscheinlich gelogen ist), so muß es entschieden den Shakespeareschen letzten Königsdramen vorausgegangen sein, da aus Einzelheiten zu schließen ist, daß es Shake= speare gekannt hat. Der Verfasser schildert darin keineswegs nur die kriegerischen Taten und „famous victories" Heinrichs V., sondern es be= ginnt mit des Prinzen liederlichem Leben in London in sehr niedriger Gesellschaft, in der sich auch der erwähnte Sir John Oldcastle befindet. Das meiste, was uns in diesen Szenen an Shakespeare erinnert, ist aus den von Holinshed berichteten Anekdoten genommen. Alles aber ist roh und das Benehmen des Prinzen sowohl gegenüber dem Oberrichter, wie gegen die Leute, die bei ihm klagen, beraubt zu sein, ist so brutal, daß kein Zug darin seine künftige Größe ahnen lassen könnte. Dieser Prinz ist ein ganz gemeiner und gewissenloser Strolch, frech und zynisch im Um= gang mit seinen Genossen, pietätlos und roh auch in allen Äußerungen über seinen königlichen Vater. Shakespeare fand aber in Holinshed selbst ge= nügende Anhaltspunkte dafür, auch mit Benutzung der vielen überlieferten Anekdoten das Bild seines Prinzen anziehend zu machen und es für seine höheren Zwecke zu veredeln.

54) S. 216. In mehreren Werken über Shakespeare und die Theater Londons ist das Theater The Globe als sechseckig (in seinem Äußern) be= zeichnet. Aber aus verschiedenen Abbildungen desselben auf alten Stadt= ansichten geht mit Bestimmtheit hervor, daß es achteckig war. Da es zu den public theaters gehörte, war der Hauptteil des Zuschauerraums oben offen. Man ersieht auch aus den alten Abbildungen, wie aus dem das

Ganze umschließenden Achteck der mit einem Dach versehene Bühnenteil, einschließlich der Garderoben für die Schauspieler und sonstigen Gelasse, mit der Bedachung aus dem offenen Raum emporragt. Nach einer alten Tradition hat das Haus als Wahrzeichen einen Globus gehabt mit der Umschrift: Totus mundus agit histrionem.

55) S. 222. Von den „Lustigen Weibern von Windsor" erschien 1602 die erste Quartausgabe unter dem Titel:

A most pleasannt and excellent conceitet Comedie of Syr John Falstaffe and the Merry wives of Windsor. Entermixed with sundrie variable and pleasing humors of Sir Hugh the Welch Knight, Justice Shallow, and his wise cousin M. Slender. With the swaggering vaine of ancient Pistoll, and Corporal Nym. By William Shakespeare. As it has bene divers times acted by the right honorable my Lord Chamberlaines servants. Both before her Majestie, and else where. — London: Printed by T. C. for Arthur Johnson..... 1602.

Eine spätere Quarto mit etwas gekürztem Titel erschien 1619, eben-falls for Arthur Johnson. Beide Ausgaben weichen von dem von der Folio uns überlieferten Text sehr bedeutend ab und scheinen (wie die Herausgeber der Cambridge Edition vermuten) nach einer früheren Skizze des Stückes gedruckt zu sein.

56) S. 227. „Viel Lärm um nichts" erschien 1600 in einer Quart-ausgabe unter dem Titel:

Much ado about Nothing. As it hath been sundrie times publikely acted by the right honourable the Lord Chamberlaine his servants. Written by William Shakespeare. London, printed by V. S. for Andrew Wise, and William Asplay. 1600.

Über die S. 227 erwähnte Novelle Bandellos von Timbreo de Cardone (die Verleumdung der Hero betreffend) sei hier noch bemerkt, daß die ursprünglich in Ariosts Rasendem Roland erzählte Geschichte dort sehr tragisch behandelt ist und in ihrer sehr breiten Ausführung den ganzen 5. Gesang von 92 Strophen ausfüllt.

57) S. 230. Das sogenannte „Diary" (Diarium, Tagebuch) des unter-nehmenden und spekulativen Philipp Henslowe wurde schon von Malone in seiner verdienstlichen Shakespeare-Ausgabe veröffentlicht und ist dann 1845 verbessert und vervollständigt von Collier für die Shakespeare-Society herausgegeben. Henslowe stand mit den meisten Theatern und Autoren in Geschäftsverbindung, kaufte von den Autoren die Stücke und machte seine Geschäfte bei den verschiedenen Schauspielertruppen. Auf diese Ge-schäfte beziehen sich seine Eintragungen mit Angabe der Summen, die er

zahlte, und auch der Autoren, wie der verschiedenen Truppen. Seine Ein=
tragungen umfassen den Zeitraum von 1591 bis 1609. Daß Henslowe,
der in sehr häufigen Fällen den Autoren Vorschüsse gab oder Teilzahlungen
machte, ein ungebildeter Mensch war, ersieht man aus der Mehrzahl der
gänzlich korrumpierten Namen solcher Stücke, deren Titel uns bekannt sind.
So ist Marlowes „Faust" als „doctor fostosse" bezeichnet, Titus Andronikus
nennt er Titus und Andronikus, König Lear (jedenfalls das ältere Stück)
king lere, den Namen Cäsar (nicht den Shakespeareschen) schreibt er
Sesore usw. Die häufigen Wiederholungen einzelner Stücke mit den jedes=
maligen Zahlungen deuten darauf hin, daß die meisten Autoren für jede
Vorstellung einen Anteil erhielten, obwohl daneben auch größere Summen
als einmalige Honorare gezahlt sind. Von bekannteren Namen damaliger
Autoren kommen am häufigsten vor: Chettle, Dekker, Thomas Heywood,
Drayton usw. Daneben aber eine Menge Verfasser und Stücke, die ganz
unbekannt sind. Shakespeares Name ist kein einziges Mal genannt, sondern
immer nur die Truppe, der er angehörte.

58) S. 237. In dem Prolog Ben Jonsons zu „Every man in his
humour" lauten die erwähnten bezeichnendsten Stellen im Originaltext:

He (der Dichter) rather prays you will be pleased to see
One such to-day, as other plays should be;
Where neither chorus wafts you o'er the seas
Nor creaking throne comes downe the boys to please:
Nor nimble squib is seen to make afeard
The gentlewomen, ror rolled bullet heard
To say, it thunders — — — — — —

59) S. 249. Saxo Grammaticus wird seine Historia Danica innerhalb
des Zeitraumes von 1180—1220 geschrieben haben. Obwohl zu Shake=
speares Zeit die frühesten Drucke (der erste erschien 1514 in Paris) schon
vorhanden waren, so ist doch nicht anzunehmen, daß sie dem Dichter zu=
gänglich und bekannt gewesen sind. Ich weise hierbei auf eine höchst
dankenswerte Arbeit hin, die von einem der fleißigsten und ernstesten deutschen
Shakespeare=Forscher, Dr. Robert Gericke, kurz vor seinem Tode vollendet
war, und die dann der ihm befreundete Max Moltke unter dem Titel
„Shakespeares Hamlet=Quellen" herausgegeben hat. (Leipzig 1881, J. M.
Barth.) Darin sind dem lateinischen Texte des S. Grammaticus (mit
gegenüberstehender deutscher Übersetzung) auch die französische Bearbeitung
von Belleforest und die englische Übertragung derselben: „The History of
Hamlet" zum Vergleichen beigefügt.

⁶⁰) S. 251. Vom Hamlet haben die beiden ersten, voneinander sehr verschiedenen Quartausgaben die folgenden Titel:

(1. Quarto) The Tragicall Historie of Hamlet Prince of Denmarke. By William Shakespeare. As it hathe beene diverse times acted by His Highnesse servants in the Cittie of London: as also in the two Universities of Cambridge and Oxford, and elsewhere. At London printed for N. L. and John Trundell. 1603.

(2. Quarto.) The Tragicall Historie of Hamlet, Prince of Denmarke. By William Shakespeare. Newly imprinted and enlarged to almost as much as it was, according to the true and perfect coppie. At London, Printed by J. R. for N. L. and are to be sold at the shoppe under Saint Dunstons Church in Fleetstreet. 1604.*)

Das Verhältnis der beiden Drucke zueinander ist das ähnliche wie bei den beiden ersten Drucken von „Romeo und Julie", und auch beim „Hamlet" scheint die zweite, bessere und vollständige Ausgabe durch die Mängel der ersten veranlaßt zu sein, gründet sich aber, wie schon (S. 251—252) angegeben ist, zugleich darauf, daß die beiden Ausgaben sich auf zwei verschiedene, vom Dichter selbst herrührende Bearbeitungen beziehen. Von Akteilung ist auch bei dieser Tragödie in beiden Ausgaben keine Rede (auch in der Folio sind die Angaben der Akte und Szenen nur bis zum zweiten Akte durchgeführt); aber in der Folge der Auftritte stimmen die Ausgaben überein, nur daß die erste Quarto in allen Szenen erheblich kürzer ist, und wurden dieselben erst in der zweiten Quarto durch bedeutende Zusätze ergänzt. — Eine dritte Quarto von 1605 ist nach der zweiten hergestellt; eine vierte ist ohne Jahreszahl, wird aber, nach einer Eintragung in die Stationers books zu schließen, 1607 erschienen sein.

⁶¹) S. 255. Die nur handschriftliche Bemerkung des Dichters Gabriel Harvey soll sich in seinem Exemplar einer Ausgabe Chaucers, mit der Jahreszahl 1598, befinden und lautet: „The younger sort take much delight in Shakespeare's Venus and Adonis, but his Lucrece and his Tragedy of Hamlet, Prince of Denmark have it in them to please the wiser sort." In der ebenfalls erwähnten Äußerung von Nash in seinem Vorwort zu Greenes Menaphon (1589), auf die gar kein Gewicht zu legen ist, spricht er von gewissen handwerksmäßigen Dramendichtern und gebraucht dabei die Worte: „He will efford you whole Hamlets, I should say handfulls of tragicall speaches."

---

*) Es sei hier bemerkt, daß ich die Titel der alten Quartos hier wie in allen Fällen buchstabengetreu nach den Originalen wiedergebe.

Genée, Shakespeare.   29

[62]) S. 264. Professor Karl Werder hatte 1870—1871 in der Berliner Universität eine lange Reihe von Vorträgen über „Hamlet" gehalten, die zunächst in den Preußischen Jahrbüchern erschienen und dann (1875) als besondere Schrift herausgegeben wurden. Werder fand natürlich alles unzulänglich oder falsch, was bis dahin — seit Goethes Erklärung und diese mit eingeschlossen — über den Charakter Hamlets und seine Tatlosigkeit gesagt worden ist. Werder hatte die Entdeckung gemacht: Hamlet habe ja doch zu der von ihm beschlossenen Tat deshalb nicht schreiten können, weil er vom Könige noch immer nicht das ausdrückliche Eingeständnis habe erlangen können. Hiernach würde Shakespeares „Hamlet" weniger eine Tragödie sein, als eine kriminalistische Voruntersuchung. Ich hatte in diesem Sinne bereits 1875 in der „Augsburger Allgem. Ztg." in einem Aufsatz „Hamlet oder nicht Hamlet?" gegen eine solche willkürliche Um=deutung der Tragödie u. a. ausgeführt: daß Shakespeare keiner seiner tragischen Gestalten so viele Monologe gegeben habe, als seinem „Hamlet", Monologe, in denen er fortwährend über sein Vorhaben und über die Gründe seines Zögerns reflektiert. Aber auf den Gedanken Werders ist er merkwürdigerweise nicht gekommen. Da aber Monologe den einzigen Zweck haben können, uns mit den innersten Trieben und Gedanken einer Person vertraut zu machen, so bedarf es kaum eines weiteren Nachweises, daß man es auch in diesem Falle mit einer jener selbstgefälligen Inter=pretationen zu tun hat, in denen das, was Shakespeare selber sagt, nicht gelten soll, damit der Scharfsinn des Auslegers dafür um so heller leuchtet.

[63]) S. 269. Wegen des Prozesses gegen Essex, seiner Verur=teilung und Hinrichtung haben sich auch Anklagen gegen Francis Bacon erhoben, der als Sachwalter damals mit der Anklage des Essex beauftragt war: er habe den ihm so nahe befreundeten Essex im Stich gelassen. Wenn nun auch Bacon keineswegs ein lauterer Charakter war, so wird ihm dennoch in diesem Falle kein begründeter Vorwurf zu machen sein. In einer 1877 erschienenen Schrift: „Bacon and Essex. Sketch of Bacons earlier life" von Edwin A. Abbot, der auch Bacons Essays herausgegeben hat, ist das Verhältnis auf Grund von Briefen und anderen Dokumenten eingehend erörtert. Danach hatte Bacon schon seit Jahren sich bemüht, die mehrfachen Verstimmungen zwischen Essex und der Königin zu beseitigen. Seine Versuche scheinen aber an des Essex heftigem Temperament und Stolz gescheitert zu sein. Auch die immer mehr abwärts gegangenen Vermögens=verhältnisse des Essex trugen zu seiner Erbitterung bei. Während nicht nur durch seine eigene Verschwendung, sondern auch durch die schweren Einbußen, die er bei den verschiedenen Kriegsunternehmen erlitten hatte,

seine Finanzen bedenklich zerrüttet waren, wurde ihm auch sein einträgliches Monopol auf die süßen Weine entzogen. Der erste Anlaß zu dem Zerwürfnis mit der Königin gab allerdings des Essex heimliche Vermählung (1590) mit der Witwe des Philipp Sidney. Den schärferen Riß führte er dann herbei, als er Irland ohne Genehmigung der Königin verließ, wobei seine Feinde ihn bei der Königin verdächtigten, daß er zu Tyrone, dem Haupt des großen irischen Aufstandes, in ein freundschaftliches Verhältnis getreten sei. Nach den „Lives of the Earl of Essex" berichtet Abbot ferner: Die Königin habe ihm niemals sein insolentes Benehmen (worin dies auch bestehen mochte) vergeben, durch das sie veranlaßt wurde, ihn zu schlagen.

64) S. 273. Die Übereinstimmungen in Shakespeares „Hamlet" mit der Geschichte der „Maria Stuart" entwickelte Karl Silberschlag im „Morgenblatt" 1860 in folgenden, hier gekürzt wiedergegebenen Ausführungen: „Indem Shakespeare den Charakter der Königin, Hamlets Mutter, zeichnete, namentlich wenn er sie am Morde ihres Gemahls teilnehmen (?) und sich so schleunig wieder verheiraten läßt, hat er offenbar Maria Stuart im Auge gehabt, die Ermordung des Lord Darnley und ihre Verheiratung mit Bothwell.... In der Person des Laertes liegt eine Hindeutung auf den am 5. August 1600 getöteten Laird von Gowrie, in der Ophelia eine Beziehung auf Anna Douglas."

Was die erstere der Beziehungen betrifft, so hebt K. Silberschlag hervor, daß König Jacob in seiner Mutter und seinem Stiefvater die Mörder seines Vaters sah... „Die anstößige Hast, mit welcher die Königin im Drama sich wieder vermählt, entspricht ganz der hastigen Verheiratung der Maria Stuart nach der Ermordung Darnleys. Wiederholt wird im Drama mit größtem Nachdruck hervorgehoben, daß Hamlets Vater sehr schön gewesen, sein Oheim dagegen häßlich sei.... In der Erzählung des Saxo ist von der äußeren Erscheinung so wenig des Horvendill als des Fengo die Rede. Wie kam nun Shakespeare dazu, wiederholt und mit so vielem Nachdruck die Schönheit von Hamlets Vater hervorzuheben? Gewiß aus keinem anderen Grunde, als weil Darnley für den schönsten Mann seiner Zeit galt und es damals allgemein aufgefallen war, daß die Königin von Schottland den häßlichen Bothwell dem schönen Darnley vorgezogen hatte."

Auch die weiteren sehr eingehenden Erörterungen Silberschlags zeigen einen hervorragenden Spürsinn, aber es braucht wohl nicht gesagt zu werden, daß ein Dichter wie Shakespeare seine Tragödien nicht auf Grund derartiger zusammengefügter Motive und Beziehungen schaffen konnte.

65) S. 297. Der berühmte Monolog „To be or not to be" gehört

29*

zu denjenigen Partien in der Quarto von 1603, aus denen hervorgeht, daß man es in jener erften Ausgabe nicht nur mit einer früheren, vom Dichter felbst herrührenden Bearbeitung des Stoffes zu tun habe, fondern daß der danach hergestellte Druck ebenfalls ein fehr unordentlicher und an groben Textverderbungen reicher ift. Man erkennt dies fowohl an folchen Lücken, durch die eine unlogische Gedankenverbindung entstanden ift, wie auch an mehreren längern Sätzen, die zwar mit der zweiten Quarto und der Folio übereinstimmen, aber an ganz anderer Stelle fich befinden und vermutlich fpäter eingefchoben wurden. Außerdem aber finden fich zahlreiche Ab= weichungen in einzelnen Ausdrücken, bei denen es fraglich erfcheint, ob fie auf eine vom Dichter herrührende Änderung zurückzuführen find, oder auf Verfehen des Nachfchreibers. So heißt es gleich in der erften Zeile „To be or not to be" nicht: „that is the question", fondern:

To be or not to be, I there's the point.

Und gerade bei diefer Abweichung von dem bekannten Texte wäre es wohl zu erwägen, ob nicht mit den Worten „Ja, das ift der Punkt" (darum handelt fich's) der Sinn deutlicher gegeben würde, als mit: „that is the question."*)

Aber gleich nach der erften Zeile macht der Monolog einen Sprung, indem er von den angeführten Worten fofort übergeht zu den Worten: „Sterben, fchlafen, ift das Alles?" (To die, to sleep, is that all? I all.) Des weitern find verfchiedene Gedanken mit der zweiten Quarto zwar übereinstimmend (auch das feltfame lateinifche quietus ift vorhanden), aber fie ftehen meift an anderer Stelle und in anderm Zufammenhang, wie auch der ganze Monolog einen andern Platz in der Tragödie erhalten hat, als in dem uns überlieferten Texte.

Was die fchon erwähnte völlige Abweichung in einer ganzen Reihe zufammengehörender Sätze betrifft, in denen Hamlet fo bitter über alle die herrfchenden Mißftände fich äußert („Des Mächtigen Druck, des Stolzen Mißhandlungen" ufw.), fo lauten die dafür in der erften Quarto ftehenden Sätze folgendermaßen:

Wer trüge Hohn und Schmeichelei der Welt,
Verhöhnt vom Reichen, der Reiche verflucht vom Armen,
Die Witwe unterdrückt, benachteiligt die Waife, —
Die Qual des Hungers oder Zwang der Tyrannei

---

*) Hierzu kommt noch, daß Schlegel in feiner klaffifchen Überfetzung leider um des Rhythmus willen bei den Worten „das ift die Frage" das Flickwort „hier" eingefchoben hat, das keineswegs hinein paßt.

Und tausend Leiden außer diesen noch,
Zu stöhnen unter dieses Lebens Not — usw.

Auch schließt der Monolog in der ersten Quarto mit den Worten „O this concience makes cowards of us all", während die folgenden fünf Verszeilen fehlen.

Wenn man bei diesen erheblichen Abweichungen in dem Monolog den Eindruck erhält, daß Shakespeare denselben später mehr ausgearbeitet hat, so ist dies auch in mehreren andern Szenen der Fall; so z. B. in der langen Unterredung Hamlets mit Rosenkranz und Güldenstern (Akt II, Szene 2), die in der ersten Quarto kaum ein Drittel so lang ist, wie in der spätern Bearbeitung.

Bei Erwägung aller solcher bedeutenden Lücken und Abweichungen, wie auch mit Rücksicht auf die Veränderung der beiden Namen, wird man zu der Überzeugung kommen müssen, daß dieser ersten Quarto eine frühere Arbeit des Dichters zu Grunde lag, daß aber auch diese in der Druck=ausgabe vielfach verstümmelt wiedergegeben ist.

[66]) S. 277. In dem vom Herzog von Manchester aus den Schätzen seines Familien=Archivs 1863 herausgegebenen Werke „Court and Society", das besonders auch die Hofverhältnisse unter der Königin Elisabeth be=handelt, sind es besonders zwei Briefe des Grafen Essex an seine Schwester Lady Rich. In dem einen dieser Briefe schreibt er: „.... Ich bin schwer=mütig, fröhlich, zuweilen glücklich und öfter mißmutig. Am Hofe wechseln so viele Stimmungen, wie der Regenbogen Farben hat. Die Zeit, worin wir leben, ist unbeständiger als die Gedanken eines Weibes, jämmerlicher als das Alter, und zeugt Leute und Verhältnisse wie sie selber, das heißt ge=walttätig, ruchlos und fantastisch. Ich verwundere mich über anderer Leute seltsame Abenteuer und habe dabei nicht die Muße, den Wogen meines eigenen Herzens zu folgen — ich würde nur ohne Stolz entgegennehmen, was gutes mir entgegenkäme, da es ja doch nur eine Gunst des Zufalls wäre, und würde mich nicht im geringsten niederschlagen lassen durch ein Unglück, das mich beträfe, weil ich sehe, daß alle Schicksale schlimm oder gut sind, je nachdem man sie für das eine oder das andere hält. Der Prediger ist im Begriff zu beginnen, und deshalb will ich diese Predigt enden, obwohl über einen andern Text. Dein Bruder, der dich herzlich liebt, R. Essex."

Wenn man in diesem Briefe eine Hamlet=Stimmung hat finden wollen, so kann dem keineswegs widersprochen werden. Aber allgemein verbreitete Stimmungen findet man in jedem Zeitalter, und darum braucht Essex noch keineswegs als das „Urbild des Hamlet" angesehen zu werden.

[67]) S. 291. Das vom Könige der Schauspielertruppe, die bis dahin als des Lord Chamberlaine's servants bezeichnet war, verliehene Patent vom 19. Mai 1603, nach welcher Verleihung diese Truppe als the kings servants bezeichnet wurde, nennt neun Namen der Schauspieler, an deren Spitze Lorenz Fletcher, Shakespeare und Burbadge stehen. Der erstgenannte hatte schon 1599 mit einer Truppe vor König Jakob in Schottland gespielt, doch war Shakespeare daran wahrscheinlich nicht beteiligt. Aus einem erst in neuerer Zeit von Sidney Lee (Life of William Shakespeare) mitge= teilten Schreiben von Georg Nicolson geht hervor, daß die vier geistlichen Behörden von Edinburgh den Gemeinden verboten hatten, gottlosen Zeit= vertrieb, Sport und Schauspielen beizuwohnen. König Jakob hatte darauf die Vertreter der Behörden zu sich kommen lassen und ihnen mit Androhung schärfster Strafen befohlen, derartige Feindseligkeiten gegen Schauspieler fernerhin zu unterlassen.

[68]) S. 292. Die sämtlichen 154 Sonette erschienen im Jahre 1609 in einem kleinen Band mit der folgenden Widmung des Herausgebers (Thomas Thorpe): „To the only begetter of these ensuing Sonnets Mr. W. H., all happiness, and that eternity promised him by our everliving poet, wisheth the well-wishing adventurer in setting forth, T. T." Es ist also hier bestimmt gesagt, daß der geheimnisvolle Mr. W. H. derjenige sei, an den die Sonette gerichtet sind, und durch die (vielleicht absichtlich) irre= führende Widmung sind die Untersuchungen über die Bedeutung der Sonette erheblich erschwert worden. Unter den Buchstaben W. H. hat man William Herbert, späteren Grafen von Pembroke erkennen wollen, wogegen aber eingewendet worden ist, daß derselbe damals erst achtzehn Jahre alt war. Und andere Deutungen, die man versucht hat, konnten ebensowenig eine befriedigende Lösung geben. In neuerer Zeit hat Sidney Lee die Sonetten= frage vortrefflich erörtert, mit dem objektiven Blick wirklicher Kritik und mit umfassender Kenntnis der gesamten Sonettendichtung jener Zeit. Da auch Lee die schon von anderen ausgesprochene Ansicht vertritt, daß die Sonette teils als persönliche, teils aber als dramatische zu unterscheiden sind, wird man sich wohl damit zufrieden geben müssen.

[69]) S. 297. Das weitere Leben Southamptons ist auch nach Wieder= erlangung seiner Freiheit ein bewegtes geblieben; auch einige Intriguen am Hofe gegen ihn hatten nicht vermocht, die Gunst des Königs Jakob ihm zu entziehen. Im Jahre 1613 hatte er einmal in seinem Hause den König zu bewirten, und einige Jahre später begleitete er denselben auf einer Reise nach Schottland, was ihm neue Ehrentitel eintrug. Da er selbst an Handelssachen persönlich sehr beteiligt war (er wurde auch von der Virginia=

Kompagnie zu ihren Schatzmeister erwählt), geriet er auch wiederholt in heftigen Widerspruch gegen die Handelspolitik des Ministeriums; und ebenso hatte seine Neigung zur Volkspartei ihn in wiederholte heftige Konflikte gebracht. Aber auch dem König selbst trat er entschieden entgegen, als dieser seinen Schwiegersohn Friedrich von der Pfalz so kleinmütig im Stiche ließ. Da hiernach aber der König 1624 durch die Umstände genötigt wurde, seine Friedenspolitik aufzugeben und mit den Generalstaaten ein Bündnis zu schließen, erwirkte Southampton eine Oberstenstelle in einem der vier nach Holland gesandten Regimenter. Southampton wurde dabei von seinem zwanzigjährigen Sohne begleitet, aber dieser Kriegszug wurde verhängnisvoll für Vater und Sohn. In Brabant wurde der jüngere Wriothesly von einem hitzigen Fieber befallen, das ihn in wenigen Tagen dahinraffte. Bekümmerten Herzens wollte der Vater den Toten nach England bringen, erkrankte aber selbst in Berg op Zoom (wie es heißt an der Schlafsucht) und starb fünf Tage nach dem Tode des Sohnes. Shakespeares Wunsch (in den Sonetten), daß Southampton sein schönes Ebenbild in einem Sohne der Welt erhalten möge, war also nicht für lange in Erfüllung gegangen. Er starb im gleichen Alter wie sein großer Dichter, in seinem 52. Lebensjahre.

Die poetischen Huldigungen, die Southampton während seines Lebens von fast allen namhaften Dichtern zuteil geworden waren, wiederholten sich nun in zahlreichen Dichtungen voll wirklicher und echter Trauer um den Dahingeschiedenen, dessen edle Eigenschaften, seine Offenheit, ritterlicher Sinn und Freigebigkeit, auch von vielen anderen lebhaft gepriesen wurden.

Zum dritten Buch.

70) S. 301. Was die genannten Pseudo-Shakespeares, die in England meist als die unechten oder zweifelhaften (spurious oder doubtful) plays bezeichneten Stücke betrifft, so ist die Frage ihrer Echtheit dem großen gebildeten Publikum in Deutschland niemals näher getreten, obwohl L. Tieck mit besonderem Eifer für sie und noch für viele andere eingetreten war. Nachdem die Herausgeber der ersten Folio sie sämtlich ausgeschlossen hatten, wurden sie erst 1664 in der dritten Folio neben den zweifellos echten Stücken des Dichters mitgeteilt. In Deutschland sind sie nur von einigen deutschen Übersetzern den bekannten Shakespeareschen Dramen als Nachträge angefügt worden. L. Tieck hatte aber außer den genannten sieben Stücken

auch noch mehrere andere, die keinen Autornamen trugen, als Werke Shake=
speares angesehen, wie er denn auch den älteren König Johann und den
älteren Lear für Jugendarbeiten des großen Dichters hielt. In bezug
auf diese beiden mag sich ja immerhin streiten lassen, ebenso wie über den
anonymen, von Tieck aber als ein Shakespearesches Stück übersetzten
Eduard III., der schon als englisches Königsdrama mit den Historien Mar=
lowes und Shakespeares im ganzen Stil viel Gemeinsames hat. Daß aber
ein Mann von Geist und Geschmack auch ein so elendes Machwerk wie
„Mucedorus" dem großen Dichter zuschreiben konnte, ist unbegreiflich. Eine
im Nachlasse Tiecks vorgefundene Übersetzung dieser dramatischen Stümperei
ist erst in neuerer Zeit (1892) von Johannes Volte im Druck heraus=
gegeben worden und wir verdanken dieser Ausgabe wenigstens eine für
die Kenntnis der dramatischen Literatur höchst wertvolle Einleitung des
trefflichen Philologen.

71) S. 305. Die italienische Novelle von Giraldo Cinthio, die der
Erzählung Whetstones, der unmittelbaren Quelle für Shakespeares „Maß
für Maß", zugrunde lag, ist den „Hecatommithi ovvero Cento Novelle" ent=
nommen, die 1565 erschienen. Nach dem Muster des Dekamerone hat auch
Cinthio seine Erzählungen in zehn Dekaden geteilt, deren jede zehn Novellen
enthält. Bei Cinthio (die fünfte Novelle der achten Dekade) spielt die Ge=
schichte in Innsbruck und die Entscheidung über den verruchten Richter
wird vom Kaiser „Maximinus" gefällt.

72) S. 312. Tieck war in seiner vielfach so verdienstlichen Beschäfti=
gung mit Shakespeare auf den Irrweg geraten, die Bedeutung seiner Auf=
fassungen im absonderlichen zu suchen. So hatte er das Verhältnis zwischen
Macbeth und seinem Weibe und die tragische Bedeutung desselben in das
Gegenteil verkehren wollen, indem er sich des so „zärtlich liebevollen"
Weibes annahm. Hiergegen bemerkte Goethe in einer Besprechung von
Tiecks „dramaturgischen Blättern": „Ich halte dergleichen nicht für des
Verfassers wahre Meinung, sondern für Paradoxien, die, in Erwägung der
bedeutenden Person, von der sie kommen, von der schlimmsten Wirkung sind."
Später kam Goethe noch einmal darauf zurück, als er in einem Bericht
über „englisches Schauspiel in Paris" (1828) sich bezüglich des „unbezwing=
lichen Shakespeare" über die Interpretationssucht äußerte: „Neulich sogar
hatte sich zugetragen, daß wir uns zu einer retrograden Bewegung verleiten
ließen, indem wir Lady Macbeth als eine liebevolle Gattin zu konstruieren
unternahmen. Sollte aber eben hieraus nicht deutlich hervorgehen, daß
wir den Kreis schon durchlaufen haben, indem uns die Wahrheit an=
widert, der Irrtum aber willkommen erscheint."

Daß diese in ihrer Kürze so bedeutenden Worte auch noch in unserer Zeit eine dringende Mahnung sein könnten, braucht wohl nicht erst nachgewiesen zu werden. — Tieck scheint in dem besonderen Falle die so bestimmte Abweisung beherzigt zu haben, denn in der Buchausgabe seiner „dramaturgischen Blätter" finde ich die „Rettung" der Lady Macbeth nicht mehr. Dafür haben aber andere die Schrulle wieder aufgenommen, um sie als eigene neue Auffassung zu empfehlen.

73) S. 315. Von allen den bekanntesten Tragödien Shakespeares ist Macbeth die kürzeste. In den nachfolgenden vergleichenden Aufstellungen lasse ich nicht die Zahl der Verse entscheiden, weil es doch stets ein unsicheres Resultat gibt, die vielen oft sehr bedeutenden Prosapartien in das Maß der Verse zu übertragen; sondern ich gebe auf Grund der für alle solche Hinweise für uns maßgebend gewordenen englischen „Globe-Edition" die Zahl der Seiten oder vielmehr der Spalten dieser Ausgabe und beginne mit dem längsten der Stücke. Hiernach haben:

Hamlet	72½	Spalten
Richard III.	71½	„
Coriolan	68	„
Antonius und Cleopatra	65	„
König Lear	64	„
Othello	62	„
Romeo und Julie	55	„
Richard II.*)	52	„
Julius Cäsar	47	„
Macbeth	46	„

74) S. 318. Von König Lear erschienen 1608 zwei vielfach voneinander abweichende Quartausgaben, beide aber mit derselben Verlagsfirma. Die Titelseiten weichen nur in der Orthographie voneinander ab, die überhaupt in allen jenen älteren Drucken willkürlich wechselt.**) Es genügt daher, die Titelseite der einen dieser Ausgaben mitzuteilen, ohne auf die Abweichungen in der Orthographie beider Drucke Rücksicht zu nehmen:

M. William Shakspeare: His True Chronicle History of the life and

---

*) Die andern englischen Königsdramen lasse ich aus, da Heinrich IV. und Heinrich VI. mehr als einen Abend in Anspruch nehmen, Heinrich V. aber, ebenso wie Heinrich IV., nicht zu den Tragödien zählen.

**) Es möge dies hier auch in bezug auf alle anderen in diesem Anhang buchstabengetreu wiedergegebenen Titel gesagt sein, in denen es bald been, bald ben oder bene heißt. Ebenso heißt es in den häufigsten Fällen hath für has, ie für y usw.

death of King Lear and his three Daughters. With the unfortunate life of Edgar, sonne and heir to the Earle of Gloster, and his sullen and assumed humour of Tom of Bedlam: As it was plaid before the Kings Maiesty at Whitehall upon S. Stephens night in Christmas Hollidaies. By his Maiesties servants, playing usually at the Globe on the Bankside. London, Printed for Nathanial Butter, and are to be sold at his shop in Pauls Church-yard...... 1608.

Daß in dieser Ausgabe ganz ungewöhnlicher Weise der Name Shake= speares dem Titel des Stückes vorangestellt, und daß dieses selbst als die „wahrhafte" Geschichte bezeichnet wird, mag wohl durch den erst 1605 erfolgtem Druck des ältern Schauspiels von „König Leir und seinen drei Töchtern" veranlaßt worden sein, das, wie schon bemerkt, mit Shakespeares Tragödie nichts gemein hat.

75) S. 223. Das vielgenannte Cambridger Studentenstück „The Return from Parnassus" bestand ursprünglich aus drei Teilen, von denen der erste hieß „The Pilgrimage to Parnassus", der zweite und dritte aber als der 1. und 2. Teil der Return from Parnassus bezeichnet war. Das Ganze ist erst 1886 zu Oxford unter dem Titel „Parnassus" herausgegeben worden, während von dem Hauptstück allein ein älterer Druck existiert unter dem vollständigen Titel: „The Return from Pernassus (sic): or The Scourge of Simony. Publiquely acted by the Students in Saint Johns College in Cambridge. At London printed by G. Eld for John Wright ..... 1606". Ein Exemplar dieses seltenen Druckes befindet sich in der Casseler Landes= bibliothek. Nach dem Oxforder Neudrucke soll dies Stück bereits 1601 auf= geführt worden sein.

76) S. 327. Zu Troilus und Cressida ist zu bemerken, daß schon 1599 der Theaterunternehmer Henslowe ein Stück dieses Namens durch Vermittelung anderer an einem der Theater hatte zur Aufführung bringen wollen, und waren als die Verfasser die bekannten Theaterdichter Dekker und Chettle genannt. Danach hatte 1603 der Verleger Roberts die Er= laubnis erhalten, „das Buch von Troilus und Cressida, wie es durch die Lord Chamberlaines Truppe aufgeführt wurde", durch den Druck zu ver= öffentlichen, soll aber auf Ersuchen der Schauspieler des Globus daran verhindert worden sein. Erst sechs Jahre später erschien dann das zweifel= los Shakespearesche Stück im Drucke, aber in zwei voneinander abweichenden Ausgaben, unter dem Titel:

The famous Historie of Troilus and Cressida. Excellently expressing The Beginning of their Loves, with the conceited Wooing of

Pandarus Prince in Licia. Written by William Shakespeare. — London, imprinted by G. Eld for R. Bonian and H. Walley. 1609.

Bemerkenswert ist das Vorwort („A never writer to an ever reader"), in welchem es heißt: Der Leser erhalte hier ein Stück, das noch nicht abgenutzt von der Bühne sei (never stal'd with the stage) usw. — Es ist schon S. 337 bemerkt worden, daß in der andern Ausgabe desselben Jahres dies Vorwort fehlt, wogegen im Titel die Aufführung im Globus angezeigt ist.

77) S. 314. Ben Jonson sagt in der Einleitung zu seiner Komödie: „Bartholomäus-Markt" (Bartholomew fair, 1614): If there be never a servant monstre in the fair, who can help it", und fährt dann fort: Der Autor habe eben keine Neigung, Schrecken der Natur vorzuführen, gleich denen in den Tales, Tempests and such like drolleries."

78) S. 345. Auch Wolf Graf Baudissin, der so verdienstvolle Hauptmitarbeiter an dem Schlegel u. Tieckschen Shakespeare, sagt in dem Vorwort zu den Übersetzungen in „Ben Jonson und seine Schule" (1828): Jonson habe seine „mit großer Bitterkeit und Persönlichkeit geführte Fehde gegen Shakespeare bis an dessen Tod fortgesetzt". Und weiter bemerkt er über Ben Jonsons großes Gedicht auf Shakespeare (vgl. S. 386): dasselbe enthalte „trotz des anscheinenden Lobes doch eine vornehme Geringschätzung des großen Dichters und eine mitleidige Rüge seiner Ignoranz"! — Bei einem so feinsinnigen, ruhig urteilenden Manne, wie es Baudissin war, müßte man aufs höchste über solchen Ausspruch erstaunen, wenn man nicht wüßte, daß Baudissin hier ganz abhängig von der Meinung seines Meisters Tieck war, dem er auch sein Buch in Dankbarkeit gewidmet hat.

Deutlich zu ersehen ist dies aus den handschriftlichen Randbemerkungen, die Tieck in seinem Exemplar der schönen Giffordschen Ausgabe von Ben Jonson gemacht hatte. Ich verdanke die Kenntnis dieser Randglossen der Liebenswürdigkeit meines Freundes, des Generals v. Wildenbruch und seines Neffen, des Grafen York. Noch zu Tiecks Lebzeiten war ein großer Teil seiner Bibliothek (da Tieck stets in Geldnöten war) in den Besitz des Grafen York von Wartenburg, Sohnes des berühmten Feldmarschalls, gekommen, und der jetzige Graf York, Majoratsherr auf Klein-Oels in Schlesien, hatte mir die Durchsicht der durch Tiecks Randbemerkungen interessanten alten Ausgaben Shakespeares und Jonsons ermöglicht. In dieser Giffordschen Ausgabe Ben Jonsons, die überall Randbemerkungen Tiecks, meist widerspruchsvoll oder zweifelnd, aufweisen, finden sich gelegentlich der Giffordschen Erwähnung des Jonsonschen Huldigungsgedichtes auf Shakespeare die erstaunlichen Worte an den Rand geschrieben: „Wie hat nur jenes Gedicht

Jonsons, dessen Ironie (?!) so klar ist, immer so mißverstanden werden können? Und wo hatte der verständige Gifford seine Augen?"

79) S. 348. Erst im Jahre 1615, als unter den nächsten Ratgebern des Königs Jakob eine Veränderung eingetreten war, wurde Raleigh in Freiheit gesetzt. Damit aber war sein Schicksal noch nicht entschieden. Er selbst scheint die Mitteilung verbreitet zu haben, um sie auch zu des Königs Ohren kommen zu lassen, daß er in Guayana ein großes Goldlager ausbeuten könnte, wenn ihm dazu die Mittel gewährt würden. Die Aus= sicht auf den Goldgewinn veranlaßte den König, zu einer neuen Expedition eine Flotte auszurüsten und Raleigh zum Oberbefehlshaber derselben zu ernennen, nachdem sich derselbe ausbedungen hatte, daß ihm von dem Gold= gewinn der fünfte Teil zukäme. Die Expedition verunglückte aber dadurch, daß sie unverhoffte und schwere Kämpfe mit den spanischen Schiffen zu bestehen hatte. Raleigh mußte ohne den erhofften Erfolg nach England zurückkehren, wo er sogleich verhaftet wurde. Da nun auch Spanien gegen England die Klage wegen Friedensbruches erhob, ließ ihn König Jakob schmählicherweise fallen. Eine eingesetzte Untersuchungskommission hatte zwar Raleigh von jeder Verschuldung in dieser Angelegenheit freigesprochen. Nachdem aber der König die Sache an die Kingsbench verwiesen hatte, wurde Raleigh auf Grund des früher gegen ihn erfolgten Todesurteils enthauptet.

80) S. 349. Die Nachricht von einer Aufführung des Othello im Jahre 1610 befindet sich in dem französisch geschriebenen Reisetagebuch eines Deutschen, namens Wurmser, der im genannten Jahre im Gefolge eines Prinzen Ludwig Friedrich von Württemberg war. Unterm 30. April 1610 berichtet er, daß der Prinz das Globus=Theater besucht habe, wo man „l'histoire du More de Venise" aufführte. Da auch in den englischen Drucken dem Namen Othello stets die Bezeichnung The Moore of Venice beigefügt ist, kann kein Zweifel darüber bestehn, daß es sich um die Shake= spearesche Tragödie handelte.

81) S. 364. Über den Brand des Globetheaters schrieb Sir Henry Wotton am 2. Juli 1613 an seinen Neffen: „ . . . Um nun die Staatssachen ruhen zu lassen, will ich Euch jetzt von dem unterhalten, was sich diese Woche am Ufer (d. h. Bankside) zutrug. Des Königs Schau= spieler gaben ein neues Stück, „Alles ist wahr" (All is true) genannt, welches einige Hauptereignisse der Regierung Heinrichs VIII. schildert, und das mit außerordentlicher Pracht und Majestät dargestellt wurde, selbst bis zum Belegen der Bühne mit Teppichen, die Ritter des Ordens mit ihren

Georgbildern und Kniebändern, die Wachen mit ihren gestickten Röcken und dergleichen, — in der Tat hinreichend, für eine Weile die Größe sehr familiär, wo nicht lächerlich zu machen. Da nun König Heinrich im Hause Kardinal Wolseys ein Maskenspiel aufführte und bei seinem Eintreten ein paar Kanonen gelöst wurden, zündete etwas von dem Papier oder anderm Stoff, mit dem sie gepfropft waren, an dem Strohdach, und da es dort zuerst für nichts bedeutenden Rauch gehalten wurde und die Augen mehr auf das Schauspiel gerichtet waren, so zündete es auch nach Innen, lief wie ein Zündfaden herum und verzehrte in weniger als einer Stunde das ganze Gebäude bis auf den Grund." Das Haus war zwar im nächsten Jahre wieder erstanden, aber die historische Stätte seines höchsten Ruhmes war darum doch vernichtet. Übrigens wird bei den Meldungen über den Brand versichert, daß weder Menschen zu Schaden gekommen, noch aus dem Inventar Sachen von Wert vernichtet worden seien, außer einigen Mänteln. Bei dem schnellen Umsichgreifen des Feuers in dem hölzernen Bau ist dies wunderbar genug. Die Annahme, daß dabei Handschriften oder Kopien von Shakespeareschen Stücken verloren gegangen seien, wird dadurch widerlegt, daß zehn Jahre später die Herausgeber der ersten Shakespeare-Folio, nach ihrer Angabe, die Handschriften des Dichters mit benutzen konnten.

82) S. 367. Francis Beaumont war 1586 geboren, war also in der Zeit, da Shakespeare dem Theater entsagte, fünfundzwanzig Jahre alt, und da er bereits 1615 starb, ist es erstaunlich, wie viele Stücke er mit seinem um zehn Jahre älteren Verbündeten geschrieben hatte. Die vorzügliche Ausgabe in 11 Bänden: „The works of Beaumont and Fletcher" (1843 bis 1846) enthält mehr als fünfzig Stücke, von denen die meisten in der Zeit von 1610 bis 1625 zur Aufführung kamen; bei sehr vielen ist das Blackfriarstheater angeführt, bei einigen auch der Globus. Nach dem Tode Beaumonts hatte John Fletcher allein noch zahlreiche Stücke verfaßt, darunter auch das durch spätere Bearbeitungen berühmt gewordene „Rule a wife and have a wife", und „The elder brother". Fletcher hatte seine Stoffe häufig aus den Novellen von Cinthio genommen. In mehreren der von Beiden verfaßten Stücken bemerkt man Anklänge an Shakespeare. „Die Seereise" ist ganz zweifellos durch den „Sturm" hervorgerufen, wenn auch die Handlung ganz abweichend davon ist. Das Stück spielt abwechselnd auf zwei Inseln und die darauf Verschlagenen kommen zueinander in Beziehungen. Ob an der Komödie „Two noble Kinsmen", wie auf dem Drucke angegeben wird, Shakespeare mitbeteiligt war, ist sehr fraglich. Ein Druck des Stückes ist nur aus dem Jahre 1634 bekannt, und auch Fletcher starb bereits 1625.

[83]) S. 282. Shakespeares Testament (vergl. S. 406 u. 407 die Unterschriften) ist datiert vom 15. März 1616 und der Eingang lautet: „Im Namen Gottes, Amen. Ich William Shakespeare aus Stratford am Avon in der Grafschaft Warwick, gent., der ich mich (Gott sei gelobt!) bei voller Gesundheit und Besinnung (memory) befinde, ordne und bestimme diesen meinen letzten Willen und mein Testament in folgender Weise" —
Nach den üblichen religiösen Formeln, die wahrscheinlich allen Testamenten in gleicher Weise vorausgingen, folgt die genaue Detaillierung aller Bestimmungen, aus denen hier nur das Wesentliche wiedergegeben sein möge: Seiner Tochter Judith werden zunächst verschrieben 150 Pfd., und zwar mit genauer Spezialisierung verschiedener Termine. Seiner ersten Tochter Susanna Hall solle sie dagegen die Vorwerke nebst Zubehör, welche entweder in Stratford oder als Parzellen des Besitztums Rowington sich befinden, überlassen. Fernere 150 Pfd. soll Judith oder deren Erben nach drei Jahren erhalten. (Auch die hier spezialisierten Bestimmungen, für den Fall ihres bis dahin erfolgten Todes, sind sehr verwickelt.) Seiner Schwester Johanna (verehelichten Hart) wird das Haus zugesprochen, das sie bis dahin bewohnte, und ihren drei Kindern je 5 Pfd.; seine Enkelin Elisabeth Hall (ist im Original als niece bezeichnet) erhält sein ganzes Silbergeschirr (mit einigen bezeichneten Ausnahmen); seine älteste Tochter, Susanna Hall, erhält ferner die ganze Besitzung New Place, sowie sämtlichen Garten- und Ackerbesitz nebst Scheunen usw. zu Stratford am Avon, Alt-Stratford, Bishopton und Welcombe; ferner das Haus zu London im Blackfriars-Bezirk („in welchem ein gewisser John Robinson wohnt"). Alle Möbel, Juwelen und sämtliches Hausgerät fällt seinem Schwiegersohn John Hall zu, wofür derselbe sein Begräbnis zu besorgen, Schulden zu bezahlen und die Vollstreckung des Testaments auszuführen hat. Die Gattin des Dichters (welche erst 1623 starb) ist in dem Testamente mit folgender wörtlicher Bestimmung bedacht: „Item, gebe ich meinem Weibe mein zweitbestes Bett nebst Zubehör (my second best bed, with the furniture)." Den Armen von Stratford sind 10 Pfd. verschrieben, und von den Freunden des Dichters erhalten: Ant. Nash und John Nash, Heminge, Burbadge und Condell kleine Summen für Ringe. Th. Combe, welchem er sein Schwert vermachte, war der Neffe des John Combe, eines sehr angesehenen Stratforder Bürgers.
Von den Geschwistern des Dichters ist hier nur die verheiratete Johanna Hart genannt, deren Nachkommen noch lange Zeit im Besitz des Hauses in der Henleystraße geblieben waren (vergl. die Anm. 12). Von den Brüdern war Richard schon in früher Jugend verstorben, Gilbert wahrscheinlich 1611 und Edmund in London 1607. Shakespeares älteste Tochter Susanna

Hall ift 1649 geftorben; ihr einziges Kind Elifabeth heiratete einen Th. Nafh in Stratford, blieb aber ohne Nachkommen. Auch die drei Söhne der Judith Quinley ftarben kinderlos noch vor dem Tode der Mutter.

84) S. 385. Die erfte Folioausgabe der fämtlichen dramatifchen Werke Shakefpeares erfchien 1623 unter dem Titel:

Mr. William Shakespeares Comedies, Histories etc. Tragedies. Published according to the True Originall Copies. London, printed by Isaac Jaggard and Ed. Blount. 1623.

Den größten Teil diefer Titelfeite füllt das Porträt Shakefpeares, die fchlechte Kupferradierung von Droeshout, mit einigen gegenüberftehenden Verfen von B. J. (Ben Jonfon). Das nächfte Blatt enthält eine Widmung an die Lords: William, Earl of Pembroke und Philipp Montgemory, worin es heißt: „Eure Lordfchaften waren den verfchiedenen Stücken, da fie aufgeführt wurden, fo fehr geneigt, daß diefer Band fich wohl als der Eurige bezeichnen kann".

Hieran fchließt fich ein „an die Lefer" gerichtetes Vorwort, worin u. a. gefagt ift:

„Allerdings wäre es fehr wünfchenswert gewefen, daß der Autor felbft noch in feinem Leben eine Ausgabe und Durchficht feiner eigenen Schriften unternommen hätte. Da es aber anders gekommen, und er durch den Tod um diefes Recht gebracht worden ift, fo bitten wir, beneidet nicht feine Freunde um ihre Sorgfalt und Mühe, die fie bei diefem Dienfte, die Stücke zu fammeln und herauszugeben, übernehmen mußten. Nachdem ihr vordem mit verfchiedenen geftohlenen und erfchlichenen Abfchriften, verftümmelt und entftellt durch die Ränke und Diebftähle fchmählicher Betrüger, getäufcht worden feid, erhaltet ihr eben jene Stücke neu, geheilt und vollkommen an ihren Gliedmaßen, zur Einficht dargeboten; die anderen alle, durchaus in richtiger Anzahl, wie ihr Schöpfer fie erdacht hat. Sowie er ein glücklicher Nachahmer der Natur war, fo war er auch ein höchft edler Dolmetfcher derfelben; fein Geift und feine Hand gingen darin zufammen. Und was er gedacht, das brachte er mit folcher Leichtigkeit zum Ausdruck, daß wir bei ihm in feinen Papieren kaum eine ausgeftrichene Stelle gefunden haben . . . .“

Unterzeichnet ift dies Vorwort: John Heminge. Henry Condell. Hieran fchließt fich das Gedicht von Ben Jonfon, dem noch drei andere Gedichte zur Verherrlichung Shakefpeares angefügt find. In einem darauf folgenden Verzeichnis der in den Stücken befchäftigt gewefenen vorzüglichften Schaufpieler (principall Actors) fteht William Shakefpeare obenan.

In dem Inhaltsverzeichnis find die Stücke in drei Gruppen gefondert, als Comedies, Histories und Tragedies. In den verzeichneten 35 Stücken fehlt „Troilus und Cressida", doch ist dasselbe, als das sechsunddreißigste, im Buche selbst den Tragedies beigefügt, und zwar nachträglich, wie aus der verworrenen Paginierung zu ersehen ist.

Während die Quartausgaben der einzelnen Stücke sämtlich ohne Akt- und Szenenangaben erschienen, hatten die Herausgeber der Folio es zwar versucht, die nötigen Bezeichnungen beizufügen, ohne dies aber konsequent durchzuführen.

Vollständige Akt- und Szenenteilung haben: Der Sturm, Die Veroneser, Die Lustigen Weiber, Maß für Maß, Komödie der Irrungen, Wie es euch gefällt, Was ihr wollt, Wintermärchen, König Johann, Richard II., Heinrich IV., 1. u. 2. Teil, Heinrich VI. 1. Teil, Richard III., Heinrich VIII., Macbeth, König Lear, Othello und Cymbelin.

Nur Akt- aber keine Szenenangaben haben: Viel Lärm um nichts, Verlorne Liebesmüh, Sommernachtstraum, Kaufmann von Venedig, Zähmung der Keiferin, Ende gut alles gut, Coriolan, Titus Andronikus, Julius Caesar.

Weder Akt- noch Szenenteilung haben: der zweite und dritte Teil Heinrichs VI., Troilus und Cressida, Romeo und Julie, Timon von Athen, Antonius und Cleopatra, Hamlet. Bei letzterm sind die Angaben begonnen, aber nur bis zur 2. Szene des 2. Aktes durchgeführt.

Die Namen der dramatischen Personen sind nur angegeben: am Schlusse des Sturm, der Edelleute von Verona, Maß für Maß, 2. Teil Heinrichs IV. (wobei in besonderer Gruppe Poins, Falstaff, Bardolph usw. als „Irregular Humorists" bezeichnet sind), Timon von Athen und Othello. Nur bei zwei Stücken ist der Schauplatz angegeben; beim Sturm heißt es: The Scene an uninhabited Island", und bei Maß für Maß heißt es: „The Scene Vienna".

Die englischen kritischen Ausgaben beginnen 1709 mit Nikolas Rowe. Derselbe fügte nicht nur die fehlenden Akt- und Szenenangaben hinzu, sondern verbesserte auch die Orthographie und Interpunktion, wie er auch manche der gröbsten Fehler in den alten Drucken beseitigte. Im übrigen hatte er aber für die Textkritik seinen Nachfolgern noch viel zu tun übrig gelassen.

Von den weiteren kritischen Ausgaben mögen hier nur die namhaftesten genannt sein: von Alex. Pope 1725, der aber in unverantwortlicher Weise sich willkürliche Änderungen erlaubte, hingegen die schon von Rowe begonnenen Angaben des Schauplatzes bei den wechselnden Szenen vervollständigte. — Auf Pope folgten: Theobald 1733, Hanmer 1744, Warburton 1747 (dessen Ausgabe der Wielandschen Übersetzung zugrunde lag). Bahnbrechend wurde dann die Ausgabe des scharffinnigen und geiſtvollen Dr. Samuel Johnſon 1765. Ihm ſchloß ſich George Steevens an, der zunächſt durch die Ausgabe der Twenty of the plays of Shakespeare (nach den Quartos) ſich verdient machte. Faſt gleichzeitig erſchien Capells Ausgabe (1768) und die mehrfach veränderten Ausgaben des Johnſon-Steevensſchen Shakeſpeare von Reed, Malone und Boswell. — Aus neuerer Zeit ſeien endlich noch die umfaſſenden Arbeiten von O. Halliwell erwähnt ſowie die muſterhaft kritiſchen Ausgaben von Alexander Dyce (1853) die von Clark und Wright herausgegebene ſogenannte Cambridge-Edition, und von denſelben die kleine Globe-Edition (1864).

85) S. 392. Bezüglich der früheſten Erwähnungen Shakeſpeares in Deutſchland, ſeines allmäligen Bekanntwerdens und der erſten Überſetzungsverſuche muß ich hier auf meine „Geſchichte der Shakeſpeareſchen Dramen in Deutſchland (Leipzig 1870) verweiſen. Über A. W. Schlegel und L. Tieck findet man die eingehendſten Mitteilungen in meiner jüngſten Schrift: „A. W. Schlegel und Shakeſpeare“ (Berlin 1903). Nachdem Schlegel in ſeiner Überſetzung nur bis zur Hälfte der Stücke gelangt war und auch nach vielen Jahren alle Ausſicht auf die Fortſetzung des Werkes ſchwand, hatte Ludwig Tieck im Einverſtändniſſe mit Schlegel die Vervollſtändigung der Überſetzung unternommen, überließ aber den weitaus größten Teil der Arbeit ſeiner hochbegabten Tochter Dorothea und dem ihm befreundet gewordenen Grafen Wolf von Baudiſſin. Seit dem Erſcheinen dieſer Geſamt-Überſetzung (1825—28) iſt der Schlegel- und Tieckſche Shakeſpeare als ein deutſch nationales Werk zu großem und verdientem Anſehen gekommen. Gegenüber den in neuerer Zeit damit vorgenommenen Text-Reviſionen und teilweiſen Neuüberſetzungen vieler Stücke iſt es erfreulich, daß daneben auch der urſprüngliche Schlegel- und Tieckſche Shakeſpeare, nur gereinigt von zahlreichen Druckverſehen und anderen Mängeln, in der von M. Bernays unternommenen Redaktion (ebenfalls im Reimerſchen Verlage) fortbeſteht.

Namen- und Sachregister.

NB. Außer den Seitenzahlen sind die im Texte bereits angemerkten Nummern des Anhangs in besonderen Fällen nochmals hier angeführt.

---

*) Im Deutschen ist Cymbelin angemessener als die weibliche Endung
im Englischen Cymbeline.